한자와 중국어
그리고 중국문화

**Follow me,
like Chinese**

汉字汉语汉文化 谢华 黄一川 编著
Copyright © 2018 Jiangxi Education Publishing House
Korean copyright © 2023 by Minsokwon
Korean edition is published by arrangement with Jiangxi Education Publishing House
ALL RIGHTS RESERVED

이 책의 한국어판 출판권은 강서교육출판사江西教育出版社와의 독점 계약으로 민속원에 있습니다.
저작권법에 의해 한국 내에서 보호를 받는 저작물이므로 민속원과 협의 없이 무단전재와 무단복제를 금합니다.

중국학
총 서
03

한자와 중국어 그리고 중국문화
Follow me, like Chinese

사화謝華 · 황일천黃一川
지음

주성일朱星一
옮김

민속원

서평

　사화謝華와 황일천黃一川의 『한자와 중국어 그리고 중국문화漢字漢語漢文化』라는 책의 원고를 받아 단숨에 다 읽고, 10여 년간 해외에서 중국인 작가로 활동하면서 유네스코 뉴욕협회 회장을 맡고 있는 나는 매우 감동을 받았다. 이 책은 중국어 입문자의 시각에서 한자와 중국어, 그리고 중국문화를 조화롭게 연결시키고 있으며, 아름답고 생동감 넘치는 언어로 제자백가 경전, 당시, 송사, 신화전설, 성어, 속담, 현재의 유행어와, 예로부터 현재로 이어지는 예술가들의 회화, 도예, 조소, 서예 작품 등을 발췌해 소개함으로써 우리로 하여금 중국문화의 정수를 엿볼 수 있도록 하고 있다.

　중국어와 한자에는 중화문화의 넓고 심오한 사상과 유구한 역사가 담겨져 있기 때문에, 중국어와 한자 그 자체가 바로 문화이며, 풍부한 문화 정보를 아우르고 있을 뿐 아니라, 깊은 문화의 저력을 담고 있다. 중국어와 한자는 시공을 초월하여 고금을 관통하고 있다. 한자의 상징성과 중국어 신조어의 추세, 중국문화 사상 등이 이 책에 고스란히 담겨 있다. 책 속에 소개되고 있는 한자, 중국어 및 중국문화 등에 관한 흥미로운 현상들과 독특한 시각과 견해들은 한자와 중국어라는 오래되고 역동적인 문화 저장고에 대한 독자들의 흥미를 자극하고 신비롭고 오래된 중국문화에 대한 흥미를 불러일으킬 것이다.

　5천 년 동안 축적된 중화문명은 비록 온갖 시련을 겪어왔지만, 그 자체에 담긴 강력한 생명력과 강인하고 포용적인 특징들로 인하여 중화민족이 살아 숨쉬게 해왔고, 지구촌 시대에 발랄한 생기를 불어넣게 하였다. 하늘의 때를 따라 세상을 이롭게 하고 사람을 조화롭게 하는 힘을 얻어, 중화민족은 그 어느 때보다

급속도로 발전하는 황금기를 맞이하고 있다. 세계화라는 조류 속에서 중국의 독특한 문명을 어떻게 유지발전 시켜 갈 것인지가 중요해진 이 시점에서, 중국문화의 전승은 매우 중요한 과제이며, 이를 위해서는 중국의 한자 및 언어문화의 기원과 발전에 대하여 정확하고 분명하게 알아야 할 필요가 있다. 이 책에는 주제별 관련 사진 100여 점 외에도 중화 경전에서 발췌한 언어, 문화 기호, 중국 성시城市별 상징물, 현대의 문화 관련 신조어 등을 모아 중국 문화 각 방면에 대한 감성을 잘 담아내고 있어 독자들에게 중국 문화를 친절하게 소개하고 있다. 책에서 엄선한 유가 도가 묵가 병가 등 4대 철학사상은 세계를 향한 평등 자유 이상 및 인류의 지혜와 교양 제고에 귀감이 될 것으로 판단된다. 중국 문화와 서양 문화가 서로 어우러져 과학사상의 부족함을 보완하고 물질문명의 상실을 보완하는 것 역시 우리 해외 학자들이 바라는 바이다. 이 자리를 빌어 사화謝華와 황일천黃一川의 『한자와 중국어 그리고 중국문화漢字漢語漢文化』 출간을 축하하며 독자들의 호평을 기원하는 바이다.

뉴욕에서 이의릉李依凌 씀

서문

사화謝華 교수를 처음 만난 것은 2015년 12월 11일 그녀가 프랑스 파리 고등예술대학 대표단을 이끌고 우리 학교를 방문하였을 때이다. 그날 그녀는 프랑스 파리의 고등예술대학 학장이자 유명 화가인 미셸서렛-카날MichelSuret-Canale 감독, 학술위원회 노엘 코어트NoëlCoret 소장, 칠화漆畵의 대가 웅건신熊建新 일행을 수행해 내 작업실로 자리를 옮겨 담소를 나누었다. 그 자리에서 그녀는 중국과 프랑스의 문화차이와 공통점에 대하여 언급하였는데 심도 있는 분석을 토대로 매우 의미 있는 견해를 가지고 있었다. 사화謝華 교수의 이야기를 통해 그녀의 솔직담백한 성격과 학문에 대한 지적 호기심과 박식함을 느낄 수 있었다. 그로부터 3년 후 뜻밖에 그녀는 『한자와 중국어 그리고 중국문화漢字漢語漢文化』을 들고와 나에게 원고수정과 서문을 부탁해왔다.

사화謝華 교수는 26년간 영어와 중국어 국제교육에 종사하면서 풍부한 교학경험을 쌓아왔다. 이 책은 이러한 그녀의 경험을 토대로 심혈을 기울여 쓴 작품이라고 할 수 있다. 이 책에서는 중국 문화와 관련된 한자, 분야별 문화 상징물, 역경易經, 제자백가(공자, 맹자, 노자, 장자, 묵자, 순자, 손자)에 나오는 명언들을 비롯하여 각종 신화고사, 우언寓言, 역대 시사詩詞, 속담, 중국 성시城市의 대표적 상징물과 문화용어의 유래 등을 발췌해 소개하고 있다. 또한 고대, 근대, 현대를 대표하는 대가들의 그림, 도자기, 조소, 서예 작품 등에 나타난 창작 특징을 압축적으로 소개하고 있으며, 원문과 한어병음 그리고 영어(번역문)에 삽화를 결합시켜 한자와 중국어 그리고 중국문화의 상호 연관성을 조화롭게 소개하고 있으며, 중영 이중언어 시스템을 토대로 중국어와 한자를 비롯하여 중국의 우수한 전통 문화,

철학, 문학, 미학, 예술에 담긴 유유자적한 오묘함을 표현하고 있다. 또한 대가들의 작품을 중심으로 중국의 회화, 도자기, 조각, 서예 등 많은 예술분야의 아름다운 모습을 보여주고 있으며, 중국과 외국의 독자들로 하여금 세계문화 속에서 빛을 발하고 있는 중국 언어와 문자, 문화예술을 마음껏 감상할 수 있도록 하고 있다.

중국 전통 예술은 중국의 넓고도 깊은 문화적 자양분과 독창적 시스템을 토대로 앞으로도 수천 년 동안 그 활력이 유지될 것이다. 어떤 민족의 예술이 크게 번성하려면 반드시 본 민족의 문화정신과 연결되고 혈맥이 상통해야 한다. 중국 회화 속에는 예로부터 스승으로부터의 전수를 토대로 필묵의 솜씨와 고아한 정취를 담아내고 있어, 겉으로 보이는 것과는 달리, 신묘한 형상을 이용해 내재된 정서를 표현하고, 천인합일과 자연을 숭상하는 철학사상이 내재되어 있다. 한편 본서에서는 당대에 들어와 동서양 문화가 격렬하게 충돌하고 있는 시점에서, 외국에서 공부한 해외파 화가들의 작품들을 대량으로 소개하고 있는데, 이들은 중국의 전통적 회화를 조형, 투시, 색채, 구도 등을 새로운 시각으로 재해석하여 완전히 새롭게 개량, 융합하고 있다. 사화謝華 교수는 책에서 일반적인 담론에 그치지 않고 역사적 맥락에 따라 상황에 따른 구체적인 언어로써 중국 서화를 글로벌 좌표 위에 올려놓고 이성적으로 해석하여 독자들의 공감을 자아내고 있다.

내 견해로는 서양의 전통유화가 면面으로써의 물상을 주로 표현하고 있는데 반해, 중국의 회화는 선線으로써의 물상을 표현하고 있어, 공중의 구름, 강 속의 물 등 본래 선으로 표현할 수 없는 것이라 할지라도 화가들은 선으로 잘 표현해 내고 있다. 근현대 서양 화가 혹은 신세대 작가들의 작품 속에서도 면을 선으로 바꾸어 창작에 임하는 작가들이 늘어나고 있는데, 이는 중국의 회화가 세계에 미치는 영향이 커지고 있다는 반증이라고 할 수 있다. 피카소의 그림을 예로 들어보면, 그의 초기 그림에서는 사실 위주의 표현들이 위주가 되었으나, 이후의 회화 풍격에서 추상화가 위주가 되고 있는 것은 형태 위주에서 의미 중심으로의 전환이 이루어지고 있는 것이며, 이는 중국회화가 오랫동안 주창해 온 가치 추구와 흡사하다고 할 수 있다. 실제로 피카소는 중국 회화책 5권의 200여 점을 모사한 바 있다. 피카소는 장대천에게 대나무를 그리는 방법과 붓을 사용하는 방법에 대하여 가르침을 청한 바 있는데, 이는 그가 비록 붓을 쓰지 않고 그림을 그려 왔지만 중국 회화가 보여주고 있는 선의 아름다움을 깨닫고 있었으며, 면을 중심으로 한 회화에서 선 중심의 회화로 전환한 것도 중국회화의 영향이었다고 할 수 있다. 그의 명작 「아비뇽의 처녀들」 「게르니카」 「정원의 여인」 등을 보면 선으로 그리는 데 치중하고 있음을 알 수 있다. 중국 그림들은 독특한 방식으로 세계 속에 영향을 미쳐가고 있으며, 이는 중국인들은 자신의 문화를 세계에 소개할 자신감이 충분히 있기 때문이라고 생각한다. 이것이 내가 본 책을 다 읽고 난 한 가지 두드러지는 감회이다.

사화謝華는 내게 황일천黃一川과 2016년부터 『한자와 중국어 그리고 중국문화 漢字漢語漢文化』의 편역과 집필 작업을 시작했으며, 2018년까지 3년의 작업을 거쳐 거의 40만 자에 가까운 원고를 출간하게 되었다고 말했다. 나는 이 두 저자가 광범위하게 중국과 서양의 문화를 깊이 있게 상호 조망하고, 중국어와 한자 그리고 문화예술의 특색에 대해서도 심도 있는 분석과 해설을 하고 있어, 중국, 외국의 독자들은 물론이요 중국에 온 유학생들에게도 이 한 권의 책만 있으면 중국을 제대로 알게 될 수 있을 것이라고 확신하는 바이다.

녕강寧鋼
2018년 10월 28일

차례

01 문화상징편 013

1. 예술 Arts 015
2. 공예 Craftwork 022
3. 전통명물 Speciality 029
4. 민속 民俗 Folk Custom 032
5. 음식 飮食 Food and drink 039
6. 건축 및 장식 Architecture & Decoration 041
7. 문자와 문학 Characters and Literatures 048
8. 기예 Skill 056
9. 복식 / Clothes & Accessories 059
10. 종교와 철학 Religion and Philosophy 063
11. 24절기 Twenty-four Solar Terms 068

02 문화 한자편 079

1. 숫자에 담긴 문화 The cultural meaning of numbers 081
2. 유교문화 관련 Keywords of Confucian culture 086
3. 농경문명 관련 Development track of farming civilization 093
4. 철학 및 종교 관련 Chinese philosophy and religious keywords 098
5. 국민정서 관련 Home country sentiment keywords 102
6. 자연현상 및 토템 관련 Natural phenomena and cultural totem 110
7. 국가 및 전쟁 관련 Keywords of state and war 113
8. 정신세계 관련 Spiritual pursuit keywords 116
9. 물질세계 관련 Material pursuit keywords 122
10. 상상속의 사물 관련 Objects of super thought 125
11. 오행 五行 The Five Elements 126
12. 십이 간지 The Chinese Zodiac 127

03
신화고사편 129

04
역경편 141

05
제자백가편 153

1. 노자편 老子篇 155
2. 논어편 論語篇 159
3. 맹자편 孟子篇 164
4. 장자편 莊子篇 168
5. 묵자편 墨子篇 173
6. 순자편 荀子篇 181
7. 손자병법 孫子兵法 183

06
고사성어편 193

07
속담비교편 295

1. 영어 속담 297
2. 중국어 속담 330

08
역대 시사詩詞 감상 351

09
예술편 379

1. 회화繪畫편	381
2. 도자기편 陶瓷篇	438
3. 조각·소조편	448
4. 서예편	455
5. 칠화漆畫편	473

10
현대문화 일상용어편 477

1. 현대문화 관련 상용어휘	479
2. 신문보도 관련 상용어휘	482
3. 시사 및 정치 관련 상용 문구	483
4. 명절 관련 어휘	488

11
인터넷 유행어편 489

1. 2018년 인터넷 유행어	491
2. 2017년 인터넷 유행어	493
3. 2016년 인터넷 유행어	495
4. 2015년 인터넷 유행어	496
5. 2014 인터넷 유행어	498
6. 2013년 인터넷 유행어	500

12
중국 각 성시省市 소개 501

한자와 중국어
그리고 중국문화

Follow me,
like Chinese

문화
상징편

01

유구한 중화문명의 흐름 속에서 생겨난 문화적 상징들은 고대 중국 옛 문명의 정수를 담아내고 있는데, 이는 우수한 전통문화의 기본 요소를 바탕으로 다양한 물질문화와 무형문화의 기원에 대한 생생한 기록이며, 중국 문화 계승 발전의 원동력이다.

The cultural symbols produced in the long process of Chinese civilization infiltrate the essence of ancient Chinese civilization, are the basic elements of the fine traditional Chinese culture, record the origin of various material and intangible cultures, and inherit and develop Chinese culture.

1. 예술 Arts

중국회화 Chinese painting

중국회화는 중국 전통 조형 예술 중의 하나이다. 창작에 있어서는 구상을 중시하고, 이미지 사유와 예술적 형상의 주관적 객관적 통일성을 중시하고 있다. 또한 형상에 있어서 표면적인 모방에만 얽매이지 않고 닮은듯 닮지 않은 차별화된 유사성을 추구하고 있다. 따라서 그 형상의 묘사는 물상의 기색과 자태 그리고 화가의 주관적인 감정이 어우러지게 하는 것을 요지로 삼고 있다.

Chinese painting is one of the China's traditional plastic arts. Pay attention to conception in creation, to image thinking, to the unity of subjective and objective artistic image. In the shape, the similarity is not confined to the surface, but "between the likeness and the unlikeness" and "the unlikeness between the likeness and the unlikeness". Its image is built which can convey the physical image of emotional charm and subjective feelings of the painter as the essence.

연화年畵 New Year painting

연화年畵는 중국회화의 일종으로 고대의 "문신화門神畵"에서 비롯되었으며, 중국의 민간 예술 중 하나이자 흔히 볼 수 있는 민간 공예품 중의 하나이다. 대개 새해에는 스티커 형태의 문신상門神像을 붙이고 장식을 하는데, 새해를 맞이하면서 상서로운 기운을 기원하는 의미를 담고 있다.

연화年畵『연년 유여連年有餘』

New Year painting is a kind of Chinese painting, starting from the ancient "Door god painting", one of Chinese folk art, is also one of the common folk crafts. Most used for posting and decorating environment during the Spring Festival.

중국서예 Chinese calligraphy

중국서예는 말없는 시, 행위없는 춤사위, 형상없는 그림, 소리없는 음악으로 불리는 오래된 한자 예술이다.

Chinese calligraphy is an ancient writing art of Chinese characters. It is praised as "wordless poetry and dancing without lines; drawing without pictures, silent music".

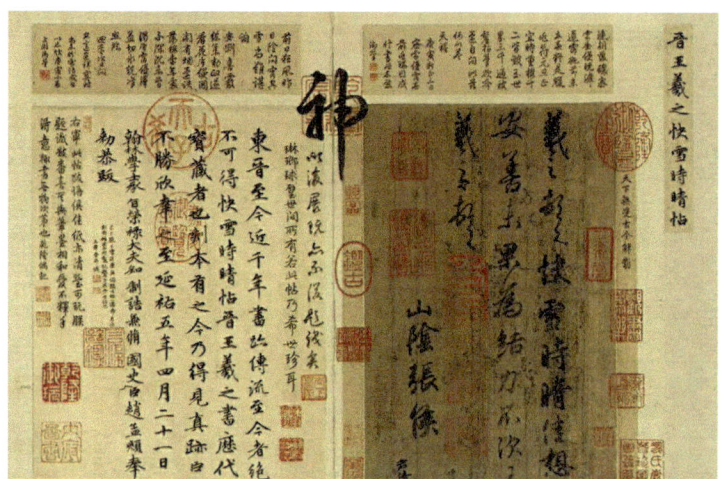

『쾌설시청첩快雪時晴帖』

경태람 景泰藍 Cloisonne

경태람景泰藍은 중국 특유의 저명한 도자기 공예품 중 하나이다. 경태람은 최초 황궁에서 만들어지기 시작했으며 왕가의 중요한 부장품 중 하나였다. 오늘날 경태람은 이제 더 이상 황제만의 전유물이 아니지만, 그 정교한 아름다움 때문에 "경태람 한 점은 관아의 일반도자기 열 점에 맞먹는다." 는 말이 있을 정도로 여전히 칭송받고 있다.

Cloisonne, one of China's famous special porcelain crafts. Cloisonne was born in the imperial palace. It is an important part of the royal family.

『청청·경태람박고병景泰藍博古瓶』

Nowadays, Cloisonne is not the only thing the emperor has. But because of its exquisite, it is praised as "One Cloisonne worth ten royal kilns".

청자 青花瓷 Blue and white porcelain

청자青花瓷는 백지청화자白地青花瓷라고도 부르며, 흔히 간략하게 청화青花라고도 불리는 중국 전통도자기의 일종으로 유약을 사용한 채색 도자기이다.

Blue and white porcelain is also known as white ground blue and white porcelain, often referred to as blue and white, the treasures of the firing process of Chinese ceramics. It is one of the main varieties of Chinese porcelain, which belongs to underglaze colour porcelain.

원元 · 청화목단문매병青花牡丹紋梅瓶
(경덕진景德鎭박물관 소장)

돈황벽화 敦煌壁畵 Dunhuang grotto murals

돈황벽화는 돈황막고굴敦煌莫高窟, 서천불동西千佛洞, 안서유림굴安西楡林窟 등 총 552개의 석굴에 분포되어 있는데, 총 규모가 5만여 제곱미터로 중국은 물론 세계에서 가장 많은 벽화를 보유하고 있는 석굴군이다.

There are 552 grottoes in Dunhuang murals, including Mogao grottoes, West Qianfo grottoes and Yulin grottoes in Anxi. With over 50,000 square meters of murals in all dynasties, Dunhuang murals are the largest group of grottoes in China and even in the world.

성당盛唐
돈황敦煌
320굴窟

전각 篆刻 Chinese seal engraving

중국의 전각篆刻 예술은 전서篆書를 바탕으로 한 서예와 끌로 새기는 판각을 결합하여 도장을 만드는 예술의 일종으로 한자를 기반으로 한 독특한 예술 형식이다. 전각은 문자의 연원, 책의 근간, 그림의 원리를 직접 파악할 수 있는 직접적 자료가 되며, 또 조각의 기술수준이 두루 발현되는 종합 예술로서, 조각가의 품성과 성격 그리고 문학적 수양을 내포하고 있는 강렬한 예술적 매력을 담고 있다.

고무도장 작품 『권수천倦收天』

The art of seal engraving, which combines calligraphy (mainly seal script) with engraving (including chisel and casting) to make seals, is a unique art form of Chinese characters. Seal engraving is a very comprehensive art, directly tracing the origin of the characters, and the principles of calligraphy and painting.It involves in the art of engraving skills, which contains human character and literature cultivation. From the inside to the outside, it has a strong artistic appeal.

희곡 Chinese opera

중국 희곡은 주로 민간의 가무, 강창講唱, 코미디(슬랩스틱) 등 세 가지 서로 다른 예술 형식을 종합하여 만들어졌으며, 중국 전통문화의 미학 사상의 정수를 구현하여 독특한 드라마관을 형성하였으며, 세계 희곡 문화의 웅장한 무대에서 그 독특한 예술적 빛을 발현하고 있다. 특히 경극京劇과 곤곡崑曲은 세계 곳곳을 누비면서 중국의 전통 예술 문화를 소개하고 전파하는 중요한 매개체가 되고 있다.

Chinese opera is mainly composed of three different art forms: folk song and dance, rap and slapstick, which embodies the essence of the aesthetic thought of traditional Chinese culture and constitutes a unique drama view, shining its unique artistic glory on the grand stage of world drama culture. Peking Opera and Kunqu opera have been widely used all over the world and become an important medium for introducing and spreading traditional Chinese art and culture.

『조씨고아趙氏孤兒』 The Orphan of Zhaos

　　『조씨고아趙氏孤兒』는 원元나라의 유명한 극작가 기군상紀君祥의 작품이다. 이후 프랑스에 전해져 볼테르Voltaire가 5막극(작품명: L'orphelin de la Maison de Tchao, 1735년 출판)으로 재편성한 바 있으며, 중국 최초로 유럽에 전파된 작품이다. 『조씨고아』는 국제적으로 유명한 잡극으로, 어떤 사람들은 "동양의 햄릿"이라고 극찬하였다. 이 이야기는 춘추시대 진晉나라 관료들의 잔혹한 암투를 다루고 있다. 진나라 도안가屠岸賈 장군은 권력유지를 위해 충신이었던 조둔趙盾을 살해하고, 조씨 가문은 총 300여 명 중 한 명의 갓난아이만이 정영程嬰의 지략으로 구조되고는 모두 살해되었다. 조씨 가문의 아이를 보호하기 위해 정영은 친자식을 대신 죽게 하고, 조씨 가문의 아이를 도안가 장군의 가문에 양자로 들어가게 하여 정영과 함께 도안부에서 살게 되었다. 20년 후, 조씨 아이는 성인이 되어 무예를 연마하여 자신의 처절한 신세를 알게 되었고, 그 후 도안가를 포로로 잡아 죽이고, 조씨 가문에 대한 복수를 하고 나라의 큰 화를 제거하는 내용이다.

　　The Orphan of Zhaos is the work of Ji Junxiang, a famous dramatist in Yuan Dynasty. Later, it was introduced to France, and Voltaire adapted it into a five-act play(L'orphelin de la Maison de Tchao, published in 1735), which was the earliest Chinese opera to spread to Europe. The Orphan of Zhaos is a very famous drama in the world, some people praised it as: Hamlet from the East.

　　The story tells a cruel competition in the Spring and Autumn Period. General Tu'an Gu of Jin Dynasty killed Zhao Dun, a loyal minister, for his power. More than 300 Zhaos were killed except that Zhao's orphan was rescued by Cheng Ying. In order to protect Zhao's orphan, Cheng Ying's own child was mutilated, and Zhao's orphan was adopted by Tu'an Gu and lived with Cheng Ying in Tu'an mansion. Twenty years later, Zhao's orphan grew up and practiced martial arts. When he learned of his miserable life, he captured and killed Tu'an Gu, revenged for the Zhao family and eradicated a great disaster for the country.

『모란정牧丹亭』 Penoy Pavilion

『모란정牧丹亭』은 『모란정환혼기牧丹亭還魂記』, 『환혼몽還魂夢』 또는 『모란정몽牧丹亭夢』이라고도 불리며 명明나라 극작가 탕현조湯顯祖가 지은 전기傳奇소설이다. 관리의 딸로 태어난 두려낭杜麗娘이 꿈에서 만난 서생 류몽매柳夢梅에게 마음을 빼앗겨 결국 상심하여 죽은 후 혼백이 되어 현실세계의 사랑하는 이를 찾아가, 서로 사랑하다가 환생하여 마침내 류몽매와 사랑의 결실을 맺는다는 이야기이다. 우아한 화법과 아름다운 언어가 두드러지는 이 작품은 중국 희곡사를 엿볼 수 있는 걸출한 작품 중 하나로 동시대 셰익스피어의 『로미오와 줄리엣』과 같은 서사적 스토리에 '환생'이라는 내용을 추가하여 반봉건주의적 사상인 사랑이라는 주제를 표현하고 있다.

백선용白先勇의 청춘판 『모란정牧丹亭』의 한 장면

The Peony Pavilion, also known as The Peony Pavilion Returns a Soul, A Dream of Returns a Soul, or A Dream of the Peony Pavilion, is a Legendary Drama created by Tang Xianzu, a playwright of the Ming Dynasty. The play depicts the daughter of an official Du Li-niang's love for the dream scholar Liu Mengmei, who died of injury, turned into a soul to find a real lover, love between people and ghosts, and finally came back to life, and finally tie the knot with Liu Mengmei. It is one of the outstanding works in the history of Chinese opera with elegant diction and beautiful language. In the same period, Shakespeare's Romeo and Juliet used the same plot of "rejuvenation" to express the same love theme of anti-feudalism.

그림자극 Shadow puppetry

그림자극은 "그림자 놀이" 혹은 "빛 그림자 인형극"이라고도 불리며, 사람들의 이야기를 짐승의 가죽이나 판지로 인물의 실루엣을 만들어 진행하는 민간 희극으로, 무예장면에서는 징과 북을 쳐서 더욱 긴박한 상황을 연출한다.

Shadow puppetry, also known as "shadow play" or "light shadow puppetry", is

01

문화
상징편

그림자극

a folk drama in which people are silhouettes made of animal skins or cardboard to perform stories. The martial arts scene is full of drums and gongs.

중국분재 Chinese miniascape

중국분재는 자연경관의 축소판으로 정원 가꾸기, 문학, 회화 등의 예술을 통합한 종합적인 조형예술로 자연의 정취가 풍부한 동양예술의 하나이자 중국의 독특한 전통 정원 예술 중 하나이다.

Chinese miniascape is a miniature of natural scenery, a comprehensive plastic art integrating gardening,

소엽여정산석분재小葉女貞山石盆景

literature, painting and other arts, which is one of the Oriental fine arts with natural taste and one of the unique traditional garden art in China.

2. 공예 Craftwork

자수 刺繡 Embroidery

자수刺繡는 중국 민간의 전통 수공예 중 하나로 중국에서 적어도 2, 3천 년의 역사를 지니고 있다. 중국 자수는 크게 "소수蘇繡"라 불리는 소주蘇州지역의 자수, "상수湘繡"라 불리는 호남湖南지역의 자수, "촉수蜀繡"라 불리는 사천四川지역의 자수를 비롯하여 "월수粵繡"라 불리는 광동廣東지역의 자수 등 4대 자수가 대표적이다. 핸드메이드 자수의 두드러진 예술적 특징은 도안이 정교하고 수려하며, 컬러가 산뜻하고 우아하며, 바느질 기술이 풍부하고, 절묘한 장인정신이 돋보일뿐 아니라 매우 섬세하다.

자수 핸드백

Embroidery is one of China's traditional folk handicrafts, which has a history of at least two or three thousand years. Chinese embroidery mainly consists of four categories: Su embroidery, Xiang embroidery, Shu embroidery and Yue embroidery. The main artistic feature of manual embroidery is the silk show with neat patterns, fresh and elegant colors, rich stitch, and exquisite craftsmanship.

채도 彩陶 Anclent painted pottery

채도彩陶는 "도자기회화"라고도 불리며, 중국의 오랜 역사를 지진 문화의 정수이다. 도자기에 그린 그림은 종이를 바탕으로 한 작품에 비해 더욱 긴장감을 발휘하기 때문에 도자기 예술에는 예술가의 다양한 창작 사상과 스타일 그리고 언어가 어우러져 다양한 장르의 예술품이 만들어진다.

인면어문양도자기人面魚紋彩陶盆 (중국국가박물관 소장)

01

문화
상징편

Ancient painted pottery, also known as ceramic painting, it's the "quintessence"of China with a long history. The works on porcelain are more powerful than those on paper. In the art of painted pottery, all kinds of creative ideas, styles and languages are integrated with the artists to create different and colorful art treasures.

자사호 紫砂壺 Dark-red enameled pottery

자사紫砂¹ 로 만든 주전자라는 의미의 자사호紫砂壺는 중국의 전통 자줏빛 점토공예품이다. 원료는 이싱宜興 지역의 자색 점토를 사용하기 때문에 일명 이싱자사호라고도 불린다. 예술성과 완벽하게 어우러져 있기에 자사호는 매우 진귀하고 그윽한 운치를 드러낸다. 자사호에 차를 우려내어 차 문화의 삼매경에 빠지게 되며 우아함이 더해진다.

이싱가지손잡이자사호宜興窯蔓生款提梁紫砂壺(상해박물관소장)

Dark-red enameled pottery is a special traditional Chinese clay handicraft. The raw material for making purple clay teapot is Yixing clay, also known as Yixing Zisha teapot. Because of the perfect combination of artistry and practicality, the Dark-red enameled pottery is so precious and memorable. The benefits of making tea in a zisha teapot and the culture of tea zen blindly add to the elegance of purple sand.

랍염 蠟染 Batik

밀랍염색 "蠟染"² 은 중국 소수민족의 오랜 민간 전통의 직물 염색 수공예로

---

1 주로 중국 장쑤(江蘇)성 이싱(宜興)에서 생산되는 도자기용 흙을 가리킨다.
2 염색법의 한 가지로 녹인 밀랍을 천의 무늬 위에 붓고 염색 후 제거하여 그 부분만 백색으로 남기는 염색.

서, 일명 왁스염색이라고도 하는 중국의 고대 3대 염색 기법 중의 하나이다. 밀랍염색은 그 패턴이 풍부하고 색조가 우아하며, 의상을 비롯한 다양한 생활용품을 제작하는데 사용되고 있다.

Batik is a traditional folk printing and dyeing handicraft of China's ancient ethnic minorities, which is called wax, and also is one of the three printing techniques of ancient China with dyeing and indigo print. As a result of rich pattern of batik, tonal simple but elegant, use at making dress and various daily necessities with rich national characteristics.

랍염蠟染 원단

옥 조각 玉雕 Jade carving

옥 조각은 중국에서 가장 오래된 조각품 중 하나로, 뛰어난 장인정신으로 세계 속에 명성을 떨치고 있으며, '동양 예술의 보물'이라는 명성을 얻고 있다. 옥 조각 예술품은 전문적인 옥 조각 기술을 가진 조각가들이 천연 옥석 재료를 수작업으로 조각한 예술품으로, 장식용으로 관상하기에 좋을 뿐 아니라 노리개 감으로도 사용된다.

Jade carving is one of the most ancient carving varieties in China, and its superb craftsmanship is well-known at home and abroad, enjoying the reputation of "Oriental art treasures". Jade carving artworks are artworkers created by jade carvers with ingenious conception and delicate carving skills. Handmade carvings are made on natural jade materials. Some of these artworks have good ornamental properties, some have good play-using properties, or both.

옥 조각 『취옥백채翠玉白菜』

01 문화 상징편

칠기 漆器 Lacquer ware

칠기漆器는 고대 중국의 화학공예 및 공예 미술에 있어서 중요한 발명품이다. 그것은 아름다운 문양으로 기물 표면에 내포된 풍부한 예술세계를 이루고 있다. 중국인들은 신석기 시대부터 옻칠의 성능을 인식하고 그릇 제조에 이용하였다. 수천 년에 걸쳐 중국의 칠기공예는 상당히 높은 수준으로 발전해 왔다.

서한西漢 · 칠이배漆耳杯

Lacquer ware was an important invention in chemical craft and arts in ancient China. It forms a rich world on the surface of the object with beautiful patterns. Chinese recognized the performance of lacquer since Neolithic times and used to make instruments. Through thousands of years of development, China's lacquer craft reached a fairly high level.

목판수인 木板水印 Woodblock printing

고대 채색판화 인쇄술 중 하나인 목판수인木板水印은 중국 특유의 전통 판화 인쇄술이다. 회화와 조각, 인쇄가 하나로 이루어져 있고, 수묵의 투과 원리를 이용하여 붓과 먹의 필치를 살려내고 있

숭덕복崇德福 작가의 무형문화재 목판수인 시연 현장

으며, 이러한 독특한 예술작품은 여러 종류의 중국 서예와 그림을 현실적으로 모사하는데 사용되기도 한다.

Woodblock printing (ancient color engraving and printing) is a traditional Chinese printing technique. It is a combination of painting, sculpture and printing. According to the principle of ink penetration, the ink rhyme can be displayed. It can be used to create their own characteristics of art works, but also can realistically copy all kinds of Chinese calligraphy and painting.

전지 剪紙 Chinese paper cutting

중국의 전지剪紙[3]는 가위나 가위로 종이에 무늬를 잘라서 생활공간을 장식하거나 다른 민속 활동에 사용하는 민간 예술이다. 중국에서 전지예술은 광범위한 대중적 기반을 가지고 있으며, 전통적으로 많은 사람들의 사회생활에서 공통으로 향유되고 있을 정도로 다양한 민속 활동의 중요한 소재로 활용되고 있다.

전지 작품 "희囍"자

Chinese paper cutting is a kind of folk art that cuts patterns on paper with scissors or carving knife, and is used to decorate life or cooperate with other folk activities. In China, paper-cutting is an important part of all kinds of folk activities because of its extensive mass foundation and its integration into the social life of people of all nationalities.

"희囍"자

글자 "희囍"는 중국 전통문화에서 상서로운 기운의 상징으로, 경사와 경축 등의 상서로운 의미를 담고 있다. 특히 혼례 때 많이 사용되어 경사스러운 분위기를 더해주는 글자이다.

"Xi" is a kind of auspicious symbol with Chinese traditional cultural characteristics. It represents happiness and carries auspiciousness. It is often used in weddings to add to the festive mood.

---

3 종이를 오려 여러 가지 형상이나 모양을 만드는 종이 공예.

토우 泥人面塑 Clay figurine

토우"泥人面塑"라 불리는 진흙 인형은 한족漢族의 오랜 민간 예술로, 속칭 '반죽 조각상'이라고도 불린다. 진흙을 주재료로 하여, 다른 색의 염료들을 섞어서, 손과 간단한 도구를 이용하여 여러 가지 생생한 이미지를 연출해 낸다. 색채가 풍부하고 조형이 생동감이 있어 민간에 널리 향유되고 있다.

토우(진흙 인형)

Clay figurine is an ancient folk art of Han nationality, commonly known as "kneading dough figurines". With mud clay as the main material, it is tuned into different colors and created various vivid images with hands and simple tools. Due to its rich colors and vivid shapes, it spreads widely among the Han people.

비연호 鼻煙壺 Snuff bottle

코담배병이라고 불리는 비연호鼻煙壺는 코담배를 담는 용기이다. 손에 잡힐 정도로 크기가 작아 휴대하기에 편리하다. 코담배는 명말 청초에 중국에 전해졌는데, 비록 지금 사람들은 코담배를 즐기는 습관이 거의 없어졌기 때문에 현대에 들어서서 비연호는 코담배병으로 사용되기 보다는 정교하고 아름다운 예술품으로 사랑받고 있다. 또한 오랜 예술성의 축적으로 '각국의 다양한 공예예술을 접목시킨 포켓 아트'라고 여겨지고 있다.

Snuff bottle, in short, is a container for

마노 조각 비연호(뉴욕 메트로폴리탄 박물관 소장)

snuff. Small in size, can grip in hand and easy to carry. At the end of Ming dynasty and the beginning of Qing dynasty, snuff tobacco was introduced into China. The habit of snuff now almost extinct, but the snuff bottle has survived as a fine work of art and has been hailed as a "pocket work of art combining many different techniques from one country to another".

천층저 千層底 Strong cloth soles

천층저千層底[4]는 일반적으로 수공으로 제작된 헝겊신의 바닥을 가리킨다. 중국 최초의 천층저는 주周나라 때부터 시작되었으며, 중화민족의 소중한 유산으로 오랜 역사 문화적 가치는 물론 공예적 가치도 매우 높이 평가되고 있다.

천층저 신발

The strong cloth soles is a cloth shoe sole made by hand. China's earliest cloth shoes with layers of cloth began in the Zhou dynasty. As a precious treasure and heritage of the Chinese nation, they are of high historical and cultural value, economic value and technological value.

청동기 Chinese bronze

중국의 청동기는 정교하게 제작되어 세계적으로도 높은 명성과 예술적 가치를 자랑하고 있으며, 4000여 년 동안 발전해 온 고도의 기술과 문화를 보여주고 있다. 그 중 솥"鼎"은 가장 대표적인 청동 기물의 하나로, 고대 중국에서 고기를 삶거나 저장하기 위해 사용되었던 대표적인 기구이다. 하夏, 상商, 주周 3대와 진秦, 한漢을 거치는 2천여 년 동안 지속해서 이어져 왔으며, 이러한 청동 기물 중 솥"鼎"은 줄곧 가장 흔하면서도 신비로운 예기禮器로 여겨져 왔다.

---

4 여러 겹의 천을 굵은 삼실로 박아서 만든 신발 밑창.

Chinese bronze ware is exquisitely made and enjoys high reputation and artistic value in the world, representing the superb technology and culture of China's bronze development over 4000 years.Ding is one of the most important bronze ware species, used in ancient China to cook and store meat. Xia, Shang and Zhou three dynasties and the Qin and Han dynasties continued for more than two thousand years, ding has been the most common and mysterious ritual ware.

상商 · 사모무대방정司母戊大方鼎(중국국가박물관 소장)

3. 전통명물 Speciality

연 風箏 Kites

연은 연은 중국 춘추전국시대에 노동자들에 의해 발명되어 오늘날까지 2000여 년 동안 지속적으로 제작되어 왔다. 전하는 바에 따르면, 묵적墨翟(묵자墨子의 본명)이 나무로 새를 조각하여 띄운 것이 인류 최초의 연의 기원이다. 후에 로반魯班이 대나무를 사용해서 묵자가 만든 연의 재질을 개선하였으며, 동한東漢에 이르러 채륜蔡倫의 제지술이 세간에 보급

연(중국미술관 소장)

되면서 비로소 종이로 연을 만들기 시작했는데, 이를 '종이 솔개'라고 불렀다.

Kites were invented by the Chinese ancient working people during the Spring and Autumn Period. It is said that Mo Di made wood birds by wood, which was the origin of the earliest kite. Later, Lu Ban used bamboo to improve the material of his kite. It was not until the Eastern Han dynasty, when Cai Lun improved the art of paper making that the community began to use paper to make kites, known as "paper kites".

중국매듭 中國結 Chinese knot

중국의 매듭공예는 중국 특유의 수공예의 일종이다. 이 공예품이 담고 있는 애정과 지혜는 바로 중국 고대문명의 한 단면을 잘보여주고 있는 것이라고 할 수 있다. 그 독특한 동양의 매력과 다채로운 변화는 중국인들의 지혜와 심오한 문화 저력을 잘 보여주고 있다.

The Chinese knot is a kind of unique handicraft in China. The affection and wisdom shown on it is just one aspect of the ancient Chinese civilization. With its unique Oriental charm and colorful changes, it fully reflects the wisdom and profound culture of the Chinese people.

중국의 매듭공예

홍목가구 紅木家具

Mahogany furniture

홍목가구는 명나라와 청나라 때부터 희귀한 단단한 나무로 만든 고품질 가구의 총칭으로 향나무나 화리목花梨木(자단목) 등의 고전적인 마호가니로 만든 가구를 말한다.

Mahogany furniture refers to the furniture made of classic mahogany such as

청淸 · 홍목금칠감상아병풍紅木金漆嵌象牙座屛風 및
홍목금칠감상아옥좌紅木金漆嵌象牙宝座 (상해박물관 소장)

acid twig and rosewood, which is the general designation of high-quality furniture for rare hardwood since Ming and Qing dynasty.

실크 絲綢 Silk

실크는 중국의 특산물이다. 중국 고대 노동자들은 대규모로 실크를 이용하여 제품을 생산했는데, 이것이 계기가 되어 "실크로드"라 불리는 세계 역사상 최초의 대규모 동서양 상업 교류 통로가 형성되었다. 서한西漢 이후부터 중국의 비단은 대량으로 외국으로 수출되어 세계적으로 유명한 상품이 되었는데, 당시 중국에서 서방으로 이어지는 주요 노선을 유럽인들은 "실크로드"라고 불렀으며, 중국을 "실크의 나라"라고 부르기도 하였다.

Silk is a specialty of China. The ancient Chinese working people invented and produced silk products on a large scale, which opened the first large-scale commercial exchange between east and west in the history of the world, known as "the Silk Road." Since the Western Han dynasty, Chinese silk has been exported in large quantities and become a world-famous product. At that time, the main road from China to the west was called "Silk Road" by Europeans, and China was also called "Silk Country".

한漢·날염부채사조각편 印花敷彩紗殘片 (중국국가박물관 소장)

촉대 燭臺 Candlestick

고대 사람들은 촛불을 켜기 위해 촉대를 만들었는데, 촉대에 초를 꽂고, 흐르는 촛물을 받아내도록 설계되어 있다. 단순한 형태로 뾰족한

삼국三國·와양형촉대 臥羊形燭臺 (중국국가박물관 소장)

초 꽂이와 촛물 받침으로 구성된 것이 있는가 하면, 정교한 여러 형태의 공예 조형물로 주조된 것들도 있다.

Ancient people have candlestick, to cut candles and undertake dripping wax. Simple, it is a bearing plate with pointed needle, exquisite, it will be casted into a variety of process modeling.

나침반 羅盤 Compass

나침반은, 풍수 관측에 이용되는 도구로서, 성리학의 이기理氣론을 주장하는 사람들이 주로 사용해온 도구이다. 나침반은 주로 판의 중앙에 위치한 마그네틱 바늘과 일련의 동심원으로 이루어져 있는데, 각각의 원은 우주계의 시스템의 정보에 대한 고대 중국인들의 이해를 나타낸다.

Compass is used for Fengshui detection tools, rational gas sect commonly used operating tools. The compass consists mainly of a magnetic needle in the center of the disk and a series of concentric circles, each representing the ancient Chinese understanding of a certain level of information in the universe system.

영국 소장 중국나침반

4. 민속 民俗 Folk Custom

폭죽놀이 放鞭炮 Setting off firecrackers

폭죽놀이의 기원은 오늘날까지 1000년이 넘는 역사를 가지고 있다. 화약과 종이가 없었던 고대인들은 대나무를 불에 태워 터지게 하여 소리를 내어 역귀를 몰아내는 풍습이 있었다. 중국인들은 전통 명절, 결혼식 등 다양한 축제 등 다양한 축하행사에서 폭죽을 터뜨리고 있다.

The origin of firecrackers has a history of more than 1000 years. In the absence of gunpowder and paper, ancient people burned bamboo, causing it to burst and sound to drive out the god of plague. In modern times, Chinese people almost set off firecrackers on traditional festivals, wedding celebrations, various celebrations, temple fairs and other occasions.

폭죽놀이

수수께끼 猜謎 Guessing riddles

수수께끼猜謎 놀이는 오랜 역사를 지닌 지식관련 전통 놀이로 중국의 역경易經 팔괘八卦에서 기원하였다. 수수께끼란 주어진 제시문구나 그래픽 등을 통해 특정 규칙에 따라 지정된 범위 내의 어떤 사물이나 글자 등을 맞추는 것을 말한다. 이러한 수수께끼 놀이 중에서는 등미 "燈謎"⁵ 형식이 가장 보편적으로 사용되고 있으며, 종종 한자, 한자의 형태와 발음 그리고 의미적인 특징을 이용하여 문제를 내곤 한다. 수수께끼 놀이는 고대로부터 이어져 온 집단 지성이 만들어낸 문화의 산물이다.

수수께끼

---

5   중국에서 음력 정월 보름이나 중추절 밤에 초롱에 수수께끼의 문답을 써넣는 놀이.

Guessing riddles is a long history of intellectual games, originated from the eight diagrams of the book of changes in China. Guessing puzzles refer to guessing something or text within a specified range according to a specific rule through a given prompting text or image, etc. Chinese lantern riddles are the most common form of riddles. They often use the characteristics of Chinese characters and Chinese to deliberately distinguish and solve riddles. It is the cultural product of the collective wisdom created by the ancient Chinese working people.

사자춤 舞獅 Lion dance

사자춤은 중국의 독창적인 민간예술이다. 명절이나 경축 연회 때마다 민간에서는 사자춤으로 흥을 돋운다.

Lion dance is an excellent folk art in China. Lion dances are used by the people during festivals and celebrations.

사자춤

꽃가마 花轎 The bridal sedan chair

꽃가마花轎는 신부가마 "囍轎" 라고도 불리는데, 전통 중국식 결혼식에 사용되는 특수한 가마이다. 일반적으로 빨간색의 화려한 장식으로 경사스러움과 상서로움을 나타내기 때문에 속칭 "붉은 꽃가마" 라고도 부른다.

The bridal sedan chair, also known as the wedding sedan chair, is a special sedan chair used in traditional Chinese weddings. General adornment is luxuriant, will show happy luck with red. So it commonly known as big red bridal sedan chair.

꽃가마

01

문화
상징편

젓가락 筷子 Chopsticks

젓가락은 고대에 저箸라고 불렸으며, 한족이 발명한 민족적 특색이 돋보이는 식기의 하나이다.

Chopsticks, known as "chopsticks", were invented by the Han nationality with ethnic characteristics of tableware.

젓가락

대련붙이기 貼對聯 Pasting antithetical couplets

대련對聯[6]을 붙이는 것은 중국의 전통 풍습이다. 대련은 한 글자가 한 개의 자음을 가지는 한자의 특성을 이용해 만든 독특한 예술 형식이다. 설이 도래하면 첫 번째로 하는 일이 문신門神[7]과 대련을 붙이는 일이었다. 해마다 섣달 그믐(혹은 그 전날)이면 집집마다 거리에 나가 춘련春聯[8]을 구입하여 붙이고, 일부 고상한 취미를 가진 사람들은 종이를 깔고 먹물을 뿜어

설에 붙이는 대련對聯과 "복福"자

서 그림을 그리고 글을 써서 붙이는 등 집 안팎의 출입문을 새롭게 단장한다. 그것은 중국인들이 액막이를 하고 재난을 제거하고 상서로운 복을 기원하는 소망을 담고 있다.

---

6 역자주: 한 쌍의 대구(對句)의 글귀를 종이나 천에 쓰거나 대나무·나무·기둥 따위에 쓴 문구.
7 역자주: 문짝에 붙이는 신상(神像). 귀신을 몰아 내고 액막이를 하여 집안을 보위하는 데 사용함.
8 역자주: 신년에 문이나 기둥 혹은 처마 등에 써 붙이는 주련(柱聯) 또는 대련(對聯).

Pasting antithetical couplets is Chinese traditional custom. Couplets is a unique art form of Chinese language with one word and one tone. At the beginning of the Spring Festival, the first thing was to paste door gods and couplets. Every Chinese New Year's Eve (or the previous day), every household goes to the streets to buy Spring Festival couplets. Some people sprinkle paper and write their own couplets and decorate the doors inside and outside the house. It is a good wish for the Chinese working people to ward off evil spirits and eliminate disasters.

장수자물쇠 착용 戴長命鎖 Wearing a long life lock

장수자물쇠는 "이름 자물쇠 名鎖"라고도 하는데, 영유아에게 이 장수자물쇠를 채우는 것은 한족의 오랜 육아 관습이다. 대부분 금이나 은 재질로 장식되어 있으며, 전통적 자물쇠 형태로 만들어지고, 위쪽에는 "장수백세 長命百歲", "장수부귀 長命富貴" 등의 문구가 새겨져 있다.

장수자물쇠

A long life lock is also called a "name lock." Wearing it is a child rearing customs of Han nationality. It is actually metal (mostly silver) decorations, in the shape of ancient locks (long form), engraved with the words "long life", "longevity with wealth and honor life wealth" and so on.

문신붙이기 貼門神 Pasting the door god

문신 門神, 즉 문의 수호신은 음력 설에 문에 붙이는 그림의 한 종류이다. 이는 민간신앙에서 문을 지키는 수호신으로, 사람들은 문

대문에 붙인 문신 門神

신 그림을 문에 붙여 악귀를 쫓고 귀신을 피하며, 집을 수호하고 평안을 지키며, 유익을 꾀하고, 상서로움을 기원하는 의미를 담고 있으며 대부분 출입문에 붙인다.

The door god, the god guarding the door, is a kind of painting on the door for the Lunar New Year. As the god guarding the door of the folk belief, people affix their gods on the door to ward off evil spirits, protect the house, bless with safeness, help the utility, health and good luck, etc.

옥패착용 戴玉佩 Wearing jade pendant

고대 중국인들의 생활 장식이나 기구에는 옥으로 조각된 것이 많은데, 그 중에서도 몸에 늘 착용할 수 있는 옥으로 만든 것이 장신구가 주류를 이룬다. 옛 사람들의 옥에 대한 사랑은 옥의 귀중함 때문이라기 보다는 옥의 품격에서 비롯된 것이다.

옥패

Many of the living utensils of the Chinese ancient people were carved out of jade, the only thing that can often be worn on the body is jade. The ancient people's love of jade pendant is not because of its value, but because of its character.

홍초롱걸기 掛紅燈籠 Hanging red lantern

홍초롱紅燈籠은 전통적인 민간 공예품으로 중화민족의 오랜 역사 속에서 대체할 수 없는 역할을 하고 있다. 중국인들의 눈에 홍초롱은 온 집안이 둥글게 화합하고, 사업이 번창하며, 명성을 떨치는 것을 상징하며, 행복, 광명,

안휘성安徽省 흡현歙縣 흡주歙州 지역 고성古城 성벽에 장식된 홍초롱

활력, 원만함과 부귀를 상징하기 때문에 모두가 좋아하고 있다. 특히 해외의 차이나타운 등 중국인이 많이 사는 지역에서는 1년 내내 홍초롱이 걸려 있다. 이 전통은 중국 특유의 풍부한 문화적 저력이 배어 있어 중국 문화의 상징이 되었다.

As a traditional folk handicraft, the red lantern plays an irreplaceable role in the long history of the Chinese nation. In Chinese eyes, the red lantern symbolizes family reunion, prosperity, as well as happiness, brightness, vitality, completeness and wealth, so everyone likes it. In particular, large red lanterns are hung all year round in places where overseas Chinese live, such as Chinatown. This tradition permeates the unique and rich culture of the Chinese nation. Red lanterns have become a symbol of Chinese culture.

부들부채 蒲扇 Pu Fan

종려나무 과에 속하는 빈랑나무로 만든 부채를 속칭 부들부채라고 한다. 부들부채는 빈랑나무의 잎과 자루로 만들어져 가볍고 저렴하며, 중국에서 가장 많이 사용되는 부채로 일명 파초선 "葵扇" 이라고도 부른다.

Pu Kui Fan is commonly known as Pu Fan. It is made from the leaves and handles of Pu Kui, it is light in weight and low in price. It is the most popular fan in China, also known as "Palm-leaf fan".

부들부채

여의 如意 Ruyi

여의如意는 본래 중국 민간에서 간지럼을 긁는 도구를 쓰던 도구이다. 그 후 이것이 점차 상서로운 물건으로 여겨지면서 한족의 민간 및 궁정에서 널리 사용되었으며, 일반인들이

청清·동銅 도금 루사감취삼양累絲嵌翠三鑲 여의如意

먼 길을 가기 전에 가족이나 친구들이 축원의 의미로 이 여의를 보내기도 하고, 스님들이 이 불경을 강의할 때 자주 여의를 지니고 다녔다.

Ruyi, the old Chinese folk used the instrument to scratch. As an auspicious thing, it is widely used in the Han people and the court. Before the ordinary people travel far away, family members or friends will send their best wishes by sending them Ruyi. When Buddhist monk lectured, they often used "Ruyi" as a prop.

5. 음식 飮食 Food and drink

백주 白酒 Liquor

백주白酒는 중국 특유의 증류주로서 세계 6대 증류주 중 하나이다. 전분이나 당질 원료를 발효시켜 밑술을 만들거나 발효시킨 뒤 증류를 시켜 빚어낸다.

백주

Liquor is a unique Chinese distilled liquor, is one of the world's six major distilled liquor, made from starch or sugar raw materials fermented grains or after fermentation through distillation.

교자 餃子 Dumplings

만두의 일종인 교자餃子는 중국의 오래된 전통 밀가루음식의 하나로, 많은 사람들에게 사랑을 받고 있으며 중국 북방 대부분 지역에서는 즐겨먹는 설 음식이다.

Dumplings, one of China's ancient traditional pastries, are deeply loved by the vast majority of the Chinese people, and are the must-eat food in most parts of northern China.

추석월병 仲秋月餅 Moon cakes

월병은 한족漢族의 오랜 전통음식의 하나로 주로 추석 명절에 먹는다. 둥그런 월병은 온 가족이 모여 나눠먹는데, 그 모양처럼 가정이 단란하고 화목함을 기원하는 마음이 담겨있다.

Moon cakes are one of the famous traditional snacks of the Han nationality. Moon cakes are round, and they are part of the family, symbolizing reunion and harmony.

계란노른자 월병

차 茶 Tea

차문화는 한족의 삶에서 매우 중요하다. 중국의 한족(漢族)들은 차를 마실 때, 미각을 중시한다. 무릇 손님이 오면 차를 우려내어 대접하는 예의를 중시한다.

Tea culture is very important in Han people's life. Chinese Han people pay attention to the word "taste" when drinking tea. Where the guests, the preparation of tea, tea ceremony is essential.

360여 년의 역사를 자랑하는 무이산武夷山 대홍포大紅袍 차의 모본

중약 中藥 Chinese medicine

중약中藥이라 불리는 중국의 전통 약은 대부분 중국에서 기원하며, 일부는 서양삼西洋參처럼 외국에서 유래한 것도 있다. 중의학中醫學 이론 지침에 따르면 중약은 질병을 예방, 진단, 치료하거나 인체의 기능을 조절하는 데 사용되는 약물이다. 중약의 대부분은 식물이며, 동물이나 광물 그리고 일부 화학 생물 제품도 있

중약 재료

다. 중약은 가공 과정에 따라 조제약과 약재로 구분된다.

Chinese medicine mainly originated from China, and a few originated from foreign countries, such as western ginseng. Drugs used to prevent, diagnose, treat diseases or regulate human function under the guidance of TCM theory. The majority of Chinese medicines are botanical, animal, mineral and some chemical and biological products. Traditional Chinese medicine is divided into Chinese patent medicine and Chinese herbal medicine according to processing technology.

6. 건축 및 장식 Architecture & Decoration

만리장성 長城 The Great Wall

만리장성

만리장성 "長城"은 중국의 고대에 만리장성 북쪽에 자리하고 있었던 유목민족 연맹의 침략을 막기 위해 각기 다른 시기를 거치면서 축조된 대규모 군사 관련 공정의 총칭이다. 만리장성은 춘추전국시대에 연燕나라 왕 때부터 축조되기 시작되어 2000여 년의 역사를 가지고 있다. 오늘날 볼 수 있는 만리장성은 대부분 명나라 때 축성한 것을 일컫는데, 동쪽의 압록강鴨綠江에서 시작하여 서쪽으로는 내륙인 감숙성甘肅省의 가욕관嘉峪關까지 이른다.

The Great Wall, also known as "the Great Wall of Ten Thousand Miles", is the general name of a large-scale military project built in ancient China to resist the invasion of the nomadic tribal alliance in northern Saibei in different periods. The Great Wall was built in the Spring and Autumn Period and the Warring States Period.

It was built in the history of Yan Wang for more than 2000 years. Today, the Great Wall refers to the Great Wall built in the Ming Dynasty. It starts from the Yalu River in the East and reaches Jiayu Pass in Gansu Province in the west.

패방 牌坊 Archway

패방牌坊은 중국 특유의 전통 건축 문화 중 하나인데, 과거 봉건 사회에서 공훈, 과거합격, 덕정德政 그리고 충효와 절개 등을 기리기 위해 세운 건축물이다. 일부 도교사찰에서는 이 패방을 사찰의 문으로 삼기도 하였고, 일부 지역에서는 지명을 표기하는 데도 사용되고 있다.

Archway, one of the architectural culture with Chinese characteristics. It is a feudal society for the recognition of the achievements, the imperial, political integrity, as well as loyalty and filial piety. Some temples use archways as gates, and some archways are used to mark place names.

무석無錫 남선사南禪寺의 패방牌坊

정원 園林 Garden

중국 한족의 건축 중에서도 그 특색이 두드러지는 고풍스러운 정원 건축은 전통적인 중국 예술문화를 잘 표현하고 있는데, 특히 전통 "예악(禮樂)" 문화의 영향을 깊이 받고 있다. 지형, 산수, 건축물, 꽃, 나무 등의 매개체들을 통해 인간 주체의 정신문화를 구현하고 있다.

Classical garden architecture is unique among Chinese Han architecture. As an art form in traditional Chinese culture, Chinese gardens are deeply influenced by traditional "rites

성도成都 두보杜甫 초당草堂 분재정원의 모습

and music" culture. Through the topography, landscape, buildings, flowers and trees, a carrier to foil the human body of spiritual culture.

청기와화창 靑瓦花窗 Green tile window

청기와화창은 건축에 있어서 장식과 미화를 결합한 형태로 실용적인 기능과 함께 장식효과를 겸비하고 있다. 청기와화창은 대부분 고전적인 건축물에서 많이 나타나며, 현대적인 건축에서도 여전히 광범위하게 응용되고 있지만, 주로 복고적인 스타일의 문화적 효과를 구현하는 데 사용되고 있다.

청기와화창

Green tile window is a form of decoration and beautification in architecture, which has both practical functions and decorative effects. Green tile window appears in classic building more, still have extensive application in modern building, but use the style that restore ancient ways more, in order to reflect certain culture inside story.

사원 寺廟 The temple

사원은 중국 불교 건축물 중 하나이다. 인도의 사찰 건축에서 유래되었고, 중국에서는 북위北魏 때부터 번성했다. 이 건축물들은 중국의 봉건사회 문화의 발전과 종교의 흥망성쇠를 반영하고 있으며 중요한 역사적 가치와 예술적 가치를 지니고 있다.

남경南京의 고계명사古雞鳴寺

The temple is one of the Buddhist buildings in China. Temple architecture originated in India and flourished in China from the Northern Wei dynasty. These buildings record the development of Chinese feudal society culture and the rise and fall of religion, and have important historical value and artistic value.

진전한와 秦磚漢瓦 Qin brick and Han tile

진秦의 벽돌과 한漢의 기와란 의미의 "진전한와秦磚漢瓦"는 당시 건축물 장식이 얼마나 휘황찬란했는가를 보여주고 있다. 한漢의 와당瓦當은 동물문양이 가장 대표적인데, 조형이 완벽한 청룡, 백호, 주작, 현무 등 사신四神 외에도 토끼, 사슴, 소, 말 등의 기타 동물문양도 적지 않다. 진秦나라 때의 와당은 주로 연꽃, 해바라기, 구름 등의 문양이 대부분이지만, 진의 궁터에서 출토된 거대 와당의 장식은 동물의 변형문양으로 이루어져 유기鍮器와 옥기玉器 장식의 풍격과 매우 비슷하다.

한漢의 청룡와당

The so-called "Qin bricks and Han tiles" show the brilliance of architectural decoration in this period. The Han Dynasty tiles are the most excellent in animal decoration. Besides the four gods of Green-dragon, White-Tiger, Red-sparrow and Tortoise, there are many kinds of rabbits, deer, cattle and horses; the Qin Dynasty tiles have the most lotus, sunflower and cloud patterns; and the huge tiles unearthed from the Qin Palace site, decorated with animal deformable patterns, it is very similar to bronzes and jade objects.

우물 井 Well

우물은 지하에서 물을 얻기 위한 장치로 고대 민가를 중심으로 집집마다 대체로 모두 구비하고 있던 설비이다.

The well is a device for fetching water from below the surface of the earth, it's something that ancient people had in every household.

홍정紅井

중국식 전통 가옥 中式宅院 Chinese style house

중국식 전통가옥에서 보여주고 있는 아름다운 경관은 자연을 바탕으로 하여 이를 더욱 높은 경지로 승화시켜내고자 하는 의지가 담겨있다. 이는 중국의 경관 예술의 특징인 "작은 것으로부터 큰 것을 발견한다"는 "소중견대小中見大"의 의미를 잘 반영하고 있다. 중국 전통 조경의 기법과 정취를 참고하여 시적인 정취와 아름다움을 흡수하면서도 형식에 얽매이지는 않는 것이 특징이다.

중국식 전통 가옥

The beauty of Chinese style house comes from nature, which is higher than nature. It draws on the techniques and artistic conception of traditional Chinese gardens, absorbs the poetic and artistic conception of traditional gardens, and does not stick to the form.

돌다리 石橋 Stone bridge

돌다리, 즉 석재를 이용해 만든 교량에는 오랜 역사를 간직한 형교桁橋와 아치교로 크게 구분된다. 그 중에서도 아치교는 건축 역사상 눈부신 발전성과를 거두었을 뿐 아니라, 현재 교량건축에서도 매우 높은 참조가치를 지니고 있다.

Stone bridge is a bridge made of stone. There are stone girder bridges and stone arch bridges with a long history. The stone arch bridge not only has the glorious achievement in the history, but also has the very high reference value in the present bridge construction.

조주교趙州橋 - 고대 개방형 아치교의 대표

돌사자상 石獅 Stone lion

돌사자상은 중화 전통 문화에서 흔히 볼 수 있는 액막이용 조각이다. 주로 석재를 주재료로 하여 만든 예술적 가치와 관상적 가치가 매우 높은 사자 조각 예술이다. 대문 밖에는 보통 돌사자 한 쌍이나 청동사자 한 쌍을 두었는데, 이것은 주로 일반적으로 건축물과 조화를 이루며 액막이나 장식용으로 사용되어왔다.

Stone lion is a common protection against evil in traditional Chinese culture. A sculpture of a lion carved from stone materials of artistic and ornamental value. Outside the gate is a pair of stone lions or bronze lions, which are usually used in combination with buildings for protection against evil spirits or decoration.

종 鍾 Bells

중국은 세계 종 문화의 기원을 이루고 있는 최초 국가 중 하나이다. 정보를 전달하는 음향기, 음악을 연주하는 악기, 지배계층의 권력과 지위를 표시하는 기구, 불교와 도교의 신도들의 궁락정토 및 선계仙界를 묘사하는 장식, 백성들에게 시간과 집결을 알려주는 공구로 사용되는 등 종 문화는 오랜 발전과정과 역사를 지니고 있다.

01

문화
상징편

China is one of the earliest home in which bells cultural origins in the world. From the information noise, play the music instruments, marks the ruling class power and status, to the devotees deck Buddha's pure land Buddhism and Taoism and Taoist celestial beings divine multiplier, to tell the time for the people, and gather the tools, bells culture through the long development course.

서안西安 종루鐘樓의 종

탑 塔 The pagoda

탑은 불교계 인사들의 추앙을 받고 있다. 큰 강 남북에 우뚝 서 있는 탑들은 중국 고대의 걸출한 고층 건축물로 칭송 받고 있다.

The pagoda is respected by the Buddhist circle. The tower, which stands in the north and south of the lord, is praised as an outstanding high-rise building in ancient China.

숭성사崇聖寺 백탑白塔

정자 亭 Pavilion

정자는 한족漢族의 전통 건축물로 일찍이 주周나라 때부터 유래되었다. 행인이 휴식을 취하고, 바람을 쐬거나 경치를 구경할 수 있도록 길가에 많이 세워져 있다.

Pavilion is a traditional architecture of Han nationality, which originated in the

Zhou dynasty, and built on the side of the road, for pedestrians to rest, shade or view.

팔각정八角亭

7. 문자와 문학 Characters and Literatures

갑골문 甲骨文 Oracle-bone inscriptions

갑골문은 중국 고대의 문자로 한자의 초기 형식이며, 때로는 한자의 서체 중 하나로 여겨지기도 하고, 현존하는 중국 왕조 시기 중 가장 오래된 문자의 일종으로, 하남성河南省 안양시安養市 은허殷墟 지역에서 최초로 출토되었다.

Oracle-bone inscriptions are an ancient Chinese script, an early form of Chinese characters, and sometimes also regarded as one of the calligraphy forms of Chinese characters. It is also the oldest mature script in the current Chinese dynasty. It was first unearthed in the Yin ruins in Anyang city, Henan province.

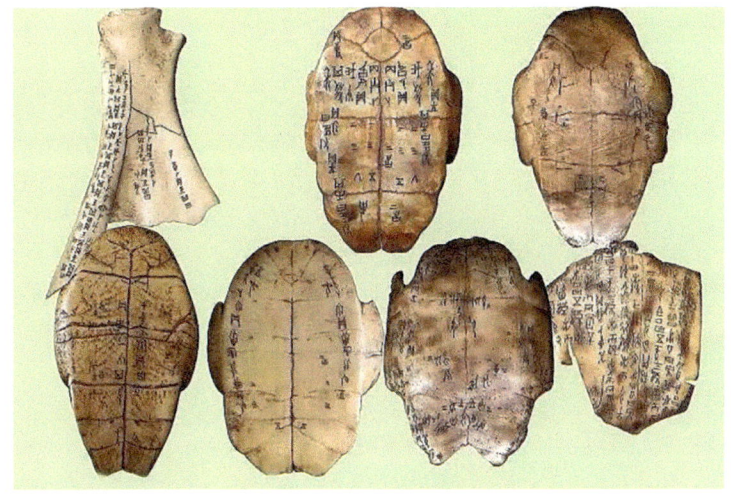

귀갑龜甲 및 짐승뼈에 새겨진 갑골문

금문 金文 Chinese bronze inscriprions

금문은 청동기에 주조되거나 새겨진 문자의 일종이다. 금문은 상商나라에서 시작하여 주周나라에서 성행하였으며, 갑골문의 기초 위에서 발전하였다. 주로 종정鐘鼎이라 불리는 청동기에 새겨져 있어 때때로 종정문鐘鼎文이라고도 불린다. 금문은 필법과 글자의 조합형태 및 구성 면에서 서예의 발전에 많은 기여를 하였다.

서주西周·모공정毛公鼎 - 보계시寶鷄市
(청동기박물관에 소장된 복제품)

Chinese bronze inscriptions is a type of writing that is cast or engraved on bronze ware. It originated in the Shang dynasty and prevailed in the Zhou dynasty. It is sometimes called Zhongdingwen because it is carved on top of a ding. Chinese bronze inscriptions has made contributions to the further development of calligraphy in the aspects of calligraphy, characters and rules.

죽간 竹簡 Bamboo slips

대나무 조각에 글씨를 써서 엮어놓은 죽간은 중국 역사상 가장 오랜 세월 동안 사용된 서적의 형태로 제지술이 발명되고 종이가 보급되기 전의 주요 기록 방식이다. 고대 중국인들이 반복적인 비교와 고심 끝에 선택된 문화 보존 및 전달 매체이다. 이것은 전달매체의 역사상 중요한 혁명으로, 처음으로 문자를 사회 가장 상층부의 전유물에서 일반 대중에게로 확장시켜, 문자보급과 확대라는 사회발전의 계기를 제공하였다. 그래서 죽간은 중국의 문화보급에 있어서 결정적인 역할을 하였으며, 그 덕분에 공자孔子나 노자老子와 같은 제자백가들의 사상과 문화가 오늘날까지 전해질 수 있었다.

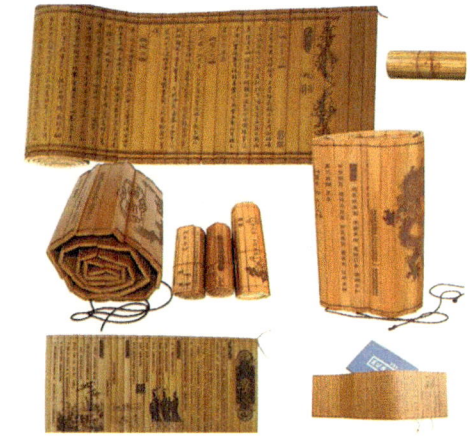
죽간竹簡

Bamboo slips are the longest used book form in Chinese history, the main writing tool before the invention of paper making and the popularization of paper, and the cultural preservation and communication media confirmed by ancient Chinese after repeated comparison and difficult selection, which is an important revolution in the history of communication media. For the first time, it freed the written language from the upper circle of society and made great strides towards a broader society with great momentum. Therefore, bamboo slips played a crucial role in the dissemination of Chinese culture, and it was their emergence that led to the cultural pomp of a hundred schools of thought, as well as the thoughts and culture of Confucius, Laozi and other famous scholars.

문방사보 文房四寶 Four treasures of the study

문방사보文房四寶는 중국 고대 전통문화에서 붓, 먹, 종이, 벼루 등 4개의 문서도구를 가리키는 말이다. 이들은 매우 실용적인 가치를 지닌 문구용품일 뿐만 아니라 회화, 서예, 조각, 장식 등을 하나로 융합한 예술품이기도 하다.

01
문화
상징편

They are writing instruments in ancient Chinese traditional culture, namely pen, ink, paper, ink stone. "Four treasures of the study" is not only a very strong practical value of stationery supplies, but also the integration of painting, calligraphy, sculpture, decoration and other works of art.

문방사보

선장서 線裝書 Thread-bound book

선장서란 실 등의 선으로 제본한 도서의 유형을 말하며, 일명 고선장古線裝이라고도 하는데, 고대 중국의 중요한 발명 중 하나이다.

Thread-bound book refers to the type of bookbinding with the line type, also known as the ancient thread-bound, is an important invention of the ancient Han working people.

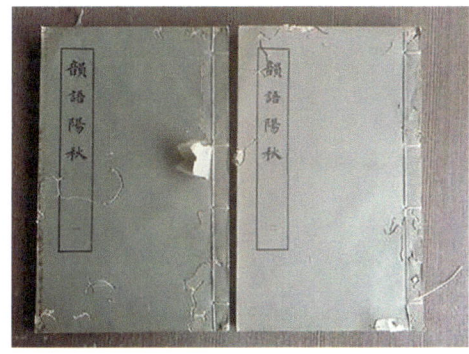
선장서線裝書

당시唐詩 · 송사宋詞 Tang poem · Song jambic verse

당시唐詩란 일반적으로 당唐나라 때 시인들이 쓴 시를 가리킨다. 이는 중화민족의 소중한 문화유산 중 하나이며, 문화 보고寶庫의 핵심으로, 세계의 많은 민족과 국가의 문화 발전에 큰 영향을 미쳤으며, 후세에 당나라의 정치, 민정, 풍속, 문화 등을 연구하는 데 중요한 참고가 되고 있다. 송사宋詞는 송宋나라 때 크게 성행한 중국 문학 장르의 하나이며, 고체시와 비견되는 신체시의 한 형태로서 송대宋代 문학의 최고 업적으로 꼽힌다. 송사 구절은 긴 것도 있고 짧은 것도 있어서 노래하기에 적합했다. 음악에 어울리는 가사歌詞였기 때문에 "곡자사曲子詞", "악부樂府", "장단구長短句" 등으로도 불린다.

Tang poetry refers to poems written by poets in the Tang Dynasty. Tang poetry is one of the precious cultural heritage of the Chinese nation and a pearl in the treasure house of Chinese culture. It also has a great impact on the cultural development of many nations and countries in the world. It has important reference significance and value for future generations to study the politics, customs and culture of the Tang Dynasty. Song jambic verse is one of the new poems relative to the ancient poems, which symbolizes the highest achievement of Song literature. Sentences in Song poetry have long and short sentences, which are easy to sing. Because it is the lyrics of music, it is also called Melodic Ci, Yuefu, long and short sentences.

사대명저 四大名著 China's four great classic novels

사대명저四大名著란 네 편의 중국 고전 문학 명작을 지칭하며, 나관중羅貫中의 『삼국연의三國演義』, 시내암施耐庵의 『수호전水滸傳』, 오승은吳承恩의 『서유기西遊記』, 조설근曹雪芹·고악高鶚의 『홍루몽紅樓夢』 등 네 편을 일컫는다. 명청明清 시대에 편찬된 이 네 편의 명작은 중국의 고전문학과 문화의 정수를 담고 있으며, 중국 문화를 배우는 데 있어서의 필독서이다.

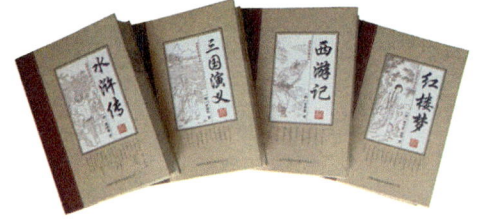

사대명저四大名著

The four masterpieces refer to the four classical Chinese literary masterpieces, *The Romance of the Three Kingdoms* (author Luo Guanzhong), *Outlaws of the Marsh* (author Shi Nai'an), The Journey to the West (author Wu Cheng'en), *Dream of the Red Mansions* (author Cao Xueqin, Gao E). Born in the Ming and Qing Dynasties, the four masterpieces are the fine works of Chinese classical literature, bearing the essence of Chinese culture, and are must-read books for studying Chinese culture.

『수호전水滸傳』은 북송北宋 말기에 송강宋江을 우두머리로 한 108명의 대장부들이 양산梁山에서 봉기하여, 의기투합한 후에 투항한 사람들을 모아 사방으로 원정을 나가는 이야기를 묘사하고 있다. 송강宋江, 오용吳用, 이규李逵, 무송武松, 임충林冲, 노지심魯智深 등 양산梁山의 영웅들을 형상화하여, 농민봉기의 발생과 함께 전개되어 실패에 이르는 전 과정을 묘사하고 있다. 특히 농민봉기의 사회적 뿌리를 깊이 밝히고, 봉기의 주체인 영웅들의 반항 투쟁과 그들의 사회적 이상, 그리고 봉기 실패의 내적 원인을 구체적으로 밝히고 있다. 수호전은 백화문(입말)으로 쓰여진 중국 역사상 최초의 장회章回 소설 중 하나이다.

Outlaws of the Marsh describes 108 heroes of Liangshan in the late Northern Song Dynasty, led by Song Jiang, who underwent the uprising in Liangshan, and the stories of being recruiting and fighting around Liangshan after Juyi. It portrays Liangshan heroes such as Song Jiang, Wu Yong, Li Kui, Wu Song, Lin Chong, Lu Zhishen, and vividly depicts the whole process of occurrence, development and failure of peasants' uprising, which has profoundly revealed the social origin of the uprising, enthusiastically extolled the revolt struggle of the heroes of the uprising and their social ideals, and concretely revealed the internal historical reasons for the failure of the uprising. Outlaws of the Marsh is one of the earliest chapter novels in Chinese history written in vernacular.

『서유기西遊記』는 중국 고대 낭만주의 장편 신괴神怪 소설이다. 당승唐僧과 그의 제자 손오공孫悟空, 저팔계猪八戒, 사오정"沙僧" 등 총 4명이 서천西天이라 불리던 인도印度로 가서 불경을 가져오는 과정에서 81개의 고난을 겪으면서 마침내 불경을 얻게 되는 이야기를 다루고 있다. 『서유기』는 제1부(1~7회) 손오공의 신통력과 천궁을 어지럽히는 내용, 제2부(8~12회) 현장법사(당승)가 불경을 얻고자 하는 취지, 제3부(13~100회) 손오공이 요괴들을 굴복시키며 마침내 서천에 이르러 진경眞經을 손에 넣는 내용 등 총 세 개 부분으로 구성되어 있다. 『서유기』는 뚜렷하고 독특한 개성을 지닌 손오공이라는 캐릭터를 통해 중국 문학사에 불후의 예술적 금자탑을 세웠다.

The journey to the West is a long romantic and magic novel in ancient China. It mainly depicts Tang Monk Xuan Zang and his three disciples, Monkey King, Pigsy, and Monk Sha, went to the west to learn the Scriptures. After eighty-one difficulties, they finally got The scripture. The content of *The Journey to the West* is divided into three parts: the first part (the first to the seventh chapters) introduces Monkey King's supernatural powers and makes a great disturbance to the Heaven Palace; the second part (the eighth to the twelfth chapters) narrates the reasons of Xuan Zang for Buddhist scriptures; the third part (the thirteenth to the hundred chapters) is the main body of the whole story, writing Monkey King fight demons, and eventually arriving in the West to retrieve the scripture. The image of Monkey King in *The Journey to the West*, with its distinctive personality characteristics, has set up an immortal artistic monument in the history of Chinese literature.

『홍루몽紅樓夢』은 장편의 장회 소설로서 사대명저 중 으뜸이 되는 작품이다. 이 작품의 원래 명칭은 『지연재중평석두기脂硯齋重評石頭記』이며, 일명 『정승록情僧錄』, 『풍월보감風月寶鑑』, 『금릉십이차金陵十二釵』, 『환루기還淚記』로도 불린다. 『홍루몽』은 부귀영화를 누리던 봉건 귀족 가문이 쇠락해가는 삼대三代의 생활을 묘사하는 과정에서 봉건 귀족 계급의 파렴치함과 타락을 과감히 고발하고 있으며, 그들의 온갖 허위와 속임수, 탐욕과 부패를 지적하고 있는 소설이다. 『홍루몽』에서 빚어낸 100여 개의 캐릭터들은 저마다 뚜렷한 개성을 가지고 있으며, 특히 주요 캐릭터인 가보옥賈寶玉, 임대옥林黛玉, 설보차薛寶釵, 가모賈母, 왕희봉王熙鳳, 사상운史湘雲, 가탐춘賈探春 등 인물들은 독자들에게 깊은 인상을 남겨주고 있다.

A Dream of Red Mansions is a long chapter novel and the first of four classical Chinese literary masterpieces in ancient China. Its original name is *Zhi Yanzhai Reviewing Stone Story*, and it is also called *Love Monk Record*, *Women in Love*, *Jinling Twelve Hairpin*, *Returning Tears and Golden Jade Fate*. *A Dream of Red Mansions* is a tragedy with a smile. It describes the three generations' life of a feudal aristocratic family during which the family has gone from glory to decay. It also boldly accuses the shameless and degeneration of the feudal aristocratic class and points out their hypocrisy, fraud, greed, decay and evil. The main characters portrayed in *A Dream of Red Mansions* are more than 100 characters who have their own distinct personality characteristics, especially the main characters such as Jia Baoyu, Lin Daiyu, Xue Baochai, Jia Mu, Wang Xifeng, Shi Xiangyun, Jia Tanchun and so on, which left a deep impression on us.

『삼국연의三國演義』는 동한東漢 말기부터 서진西晉 초기까지 약 100년 정도에 이르는 시기의 역사적 풍운을 묘사하고 있다. 책 전체는 삼국시대의 정치 군사적 투쟁과 다양한 사회적 갈등의 침투와 과도기적 시대의 역사적 격변 속에서 위세를 주름잡는 영웅들을 잘 묘사해 내고 있다. 『삼국연의』의 내용은 유비劉備, 관우關羽, 장비張飛의 도원결의桃園結義에서 시작되어 사마씨司馬氏가 오吳나라를 멸하고 진晉을 세울 때까지, 즉 동한東漢 말기와 위魏 촉蜀 오吳 삼국시대의 정립과정을 구체적으로 묘사하고 있다. 글이 평이하고 인물 캐릭터에 대한 뚜렷한 묘사 그리고 흥미로운 줄거리로 생동감이 넘치고 구성이 웅대하다. 『삼국연의』는 중국의 첫 번째 장편 장회 소설로 거의 200개의 캐릭터를 그려내고 있는데 그 중에서도 제갈량諸葛亮, 조조曹操, 관우關羽, 유비劉備 등의 성격이 두드러진다.

The Romance of the Three Kingdoms (also known as The Record of the Three Kingdoms) describes the history of nearly one hundred years from the late Eastern Han Dynasty to the early Western Jin Dynasty. The book reflects the political and military struggle in the Three Kingdoms period, reflects the infiltration and transformation of various social contradictions in the Three Kingdoms period, summarizes the great historical changes in this era, and shapes a number of heroes. The Romance of the Three Kingdoms begins with Oath of the Peach Garden of Liu Bei, Guan Yu and Zhang Fei, ends with Sima's destruction of Wu and star ts the Jin dynasty, and describes the situation of the Three Kingdoms, Wei, Shu and Wu in the late Eastern Han Dynasty and the history of the founding of the Jin Dynasty. The words are simple, the characters are depicted profoundly, the plot is tortuous, and the structure is grand. The Romance of the Three Kingdoms depicts nearly 200 characters, especially Zhu Geliang, Cao Cao, Guan Yu and Liu Bei. The Romance of the Three Kingdoms is China's first long chapter novels.

8. 기예 Skill

장기 象棋 Chess

장기는 중국 전통적인 브레인 계발 게임으로 중국에서 선진시기에 이미 시작되었다는 기록이 있을 정도로 유구한 역사를 지니고 있다.

Chess, a traditional Chinese chess puzzle games, has a long history in China, pre-Qin period has been recorded.

장기 象棋

바둑 圍棋 Weiqi

바둑은 중국에서 유래된 2인이 진행하는 전략적인 게임으로, 고대 중국에서는 "혁弈"이라고 불렸으며 동아시아 국가(중국·일본·한국·북한)을 중심으로 널리 유행하고 있다.

Originating in China, Weiqi is a strategic two-player game. It is called "Yi" in ancient China. It is popular in east Asian countries (China, Japan, Nouth Korea and Korea).

바둑 圍棋

침술 鍼灸 Acupuncture

침술은 침"鍼"과 뜸"灸"으로 이루어져 있으며 동양의학의 중요한 부분 중 하나이다. 내용을 들여다보면 침술 이론, 경락, 침술기술 및 관련 기구 등의 형성과 응용 그리고 발전과정에서 모두 뚜렷한 중국 민족의 문화와 과학에 바탕을 두고 있다.

Acupuncture consists of "needle" and "moxibustion", is one of the important component of Oriental medicine,

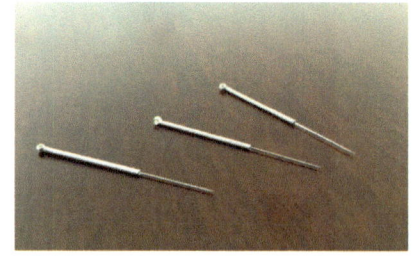

침술용 은침 銀鍼

its content, there are acupuncture and moxibustion theory, acupoints, acupuncture and moxibustion technology and related equipment, in the process of formation, application and development, is a Han national culture and regional characteristic, is based on the Han nationality culture and science of traditional precious heritage.

무술 武術 Martial arts

중국의 전통 무술은 첫째로 신체를 강인하게 하고, 둘째로 적의 공격을 방어하는 기능을 가지고 있다. 생존 기술로서의 중국 전통무술은 중국 역사와 문명의 발전과 함께 수천 년 동안 시련과 고난을 겪으면서 중국인의 생존과 발전을 지탱해 온 혼백과도 같은 존재가 되었다.

무술

Chinese traditional martial arts, firstly, martial arts can strengthen bodies, secondly, it can defend the enemy attack. As a survival skills, traditional Chinese martial arts have gone through thousands of years of trials and tribulations with the development of Chinese history and civilization, becoming the soul that sustains the survival and development of this nation and the soul that carries the genetic composition of Chinese.

경극분장 京劇臉譜 Peking Opera facial masks

경극분장은 중국 문화의 특성을 살린 특수 메이크업 방식이다. 역사 속 인물이나 특정한 캐릭터별 인물들에 대하여 대체로 일정한 분장을 하고 이에 걸 맞는 악보에 따라 노래를 하기 때문에 분장에 따른 악보라 하여 "검보臉譜"라고 불린다.

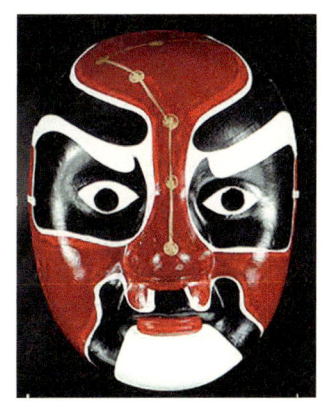

경극분장

Peking Opera facial masks is a special makeup method with Chinese cultural characteristics. Because every historical figure or a certain type of person has a rough notation, just like singing or playing music according to the score, so it is called "facial makeup".

민족악기 民族樂器 National instruments

중국의 독특한 민족악기 중 일반적으로 유행하는 것은 금琴, 쟁箏, 통소"簫", 피리"笛", 얼후"二胡", 비파琵琶, 북"鼓" 등으로 중화 전통 음악 문화를 대표한다.

National instruments are unique instruments of China. Generally popular has the qin, the zheng, the xiao, the flute, the erhu, the pipa, the drum and so on, they represent the Chinese traditional music culture.

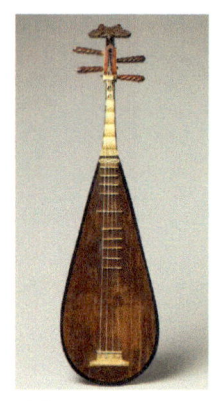

비파

4대발명 四大發明 The four great inventions

4대발명이란 고대 중국이 세계에 큰 영향을 끼친 네 가지 발명품을 말하며 일반적으로 제지술, 나침반, 화약 및 인쇄술을 지칭한다.

The four great inventions refer to the four great inventions that had great influence on the world in ancient China and were important inventions of the working people of the Han nationality in ancient times. They generally refer to paper making, compass, gunpowder and printing.

북송北宋 물에 띄운 수부식水浮式 나침반

9. 복식 / Clothes & Accessories

면류관 冕旒 Crown with tassels

면류관은 고대 중국 예관의 일종이다. 전하는 바에 따르면 면류관을 쓰는 제도는 황제黃帝때부터 시작하였으며 주대周代에 이르러 완비되었다고 전한다. 고대에는 제왕과 제후를 비롯한 각 관료들이 성대한 제사의식 등에 참가할 때 착용할 때 특별한 예복을 입었는데, 그 중에서도 면류관은 가장 중요한 예관禮冠의 하나였다.

면류관

King's crown with tassels, one of the ceremonial crouns of ancient China. Legend has it that the crown system originated from Yellow Emperor, and it was complete at the time of Zhou Dynasty. The ancient emperors, the feudal princes, and Qingdafu took part in the grand sacrifices, and the coronet was the most valuable in the crown.

봉황관 鳳冠 The phoenix coronet

고대 황후의 관冠은 봉황 모양의 보석으로 장식하였다. 명明나라 때의 봉황관은 황후가 책봉을 받고, 묘당을 참배하거나, 조회朝會를 할 때 예관으로 착용하였는데, 송宋나라의 예관 형식에 기초하여 더욱 세련되게 발전을 시킨 형태로 아름다운 자태를 더욱 돋보이게 한다. 명明·청清 시기 때는 여자들의 정장에 보편적으로 사용된 채색 관모 역시 봉황관이라 불렀으며 주로 혼례 때 많이 사용되었다.

명明나라 봉황관

The crown of an imperial concubine, decorated with phoenix-like jewels. The phoenix coronet in Ming dynasty is a ceremonial crown for empress to receive book, to visit temple, and to wear in the imperial court. In the Ming and Qing dynasties, women usually decorated with colorful crowns, also known as phoenix crowns, more used for weddings.

당의 唐裝 Tang suit

당의唐裝는 중국의 독특한 패션의 일종으로 두 가지의 서로 다른 의미와 스타일을 가지고 있다. 한가지는 당唐나라 때 제조되어 유행한 중국 복식으로 통상적으로 일컬어지는 복식을 가리키며, 두 번째는 마고자를 모티브로 하여 차이나 칼라와 서양식 입체 재단을 추가하여 디자인한 의상을 가리킨다.

청말淸末 민국民國 초기의 두루마기長袍와 마고자馬褂

Tang suit is Chinese dress, but it has two different meanings and styles. It refers to the Han costume of Tang dynasty, which is a style in the clothing system of Han nationality. The second is based on the mandarin jacket for the prototype, the addition of standing-collar and western three-dimensional cutting design of clothing.

치파오 旗袍 Chi-pao

치파오는 중국과 세계의 중국계 여성이 즐겨 입는 전통의상으로 복식에 있어서 중국의 정수이자 중국 여성의 대표복장으로 중국의 오랜 복식문화 속에서 가장 눈에 띠는 복식형태 중 하나로 꼽히고 있다.

1930년대 치파오,
(대도회大都會박물관 소장)

Chi-pao, the traditional costume of Chinese

women in China and the world, is praised as the quintessence of Chinese culture and women's national costume. It is one of the most gorgeous phenomena and forms in China's long costume culture.

배두렁이 肚兜 Belly-band

행주치마 형태의 배두렁이 "肚兜"는 "말흉抹胸"이라고도 부르며, 중국 전통의 상에서 가슴과 배를 감싸는 형태로 안쪽에 받쳐입는 옷이다. 배두렁이의 겉면에는 대부분 도안이 있는데, 날염이나 자수로 이루어져 있다. 푸른색으로 날염한 천에 상서로운 도안을 한 것이 가장 많이 유행하고 있다.

아기용 배두렁이

Belly-band, also known as "wipe the chest", is the traditional Chinese clothing in the chest and abdomen protection underwear. The face of Belly-band often has pattern, there is printing to embroider, popular printing is blue printing cloth, the design is more for auspicious patterns.

삿갓 斗笠 Bamboo hat

대나무를 주재료로 엮어 만든 삿갓 "斗笠"은 햇빛과 비를 가리는 모자의 일종으로 지금도 산촌과 어촌에서는 흔히 볼 수 있다.

Bamboo hat is a kind of braided hat to keep out the sun and rain, it still can be seen every where in mountain village and water town.

삿갓 斗笠

한족 전통의상 漢服 Hanfu

"한복漢服"이라 부르는 한족漢族의 전통의상은 한의관漢衣冠, 한장漢裝, 화복華服이라고도 불리며, 자연의 변화에 따라 함께 발전해온 독특한 한족의 전통의상으로 다른 민족의 전통의상이나 의상에 부착하는 장식물 등에서 뚜렷하게 구분된다.

Hanfu, full name is "traditional clothing of Han nationality", also known as Hanguan, Hanzhuang, and Chinese clothing, formed through natural evolution with unique features and characteristics of Han nationality, which is obviously different from the traditional clothing and accessories system of other nationalities, bearing the outstanding crafts and aesthetics of Han nationality such as dyeing, weaving and embroidery.

한족漢族 전통의상

자수 신발 繡花鞋 Chinese embroidered shoes

중국 자수신발은 신발 문화와 자수 예술이 잘 어우러진 중국의 독창적인 수공예품이다. 주로 상서로움을 표현하는 연꽃문양, 석류문양, 나비문양, 비룡飛龍문양 등이 대표적이며 생명의 찬가와 행복한 인생에 대한 기원을 담고 있다.

청淸·자수 가죽신

Chinese embroidered shoes are the unique handicraft of Chinese nation which perfectly combines the shoe culture and embroidery art. Auspicious patterns include the birth of the lotus seeds, the exultation of a hundred seeds, a pair of love flowers, dragon flying and phoenixes dancing and so on, implying the hymn of life and a happy life.

호랑이머리 신발 虎頭鞋 Tiger-head shoes

호랑이머리신발은 중국 전통 수공예품 중 하나로 일종의 아동용 신발이다.

신발의 앞쪽 끝에 호랑이 머리 모양의 마스코트를 장식하고 있기 때문에 호랑이머리신발이라고 불리며, 중국 북방 지방에서는 고양이머리신발이라고도 한다. 그것은 실용적 가치와 장식적 가치를 모두 가지고 있으며, 귀신을 쫓아내는 일종의 마스코트로 활용되기도 하였다.

호랑이머리신발

Tiger-head shoes is one of the traditional Chinese handicrafts, is a kind of children's shoes, because the head of the shoe is like the head of the tiger, so called tiger-head shoes, also known as cat-head shoes in northern China. It has both practical value and ornamental value. At the same time, it is a kind of mascot, which is endowed with the function of exorcising evil spirits.

10. 종교와 철학 Religion and Philosophy

B.C. 800년부터 B.C. 200년에 인류문화는 야스퍼스Karl Jaspers가 말한 '축의 시대the Axial Age'로 진입하였다. 이 시기 고대 그리스, 이스라엘, 인도와 중국은 거의 동시에 위대한 사상가들이 출현하였으며, 이들은 모두 인류의 관심사들에 대해 자신들만의 시각을 각각 제시하였다. 예를 들어 고대 그리스의 호머Homer, 팔메니데스Palmenides, 헤라클리투스Heraclitus, 플라톤Plato을 비롯하여 많은 비극작가들이 있었고, 중국에서는 노자, 공자, 묵자, 장자 등의 사상가들이 대거 배출되었다.

800BC-200BC, entered what Jaspers called "the Axial Age", during this period, great thinkers appeared in ancient Greece, Israel, India and China almost at the same time. They all put forward unique views on the issues of human concern. For example, Homer, Palmenides, Heraclitus, Plato and a number of tragic writers in ancient Greece;

many schools of thought emerged in China, including Lao-Tzu, Confucius, Mo-Tzu, Chuang-Tzu and so on.

유가 儒 Confucianism

유가는 선진先秦시기 공자를 창시자로 하는 제자백가의 하나이다. 유가는 고대 중국에서 '백가百家를 배척하고 오직 유학사상을 숭상해야 한다'고 주장한 이래로 중국에서 가장 영향력 있는 학파가 되었다. 유가 사상은 중국 문화에 깊은 영향을 미쳤으며, 천하를 대상으로 한 책임사상, 인의예지仁義禮智를 바탕으로 한 충효사상, 자기가 하기 싫은 것을 남에게 강요하지 않는다는 "기소불욕, 물시어인己所不欲, 勿施於人"의 정신에 바탕을 둔 "서恕"의 배려사상, "수신제가치국평천하修身齊家治國平天下"의 사상에 바탕을 둔 윤리사상 등으로 이해할 수 있다.

Confucianism is one of the hundred schools of the pre-Qin dynasty. Its founder is Confucius. Confucianism is the most influential school in ancient China since "deposed all schools and respected Confucianism alone". The influence of Confucianism on Chinese culture is very deep. The Chinese people's genetic thoughts of responsibility (taking the whole country as their duty), loyalty and filial piety (benevolence, righteousness, propriety, wisdom, faith), forgiveness (do not want to be done to yourself, do not do to others), and ethics (cultivate one's morality, keep one's family, rule the country and settle the whole world) are the results of the combination of Confucianism and autocracy.

도교 道 Taoism

도교는 중국대륙에서 "도道"를 최고의 가치로 여기는 일종의 종교이다. 도교는 중국 고대의 귀신 숭배 관념에 있어서, 황黃·노老 도가 사상[9]을 이론적 근거로 하여 전국戰國시기 이래로 유행한 신선神仙과 방술方術을 계승하여 형성되었

---

9 춘추전국시대에 성행했던 황제학파(黃帝學派)와 노자학파(老子學派)의 사상을 총칭하여 이르는 말.

다. 노신魯迅은 중국의 뿌리는 도교에서 비롯된다고 주장한 바 있으며, 영국 한학자漢學者 조지프 니덤Joseph Needham도 하늘을 찌를 듯한 거대한 나무와도 같은 중국 문화의 뿌리는 바로 도가에 있다고 주장한바 있다.

Taoism is a local religion in China, taking "Tao" as the highest faith. Taoism, based on the theory of Huang-lao Taoism, inherits the development of the divine formula from the warring states. Lu Xun once made the conclusion that "the roots of China lie in Taoism"; British Sinologist Joseph Needham agreed: "Chinese culture is like a towering tree, and its roots are in Taoism."

음양 陰陽 Yin-yang

음양陰陽 은 중국 고대 문명에서 말하는 자연의 법칙의 질서로 자연 법칙의 발전을 이끄는 근본 요인이다. 이는 각종 사물이 잉태, 발전, 성숙, 쇠퇴에서 소멸까지 이르는 변화의 원동력이며, 중화 문명의 논리적 사고의 근간을 이루는 핵심 요소이다.

Yin-yang is the description of the basic factors behind the natural laws that drive the development and changes of the natural laws in ancient Chinese civilization. It is the motive force that breeds, develops, matures, declines and dies of various things. It is the core element that lays the foundation of the logical thinking of Chinese civilization.

불교 佛 Buddhism

불교는 세계 3대 종교 중 하나이다. 불佛은 '수행을 통해 깨우친 자' 라는 의미를 담고 있다. 불교는 인간의 마음, 도덕적 진보, 깨달음을 중시한다. 불교 신도들은 수행을 통해 생명과 우주의 진실을 발견하고, 결국 생사고락을 넘어 모든 괴로움을 종식시키고 해탈을 얻을 수 있다고 여긴다.

Buddhism is one of the three major religions in the world. Buddha means "enlightened one". Buddhism values human spiritual and moral progress and consciousness. Buddhist believers discover the truth of life and the universe through practice, and finally transcend life and death and suffering, and end all troubles, and get the ultimate relief.

선종 禪宗 Zen

선종禪宗은 중국 불교 종파의 하나이다. 천성天性을 깨달으면 부처가 될 수 있다는 "견성성불見性成佛"을 깨달음의 주요 교리로 삼고 있다. 마음의 근원에 대한 철저한 이해에 바탕을 두고 있기 때문에 부처의 성품을 체득하는 종교라 하여 "불심종佛心宗"이라고도 한다.

Zen is one of the sects of Chinese Buddhism. The idea of the enlightenment is to "see the nature and become a Buddha". It is also known as Buddha's heart doctrine because it is based on thorough understanding of the source of the mind.

팔괘 八卦 The Eight Diagrams

팔괘八卦는 중국 문화의 기본적인 철학 개념이다. 팔괘의 형성은 『도덕경道德經』 이론의 근원으로 알려져 있는 『하도河圖』와 고대 우禹가 낙수를 다스릴 때 신구神龜의 등에 있는 9개의 무늬에서 착안하여 수립한 정치 규칙서인 『낙서洛書』에서 비롯된다. 팔괘란 여덟 개의 다른 괘상卦相을 말하며, 팔괘도八卦圖는 복희씨伏羲氏에 의해 그려졌다고 전해져 오고 있다.

The Eight Diagrams is a basic philosophical concept of Chinese culture. The formation of the Eight Diagrams originated from the *River Map* and *Luo Shu*. The Eight Diogram's are eight different trigrams. According to the legend, the Eight Trigrams is drawn by Fuxi.

용봉문양 龍鳳紋樣 Dragon and phoenix patterns

용봉문양은 중화민족 문양의 가장 대표적인 이미지 상징이며, 아름답고 기이한 예술적 형상이다. 그것은 중국 문화 역사상 가장 오랜 기간에 걸쳐 응용되고 있을 뿐 아니라 가장 광범위한 민속적 기능을 담고 있는 문화의 긴 사슬을 구성한다. 용은 비늘을 가진 짐승들 중에서 으뜸이고, 봉황은 모든 새의 왕이다.

Dragon and phoenix patterns are the most representative image symbols in the Chinese nation decoration, and are beautiful artistic images. They constitute the long cultural chain with the longest duration, the most extensive application, the most folk function and the strongest folk character in the history of Chinese culture. "Dragon is the king of scale insect, phoenix is the king of birds".

봉황문양 석조石雕

상서로운 구름 문양 祥雲圖案
Auspicious cloud pattern

상서로운 구름이라는 의미의 "상운祥雲" 문양은 고대의 행운을 염원하는 일종의 토템 사상에 기인한 것으로, 의류, 도자기, 가구 등에 많이 사용되며 행운과 소원성취를 바라는 뜻을 담고 있다.

As a totem of ancient auspiciousness, Xiangyun often appeared on clothing, porcelain and furniture, signifying good luck and happiness.

횃불에 새겨진 상운祥雲 문양

태극도 太極圖 Taiji-diagram

명대明代의 그림으로부터 대두되기 시작한 태극도太極圖에 대한 가장 어울리는 해설은 춘추春秋시대의 노자老子가 말한 "화 속에 복이 깃들어 있고, 복 속에 화가 깃들어 있다." 이다. 이는 중국인들의 세계에 대한 인식을 비롯하여 개체와 세계와의 관계를 다루는 지침 역할을 하고 있는 중국인의 사고방

명·청석조태극박쥐비

식의 원천이라고 할 수 있다.

The best footnote to Taiji Graph, which originated in the Ming Dynasty, was completed by Lao Tzu's phrase "where fortune and misfortune lie, where fortune and misfortune arise" in the Spring and Autumn Period. It is the compass for Chinese people to understand the world and deal with the relationship between individuals and the world. It is also the source of Chinese speculative methods.

11. 24절기 Twenty-four Solar Terms

봄비가 봄을 깨우면 산천이 푸르러지고 春雨驚春淸谷天
여름엔 절기대로 더위가 이어지네 夏滿芒夏暑相連.
가을엔 이슬 내려 서늘해지고 秋處露秋寒霜降
겨울엔 눈 내리고 추위가 찾아오네 冬雪雪冬小大寒.
──── <24절기의 노래> 중에서

24절기는 고대 중국인들이 태양의 운행주기 관찰을 통해 일년 중 계절에 따른 기후와 만물의 변화 등 자연법칙을 관찰하고 인지함으로써 형성된 지식 체계와 이에 따른 사회적 실천으로 유네스코 인류무형문화유산에 등재되었다. 이것은 매년 계절에 따른 기후와 만물의 변화와 상호관계가 일정하게 발생하기 때문에 진한秦漢 이후 2000년 동안 국가정책 수립과 민생에 있어서 중요한 역할을 수행해 왔다. 그것은 국가 행정의 시간적 준칙이자 농업 생산의 나침반 역할과 일상생활의 풍향계 역할을 해왔다. 더불어 자연을 존중하고 애호하며, 자연을 이용하고 보호하는 천인합일天人合一 사상을 담고 있다. 이는 중국 문화의 정수이며, 전세계 생태환경이 날로 악화되고 있는 현실 속에서 보편적 의의와 공유가치의 필요성을 느끼게 해준다.

Twenty-four Solar Terms refers to the time knowledge system and its social practice formed by the ancient Chinese people through observing and understanding the annual movement of the sun and the changing laws of season, climate and phenology during the year. It had been included in the list of UNESCO's intangible cultural heritage.

Since the Qin and Han Dynasties, it has been playing an important role in the national economy and people's livelihood more than two thousand years because it accurately reflects the changes of season, climate and phenology in a year and their relationship. It is not only the time criterion of national administration, but also the guideline of agricultural production and the vane of daily life. It contains the idea of the unity of nature and man, which respects nature, follows nature, cherishes nature, utilizes nature and helps nature. It is also the essence of Chinese culture, which highlights universal and shared values under the worse and worse global ecological environment and in the face of sustainable development crisis.

입춘 立春 Spring Begins

입춘立春은 24절기 중 가장 첫 절기는 봄의 시작을 나타낸다. 민간에서는 입춘에 "봄을 먹는다"는 의미의 "교춘咬春"이라는 풍습과 "소에게 채찍질을 한다"는 의미의 "편춘우鞭春牛"라는 풍습이 있다. "교춘咬春"에서 먹는다는 의미의 "교咬"에도 남방과 북방에 차이가 있는데, 북방에서는 봄떡"春餠"을 먹고, 남방에서는 "춘권春卷"을 먹는다. "편춘우鞭春牛"는 추위가 끝나고 봄갈이를 재촉한다는 좋은 의미를 가지고 있다. 또한 사람들은 입춘을 "탐춘探春" 혹은 "답청踏青"이라 부르기도 하는데, 이는 모두 봄나들이를 즐기는 시기라 하여 붙여진 이름들이다.

The first solar term in twenty-four solar terms indicates the beginning of spring. There are customs of "biting spring" and "whipping spring cattle". There are differences between the north and the south in "biting the spring", biting the spring pancake in the north and biting the spring rolls in the south. "whipping spring cattle" has the beautiful meaning of sending cold air and promoting spring plowing. In addition, people like to go out for spring outing in spring time, commonly known as "spring exploration" and "outing".

우수 雨水 The Rains

우수雨水는 비가 시작되어 강우량이 늘어나는 절기이다. 우수가 지나면 보통 눈은 줄어들고 기온이 점차 올라가면서 비는 점점 더 많이 내리게 된다. 우수 날에 몇몇 지방에서는 시집간 딸들이 친정으로 돌아와 부모님께 붉은 비단과 고기를 선물하는 풍속이 있는데, 비단 "綢" 의 발음이 장수 "壽" 와 비슷하고, 고기 선물은 길러준 부모에 대한 감사의 마음을 표현하는 것이다.

It means rain began and rainfall increased. After the Rains, the general temperature rises, and the snow gradually decreases and the rain grows.

Usually on this day, the married daughter goes home to visit her parents and gives her mother a piece of red silk and stews a can of meat some places. Sending red silk (hong chou) implies longevity ("chou" is similar to "shou"in pronunciation), while stewing meat is thankful to parents for their daughter's upbringing.

경칩 驚蟄 Insects Awaken

경칩驚蟄은 날씨가 점점 따뜻해지면서 천둥이 친다는 절기로, 칩蟄이란 동물들이 겨울잠을 잔다는 의미이며, 경칩驚蟄은 봄 천둥이 동물들의 겨울잠을 깨운다는 의미이다. 옛날 사람들은 경칩이 되면 향료와 쑥 등을 집안의 네 귀퉁이에 발라 뱀, 벌레, 모기, 쥐 등을 쫓아냈다.

The weather became warmer and gradually thunderstruck. "zhe"refers to animals that don't eat and move in winter, and "Insects Awaken" refers to animals that are wake up by spring thunder.

In ancient times, people would hold fragrant incense, wormgrass, smoke the four corners of the house, to drive away snakes, mosquitoes and rats.

춘분 春分 Vernal Equinox

춘분春分은 태양이 적도를 비추고 밤과 낮의 길이가 같아지는 절기이다. 매년 춘분 날에는, 세계 각지의 천만 명에 이르는 사람들도 계란을 세로로 세우는 놀이를 한다. 춘분에 계란을 세로로 세우는 중국의 관습이 왜 세계인들의 실험이 되었는지는 아직 입증하기 어렵지만, 춘분이 되면 계란이 예뻐진다는 속설이 점점 널리 퍼지고 있는 것은 분명하다.

The sun directs the light to the equator and divides equally the day and night.

Tens of millions of people around the world are experimentation with "vertical eggs" every spring equinox. Why this Chinese custom has become a "world game" is still difficult to verify, but the "equinox, eggs are beautiful" argument is gradually spread.

청명 清明 Pure Brightness

청명清明은 날씨가 맑아져 초목이 번성하며 만물이 깨끗해진다는 절기이다. 청명에는 재미있는 풍습이 많은데, 집집마다 "청명과清明果"를 서로 선물하기도 하고 불 때는 일을 금하고, 성묘, 봄나들이를 하거나 그네타기, 축국蹴鞠, 폴로, 버드나무꽂이 등과 같은 일련의 풍속과 체육행사 등 다양한 활동이 전개된다.

The weather is clear, the vegetation is flourishing, while everything is clean and bright.

The customs of Ching Ming are rich and interesting, family steaming "Ching Ming fruit" and reciprocal gifts, not only pay attention to the ban on fire, tomb sweeping, but also outing, swing, Cuju, playing polo, inserting willow and a series of customs and sports activities.

곡우 穀雨 Grain Rain

옛사람들은 비가 모든 곡식을 만들어낸다고 여겼다. 곡우穀雨 때가 되면 모든 한파가 대체로 끝나 기온이 오를 뿐 아니라 강수량이 증가하여 곡물의 생장에 도움을 주게 된다. 우전차雨前茶라 불리는 곡우차穀雨茶는 곡우 때 딴 잎으로 만든 봄 차이다. 우전차의 가격은 싸고 실용적이며, 차를 우려내면 찻잎의 모양이 예쁘게 드러나고, 맛도 명전차明前茶와 견주어도 손색이 없다.

The ancients had the saying that "rain gives born to a hundred valleys". In Grain Rain season, the cold wave is basically over, and the temperature rises faster and precipitation increases, which is favorable for grain growth.

"Grain Rain Tea" is also the tea before rain. It is the spring tea collected in the Grain Rain season. Generally, tea before rain is economical and affordable, tea shape in water is good, and its taste is not inferior to "Predawn Tea".

입하 立夏 Summer Begins

입하立夏는 봄의 작별과 여름의 시작을 알리는 절기이다. 입하가 지나면 기온이 올라가서 더위가 찾아오고 뇌우가 많아진다. 옛날 궁중에서는 입하가 되면 황제가 지난 겨울에 저장해두었던 얼음을 문무대신에게 하사하였다. 강소성江蘇省과 절강성浙江省 에서는 사람들이 아름답고 매력적이었던 봄이 지나감을 아쉬워하며 술과 음식을 장만하여 즐기면서 봄과의 이별을 고하는 풍속이 있다.

Summer Begins refers to bid farewell to spring and the beginning of summer. After the solar term, the temperature will rise, the summer heat will be on the way, and the thunderstorm will increase.

In ancient times, emperors gave the minister of culture and military ice that he had stored in the winter of last year. In the area of Jiangsu and Zhejiang, people feel sad about the passing of the beautiful spring, so they prepare wine and food for joy, called "Jian Chun", that is, to see off spring.

소만 小滿 Grain Buds

소만小滿은 여름에 농작물이 막 익기 시작하지만 아직 완전히 여물지는 않은 시기라 하여 명명된 절기이다. 소만은 누에신의 탄생일이라고 전해지기 때문에, 이 날이 되면 양잠養蠶으로 유명한 강소성江蘇省과 절강성浙江省 일대가 활기를 띠기 시작한다. 이 외에도 물빼기 "搶水" 행사와 쓴 채소를 먹는 풍습도 성행한다.

The mature crops of summer are beginning to fill up, but they are not yet ripe, so they are called "Grain Buds".

01

문화
상징편

Grain Full is said to be the birthday of the silkworm god, so on this day, the area famous for sericulture in Jiangsu and Zhejiang will be lively. In addition, there are customs of "grab water" and "eat bitter vegetables".

망종 芒種 Grain in Ear

망종芒種은 오월 중에 꽃이 시들어 떨어지기 시작하는 절기이다. 민간에서는 망종이 되면 꽃의 신에게 제사를 지내는 의식을 거행하여 화신花神에 대한 고마움을 표현하며 다시 만날 것을 기원하기도 하는데 이러한 풍습은 『홍루몽紅樓夢』에도 언급되고 있다.

Grain in ear solar term is in May, flowers began to wither and fall, the folk mostly held in the awn seed day worship of the God of flowers ceremony, practice the return of the God of flowers, while expressing gratitude to the God of flowers, looking forward to meeting again next year. This custom is mentioned in A *Dream of Red Mansions*.

하지 夏至 Summer Solstice

하지夏至에는 태양이 북회귀선을 비추어 북반구에서 낮의 길이가 가장 길어지는 시기이다. 하지 때는 보리 수확이 절정에 달하는데, 예로부터 이 때에 풍년을 기원하며 조상에게 제사를 지내는 풍습이 있다. 하지가 되면 날이 더워져 고대에 여성들을 중심으로 부채와 파우더를 주고받는 풍습이 있었다.

The sun goes straight to the Tropic of Cancer, and the northern hemisphere has the longest day.

The Summer Solstice is time to harvest the wheat. Since ancient times, there has been a custom of celebrating harvest and sacrificing ancestors. Because the weather is hot on the solar term, women also have the custom of giving each other a folding fan and powder in ancient time.

소서 小暑 Slight Heat

소서小暑는 작은 더위라는 의미로, 소서가 되면 더운 날씨가 절정에 이르지는 않더라도 더워지기 시작한다. 과거 민간에서는 소서가 되면 햅쌀을 먹는 풍습이 있었는데, 농민들은 새로 벤 벼를 빻아 쌀로 만든 후, 밥을 지어 오곡의 신들과 조상에게 바치고, 이 것들로 술을 빚어 마시기도 했다.

"Shu" means heat, and Slight Heat is a little hot. It means that the weather is getting hot, but it hasn't reached the hottest.

In the past, there was a folk custom of "eating new rice" after the Slight Heat, that is, after tasting new rice, the peasants milled the newly cut rice into rice, cooked a meal to offer sacrifices to the five grain gods and ancestors, and then everyone tasted new wine.

대서 大暑 Great Heat

대서大暑는 일년 중 가장 더운 시기로 기온이 가장 높고 대부분의 지역에서 가뭄, 침수, 그리고 바람 피해도 가장 빈번한 시기이다. 민간에서는 대서에 차를 마시고, 생강을 말리고, 향을 태우는 등의 풍습이 있다.

It is the hottest time of the year, with the highest temperature and the most frequent drought, flood and wind disasters in most areas.

In the folk, there are customs of drinking hot tea, drying ginger and burning fragrant herbs.

입추 立秋 Autumn Begins

입추立秋는 가을의 시작을 알리는 절기이다. 가을이 시작되면서 날씨가 선선해지지만 입추 이후에도 단발성으로 더위가 기승을 부리기도 한다. 입추에는 다양한 고기를 먹는 것이 유행이다.

Autumn begins, and the weather gets cooler and cooler, but there will still be "autumn tigers" (short-term hot weather after autumn begins).

Popular in the autumn of the day to eat a variety of meat, "meat paste fat", that is, "paste autumn fat"

처서 處暑 Stopping the Heat

처서處暑에서 '처處'는 '종료'의 의미를 가지고 있듯이, '처서'는 여름 더위의 공식적인 종료를 뜻한다. 처서가 지나면 가을의 정취가 점점 무르익어 사람들이 교외와 들판으로 두루 나들이를 하며 자연풍광을 즐기기에 좋은 시기가 찾아온다.

The meaning of "Chu" is "termination", and the meaning of the Stopping the Heat is "the summer heat is officially terminated".

After the Stopping the Heat, autumn is becoming stronger. It is a good time for people to enjoy the countryside to welcome the autumn scenery.

백로 白露 White Dews

백로白露는 날씨가 점점 쌀쌀해지고, 새벽녘에 땅과 잎에 이슬이 많이 맺히는 시기라 하여 명명된 절기이다. 백로 때 기후가 건조해짐에 따라 입과 입술, 코, 목 등에도 건조 현상이 생기기 쉽기 때문에 녹차나 쌀로 담근 술을 마시고, 용안龍眼이라는 과일을 먹는 풍습이 있다.

The weather is getting cooler. There are many dew drops on the ground and leaves in the early morning, so it has been called "White Dews".

White dew is a dry climate, prone to dry mouth, dry lips, dry nose, dry pharynx and other symptoms, so there is the custom of drinking tea and rice wine, eating longan.

추분 秋分 Autumn Equinox

추분秋分은 태양이 적도에 가까워지고 전 세계의 낮과 밤의 길이가 같아진다는 절기이며, 남방지역은 이 절기를 계기로 가을이 시작된다. 춘분과 마찬가지로 추분에도 계란을 세로로 세우는 풍습이 있으며, 이와는 별도로 가을채소를 먹고 소고기를 서로 선물하는 풍습도 있다.

The sun equinox equator and the world is divided into day and night, and the south begins to fall from this solar terms.

Like the vernal equinox, there is also a custom of setting eggs on the autumnal equinox. In addition, there is the custom of eating autumn vegetables and sending autumn cattle.

한로 寒露 Cold Dews

한로寒露는 기온이 백로 때보다 더 낮고, 지면의 이슬이 더 차가워지는 절기이다. 이때 중국 북방은 흰 구름과 단풍 등 늦가을의 정취가 나타나고, 많은 사람들이 산에 올라 국화를 감상하는 풍습이 있다.

The temperature is lower than that of White Dews, and dew on the ground is colder.

At this time, the northern part of China shows a late autumn scene, with white clouds and red leaves, and people have the custom of climbing to the mountain top and appreciate chrysanthemum.

상강 霜降 Hoar-frost Falls

상강霜降이 되면 날씨가 점점 추워지고 서리가 내리기 시작하는데, 중국의 일부 지방에서는 상강이 되면 홍시를 먹는 풍습이 있는데, 홍시를 먹어야 추위에 잘 견디고 근육과 뼈도 보양할 수 있다고 여기기 때문이다.

The weather is getting cold and begins to frost.

In some parts of China, red persimmon are eaten during the frost season, not only to keep warm and cold, but also to strengthen the bones and muscles.

입동 立冬 Winter Begins

입동立冬은 겨울의 시작을 알리는 절기이다. 입동과 입춘, 입하와 입추를 모두 합하여 사립四立이라고 부르는데, 이들은 모두 고대사회에서 중요한 절기로 여겨졌다. 일 년을 열심히 일해 온 사람들은 입동인 이날 하루를 쉬면서 가족 모두의 노고를 서로 치하하였다.

Winter begins since the solar term.

01

문화
상징편

The beginning of spring, summer, autumn and winter are called "four beginnings". They are important festivals in ancient society. People who have worked for a year have to take a rest on the winter of winter, and reward their families for their hardships.

소설 小雪 Light Snow

소설小雪은 겨울에 들어서서 기온이 떨어져 비록 많은 양은 아니지만 눈이 내리기 시작하는 절기이다. 민간 농가에서는 바로 이 소설 이후에 소시지를 만들거나 고기를 소금에 절여 보관하기 시작하고, 설 "春節"이 되면 이렇게 미리 준비한 맛있는 음식을 즐기게 된다.

The temperature dropped, although it began to snow, there was little snow.

In the folk, after the Light Snow, farmers began to make sausages, bacon, until the Spring Festival when they just enjoy delicious food.

대설 大雪 Heavy Snow

대설大雪는 날씨가 소설 때보다 더욱 추워지고 눈의 양도 더욱 많아진다는 절기이다. "소설小雪이 되면 땅이 얼고, 대설大雪이 되면 강이 언다." 는 말처럼 북방 지역은 대부분의 땅이 얼어붙어서 사방이 흩날리는 눈꽃으로 장관을 이룬다. 남방 지역도 눈꽃이 흩날리고 은빛으로 물든 아름다운 경관이 펼쳐진다. 대설이 되면 강의 물이 모두 얼어붙어 사람들이 마음껏 스케이트를 즐길 수 있게 된다.

The weather is much colder than the Light Snow, and the possibility of snowfall is greater.

"Slight Snow enclosed the land, Heavy Snow enclosed the river", the north has "thousands of miles of ice, thousands of miles of snow drifting" of the natural landscape, the south also has "snowflakes flying, all over the sky silver" charming picture. With the heavy snow, the river is frozen, and people can enjoy skating and frolic.

동지 冬至 Winter Solstice

동지冬至는 일년 중 북반구에서 낮이 가장 짧고 밤이 가장 긴 절기이다. 중국 대부분의 지역은 동지가 되면 북방에서는 만두 "餃子"를 먹고, 남방에서는 찹쌀 가루로 새알처럼 만든 탕원 "湯圓"과 호박을 먹는 풍습이 있다.

The northern hemisphere has the shortest day and the longest night in the whole year.

Most of China has the custom of eating dumplings in the north and eating glutinous rice balls and pumpkins in the south on the Winter Wolstice.

소한 小寒 Slight Cold

소한小寒은 일년 중 본격적으로 추운 날씨로 접어들기 시작한다는 절기이다. 소한 때 사람들은 양고기, 개고기 등 따뜻한 열량이 높은 음식을 찾게 되고, 광동廣東 사람들은 찹쌀밥을 먹는 풍습이 있다.

It begins to enter the coldest days of the year.

In the Slight Cold, residents tend to eat warm food, such as mutton, dog meat, Cantonese people also have the custom of eating glutinous rice.

대한 大寒 Great Cold

대한大寒은 일년 중 날씨가 가장 춥다는 절기이다. 대한 때 사람들은 낡은 것을 없애고 새로 단장하느라 바빠진다. 또한 설에 쓸 고기를 절이고 설 맞이 용품들을 준비한다.

It is the coldest time and the coldest weather is coming.

In the Great Cold, people are busy getting rid of old decorations, pickling their annual dishes and preparing New Year's products.

한자와 중국어
그리고 중국문화

Follow me,
like Chinese

문화
한자 편

02

한자는 중국어를 기록하는 문자기호 체계로 중국어의 가장 중요한 보조적 의사소통의 도구로서 갑골문, 금문, 예서, 해서 등 대대로 전해지며 그 맥이 이어지고 있다. 한자는 중국문화의 화석이요 역사의 매개체이며, 옛 사람들의 지혜의 결정체이며, 살아 숨쉬는 생명을 가진 '너'와 '나' 그리고 제3자의 삶처럼 그윽한 문화적 함의를 담아내고 있다. 또한 그 문자의 형태와 풍격 등에서 독특한 문화적 매력과 민족적 정서가 풍겨난다.

Chinese characters are the writing symbol system of recording Chinese, and the most important auxiliary communicative tool of Chinese. They are inherited from Oracle Bone inscriptions, Bronze inscriptions, Official scripts and Regular scripts. Chinese characters are the fossils of Chinese culture, the carrier of history, the crystallization of the wisdom of predecessors, the "you", "I" and "he" with vivid life, with strong cultural implication, unique cultural charm and profound national complex. The beauty of Chinese characters lies in form, soul and truth.

1. 숫자에 담긴 문화 The cultural meaning of numbers

1 一

중국에서 숫자 '1一'은 가장 작은 숫자이며, 동시에 가장 큰 숫자로 일체의 '모든 것'을 의미한다. 시종 한결같은 자형으로 중화민족의 통일, 안정과 영속을 상징한다. 유가에서는 숫자 '1'을 완벽한 실체로, 나누어질 수 없는 만물 발단의 원천으로 보았다. 처음이라는 것은 모든 만물의 시작 또는 경쟁에서의 승리를 의미하며, 나아가 성취와 지위 그리고 존귀와 영예를 상징한다.

甲骨文　金文　戰國文字　篆文　隸書　楷書

In China, "one" is the smallest number, and the largest number as well, meaning "everything". The consistent glyph symbolizes the unity, stability and permanence of the Chinese nation. Confucianism believes that "one" is a perfect entity with inseparability. It is the source of all things. The first means the champion and the beginning of everything, which are symbols of achievement, status and honor.

2 二

숫자 '2二'는 짝수이며 쌍으로 이루어진 것에 대한 함축적 의미를 가지고 있다. 중국인들은 항상 좋은 일이 겹쳐서 이루어지길 원하기 때문에 2二는 매우 인기 있는 상서로운 숫자로 여겨진다. 현대에는 때때로 멍청함을 나타내기도 한다.

甲骨文　金文　戰國文字　篆文　隸書　楷書

이원 대립적 사고와 이원성은 모든 현상의 기초를 이루고 있으며, 대립 쌍의 존재는 우주 구조의 중요한 특성이기도 하다. 예를 들어, 남성과 여성, 홀수와 짝수, 부정과 긍정, 능동과 수동, 빛과 어둠, 옳고 그름, 참과 거짓 등이다.

The "two" is even numbers, with the meaning of pair. Chinese always want good things to be paired, so it is a very popular auspicious number. In modern life, "two" represents stupid at times.

Duality is the basis of all phenomena, and the existence of opposites is an important characteristic of the structure of the universe. Men and women, odd and even numbers, negative and positive, active and passive, light and darkness, right and wrong, true and false, and so on.

3 三

숫자 '3三'은 일반적으로 많음을 나타낸다. 『설문해자說文解字』에서는 "3三은 천지인天地人의 도리이다 三, 天地人之道也."라고 설명하고 있으며, 공자孔子와 맹자孟子같은 유가학자들도 "세 번 생각하고 행하라 三思而行.", "세 사람이 길을 가면 반드시 선생님이 있게 마련이다 三人行必有我師", "나는 하루에 세 번 나 자신을 반성한다吾日三省吾身." 등 숫자 3三을 자주 사용하여 말하고 있다.

"Three" represents more, like not to do anything more than three times. *Shuo Wen Jie Zi* said: "Three, the way of heaven, earth and man is also. To count from number three." Confucian scholars such as Confucius and Mencius often use the number of "three", such as "Thinking three times before doing"; "If three of us are walking together, at least one of the other two is good enough to be my teacher"; "I provinces three times daily".

4 四

옛사람들이 말하기를 "아래 위 사방을 공간宇이라고 하고, 예부터 지금에 이르는 것을 시간宙"이라고 하였으니, 이 둘을 합하면 바로 우주宇宙가 된다. 글자를 만들 때, 네모 안에 팔八자를 추가하면 숫자 4四자가 된다. 이것은 바로 사방팔방으로 구성된 우주의 원리에 부합하는 것이다. 이러한 측면에서 보면 숫자 '4四'는 우주의 포용성과 조화성 그리고 완전성과 대표성을 나타낸다. 현대 중국에서는 죽음을 나타내는 사死자가 숫자 '4四'와 발음이 비슷하여 금기시되기도 한다.

The ancients said: "Up and down the quartet says universe, from ancient to modern times is time conceived as past, present and future", the universe is the two.

When created this characters, they added "八" into a square. This is expressed in all directions and is consistent with the theory of the universe. From this, "four" indicate the universality of the universe, harmony, integrity and representativeness. In contemporary China, "four" is sometimes taboo, because the pronunciation of "sì" is the same as "sǐ".

5 五

중국 문화에서 갑골문甲骨文 초기에 보이는 숫자 '5五'의 형태는 "X"로 천지만물이 교차한다는 의미를 담고 있었는데, 말기의 갑골문에서는 "X"의 위와 아래에 하늘과 땅을 나타내는 두 개의 가로획을 추가한 형태로 변형되었다. 숫자 5五는 중심을 의미하며 그 상징적 의미는 더욱 현저하게 나타나는데, 예를 들면 "목木, 화火, 토土, 금金, 수水" 등 다섯 종류의 우주질서를 나타내는 오행五行, "춘春, 하夏, 계하季夏[10], 추秋, 동冬" 등 다섯 종류의 때를 나타내는 오시五時, "동東, 남南, 서西, 북北, 중中" 등 다섯 종류의 방위를 나타내는 오방五方, "각角, 치徵, 궁宮, 상商, 우羽" 등 다섯 개의 음률을 나타내는 오음五音, "산酸, 고苦, 랄辣, 첨甜, 함咸" 등 다섯 가지의 맛을 나타내는 오미五味, "청靑, 적赤, 황黃, 백白, 흑黑" 등 다섯 가지 색깔을 나타내는 오색五色, "노怒, 희喜, 사思, 우憂, 공恐" 등 인간의 다섯 가지 감정을 나타내는 오지五志 등이 그것이다.

In Chinese culture, Oracle bone inscriptions "five" were originally X, implying the intersection of heaven and earth. Later Oracle bone inscriptions added two horizontal

---

10 역자주: 음력 6월을 달리 부르는 말로 늦여름을 가리킨다.

lines to indicate heaven and earth. Five represents the center, its symbolic significance is more remarkable. "wood, fire, earth, gold, water" five elements; "spring, summer, seasonal summer, autumn, winter" for five seasons; "east, south, west, north, middle" five sides; "horn, emblem, palace, merchant, feather" five tones; "sour, bitter, spicy, sweet, salty" five flavors; "green, red, yellow, white, black" five colors; the five spirits anger, "joy, thought, worry, fear" and so on.

6 六

숫자 '6六'은 종종 육각형과 연계되어 있으며, 조화와 완벽한 균형을 상징하기도 한다. 고대 중국인들은 또한 이 '6六'이 하늘을 나타낸다고 생각하였는데, 이는 팔괘八卦 중에서 건괘乾卦가 하늘을 대표하고, 숫자 '6六'은 하늘의 기운을 나타내는 태양을 상징한다고 여겼기 때문이다. 현대 중국어에서 숫자 '6六'은 행운을 의미하는데, 이는 주사위의 최고점이 6이기 때문이다.

The number "six" is often associated with the hexagon, "six" also represents harmony and perfect balance. Ancient Chinese people also think that the "six" represents the heaven, because the Qian Diagram in the Eight Diagrams represents the heaven, that is, the six is the sun. In contemporary Chinese, "six" represents luck, because the highest point of the dice is six.

7 七

오래 전 중국사람들은 죽은 뒤 7일에 한 번 꼴로 7번의 제사를 지냈는데 이를 가리켜 일곱 번을 한다는 의미로 '주칠做七', 49일동안 7일마다 재齋를 올린다 하여 '재칠齋七', '이칠理七', '작칠作七', '칠칠七七', 소칠燒七 등으로 불렀는데, 숫자 '7七'의 또 다른 의미는 어떤 단계나 어떤 사물 및 행위가 원만하게 끝남을 의미하기도 한다.

After the death of Chinese people old days, there were seven sacrifices every seven

days, and they were called "seven". Also known as "Zhai qi", "Li qi", "Burn qi", "Do qi", "Qi qi" and so on. Another meaning of "seven" is the completion and termination of a certain stage or event and behavior.

8 八

중국에서 숫자 '8八'은 행운의 징표로 사용되는데, 이는 이 '8八'자의 발음이 돈을 많이 번다는 의미의 단어인 "발재發財"와 발전이나 성숙한 지경에 나아간다는 의미의 단어인 "발달發達" 등에 사용되는 "發"자와 그 발음과 비슷하여 생겨난 정서이다. 『역경易經』에서 팔괘八卦는 사물 자체의 변화를 나타내는 음양 시스템인데, 오늘날 일부 연예계에서는 팔괘八卦를 연예인들의 비공식 찌라시나 뉴스 등 스타의 프라이버시를 나타내는 말로도 사용된다.

In China, "eight" is the symbol of luck and homonym, "ba" pronounced the same as "fa," representing enrichment and prosperity. In *the book of changes*, the Eight Diagram represent Yin and Yang systems. Today it means gossip and is extended to the entertainment world, referring to informal gossip or news, usually the privacy of a star.

9 九

중국 문화에서 숫자 '9九'는 가장 높은 수이며, 글자의 발음이 '오래다' 혹은 '길다'의 의미를 갖는 '구久'자와 같아 늘 변하지 않음을 상징하기도 하여 역대 황제들도 귀하게 여겼던 숫자이다.

In Chinese culture, "nine" is the highest number, "nine" is a homophonic for "long", eternal meaning, respected by emperors of all dynasties.

10 十

숫자 '10十'은 정점에 도달했음을 나타내며, 완전무결함을 의미한다.

"Ten" mean to reach the peak, which has the meaning of pexfevtion and represents satisfactory.

2. 유교문화 관련 Keywords of Confucian culture

인 人

인간의 직립站立 보행은, 유인원에서 인간으로 진화하는 과정을 반영한다. 정신은 서 있다는 의미는 인간의 정신은 하늘에 닿아 있고, 아래로는 땅 위에 설 수 있는 독립적 인격을 가진 생명체라는 것이다. 우리는 인생을 살아가면서 항상 '사람으로서 몸을 똑바로 세우고 하늘을 이고 땅에 서서 바르게 처신해야 한다는 자세를 가져야 한다. 중국의 한자 문화에서는, 세 사람이 모여 집단을 이루어 가정이나 조직을 형성할 때, 그 조직의 형상 구조는 대부분 한 사람이 위에, 두 사람이 아래에 위치하는 작은 피라미드를 형태를 가지게 된다.

Human standing, reflecting the evolution of human ancestors from ape to man; standing in the spirit, the human spirit to reach the sky, can stand on the ground, to become an independent personality of life. In this world, we should always maintain a posture, "Stands up to the people, a man." In Chinese character culture, three people form families, organizations, the image structure of one person above, two people below, forming a small pyramid.

천 天

사람들은 때로는 사람의 머리를 추상적인 하늘에 비유한다. 농경문명에 바탕을 두고 있는 중국인들의 마음 속에는 하늘과 땅 그리고 사람이라는 삼자의 관계가 사회의 기본 관계를 이루고 있다고 여기고 있다.

| 甲骨文 | 金文 | 戰國文字 | 篆文 | 隸書 | 楷書 |

Sometimes it means the head of a concrete person, sometimes it means the abstract "heaven". In the minds of Chinese people with a profound farming civilization, the relationship between "heaven", "earth" and "human" constitutes the basic relationship of society.

화 和

방대한 한자에서 '화和'자는 구조가 간단하여 많은 사람들이 알고 있는 글자이지만, 내포하고 있는 의미는 매우 풍부하고 뜻이 깊다. 공자孔子는 '군자는 화합할지언정 같아지지는 않아야 한다.' 라고 하였는데, 이를 통해 공자가 '화和' 자를 인간관계에서 훌륭한 가치로 보고 있다는 것을 알 수 있다.

| 甲骨文 | 金文 | 戰國文字 | 篆文 | 隸書 | 楷書 |

In the massive Chinese characters, the structure of "harmony" is simple, everyone agrees, but it is rich in connotation and profound in artistic conception. Confucius said, "The superior man is different from the superior man" and regarded "harmony" as the best state of human relations.

덕 德

서주西周 초년에 주나라 사람들은 '덕德'을 핵심으로 삼아 '덕'을 통해 하늘과 짝을 이룬다以德配天, '덕'으로 백성들을 보살핀다敬德保民라는 예악문명을 확립함으로써

| 甲骨文 | 金文 | 戰國文字 | 篆文 | 隸書 | 楷書 |

중국이 인본사회로 진입하게 하는 물꼬를 텄다. 고대사회에서 덕德자는 사람의 수양과 품행은 물론이요 나아가 천도天道, 자연의 섭리에 대한 이해와 체험을 상징하고 있다.

In the early years of the Western Zhou dynasty, the Zhou people established the civilization of rites and music with "morality" as the core, "Match heaven with virtue" and "Moral respecting and people proteltion", thus opening the door for China to enter the humanist society. In ancient times, "morality" not only refers to people's cultivation and conduct, but also refers to the grasp and recognition of the Tao of heaven and the laws of nature.

倫

글자 '륜倫'자에는 순서와 항렬의 의미가 담겨있다. 중화 문화에서 순서와 항렬은 줄곧 중요한 위치를 차지했는데, 차례와 순서는 고대 정치문명에서의 예법과 예식에서 모두 중시되었다. 사회구조적 측면에서도 등급제도의 본질 역시 일종의 규정된 순서와 차례를 정함에 있었으며, 이러한 존비尊卑의 순서를 파괴하는 것은 곧 신분을 망각하는 것으로 간주되었다. 또한 사회생활적 측면에서도 윤리강령의 핵심은 여전히 사회적으로 약속된 차례와 순서였으며, 이렇게 기 약속된 서열을 파괴하는 것은 곧 사람과 사람 사이의 도덕적 관계를 파괴하는 것으로 간주되었다.

篆文　楷書

"Ethic" has the meaning of order and generation. "Order" has been playing an important role in Chinese culture, and the ritual system in ancient political civilization is based on order. At the level of social structure, the essence of hierarchy is also a prescribed order, which undermines the order of seniority and will be regarded as "hoarse". At the level of social life, the core of the ethical code is still the order of convention, which destroys the established relationship between the old and the young, that is, it is seen as damaging the moral relationship between people.

02 문화 한자편

민 民

수천 년 동안 중국에서 "백성民은 토양에 뿌리를 내리고 귀하게 여겨져 왔다. "백성이 가장 귀하고 그 다음으로 사직社稷 귀하고, 임금은 그 다음이다民爲貴, 社稷次之, 君爲輕."라는 말이 있듯이, 백성은 사회 전체의 발전 방향을 결정하는 근거가 되어왔다.

甲骨文　金文　戰國文字　篆文　隸書　楷書

For thousands of years, China's "people" took root in the soil and worked to climb. "The people are the most precious, and the society is the second, while the monarch is the least." Although it is an ideal situation, the people actually determine the development direction of the whole society.

예 禮

예악禮樂문화는 중국 문화에서 중요한 위치를 차지한다. 또한 '예교禮敎'는 백성 교화의 체계로서 매우 중시되어 왔다. 예악의 도는 공자孔子가 여러 나라列國를 두루 다니면서周遊하면서 남긴 발자취를 따라 사방으로 퍼져, 수천 년 동안 중국인들이 사람을 대하는 원칙과 자녀를 교육하는 좋은 지침이 되었다.

甲骨文　金文　戰國文字　篆文　隸書　楷書

The culture of rites and music occupies an important position in Chinese culture. As an indoctrination system, "etiquette education" is highly valued. The way of rites and music, which followed Confucius' travels around the world, became the principle of treating people and the prescription of children of education in Chinese for thousands of years.

의 義

'의義' 자는 좁은 의미로는 사회와 인간관계의 규범을 가리

甲骨文　金文　戰國文字　篆文　隸書　楷書

키며, 넓은 의미로는 모든 문화를 아울러 이르는 말이다. 순자荀子는 "사람은 무리를 지을 수 있으며, 의를 가질 수 있다 人能群而有義."고 하였는데, '의義'가 곧 문화이며, 이것을 소유할 수 있는 것이 바로 사람이 짐승과 구별되는 것이라고 강조한 것이다. 이는 비단 당시 유가儒家의 주장일 뿐 아니라 현대에 이르러서도 공감대를 형성하고 있다.

In the narrow sense, it is the norm of society and interpersonal relationship. In the broad sense, it is all culture. Xunzi said "people can group and have righteousness", thus people different from animals, "righteousness" is culture. It is not only advocated by Confucianism, but also praised in modern times.

인 仁

"인자仁者는 사람을 사랑하고, 지자智者는 사람을 이해한다 仁者愛人,智者知人."는 말이 있듯이 '인仁'은 중국 철학의 핵심 개념이자 친족제도를 기초로 한 종족宗族사회의 덕목이다.

甲骨文　金文　戰國文字　篆文　隸書　楷書

"Benevolence" is the core concept of Chinese philosophy, it is also the virtue of patriarchal society. A benevolent person is one who is full of love and kindness, a wise man is a person who knows people well and is good at discerning people.

지 智

유가儒家의 도덕규범 체계에서 '지智'는 가장 기본적이고 중요한 덕목 중 하나이며, 유가의 이상적인 인격의 중요한 품성 중 하나이다.

甲骨文　金文　戰國文字　篆文　隸書　楷書

In Confucian moral standard system, "wisdom" is one of the most basic and important virtues, and also one of the important qualities of Confucian ideal personality.

신 信

戰國文字　篆文　隸書　楷書

"사람은 믿음이 없으면 바로 세울 수 없다 人無信則不立."는 말이 있듯이, 믿음信은 이상적인 사회 존재의 토대이며, 또한 인간으로서 다른 사람과의 연결 고리이기도 하다. 중국 전통사회는 법규사회가 아니라 인정人情 사회였다. 예로부터 신용을 지킨다는 의미의 "성신誠信"은 개인이 갖추어야 할 기본적 도덕 품성일 뿐만 아니라, 조직이나 정부를 평가하는 기준으로서, 성신誠信사회의 구축을 위한 토대를 마련해 왔다.

A man cannot succeed without honesty. "Honesty" is the foundation of the ideal society and the link between people and others. Traditional Chinese society is not a rule society, but a human relationship society. Since ancient times, "honesty" has not only been the basic moral quality of a person, but also the standard to measure a team and a government, "honesty" laying the foundation for the construction of a credible society.

충 忠

金文　戰國文字　篆文　隸書　楷書

"일을 진솔하게 하려면 자신의 양심에 합당해야 한다 做事認眞,要對得起自己的良心."는 중국인들의 속담처럼, 가장 큰 충성은 겉모습이 아니라 내면에 있는 것이다.

The biggest loyalty is not to the appearance, but the heart, as Chinese common people say, work seriously, should be worthy of their conscience.

서 恕

金文　戰國文字　篆文　隸書　楷書

마음과 마음이 함께하고, 서로를 이해하고자 할 때, 독서와 삶 등에서 모두 이런 "서恕"의 마음을 가져야 한다. 공자孔子는 "자기가 하기 싫은 일은 남에게도 시키지 마라

己所不欲, 勿施於人."고 하였는데 이는 국제사회에서도 인정받은 도덕적 황금률로서 개인과 사회 간의 행동준칙이 되고 있다.

Heart to heart, mutual understanding, reading and life should have this mind. The Confucian motto of "Do not do to others what you do not want to do to yourself" has become an internationally recognized moral golden rule that guides the conduct of individuals and societies.

효 孝

'효孝'는 중화민족의 전통 미덕으로 "인仁의 근본"이라 여겨진다. 이처럼 나라에 충성하고 부모에게 효도하는 것은 늘 사람됨의 최고 경지로 여겨져 왔다. '효孝'는 사회 화합의 기초이며, '효孝'자는 중국이 통일국가를 유지하고, 사회 화합과 안정의 토대를 마련하는데 있어 중요하게 여겨지고 있다.

| 甲骨文 | 金文 | 戰國文字 | 篆文 | 隸書 | 楷書 |

"Filial piety" is a traditional virtue of the Chinese nation, it is regarded as the root of benevolence. Being a loyal minister and filial son has always been the highest state of being human. Filial piety is the foundation of social harmony. The word "filial piety" has maintained the unity of the Chinese nation and laid the foundation of social harmony and stability.

경 敬

중국인들은 예로부터 자연에 대해, 그리고 사람에 대해 존경하는 마음을 가져왔으며, 일을 대할 때는 진지하게 공경하는 마음을 가지고 있어야 좋은 결과를 얻을 수 있다고 여기고 있다.

| 甲骨文 | 金文 | 戰國文字 | 篆文 | 隸書 | 楷書 |

Since ancient times, the Chinese people have respected for nature and human rights. Do things seriously and respectfully and do them well.

담 淡

| 金文 | 戰國文字 | 篆文 | 隸書 | 楷書 |

'담淡' 자에는 평화의 의미가 담겨져 있는데, 국민들의 중용中庸의 도와 담담함의 치세철학이 반영되어 있다. 담담하다는 것은 마음이 평온하고 치우치지 않는다는 것으로 "군자의 사귐에 있어서 담담함은 물과 같다 君子之交淡如水."고 하였으며, "어느 한 쪽으로 치우치지 않음이 참된 것이다 平平淡淡才是眞."라는 말처럼 '담淡'은 중국인들이 사회생활에 대한 깊은 깨달음을 담고 있다.

With a sence of peace, and it reflects the Chinese middle way and "calm" philosophy of life, the state of mind is peaceful, not warm is "calm". "A gentleman's friendship is as light as water" and "Plain as light is true" is a profound understanding of Chinese people's view of social life.

3. 농경문명 관련 Development track of farming civilization

춘 春

| 甲骨文 | 金文 | 戰國文字 | 篆文 | 隸書 | 楷書 |

봄을 나타내는 글자 '춘春'은 태양이 비추는 가운데 초목이 움트는 것을 형상화한 글자로서 만물을 소생시키는 태양에 대한 선조들의 소박한 인식을 반영하고 있다. 춘春자는 생기의 상징이자 한 해의 시작을 알려준다.

"Spring" expresses the germination of vegetation under the sun, which reflects the simple understanding of the ancient people that everything grows on the sun. "Spring" is a symbol of vitality and the beginning of the year.

경 耕

농경지의 출현은 인류 사회의 진보를 알리는 신호로서 농경문명이 시작된 후의 중대한 사건이었다. 경작 수단의 진보는 경제 및 사회의 진보를 일부 반영하고 있다.

戰國文字　篆文　隷書　楷書

The emergence of arable land is a sign of social progress of mankind and a major progress after the emergence of agricultural civilization. And the progress of farmland means, to some extent, it reflects society and economy progress.

화 禾

중국은 세계 농업의 선도적인 원천 국가 중 하나이다. 벼 이삭은 뿌리를 향해 늘 어뜨려져 있는데, 이에 대하여 옛사람들은 벼 이삭이 근본을 잊지 않고 겸손하고 감사하는 미덕을 지녔다고 여겨왔다.

甲骨文　金文　戰國文字　篆文　隷書　楷書

China is one of the world's leading sources of agriculture. The grass ears hang down to the root, the ancients cited as a gentleman not forgetting origin, modesty, thanksgiving virtues.

량 糧

농업국가인 중국에서 식량의 작황은 수천만 가구의 생존은 물론 사회의 안정 그리고 국가의 안위가 걸린 매우 큰 사안이다.

金文　戰國文字　篆文　隷書　楷書

China is an agricultural country. Grain harvest is not only a matter of survival for families, but also a matter of social stability and national security.

식 食

'식食' 자의 원래 형태는 대부분 그릇에 음식이 담겨 있는 모양이며, 어떤 글자

甲骨文　金文　戰國文字　篆文　隷書　楷書

는 옆에 몇 개의 점을 붙여 다양한 곡물을 표시하고 있다. 중국의 식생활 구조는 유럽이나 미국과는 달리 곡물을 위주로 한다.

In ancient Chinese, "food" was like a dish holding food in a bowl. Some Chinese characters added a few dots beside it to indicate that is grain. The dietary structure of China is different from that of Europe and America, which is mainly based on grain.

농 農

중국은 예로부터 농업을 근간으로 국가를 세워왔으며, 통치자들은 모두 농업의 발전을 최우선 과제로 삼아왔다.

| 甲骨文 | 金文 | 戰國文字 | 篆文 | 隸書 | 楷書 |

Since ancient times, China was founded on agriculture, and its rulers put the development of agriculture in the first place.

전 田

밭을 의미하는 '전田'자는 인공적인 개발을 거쳐 농업에 사용되는 땅을 지칭한다. 이는 역사의 흐름 속에서 통치자와 백성들의 공통 관심사였으며, 많은 역사적 사건들이 밭에서 일어나고 전개되어왔다.

| 甲骨文 | 金文 | 戰國文字 | 篆文 | 隸書 | 楷書 |

"Farmland" refers to land that has been artificially developed for agricultural cultivation. In the course of history, the land used for agricultural cultivation was the focus of the rulers and the people. Coutless historcal events have taken place in the farmlands.

다 茶

마시는 차를 의미하는 '다茶'자의 자형을 보면 풀과 나무 사이에 사람이 있는 형태이다. 이렇듯 차는 인간과

| 篆文 | 隸書 | 楷書 |

자연을 하나로 아우르는 성물로서 심신을 부드럽고 평온하게 해준다. 중국에서 차는 만병의 약이라고도 불린다.

"Tea" is a person in the vegetation in terms of form. Tea is the integration of people and nature of the holy things, making people soft, quiet and easy. In China, tea is called the medicine of all diseases.

사 絲

비단을 의미하는 '사絲'자는 갑골문에서도 출현하는데, 이는 비단이 중국의 상고시대에 이미 출현하였음을 보여준다. 비단은 중국 고대의 중대한 발명으로, 한대漢代에 이르러서는 이미 유럽 로마 등지로 멀리 팔려 나가 유명한 '실크로드'가 형성되었다.

| 甲骨文 | 金文 | 戰國文字 | 篆文 | 隸書 | 楷書 |

This word appears in Oracle bone inscriptions, indicating that Chinese silk already appeared in ancient times. Silk is a great invention in ancient China, which was exported to ancient Rome in Europe in the Han dynasty, forming the famous "Silk Road".

풍 豐

먼 옛날 씨족 부족이 영토를 구획하는 것을 가리켜 '풍豐'이라고 하였다. 갑골문에서 '풍豐'자는 나무와 그 아래 흙더미가 있는 형상을 하고 있었는데, 그 후 초목이 무성한 형태에서 출발하여 사람의 용모가 윤택하고 몸매가 풍만함을 상징하는 것으로 의미가 확대 파생되어 풍미豐美, 풍부豐富, 풍성豐盛 등 많은 단어에 사용되고 있다.

| 甲骨文 | 金文 | 戰國文字 | 篆文 | 隸書 | 楷書 |

Ancient clan tribe demarcated the territory as "Feng". Oracle-bone inscriptions show the images of trees and mounds below. Later, the figure of lush vegetation is extended, which refers to the person's appearance and plump figure. China is developing in the constant pursuit of beauty, richness and abundance.

공 工

| 甲骨文 | 金文 | 戰國文字 | 篆文 | 隸書 | 楷書 |

'공工' 자는 중국 토목건축 발전의 풍부한 문화적 메시지를 담고 있으며, 고대 과학기술의 발달을 간접적으로 말해 주고 있다.

The word "gong" carries the rich cultural information of the development of China's civil and architectural engineering. Indirectly telling the development of ancient Chinese science and technology.

망 网

| 甲骨文 | 金文 | 篆文 | 隸書 | 楷書 |

촘촘한 그물을 물고기 연못에 던져 넣지 않아야 결과적으로 더 많은 물고기를 먹을 수 있다. 이는 환경 보호와 지속 가능한 발전에 대한 중국인 최초의 관념이기도 하다. '망网' 자의 생명력은 그것이 실에서 허를, 허에서 실을 거두는 데 있다. 오늘날 사람들은 인터넷의 시대에 살고 있으며 네트워크를 통해 가상과 현실은 더욱 긴밀하게 결합되어 있을 뿐 아니라 유비쿼터스로 전 세계를 하나로 결합하고 있다.

The first Chinese concept of environmental protection and sustainable development was that the tight nets did not enter the ponds, so that more fish could be eaten. The vitality of the word "net" lies in its ability of being virtual and virtual. Today, people live in the network age, and the network is a combination of virtual and real, ubiquitous and omnipresent.

복 福

| 甲骨文 | 金文 | 戰國文字 | 篆文 | 隸書 | 楷書 |

갑골문에서 '복福' 자는 술단지를 들고 차례상에 술과 음식을 올리는 형상이다. 이는 최초에

'복福' 자가 술로 제사를 드리며 복을 구하는 모습을 나타낸 것임을 알 수 있다. 후대로 오면서 '복福'은 신神이 내리는 복福이라는 의미로 파생되었다. 소전小篆에서 '복福' 자의 형태는 한 사람이 밭과 먹고 마실 것 등을 가지고 있는 형태로 나타나는데, 이는 이러한 것들을 통해 행복한 삶이 구현될 수 있음을 의미하고 있는 것이다.

The word "Fu" is like a wine bottle in the hand and brings wine and food to the sacrifice table in Oracle bone inscriptions. It is a wine offering to the god in order to make him happy. The "blessing" of Xiaozhuan, a person with fields, food and drink, and spiritual life, is also regarded as happiness.

4. 철학 및 종교 관련 Chinese philosophy and religious keywords

유 儒

춘추春秋 시기 공자孔子에 의해 처음 유가儒家 학파가 만들어졌으며, 한대漢代에 이르러서는 유학儒學이 중국 봉건사회의 정통 사상으로 자리매김하였다.

篆文　隷書　楷書

During the Spring and Autumn Period, Confucius founded the Confucian school. During Han dynasty, Confucianism became the orthodox ideology in Chinese feudal society.

도 道

'도道'는 처세의 원칙, 사물의 본질, 우주의 본질을 의미하며, 종교의 하나이자 세상을 살아가는 원리이기도 하다. 중국인들은 모든 사람이 도道를 지니고 있고, 모든 일에 도道가 존재한다고 여기고 있는데, 이는 이상理想에 대한 소박하고 깊은 깨달음을 보여주고 있는 대목이다.

甲骨文　金文　戰國文字　篆文　隷書　楷書

"Tao" is the principle of living in the world, the essence of things, the essence of the universe, religion, as well as formula. Everyone has Tao and everything has Tao are Chinese people's simplest and most profound understanding of the ideal.

불 佛

석가모니 부처는 선각자요 지혜의 상징이다. 불교는 기원전 6세기 고대 인도에서 기원했으며, 공식적으로는 동한東漢 시기에 중국에 정식으로 도입되었다. 불교는 당대唐代에 절정에 달했으며, 그 신앙은 중국 역사에 깊은 뿌리를 내리고 있다.

篆文　隷書　楷書

Buddha Sakyamuni is the conscious, the knowing. Buddhism originated in ancient India in the sixth century BC and was officially introduced to China in the Eastern Han dynasty. Buddhism reached its peak in the Tang dynasty, the belief in Buddhism has deep roots in chinese history.

법 法

법은 공정해야 하고 모든 사람에게 평등하게 적용되어야 한다. 이는 공평사회를 추구하는 중국의 전통적 법의식이기도 하다.

金文　戰國文字　篆文　隷書　楷書

The law must be fair, treating everyone equally, reflecting the persistent pursuit of social justice in traditional Chinese legal awareness.

선 禪

'선禪'은 중국에서 불교를 유입한 후 재해석한 부처로서 언어를 초월한 세속적 지혜를 강조하는 중국의 독특한 종교관을 담고 있다.

篆文　隷書　楷書

"Zen" is a Chinese Buddha, a sacred title, a secular wisdom beyond words, and a unique spiritual landscape for Chinese people.

오 悟

깨달음을 의미하는 "각오覺悟"는 자기의 마음을 들여다보는 것이다. '각覺'은 일순간의 느낌이요, '오悟'는 긴 성찰의 과정을 의미한다. 따라서 우리는 일순간의 느낌과 성찰의 기나긴 과정을 거쳐 생성된 깨달음이 결합되는 과정을 통해 자신의 마음을 파악할 수 있게 되는 것이다.

篆文　隷書　楷書

"Enlightened", see one's own heart. Awareness is a moment, awareness is a long process. By combining all the moments of awareness with the long process of enlightenment, we can see our hearts.

계 戒

고대 중국의 지방관청에는 "계석戒石"이라는 것이 있었는데, 이는 관리들이 경계해야 하는 내용을 새겨 놓은 비석이었다. 모든 일을 '계戒'로 여기고, 삼가 말을 조심하며, 도덕적으로 자기 자신을 구속하고자 하는 일종의 미덕을 엿볼 수 있다.

甲骨文　金文　戰國文字　篆文　隷書　楷書

In ancient China, local government office had a "Discip line stone", a stone inscribed with an inscription warning officials. In all things, they regarded it as "Buddist monastic discipline". Acting and speaking cantiously and restraining onesely morally which has become a chinese virtue.

역 易

우주의 본질은 서로 다름과 변화이다. 두 개의 순간이 똑 같은 것은 존재할 수 없으며, 인류의 역사도 이와 같다. 이는 중국 도교의 대표적인 세계관이기도 하며, 이러한 세계관과 신념은 예나 지금이나 누구도 뒤바꿀 수 없다.

甲骨文　金文　戰國文字　篆文　隷書　楷書

The nature of the universe is to be different and to change. No things in two moments are exactly the same, the same as human history. This is the first belief in China's Taoist worldview, and no one has been able to overturn it.

화 化

| 甲骨文 | 金文 | 戰國文字 | 篆文 | 隸書 | 楷書 |

"변화變化"에서 '변變'은 외적인 변화를 의미하며, '화化'는 내적인 변화를 가리킨다. 문화文化와 교화敎化 등은 모두 내재적인 것이며, 현대에 들어서서 말하는 정보화情報化는 과학기술 방면에서의 내적인 일대 변혁을 의미한다.

Change is external, turn is internal. Culture, indoctrination, are internal, modern informatization, is a major technological change.

원 圓

| 金文 | 戰國文字 | 篆文 | 隸書 | 楷書 |

'원圓'은 고대에 하늘의 모양에 대한 소박한 인식을 나타내는 글자로, 이른바 "하늘은 둥글고 땅은 평평하다 天圓地方."는 의식을 담고 있다. 이러한 관념은 고대 천문학의 발전에 영향을 미쳤으며 건축학에도 지대한 영향을 미쳤다.

The "circle" is a simple understanding of the shape of the sky in ancient times, namely the so-called "round sky and square place". This concept has influenced the development of ancient astronomy and exerted profound influence on architecture.

음 陰

| 甲骨文 | 金文 | 篆文 | 隸書 | 楷書 |

'음陰'자의 본래 의미는 산의 북쪽과 물의 남쪽을 의미하는 말인데, 달, 땅, 밤, 추위, 여성, 죽음 등을 의미하는 말로 사용되기도 하며, '양陽'자와 서로 대조적 의미로 사용된다.

The original meaning is the north side of the mountain and the sowth side of the water, which can refer to the month, the earth, night, cold, female, death, and Yang mutually.

양 陽

'양陽'자의 본래 의미는 산의 남쪽과 물의 북쪽을 의미하는 말인데, 해, 하늘, 낮, 더위, 남성, 삶 등을 의미하는 말로 사용되기도 하며, '음陰'자와 서로 대조적인 의미로 사용된다. 중국 고대 철학에서는 우주에서 물질과 인류를 관통하는 두 가지 대립 측면을 음陰과 양陽으로 보았다.

| 甲骨文 | 金文 | 戰國文字 | 篆文 | 隸書 | 楷書 |

The original meaning of Yang is the the sowth side of mountain and the north side of water ,which refers to the sun, heaven, daytime, heat, male, born, and the opposite of Yin. According to ancient Chinese philosophy, Yin and Yang are the two major opposites in the universe that link matter and human affairs.

5. 국민정서 관련 Home country sentiment keywords

한 漢

한족漢族은 세계에서 가장 많은 인구를 보유하고 있는 민족이다. 한어漢語, 한자漢字, 한학漢學, 한인漢人, 한부漢賦, 한조漢朝 등 다방면에 사용되는 '한漢'자는 중국인들의 마음속에 "중국中國"과 동등한 의미로 사용되기도 한다.

| 金文 | 篆文 | 隸書 | 楷書 |

The Han nationality is the most populous nation in the world. Chinese, Chinese characters, Sinology, Han people, Han Fu, Han dynasty…… In Chinese people's mind, "Han" almost becomes equivalent to "China".

중 中

| 甲骨文 | 金文 | 戰國文字 | 篆文 | 隸書 | 楷書 |

고대에는 큰 일이 있으면, 많은 사람을 넓은 광장에 모으고, 먼저 광장의 중심 부분을 높이 쌓았는데, 대중들이 이를 보고 몰려들었다. '중中'자는 방위상의 가운데를 의미할 뿐 아니라, 중요한 위치임을 의미하기도 하며, 행위나 처신의 적절함을 나타내기도 했다. 기쁨과 분노에도 적절한 절제와 도량이 필요함을 강조하였는데, 이것이 바로 "중용中庸"의 심오함이다.

In ancient times, there were great events, gathering people in the vast land, building the middle, and the masses saw it and flocked to it. "Medium" not only has the connotation of position, but also the connotation of proper behavior and way of doing things. Not too emotional, measuring things properly, which is the "moderation" of the "moderation."

동 東

| 甲骨文 | 金文 | 戰國文字 | 篆文 | 隸書 | 楷書 |

오행五行에서 동東은 나무, 봄, 삶, 해가 돋는 동쪽 등을 의미한다. 예로부터, 중국인들은 황하黃河와 장강長江에 대하여 "황하의 물은 하늘에서 내려와서 동쪽 바다에 이르러 다시는 돌아가지 않는다", "장강은 세차게 동쪽으로 흘러간다" 등의 인식을 가지고 있었으며, 뿌리 깊은 내륙 문명이 점차 해양문명을 받아들이고, 세계 문화 속에 녹아 들어갈 수 있었다고 여기고 있다.

In the five elements of Taoism, the "east" means wood, spring, living, it also means the sunrise in the east. Since ancient times, the Chinese people have observed the Yellow River and the Yangtze River, and established the understanding of "The water of the Yellow River rushes from the sky, to the sea and never returns" and "rolling down the Yangtze River in the east". Therefore, the deep-rooted inland civilization has gradually accepted the ocean civilization and integrated into the world culture.

북 北

음양가陰陽家들에 의하면 현무玄武는 북쪽을 상징하며, 중국인은 북쪽을 상위로 여겨 존경의 대상으로 삼고 있는데, 북쪽에 앉아 남쪽을 바라본다는 의미의 '좌북향남坐北向南'의 관념은 중국인의 건축문화와 예절에 깊이 자리잡고 있다.

| 甲骨文 | 金文 | 戰國文字 | 篆文 | 隸書 | 楷書 |

The Yin-Yang School regard Basaltic as the north, the Chinese take north as the upper, has the meaning of respecting the north. The concept of "sitting north facing south" goes deep into Chinese architectural culture and etiquette.

본 本

'본本'자는 근본을 의미하며, 중약中藥을 가리켜 본초本草라고도 한다. 중국인들의 속담에는 "사람들은 먹을거리를 하늘로 삼고, 국가는 농업을 그 근본根本으로 여긴다."는 말이 있다.

| 金文 | 戰國文字 | 篆文 | 隸書 | 楷書 |

"Ben" is the root. "Ben cao" refers to traditional Chinese medicine. The people regard food as their prime want, and the country regards agriculture as its foundation.

토 土

중국은 예로부터 농업을 기반으로 한 국가로서, 토지는 가장 기본적인 농업 생산수단이다. 흙土은 만물을 구성하는 오행五行의 하나로서, 땅과 땅에서 자라는 작물에 대한 숭배는 사직신社稷神, 즉 토지신社과 곡신稷의 출현으로 이어졌다.

| 甲骨文 | 金文 | 戰國文字 | 篆文 | 隸書 | 楷書 |

China was founded on agriculture since ancient times, and land is the most basic means of agricultural production. The "earth" is also one of the "five elements" that constitute everything. The worship of the land and the crops growing on the land is the appearance of the god of She Ji.

02 문화 한자편

사 社

| 甲骨文 | 金文 | 戰國文字 | 篆文 | 隸書 | 楷書 |

흙은 만물의 근원이며, 땅은 선현들이 한 곳에 정착하여 삶을 유지할 수 있는 기초가 되었으므로, 토지가 있어야 나라도 있는 법이다. 예로부터 선현들은 봄과 가을에 토지신社에게 제사를 드리며, 평상시에도 흙더미를 쌓고 절을 하고, 각지마다 토지 숭배 사당을 짓고 기원을 하는 전통들이 있는데, 이것들은 미신을 숭상한다는 것으로 볼 것이 아니라 토지에 대한 사람들의 감사, 나라에 대한 존경, 강토에 대한 소중함을 표현하고 있는 것이라고 볼 수 있다.

The earth gives birth to all things, the earth is the basis for the survival of the ancestors. Since ancient times, the ancestors of the spring and autumn festival, a heap of earth for the heap to worship, as well as the establishment of local temples for worship. These are not superstitions, reflecting people's appreciation of the earth, their reverence for the state, and their appreciation of the territory.

정 鼎

| 甲骨文 | 金文 | 戰國文字 | 篆文 | 隸書 | 楷書 |

'정鼎'은 고대에 가장 흔하게 볼 수 있고 신비로운 예식 도구였다. 그것은 중요한 종묘宗廟 예기禮器일 뿐만 아니라 국가 정권의 상징이기도 하였다. 그 형상이 주는 독특한 시각적 효과는 장중한 느낌을 가지게 한다.

"Ding" is the most common and mysterious ritual ware in ancient times. As an important religious ritual, it is also a symbol of state power. The unique visual effect formed by tripod image makes people have a sense of solemn.

정 井

| 甲骨文 | 金文 | 戰國文字 | 篆文 | 隸書 | 楷書 |

우물井을 팔 줄 알게 되면서 중국인들은 큰 강을 의존하는

삶에서 벗어나, 삶의 무대를 더 멀고 광활한 지역으로 넓힐 수 있었다. 공평하게 우물과 밭을 나누기 위해서 고대에는 여덟 가구를 기준으로 한 개의 한 개의 우물을 소유하도록 하여, 공公을 우선으로 하고 사私를 뒤로 하는 의식을 가지도록 하였다. 우물은 중국인들이 가장 애틋하게 여기는 고향을 대표하는 문화 아이콘으로 자리 잡았다.

By digging wells, the Chinese were able to break away from their dependence on big rivers and extend their life to wider areas; equally divides well field, the ancient system eight is one well, first public then private, "well" has become the Chinese most attachment hometown's cultural symbol.

가 家

집家은 먼 옛날 인류의 조상들이 수렵 이동 생활에서 정착 생활로 들어선 징표로서, 사람들의 삶을 의탁하는 기본적인 공간이다. 그러므로 집과 나라를 지키는 것은 모든 사람의 의무이다.

| 甲骨文 | 金文 | 戰國文字 | 篆文 | 隸書 | 楷書 |

"Home" is a symbol that ancestors of Chinese go into the settlement phase of the mark from the safari, it is people's life depends on. Therefore, it is everyone's duty to protect the country.

당 堂

집을 의미하는 '당堂' 자는 본래 같은 조상의 방계 친족 관계를 지칭하는 말이었으며, 건물 안채라는 의미로 사용되는 '당堂'의 구조 역시 동일계통의 친족관계를 중시하는 중국의 전통문화와 전통건축구조의 기묘한 조화를 보여준다.

| 金文 | 戰國文字 | 篆文 | 隸書 | 楷書 |

"Tang" is the collateral relation of the same ancestor. The relationship between the central house and the kinship has the reason of Chinese traditional culture. It shows the amazing integration of tradtional human relations and traditional architectural pattern.

원 院

중국인들은 거주하는데 있어서 자신의 정원에 사는 것을 이상으로 여긴다. 정원院은 무언의 책으로, 정원의 벽돌 하나, 풀 한 포기, 나무 한 포기는 세대를 이어가며 정원 안의 사람들을 양육하고 키워냈다. 이러한 중국의 대가족 전통은 천 년 동안이나 이어져왔다.

金文　篆文　楷書

Living in one's own yard is the Chinese ideal for living. The "courtyard" is a wordless book. Brick by brick, grass by trees, and people who grow up in the courtyard grow up one after another, which enables the form of tradional Chinese big family lasted for thousands of years.

국 國

'국國'자는 중국 역사의 중요한 메시지를 담고 있다. 최초의 정착지로부터 그 후에 발달한 초급도시와 나아가 더욱 발달된 도성都城에 이르기까지, 이것들을 모두 '국國'이라고 불렀으며, 각 시대를 거치는 동안 복잡하고 다양한 형세들이 모두 얽혀 있는 곳이다.

甲骨文　金文　戰國文字　篆文　隸書　楷書

The word "country" records the important message of Chinese history: from the original settlements to the later primary cities, to the more developed capitals, these are known as "country", which are the gathering place of The Times.

안 安

'안安'자는 중국인 특유의 철학적 사상을 보여준다. 백성의 측면에서는 '평안平安'함을 의미하며, 국가적 측면에서는 '안정安定'을 의미하는데, '안정安定'이라는 단어에 사용된 '안安'과 '정定'은 일종의 상태와 동태를 모두 내포하고 있다.

甲骨文　金文　戰國文字　篆文　隸書　楷書

"Peace" embodies the unique philosophy thinking of the Chinese people.It is "safe" for the people and "stable" for the country. From the national level, stability is both a state and a dynamic state.

락 樂

갑골문에서 '락樂'자는 얼후二胡와 유사한 모양의 악기이다. 음악은 즐거움을 가져다주었기 때문에 이 글자는 이후 세상의 모든 즐거움의 의미로 사용되게 되었다.

甲骨文　金文　戰國文字　篆文　隸書　楷書

The word "happy" in Oracle-bone inscriptions is an instrument similar to an erhu. Music brings happiness, this word later used to write about all happiness in the world.

년 年

중국인들의 마음 속에 '년年'자는 또 다른 새로운 주기의 시작이며, 모든 아름다운 소망의 시작이요, 또한 모든 중국인의 마음속에 풍성하게 뿌리내리고 있는 시적 로맨스를 담고 있는 글자이다.

甲骨文　金文　戰國文字　篆文　隸書　楷書

In the Chinese people's mind, "year" is the beginning of another cycle, is the beginning of all good hopes, and with poetic romance deeply rooted in the heart of every Chinese.

제 祭

제사祭祀는 과학이 발달하지 않았던 고대 조상들의 사상관념에서 매우 중요한 일이었다. 몇 천 년 동안 황제는 하늘과 땅에 제사를 지내고, 백성들은 조상에게 제사를 올리고, 백성들이 신을 섬기며, 오늘날까지도 황릉에 제사를 지내며, 공자孔子에게 제사를 지내는 등 '제祭'자는 중국인들의 한 생활풍속도로 자리매김하였다.

甲骨文　金文　戰國文字　篆文　隸書　楷書

문화
한자편

Sacrificial ceremony is a great event in the thoughts of the ancient ancestors who are not well developed in science. For thousands of years, the emperor sacrificed to the heaven and earth, the common people sacrificed to the ancestors, the common people sacrificed to the gods, and even today's sacrifice to Mausoleum of Yellow Emperor Confucius,"sacrifice" has been integrated into our life, has become a landscape.

사 祀

갑골문에서 '사祀'자는, 아직 형상을 갖추지 않은 태아를 형상화하고 있으며, 본래의 의미

甲骨文　金文　戰國文字　篆文　隸書　楷書

는 자식을 염원하는 제사이다. 후손번식은 생존율이 낮았던 고대에 모든 민족들의 근본적인 과제였다.

The "fete" of Oracle-bone inscriptions is like the unformed foetus, the original meaning is the sacrificial child. In ancient times, the survival rate of reproduction was low, which is the fundamental task of national continuation.

조 祖

옛 사람들은 돌아가신 선조들이 자기 가족들의 안녕을 보호해줄 수 있다고 믿었다. 갑골문

甲骨文　金文　戰國文字　篆文　隸書　楷書

에서 상商나라 조상들에게 제사를 성대하게 드리는 장면이 묘사되어 있는가 하면, 근대시기 농촌의 거대한 사당祠堂에 이르기까지 중국인들의 조상신에 대한 숭배 흔적은 도처에 깔려 있다. 중국인들이 자신의 국가를 '조국祖國'이라고 부르고, 자신의 원래 고향 즉 원적을 '조적祖籍'이라고 하고, '가문의 영예를 드러내다' 라는 말을 "광종요조光宗耀祖"라고 하고, '근본이 되는 사상을 잊고 소홀히 하다' 라는 말을 "수전망조數典忘祖"로 표현 하는 등 '조祖'자는 중국인들에게 매우 중요한 의미를 가진다.

Ancient people believed that their dead ancestors could protect their families.

From the Oracle-bone inscriptions to the grandly worshipping ancestors of the Shang dynasty, to the great power of the modern rural ancestral halls, all of them showed the worship of the ancestor god by the Chinese people. Chinese still call country "motherland" today, call hometown "ancestral home", call the glory for the family "Glorify and llluminate the ancestors", and dismiss the thoughts of lose the common touch as "betray their ancestors"

종 宗

| 甲骨文 | 金文 | 戰國文字 | 篆文 | 隸書 | 楷書 |

'종宗'은 본래 조상신의 위패를 이르는 말이며, 이 위패가 모셔진 집을 '종宗'이라고 불렀다. 때문에 조상과 관계되는 조祖와 종宗은 중국 고대사회 제사문화의 핵심으로 지배계급 내부의 안정과 민간사회의 조화에 중요한 역할을 해왔다.

"Clan" is the master of the ancestral gods. The house which god's master has placed on it is Pope. Progenitor and clan was the core of sacrificial culture in ancient Chinese society, which played an important role in the stability of ruling class and the harmony of civil society.

6. 자연현상 및 토템 관련 Natural phenomena and cultural totem

일 日

| 甲骨文 | 金文 | 戰國文字 | 篆文 | 隸書 | 楷書 |

중국은 예로부터 태양신과 불의 신을 숭배하였다. 빛과 문명은 언제나 인류가 추구해 오는 바였다. 자연의 신으로서 태양의 지위는 하늘보다는 못하지만, 시간단위로 볼 때 하늘과 태양은 비슷한 의미를 가지고 있다. 태양이 하늘에서 운행하기 때문에 하늘과 태양은 흔히 같은 어휘로 사

용되어 왔다.

China has always had the worship of sun and fire gods. Light and civilization have always been desired by people. As the god of nature, the sun is inferior to the sky. As a unit of time, days and sun have similar meanings. The sun moves in the sky, so it is often used in the same word.

월 月

자연계에서 달과 태양은 서로 대응하는 것은 사람들에게 늘 관찰되는 자연현상이다. 달에 대한 많은 아름다운 신화와 전설이 전해져 내려오고 있으며, 달의 변화에 대한 관찰을 통해 월식현상에 대한 지식과 기록은 물론 달에 대한 제사 및 의전 등이 거행되어 오고 있다.

| 甲骨文 | 金文 | 戰國文字 | 篆文 | 隷書 | 楷書 |

The moon in nature corresponds to the sun, which is a common natural phenomenon. There are many beautiful myths and legends about the moon, and through the observation of the changes of the moon, the knowledge and records of the eclipse, as well as the sacrifice of the moon and etiquette.

산 山

땅 위에 우뚝 솟아 사람에게 늘 존엄의 상징이 되는 것이 바로 산이다. 산은 중국인들에게 강건함과 웅장함의 상징으로 찬사를 받고 있어서 남자의 상징으로도 여겨진다.

| 甲骨文 | 金文 | 戰國文字 | 篆文 | 隷書 | 楷書 |

The mountain stands out from the ground, and the people look up to it. The mountain is praised by the Chinese as a symbol of the backbone of the masculine, so sometimes the mountain is a symbol of men.

수 水

| 甲骨文 | 金文 | 戰國文字 | 篆文 | 隸書 | 楷書 |

물은 5행 중 하나로 중국 고대의 소박한 유물주의를 구성하는 요소 중 하나이다. 물은 일종의 기준이자 경계가 되기도 한다. 노자老子는 "上善若水, 水善利萬物而不爭(가장 선한 것은 물과 같으니, 물은 만물을 이롭게 하면서도 다투지 않는다.)"이라고 하였는데, 이는 도가道家에서 말하는 무위無爲의 다스림을 잘 표현해주고 있는 말이다.

One of the "five elements", water constitutes an element of the plain materialism in ancient China. Water is a standard and a state. Lao-tzu's philosophy of "The top class of virtue is like water, which benefits ten thousand objects without any demands for return." embodies the Taoist philosophy of "Seeking rule without doing anything".

용 龍

| 甲骨文 | 金文 | 戰國文字 | 篆文 | 隸書 | 楷書 |

용龍은 중화문명과 중국 전통문화의 중요한 상징이다. 용은 중국 상고시대의 수많은 민족들이 신성하게 여겨왔던 토템이며, 왕권과 황권의 상징으로 숭고한 권위를 내포하고 있다. 그것은 수천 년 동안 무수한 사람들이 사랑하고 친근하게 여겨온 신령이며, 풍성하고 다채로운 용과 관련한 문화는 중국 고대의 각 방면에 영향을 미쳤다. 중국 전 지역의 역사 속에서 서로 다른 민족과 신앙을 연결시켜주는 역할을 해왔으며, 오늘날에도 국내외에서 동일한 중화 민족의 후손들을 서로 잘 소통하게 하는 중요한 연결고리가 되고 있다.

The dragon is a symbol of Chinese civilization, an important symbol of Chinese traditional culture and a totem of many nations in ancient China. The dragon is also a symbol of imperial power and imperial power in ancient China. The dragon has high authority .It is also a deity loved and close by hundreds of millions of people over thousands of years. The colorful dragon culture has influenced all aspects of ancient China. The dragon, which communicates the relations between people of different nationalities and faiths in the history of China, is still the successor of the dragon at home and abroad-the descendants of Yan and Huang, who are closely connected with each other.

봉 鳳

봉황을 가리키는 '봉鳳'자는 옛사람들이 많은 새들의 아름다운 신체부위를 모아서 변형하고 조합한 상상 속의 새로서, 신화 전설에 등장하는 가장 높은 권위를 상징한다. 중국 전통문화에는 용과 봉황에 관련된 내용이 많은데, 이를 '용봉문화龍鳳文化'라 일컫기도 한다.

甲骨文　金文　戰國文字　篆文　隸書　楷書

The "phoenix" is the ancient birds of many beautiful parts of collection, deformation and composition. In myth and legend, it is the most authoritative divine bird. A large number of contents related to dragon and phoenix in traditional Chinese culture are called "dragon and phoenix culture".

7. 국가 및 전쟁 관련 Keywords of state and war

제 帝

'제帝'자는 전국戰國시기 이전에는 옥황상제를 의미하는 글자였지만, 전국시기 이후로는 백성들의 군주를 가리키기 시작했으며, 진秦나라 이후에는 황제皇帝의 약칭으로 사용되었다. 고대역사문헌들에 따르면 황제 체제는 중국역사의 시작이자 통치질서의 구현을 의미한다.

甲骨文　金文　戰國文字　篆文　隸書　楷書

The word "emperor" was exclusively used by the emperor of heaven before the

Warring States Period. The Warring States Period refers to the earthly monarch, and the later Qin period refers to the ancient history of the country for short as "emperor". The imperial system is the beginning of Chinese history and the embodiment of ancient ruling order.

왕 王

'왕王'자는 도끼를 형상화하고 있다. 고대 씨족의 수령은 군대를 이끌고 싸웠으며, 이 때 도끼는 군사 통수권을 상징하였다. 계급사회에 들어서면서 왕은 최고 통치자의 칭호가 되었으며, 왕권王權, 왕도王道, 제왕문화帝王文化 등의 단어에서 볼 수 있듯이 풍성한 의미를 내포하고 있다. 왕王자의 형상을 빗대어 천지인天地人 삼재三才와 연관 지어 말하는 경우도 있다. 가장 아래 횡은 땅, 가운데 횡은 사람, 가장 위의 횡은 하늘을 각각 나타내고 있어, 왕은 위로는 하늘의 도리에 순응하고, 아래로는 민의를 품을 수 있어야 한다는 것이다.

甲骨文　金文　戰國文字　篆文　隷書　楷書

The word "King" is like axe. The head of an ancient clan led the army in battle. Entering the class society, the king is the title of supreme ruler, and the royal power, the royal way, the imperial culture and so on have its rich connotation. It is also interesting to associate the word "King" with the word "three talents, heaven, earth and man". It is said that the top horizontal is heaven, the bottom horizontal is earth, the middle horizontal is human, and people can follow heaven and express public opinion.

령 令

'령令'자의 본의는 명령命令의 뜻을 가진다. 또한 사령辭令의 의미를 가지기도 하는데, 사령이란 의도적으로 아름다움과 선함을 추구한다는 의미이기 때문에, 령令자는 자연스럽게 '미美'와 '선善'의 의미가 부여되었는데, 이처럼 령令자는 한자의

甲骨文　金文　戰國文字　篆文　隷書　楷書

의미 확장 과정을 잘 드러내고 있는 글자라고 할 수 있다. 가장 큰 명령에는 자연 및 각 절기에서 비롯된 명령, 즉 월령月令과 시령時令이라고 할 수 있는데, 시령時令에 담긴 인간의 행위와 자연생태와의 관계에 관한 명제에는 인간과 자연의 통합이라는 고대의 철학이 남겨져 있다.

The original meaning of the word is order, It also has the meaning that is "words". Words deliberately seek for beauty and goodness, which naturally endows words with the connotation of "beauty and goodness". "order" shows the historical accumulation of the beauty of Chinese language. The biggest order is from the natural, four-season solar terms, that is, the month, the season. The proposition about the relationship between human behavior and natural ecology contained in the time contains the ancient philosophy of integration of man and nature.

병 兵

'병兵'자가 중국문화에서 갖는 더욱 중요한 의미는 전쟁의 책략과 방법, 즉 병법이며, 이 병법은 세계가 인정하는 중국의 지혜로 사회생활 전반에 적용되고 있다.

| 甲骨文 | 金文 | 戰國文字 | 篆文 | 隸書 | 楷書 |

What is more important to Chinese culture is the tactics and methods of war, namely the tactics of war. This is the world recognized Chinese wisdom, which has been applied to all aspects of social life.

차 車

'차車'자의 기원은 고대 황제黃帝때 부터라고 전해진다. 선진先秦이후에는 용도에 따라 등급이 여러 유형으로 분류돼 최고급은 금박옥을 박아 넣기도 하고, 최저급은 꾸미지 않은 목재의 원색을 그대로 이용하는 등 다채로운 수레 문화를 만들어 왔다.

| 甲骨文 | 金文 | 戰國文字 | 篆文 | 隸書 | 楷書 |

It is said that "vehicle" originated from the yellow emperor period. Since the Pre-

Qin dynasty, it has been divided into different types according to different uses and grades. The highest level can be inlaid with gold and jade, while the lowest level is undecorated natural wood, thus forming a colorful car culture.

의 醫

'의醫'자의 구조를 보면, 전투에서 화살을 맞은 상처를 치료하여 화살을 빼내어 상자에 보관하는 모양을 형상화한 것으로, 몸이 건조하지 않고, 허약해지지 않도록 중화中和의 기운을 유지해 줌으로써 모든 병을 치유하고자 하는 중의학은 백성에 대한 행복 염원과 자애慈愛 사상을 잘 반영하고 있다.

金文　戰國文字　篆文　隸書　楷書

In "yi"'s word formation, it says that arrow wounds were healed anol the arrows were taken out and kept in boxes. If the body does not have Yang dryness, but does not have Yin deficiency, and keeps the qi of neutralization all the time, there will be no diseases at all. "Traditional Chinese medicine" truly reflects the wisdom and thoughts of Chinese medicine benefiting the people and benefiting the people infinitely.

8. 정신세계 관련 Spiritual pursuit keywords

진 眞

진인眞人은 바로 선인仙人을 의미한다. 글자의 구성 역시 위쪽과 아래쪽이 모두 선인이 하늘로 오르는 형상을 나타내고 있으며, 가운데는 눈의 형상을 하고 있다. 전통철학에서는 사물의 진위보다는 인간관계를 더욱 중요하게 연구하기 때문에 '성誠'과 '신信' 등 인정을 판단하는 단어로서 진위를 정의하는 단어로 사용되고 있다.

金文　戰國文字　篆文　隸書　楷書

A real person is a immortal, the composition of the word is also for ascending to heaven, the next for ascending, in the middle is open heaven eyes. Traditional philosophy doesn't care about the truth or falsity of things, but focuses on the study of interpersonal relationships. Therefore, it uses the words like "sincerity" and "trust" to define the authenticity of human beings.

선 善

'선善'은 곧 아름다움을 나타내고, 인간의 본성이며, 지행知行의 근본이다. 상선약수上善若水는 부드러움과 미세함 속에 강인함이 존재함을 나타내는 함축적 의미를 담고 있다. 인류는 지극히 짧고 고통스런 인생 속에서도 줄곧 지극히 선한 것들을 추구해왔다. 중국의 철학적 이념 속에도 최고의 선善을 추구하고자 하는 정신이 깔려 있는데, 이것은 위대한 진실, 위대한 사랑, 위대한 정직, 위대한 지혜 등으로 구현되고 있다.

"Kindess" is goodness, it is the essence of human nature, the origin of knowledge and action. Goodness is like water, strength in softness and strength in fineness. Life is too short to be good. In Chinese philosophy, there is a pursuit of the highest realm with excellence as the core, that is, "arrive at supreme good", which is the embodiment of great truth, great love, great honesty and great wisdom on the level of human nature.

미 美

고대인들은 자신의 외형 외에도 늘 또 하나의 몽롱하고 모호한 느낌을 가지고 있었는데, 바로 아름다움이다. 중국 문학과 예술에서는 예술적 정취에 주의를 기울여 왔는데, 아름다움美이라는 단어가 바로 독창적 예술 정취의 발아 역할을 해왔다.

The ancients thought that a person besides his body, also has a hazy sense of beauty. Chinese literature and art pay attention to artistic conception, and the configuration of "beauty" is the bud of original artistic conception.

생 生

| 甲骨文 | 金文 | 戰國文字 | 篆文 | 隷書 | 楷書 |

'생生'은 생명을 의미하며, 세상에서 가장 큰 덕목 역시 삶이요 생명이다. 세상을 부단한 생명의 연속으로 바라보고, 또한 생명의 관점에서 천지와 만물 그리고 인간을 조망하는 것은 많은 중국 문화의 핵심사상으로, 중국인들이 모든 일에서 투쟁과 혼란함보다는 근본적인 조화와 통일을 찾는 경향이 있음을 잘 설명해주는 것이다.

Life is life. China has words that "The great virtue of heaven and earth is life." The view of heaven and earth as a kind of continuously biochemical heaven and earth, and the view of heaven and earth, all things and human organs from the perspective of life is the core of many Chinese cultures, indicating that Chinese people tend to seek a fundamental harmony and unity in everything, rather than struggle and chaos.

휴 休

| 甲骨文 | 金文 | 戰國文字 | 篆文 | 隷書 | 楷書 |

갑골문에서는 사람이 나무에 기대어 쉬고 있는 모습을 하고 있는데, 그 후에 '휴가', '기쁨', '좋음' 등 뜻으로 의미가 확장되었다. 이는 중국 문자의 변화와 발전을 뚜렷하게 보여주고 있다.

In Chinese Oracle-bone inscriptions, people are resting on the tree, and then they have the meaning of taking a vacation, stopping, joy and beauty, which is far beyond ordinary people's imagination and clearly shows a microcosm of the evolution of Chinese characters.

수 壽

개체 생명 연장의 가장 소박한 염원으로 '수壽'는 줄곧 중국 사회의 가장 보편적인 꿈

이다. 수에 대한 갈망은 중국 사람들이 평범한 생활을 중시하고 현세에 기대는 정신적 반영이라고 볼 수 있다.

As the most unadorned hope for the continuation of individual life, "Shou" has always been one of the most universal life ideals in Chinese society. The desire for longevity is also a reflection of the Chinese people's emphasis on secular life and hope for the secular spirit.

사 士

춘추 시기 이전, '사士'는 무사였다. 춘추 시기 이후, '사'는 문인으로 되었는데, 점차적으로 통치계급인 지식인들의 총칭으로 되었다.

| 甲骨文 | 金文 | 篆文 | 隶书 | 楷书 |

Before the Spring and Autumn period, "Shi" was a warrior, and after the Spring and Autumn period, "Shi" was a scholar, who gradually became the general name of the intellectuals of the ruling class.

협 俠

협객과 협기는 모두 중국 사람들의 선인들의 이상적인 인격을 대표하였다. 영웅이 되려는 염원과 도검술을 겸비한 사람은 협객이 되며, 무술 실력이 없지만 시원시원하고 영웅적인 기백을 가진 것을 협기라고 한다. '협감의담俠肝義膽'이라는 사자성어는 예로부터 중국인들에게 추앙 받아왔다.

| 金文 | 篆文 | 楷书 | 简体 |

Swordsman and chivalrous spirit are both the ideal characters in Chinese people's hearts. Those who have heroism, ambition and interest as well as sword and kung fu become swordsman, only the mental performance of the dripping hero style is called chivalrous spirit. "Chivalrous bravery" has always been highly praised by Chinese people.

수 羞

신에게 바치는 진귀한 음식 제물로부터 황제 귀족에게 바치는 음식에서 '부끄러움'을 표현하는 뜻으로 바뀌었는데, 한자 중에 '수羞'자처럼 이렇게 맴돌며 기복이 심한 운명의 글자는 없을 것 같다.

甲骨文　金文　戰國文字　篆文　隸書　楷書

From the delicacy of offering to god, to the delicacy of emperors and nobles, to the expression of inner shame and even the "shame response", I am afraid that there is no word in Chinese characters with the word "shame" in such a rolling and ups and downs of fate.

명 名

명위名位는 한 사람의 사회적 지위를 대표하고 있다. 고대 중국에는 명위가 있는지 없는지, 어떤 명위가 있었는지가 한 사람의 인생 가치의 주요 평가 기준이 되었기 때문에 중국인들은 명위를 중시하고 명위를 추구했다.

甲骨文　金文　戰國文字　篆文　隸書　楷書

A name represents one's social status. In ancient China, there is no name, what name, often become a person's life main value evaluation standard, so the Chinese value and pursuit the fame and fortune status.

문 文

'文'은 한자체제 구축의 기초가 된다. '文'은 본래 짜임새 있는 무늬를 가리킨다. 옛 사람들은 이러한 무늬를 매우 중시했으며, 이러한 문양은 일정한 규칙성을 가지고 있었다.

甲骨文　金文　戰國文字　篆文　隸書　楷書

"Wen" is the foundation of Chinese character construction. "Wen" refers to the orderly patterns. The ancients took lines very seriously, which is a regular existence.

무 武

원래 군사력을 뜻하지만 중국에 더 큰 영향을 미친 것은 '무(武)'와 관련된 문화로서 무력·권세·권력의 소유자를 바라보는 중국인의 태도를 잘 보여준다.

| 甲骨文 | 金文 | 戰國文字 | 篆文 | 隸書 | 楷書 |

This refers to the military, but what really deeply influences China is the "martial culture", which explains the attitude of Chinese people towards the owners of force, authority and power.

서 書

갑골문의 '서書'자는 사람이 손수 붓을 든 모양이다. 붓은 중국 고대에 발명된 독특한 필기 도구이자 회화 도구인데, 붓은 탄력이 풍부하고 표현력이 강하기 때문에 후세의 서예 예술을 형성하는 중요한 물질적 요소이기도 하다. 서예는 중국 특유의 예술 형식 중 하나로, '서' 자의 구조는 중국 서예 예술의 오래된 기원을 형상적으로 보여주고 있다.

| 甲骨文 | 金文 | 戰國文字 | 篆文 | 隸書 | 楷書 |

The "shu" is a writing brush held by hand in Oracle-bone inscription. Writing brush is a unique writing and painting tool invented in ancient chinese. Because of its flexibility and strong expression, it is also an important material factor for the formation of calligraphy art in later generations. Calligraphy is a unique art form in China. The structure of the word "book" vividly reflects the ancient origin of Chinese calligraphy art.

책 冊

고대에 편찬된 죽간을 책의

| 甲骨文 | 金文 | 戰國文字 | 篆文 | 隸書 | 楷書 |

의미로 사용하다가, 나중에는 '책봉' '책립' 등 국가 대사와 관련된 동사의 의미로 사용되었는데, 모두 장중한 의미를 가졌고, 대부분의 역사적 큰 사건들이 역사책에 기록됐다.

The bamboo slips compiled in ancient times were cataloged and later evolved into verbs, such as "conferring tittes of nobility" and "investing", both of which were major events of the state. As a verb, it has a solemn meaning, and these events go down in history.

원 元

중국인들은 사물의 가장 최초의 부분을 '원元'이라 불렀으며, 춘추 시대부터 중국인의 품성의 일부분을 나타내는 말로 사용되기도 하였다.

甲骨文　金文　戰國文字　篆文　隸書　楷書

Chinese people call the original part "Yuan", and start from the Spring and Autumn Period to become part of the quality of Chinese people.

9. 물질세계 관련 Material pursuit keywords

보 寶

갑골문에서 보寶는 집안에 옥 한 꿰미가 있다는 것을 뜻하는 회의자會意字이다. 고대에는 옥이 희귀한 물건이었으며, 또한 사람들이 부를 표현하는 방식 중의 하나였다. 나중에 '패貝'와 '부缶'가 추가돼 회의자에서 형성자形聲字로 바뀌어 한자의 형체 변천에 관한 중요한 과정을 보여주고 있다. 현대에 사용되는 간화자 '보宝'자는 갑골문甲骨文의 형태를 사용하고 있다.

甲骨文　金文　戰國文字　篆文　隸書　楷書　簡體

In Oracle-bone inscriptions, "treasure" is a knowing word, indicating that there is a string of jade in the room. In ancient times, jade was a rare thing, and also one of the manifestations of people's great wealth. Later, the "贝"and "缶"were added, which changed from polysemy to phonetic, an important step in the evolution of Chinese characters. The simplified version goes back to oracle script.

옥 玉

옥은 천지가 길러낸 아름다움의 정수이다. 옥을 '덕'에 비유하는 것은 중국인들의 특유의 관념이다. 또한 이 옥을 하늘을 숭상하는 주요한 예기禮器로 삼았는데, 이는 사람들의 선천적인 '돌에 대한 숭배' 관념을 이성적으로 승화시킨 것이다.

Jade is the essence of the beauty of heaven and earth. To compare jade to virtue is a unique concept in China. Jade as the main gift of heaven is the natural "stone worship" concept of the rational sublimation.

재 財

중국인들은 비록 재물을 사랑하지만 도리에 맞게 재물을 취하는 자를 존경하고, 돈만 챙기는 미개한 군주나 탐관을 증오한다. 즉 '재財'와 '탐貪'의 모순이 중국인의 역사 속에 항상 존재하는 것이다.

The Chinese people respect the "A gentleman makes money through honourable means", while they hate the corrupt rulers who get profit in improper way. It can be said that the game between "money" and "greed" has been interspersed in the historical process of the Chinese people.

주 酒

오래된 술은 단지 음료가 아

니라, 제사에 없어서는 안 될 제물이며, 예로부터 인간과 신의 관계를 이어주는 무당은 제를 올릴 때 술을 중요한 제물로 삼았다. 술은 양생養生에 필수일 뿐만 아니라 중요한 약품이다. 술은 문화의 중요한 매개체로서, 고대 문인과 묵객들은 때때로 술을 벗삼아 세상에 남을 만한 걸작을 남겼다.

Ancient wine is not only a beverage, but also a necessary sacrifice in the sacrifice, the wizard of the relationship between people and god, and wine should be used as an important tool for the sacrifice. Wine is not only necessary for health maintenance, but also the important medicine. Wine is also an important carrier of culture, drinking to the full enjoyment of time, scholars left the masterpiece.

양 羊

중화 문명의 발전 과정 중에 사람들은 양들의 성질이 온순하고 선량하여 큰 잘못을 범하지 않으며 번식 능력이 강하기 때문에 양을 사육해 왔다. 이렇듯 옛 사람들에게 있어서 양은 아름답고 선하며 행운의 상징이자 예의를 아는 동물이기도 했다.

| 甲骨文 | 金文 | 戰國文字 | 篆文 | 隸書 | 楷書 |

In the development process of Chinese civilization, people found that sheep were docile and kind, free from all kinds of things, and capable of breeding, so they were domesticated. The relationship between people and sheep became closer and closer. therefore, it was clear that the ancient people regarded sheep as a symbol of beauty, kindness and auspiciousness, as well as an animal knowing courtesy and righteousness.

자 瓷

중국은 도자기의 나라로, 영어 'china'는 '도자기'를 뜻한다. 도자기, 차, 실크는 고대 중국이 세계에 수출한 중요한 상품으로서 때때로 중국을 대표하는 상징으로 여겨지기도 한다.

| 篆文 | 楷书 |

China is the country of porcelain. In English, "china" means porcelain. As an important commodity exported to the world by ancient China, porcelain, tea and silk have long been widely influenced and become a synonym of China.

상상속의 사물 관련 Objects of super thought

귀 鬼

귀신문화는 중국인들에게는 오랜 세월을 거치면서 두려움의 대상을 넘어서 각양각색의 귀신 이야기로 발전했다. 이렇듯 귀신의 세계는 중국인 생활 속의 거울이라고 할 수 있다.

甲骨文　金文　戰國文字　篆文　隸書　楷書

After a long evolution in China, people's attitude towards ghosts has already surpassed their initial fear and developed various ghost stories. The world of ghost is a mirror of Chinese life.

신 神

신神·인人·물物의 세 가지 개념은 중국인의 원초적 시각에서는 세 가지의 서로다른 생명 형태를 가리키고 있다. 신神자에 담긴 표현 관념의 대변혁은 중국 문화사의 중대한 특징이기도 하다.

金文　戰國文字　篆文　隸書　楷書

In the Chinese original view, the concept of god, man, and thing are mentioned together, referring to three life forms. The evolution of the connotation of "Shen" represents the great change of concept, which is a significant feature of Chinese cultural history.

선 仙

선인들은 산에 많이 산다. 중국인들은 수련을 통해 득도해 신선이 될 수도 있고, 선행을 통해 사후에 하늘로 올라가 신선이 될 수도 있다고 믿고 있을 정도로 선仙에 대해 특별한 염원을 가지고 있다. 그러나 살아있을 때 온갖 악행을 저지르면 사후에 지옥으로 떨어진다고 여기고 있기 때문에 중국인들은 신선 같은 삶을 가장 이상적이라고 여긴다.

篆文　隶书　楷书

Immortal often live on mountains. Chinese people have a special longing for the immortal, believing that by practicing the Tao can become immortal, or by doing good things to heaven after death. If you do evil things in your lifetime, you will go to hell when you die. Therefore, Chinese people regard the living of immortals as the most ideal and comfortable pursuit.

11. 오행 五行 The Five Elements

금 목 수 화 토 金 木 水 火 土 metal wood water fire earth

오행은 중국 고대의 물질관으로 철학, 중의학, 점술 방면에 많이 사용되었다. 오행설은 고대 철학 이론에서 목, 화, 토, 금, 수 5가지 물질의 특성과 그 순환체제의 법칙에 따라 자연을 인식하고 해석하는 시스템 구조와 방법론을 중의학에 적용하였다. 이에 따라 인체 장기 간의 상호 관계, 오장육부 조직기관의 속성, 운동 변화 및 인체와 외부 환경의 관계를 설명하고 있다.

The Five Elements is a view of matter in ancient China, which is widely used in philosophy, traditional Chinese medicine and divination. The Five Elements Theory is a basic theory of traditional Chinese medicine, which is based on the characteristics of wood, fire, earth, gold and water in ancient philosophical theories and their restraint laws to understand and explain the systematic structure and methodology of nature, changes and the relationship between the human body and the external environment.

12. 십이 간지 The Chinese Zodiac

서鼠 **우**牛 **호**虎 **토**兔 **용**龍 **사**蛇 **마**馬 **양**羊 **후**猴 **계**鷄 **구**狗 **저**猪
Rat Ox Tiger Rabbit Dragon Snake Horse Goat Monkey Rooster Dog Pig

십이지신, 띠라고도 하며, 중국과 십이간지에 맞추어 사람 이름을 붙인 열두 종의 동물로, 쥐, 소, 호랑이, 토끼, 용, 뱀, 말, 양, 원숭이, 닭, 개, 돼지를 포함한다. 십이지신의 기원은 동물 숭배와 연관된다.

역사가 발전함에 따라 오행의 순환 즉 상생상극相生相剋의 민간신앙 관념으로 융합되어 결혼, 인생, 연운 등으로 표현되며, 모든 띠에 흥미로운 전설이 따르고, 이를 통해 하나의 관념적 해석시스템이 형성되어 민간문화 중의 형상철학이 되었다. 예를 들면 결혼에 의한 띠 배합, 제사기도문, 12간지에 따른 당해의 띠 등에 사용되고 있으며, 현대에는 띠를 춘절의 마스코트로 삼아 오락문화 행사의 상징처럼 여기는 사람이 많다.

이처럼 띠는 오랜 민속문화의 아이콘으로, 띠의 형상과 상징적 의미를 담은 시·춘련·회화·서화·민간 역대의 공예 작품들에 많이 남아 있다.

The Chinese Zodiac, is the twelve species of Chinese animals that match the twelve Earthly Branches in the year of human birth, including Rat, Ox, Tiger, Rabbit, Dragon, Snake, Horse, Goat, Monkey, Rooster, Dog and Pig. The origin of the twelve zodiac is related to animal worship.

With the development of history, they gradually merge into the mutual belief of folk belief, manifesting in marriage, life, and luck. Every Chinese Zodiac has rich legends, which form a conceptual interpretation system and become an image philosophy in folk culture, such as the affinity of marriage, temple prayers, and the year of birth. Nowadays, more people regard Zodiac as the mascot of the Spring Festival and become a symbol of entertainment culture activities.

As a long-standing folk cultural symbol, the Chinese Zodiac has left behind a large number of poems, couplets, paintings, calligraphy, painting and folk arts and crafts depicting the image and symbolic significance of the Chinese zodiac.

한자와 중국어
그리고 중국문화
Follow me,
like Chinese

신화
고사편

03

중국의 신화神話 및 고사故事들은 중화민족의 성격적 특징을 잘 보여준다. 서양의 신화에서 불은 절대자께서 주신 것으로 프로메테우스가 훔친 것으로 묘사되고 있지만, 중국신화에서는 불빛이 새어 나오는 나무를 계속 비비고 파다가 불을 얻은 것으로 묘사되고 있다. 또 기독교 성서에 따르면 홍수의 재앙을 피해 노아의 가족이 방주로 피신한 이야기가 전해져 오고, 중국 신화에서는 우禹 임금이 막힌 수로를 뚫어 홍수를 이겨낸 대우치수大禹治水 이야기가 전해져 오고 있다. 서양의 신화에서 태양신은 절대적인 권위를 갖고 있어 도전을 용납하지 않는 것으로 묘사되어 있지만, 중국 신화에서는 후예后羿가 활로 아홉 개의 태양을 쏘아 떨어뜨리고 한 개의 태양만을 남겼다는 후예사일后羿射日의 전설과 과부誇父라는 거인이 태양을 쫓아갔다는 과부축일誇父逐日 등의 이야기가 전해져 오고 있다. 이처럼 중국인들 고사에서는 자연에 맞서 싸우며 생존을 쟁취하는 과정이 많이 묘사되어 있다. 중국신화에 자연, 재난, 환경에 굴복하지 않고 맞서 싸우는 이야기가 많이 등장하는 것 역시 이러한 끊임없는 도전 정신을 후세들에게 전하고자 하는 선조들의 의지가 서려있다고 할 수 있다.

The core of Chinese fairy tales embodies the characteristics of the Chinese nation. In Western mythology, fire is given by God and stolen by Prometheus; in Chinese mythology, fire is made by drilling wood persistently (Drilling wood for fire). In face of the Doomsday Flood, the Western mythology took refuge in Noah's Ark; the Chinese mythology used the method of dredging to divide the water and conquer the flood (Dayu water control). Western sun gods have absolute authority and can not be challenged,only Chinese mythology dares to challenge the sun gods (Hou yi shooting the sun, Kua Fu Running After a Sun). The stories tell future generations that nature is cruel, that survival must be against nature, we can be lost, but not surrendered. The cultural core of Chinese mythology——is that the Chinese nation has been struggling with nature, disaster and environment for thousands of years.

반고盤古가 천지를 열다

　　전설에 따르면 태초에는 하늘과 땅이 하나로 합쳐져 있었고 우주는 혼돈 중에 있었다. 이런 혼돈 속에서도 깊은 잠을 자고 있었던 한 사람이 있었으니 그의 이름은 반고盤古였다. 그의 곁에는 기괴한 모양의 도끼가 놓여 있었다. 어느 날 문득 반고가 잠에서 깨어난 후, 자기가 있는 공간을 너무 답답하게 느낀 나머지 곁에 있던 도끼를 들어 주위 공간을 향해 한참을 휘둘러서 하늘과 땅을 갈라놓았다. 하지만 얼마가지 않아 갈라진 하늘과 땅이 다시 합쳐지려고 하자 반고는 자신의 몸으로 하늘과 땅을 지탱하였다. 오랜 세월이 지나 하늘과 땅은 고정되었지만 반고는 피로가 쌓여 죽고 말았다. 그가 죽은 후에 그 몸이 변하기 시작했는데, 골격이 변하여 산맥과 구릉이 만들어지고, 살이 변해 평원과 분지로 변하였고, 피와 땀은 강과 바다가 되고 털이 변하여 숲과 초원, 습지가 되었다.

　　It is said that the earliest heaven and earth originally came together, and the universe was chaotic. In this chaos, a person is sleeping. His name is Pan Gu. There was an eccentric axe beside him. Until one day Pan Gu suddenly woke up, he felt that his space was so oppressive, so he took up the axe next to him and waved at random against the surrounding space, do not know how long he waved, anyway, the sky and the earth were clearly divided. But not long after the separation of heaven and earth, it began to slowly close, Pan Gu used his body to support the heaven and earth, so support for a long time, the position of heaven and earth has been fixed, but the great Pan Gu was too tired and he died. After his death his body began to change, his bones became mountains and hills, his flesh became plains and basins, his blood and sweat became rivers and seas, his hair became forests, grasslands and swamps. His primordial spirit wont to the center of heaven and earth, but it went to sleep because he was tired.

여와女媧가 사람을 만들다

　　반고盤古의 육신이 변하여 대지大地가 형성된 후에 대지 위에는 많은 생물들이 번성하였다. 오랜 세월이 지난 후, 대지에는 반고와 버금가는 위대한 인물 여와女媧가 탄생했다. 여와는 비록 대지위에 갖가지 생령들이 가득했지만 이들 모두가 창조능력이 결여되어 있다고 여기고는 황토 진흙을 이용해 자기의 모양을 본 떠 작은 사람의 형상을 많이 만들고, 여와 스스로의 모습과는 차이점을 두기 위해 진흙으로 빚은 형상들의 꼬리 부분을 둘로 갈라 두 다리를 만들고, 그 후 다시 법술을 가해 이 창조물들을 생  명이 있는 살아있는 인간으로 되게 하였다. 이렇게 만들어진 인간들은 모두 스스로 독립적인 생각을 할 수 있는 존재들이 되었다

After the incarnation of Pan Gu into the earth, there were many kinds of creatures on the earth. Many years later, a great person appeared on the earth - Nuwa. Nuwa found that although there were many creatures on the earth, but they lacked creativity, so Nuwa made many creatures out of yellow clay according to her own patterns. Because Nuwa thought the creators should be somewhat different from herself and changed the clay man's tail into two hind legs (feet). Then she cast a spell to turn these little people into living beings, and these people all had their own independent thoughts.

염제炎帝가 돌을 쳐서 불을 만들다

인류가 사용한 최초의 불은 모두 천둥번개가 나무에 부딪치면서 만들어진 천연의 불이었다. 어떤 한 사람이 인류가 언제까지나 천연의 불에만 의존할 수는 없다고 생각하고 스스로 불을 만들어 내려고 생각했다. 한 번은 사냥 중에 짐승을 향해 던진 돌로 만든 창이 빗나가버렸다. 하지만 그는 돌 창이 바위에 부딪치면서 불꽃이 튀는 것을 보고는 이 행위를 반복하여 결국 불을 피워내기에 이르렀다. 그가 불 피우는 방법을 발견한 후, 각 부락에서는 그를 왕으로 추대하였는데, 이 사람이 바로 불의 제왕으로 불리는 염제炎帝이다. 제왕에 추대된 후 그는 농경 방법을 발견하고 백성들에게 이를 가르쳤다 하여 "신농神農"이라고도 불리운다.

The earliest fires used by humans were all natural (most of which were caused by lightning striking trees). One person just think humans can't always rely on natural fire,

so decided to create a method of lighting fire. On one hunting expedition, he slipped the stone not to give the javelin hit prey, but he found that the javelin with stones on the ground can produce the spark, so he picked up a lot of the stones to test, the results made a fire of success. He also found the way to make fire, so all the tribes unanimously embrace him as the king, this man is the king of fire. He then created farming methods and taught people how to cultivate, so he was also known as "Shen Nung".

신농神農이 백초百草를 시험하다

신농神農은 본래 열산烈山의 한 동굴에서 태어났는데, 전설에 따르면 소의 머리와 사람의 몸을 지닌 형상이었다. 그는 사람들이 병에 걸리는 것을 보고, 도광都廣이라 불리는 들로 나가 건목建木이라 불리는 신성한 나무에 올라가 옥황상제의 화원에서 요초瑤草라 불리는 신선초와 천제께서 하사한 채찍을 손에 넣었다. 신농은 도광의 들에서 열산으로 돌아오는 길에 계속해서 채찍을 휘둘렀다. 신농은 갖가지 풀들을 맛보고는 중독이 되었지만 다행히 매번 차를 달여 마시고 해독이 되었다. 모든 풀을 맛보겠다는 맹세 때문에 결국은 마지막으로 단장초斷腸草라는 독초를 맛보고는 세상을 떠났다. 사람들은 그의 은덕과 공적을 기리기 위해 그를 약왕신藥王神으로 추대하고, 약왕묘藥王廟를 지어 매 계절마다 제사를 지내고 있다

Shen Nung was born in a cave in Lieshan. Legend has it that he was a tauren. He saw people get sick and went to the garden of the emperor of heaven to get Yao leaves on the tree of the emperor of heaven to be given god whip. Shen Nung has tasted leaves poisoning many times, all thanks to tea detoxification. He vowed to taste all the leaves and eventually died from the coliseum. In order to commemorate his kindness and achievements, people regarded him as the goddess of medicine, and built the temple of medicine king sacrifice.

정위精衛가 바다를 메우다

염제炎帝에게는 아주 착하고 귀여운 정위精衛라는 이름의 딸이 하나 있었다.

그녀는 어릴 때부터 드넓은 바다를 보고싶어 했다. 어린 소녀는 나날이 성장하여 점점 더 아름다워졌다. 마침내 스스로 바다를 찾아 떠날 준비가 되었다고 생각한 그녀는 어느 날 조용히 고향을 떠났다. 마침내 바다를 찾아내고는 바다의 위대함에 도취되어 바다를 향해 가까이 갔을 때 거대한 파도가 밀려와 파도에 휩쓸려 그만 죽고 말았다. 정위의 영혼은 분노에 찬 한마리 파란 새로 변하였고, 바다에게 복수하기 위해 바다를 메워버리기로 결심하고는 밤낮을 가리지 않고 서산西山의 돌을 물고 와서 바다를 메워 나갔다.

Emperor Yan had a kind and lovely little daughter named Jingwei. She had a dream since childhood and hoped to see the boundless sea. The little girl grew up day by day and became more and more beautiful. Finally, when she thought she had the ability to find the sea, she quietly left the tribe, and finally she found the sea. She was intoxicated with the great sea. Just as she was heading for the sea, the sea was also heading for Jingwei with huge waves. Finally, the sea took Jingwei away and left the world with her. Jingwei woke up at the moment before she died. Jingwei's soul turned into a blue bird because of anger. Jingwei, in retaliation for the sea, decided to fill it up, so she went to fill it night and day with the stones from the West Hill.

형천刑天이 방패와 창을 들고 춤을 추다

형천刑天은 『산해경山海經』에 언급된 머리 없는 거인으로 원래 염제炎帝의 부하였다. 형천은 염제가 판천阪泉 전투에서 황제黃帝에게 패배한 후부터 염제의 곁을 따라 남쪽에 정착했다. 그는 복수를 위해 자기의 군대를 재정비하고, 홀로 나아가 황제와 맞붙어 싸웠으나, 결국 이기지 못하고 황제에게 머리가 잘려 나갔다. 머리가 없어진 형천은 죽지 않고 가슴의 젖꼭지 두 개가 눈처럼, 배꼽이 입처럼 보이는 형상을 하고는 왼손에는 방패를 들고 오른손에는 도끼를 들고 다시 일어섰지만, 머리가 사라진 채 보이지 않는 적들과 영원히 싸울 수밖에 없었다.

Xingtian is a headless giant mentioned in *the book of Mountains and Seas*, formerly under Yan Emperor. When Yan Emperor was defeated by Yellow Emperor in the battle of Banquan, he followed Emperor Yan and settled in the south, he set up his army to avenge. In avenge, he thought Yellow Emperor one-on-one and the emperor cut off his head, but the headless warrior did not die but he stood up again, with this chest nipples as eyes and navel as mouth he stood up holding a shield on his left hand and on axe on his right hand, but with his head gone he fought invisible enemies, forever.

황제黃帝가 치우蚩尤와 전쟁을 치르다

황제黃帝와 치우蚩尤의 탁록涿鹿 전투에 대해서는 이야기꾼들의 흥미로운 이설들이 많이 전해져오고 있다. 한 전설에 따르면 고대 중국은 다섯 개의 부족으로 나뉘어져 있었는데, 이 다섯 개의 부족 중에서 황제黃帝와 치우蚩尤 두 부족의 세력이 가장 강성했다. 끊임 없는 전쟁 속에서 백성들은 지쳐갔으며, 황제는 전쟁을 종식시키고자 하였으나 전쟁을 멈추는 것은 쉽지 않았다. 결국 힘에는 힘으로 제압해야 한다고 생각하였다. 그는 먼저 세력이 약한 세 개 부족을 정복하고 마지막으로 치우와의 전투가 시작되었다. 황제와 치우가 결국 탁록涿鹿에서 맞붙어 10년간의 전쟁을 치렀으며, 결국 마지막 전투에서 황제는 응룡鷹龍(전설 속의 날개달린 용)에게 명하여 이들을 토벌하게 함으로써 치우를 물리치고 승리하였다고 전해온다.

China is divided into five tribes, of which the Yellow Emperor and Chiyou are the most powerful, and the Yellow Emperor is not willing to see the people suffering because of war. It is hard to stop the endless war. In the end, they had to be solved by violence. They annihilated and subdued the three weaker tribes respectively. At last, they concentrated their efforts on chasing deer and launching a decisive battle with Chiyou. Chiyou soldiers were defeated and fled. Yellow Emperor ordered Yinglong (Yinglong, a kind of dragon with wings) to pursue and kill them. Ying long does not expect to kill Chi You and cut Chi You's head to the Yellow Emperor.

공공共工이 격노하여 불주산不周山을 들이받다

여러 해가 지난 후, 황제黃帝의 후예 전욱顓頊이 재위에 올랐다. 전욱은 많은 법전을 반포하였는데, 이 법전들은 대부분의 사람들에게는 이익을 가져다 주었지만, 일부사람의 이익을 침해하기도 하였다. 이들 중 가장 큰 피해를 당한 공공共工이라는 사람이 많은 사람들을 규합하여 모반을 기획하였다. 성을 공격하여 땅을 빼앗는 등 무적의 기세로 왕성王城이 있던 불주산不周山까지 바짝 다가섰다. 축융祝融(불의 신)이 장수로서 병사들을 거느리고 산을 내려가 이들을 대적하였다. 축융은 무예와 도술은 감히 견줄 자가 없었으며, 군사를 통솔하는 능력도 공공보다 뛰어나 공공의 군대는 일방적으로 전멸되고, 공공 한사람만 남게 되었다. 하지만 공공은 투항하지 않고, 분노에 찬 나머지 불주산을 들이받아버렸다. 공공의 위력이 얼마나 강했는지 상상을 초월할 정도였는데, 결국 그 충격으로 불주산이 전복되었다. 이 불주산은 왕성王城이 자리하고 있는 곳일 뿐 아니라 하늘을 떠받치는 기둥이기도 했기 때문에 일순간에 하늘이 무너져 내렸으며, 홍수가 범람하고 모든 생명체들이 도탄에 빠지게 되었다고 전한다.

Years later, the descendants of the Yellow Emperor, Zhuanxu, ascended to the throne. Zhuanxu promulgated numerous codes to govern China. The codes brought benefits to most people, but also infringed on the interests of a small number of people. Co-operation was the most serious infringement. He entangled many people together to rebel. Zhurong, as a general, led his troops down the mountain to meet the enemy. Zhu Rong's martial arts and Magic were extremely powerful, and the way to lead the troops was far better than to work with them. The whole army of the co-workers was overthrown. There was only one coworker left. The co-workers would rather die than surrender. At last, in great anger, they collided with the Mount Buzhou. Gonggong is so powerful, this was a terrible collision, and it knocked over Mount Buzhou. Mount Buzhou is not only the city of the king, but also Optimus Prime. In a flash the sky fell, the flood cause untold suffering.

여와女媧가 하늘을 메꾸다

전설에 따르면 여와女媧는 진흙을 빚어 사람을 만들고, 만물을 창조함으로써 천지를 흑암에서 벗어나도록 하였기 때문에 그녀를 대지의 어머니라 불렀다. 그 후 인류의 번성과 더불어 사회가 격동하기 시작했다. 물의 신 공공씨共工氏와 불의 신 축융씨祝融氏가 불주산不周山에서 치른 전투에서 공공씨가 대패하고 분기탱천하여 불주산을 들이받았는데, 이로 인해 천하가 무너지고 은하수의 물이 세상으로 쏟아져 나왔다. 여와는 살아 있는 생물들이 받는 고통을 안타깝게 여기고 다섯 색깔의 돌멩이를 불로 달구어 하늘을 메꾸었다. 신성한 자라의 다리를 부러뜨려 사방 천지를 떠받치는 한편, 홍수를 평정하고 사나운 맹수들을 죽임으로써 모든 생명들이 평화롭게 살 수 있도록 하였다.

According to legend, Nuwa made man from the earth and created all things so that the heaven and the earth were no longer silent, so she was called the mother of the earth. Later, with the multiplication of human beings, society began to turbulent the God of water Gonggong and the God of fire Zhurong in the Battle of Mount Buzhou. As a result, the God Gonggong hit Mount Buzhou in anger because of his defeat, which led to the collapse of the heavens and the water of The Milky Way poured into the world. Nuwa couldn't bear the suffering of the living creatures, so she refined five colored stones to fill the sky, folded the feet of the turtle to support the world, killed the beasts in the flood, and all souls were able to live in peace.

우禹 임금이 물을 다스리다

고대 황하黃河 유역은 잦은 수해가 발생하여 농작물들이 자주 물에 잠겼다. 요堯 임금 재위 시절에, 곤鯀(우禹 임금의 부친)은 치수治水를 위해 9년의 시간을 쏟아 부었지만 홍수를 제압하지 못했다. 요 임금에 이어 순舜이 그 뒤를 이어 부족연맹의 수령이 된 이후 직접 홍수 피해지역을 돌아보고 치수 관리상태를 사찰하였는데, 곤이 치수 관련 일을 잘 못하는 것을 보고는 그를 처형하고 곤의 아들 우禹로 하여금 물을 다스리게 하였다. 우는 아버지의 치수 방식을 바꾸어, 인공 배수구를 뚫어 강의 물길을 소통시키는 방법으로 홍수를 바다로 흘러갈 수 있도록 고안하였다. 그와 많은 사람들이 13년 동안이나 꾸준히 노력한 결과 결국 홍수를 바다로 연결시키고, 이를 통해 홍수지역에 살던 사람들도 농작물 재배가 가능하게 되었다.

There was a great flood in the Yellow River Basin, and the crops were flooded.

When Yao was in power, Gun spent nine years harnessing the water and did not subdue the flood. After Shun succeeded Yao as the leader of the tribal alliance, he personally visited the place where water was harnessed. When he found out that Gun could not do anything well, he killed Gun and let his son Yu go to water treatment.

Yu changed his father's way of draining and dredging rivers to divert the flood into the sea. He worked with the people, and after 13 years of hard work, he finally led the flood into the sea, and the ground could be used for planting crops.

후예後羿가 태양을 쏘다

요堯 임금이 재위에 올라 몇 년이 지난 후, 천하가 큰 가뭄이 들었는데, 그 원인은 하늘에 동시에 열 개의 태양이 출현했기 때문이다. 후예後羿는 이 가뭄 문제를 해결하기 위해, 위력이 어마어마한 거대한 활을 만들었다. 그는 활에다가 신통력을 불어넣어 활시위를 당겨 태양을 쏘았다. 애초에는 활을 쏴서 열 개의 태양을 모두 떨어뜨리려고 했으나, 모든 태양을 쏴 버리면 세상이 끝없는 흑암으로 빠져버릴 것을 우려하여 한 개의 태양은 남겨두었다.

Many years later (when Emperor Yao reigned), the world drought, the reason is very simple, there are ten suns in the sky at the same time. Hou Yi to solve the problem of drought, he forged a huge bow of infinite power. Hou Yi injected mana into the bow. He had intended to shoot down all ten suns, but he realized that if they all shot down, the earth would be in endless darkness, so left a sun in the sky.

우공愚公이 산을 옮기다

우공愚公의 집 앞에는 두 개의 큰 산이 길을 막고 있었는데, 통행하기에 불편하다고 여긴 그는 산들을 평평하게 만들기로 결심하였다. 한 지혜로운 노인이 이는 도저히 해 낼 수 없는 일이라 여기고 그를 매우 어리석다고 비웃었다. 이에 대하여 우공은 내가 죽으면 아들이 있고, 아들이 죽으면 손자가 있으니, 자자손손이 끝없이 이 일을 한다면 그 산들을 평탄하게 못할 것을 걱정할 필요가 없다고 말하였다. 그의 이 말은 천제天帝를 감동시켰고, 천제는 과아씨夸娥氏의 힘센

두 아들에게 명하여 이 두 산을 옮기도록 하였다.

There were two mountains in front of the fool's house, and he determined to level them down. Another "smart" wise man laughed at him for being too stupid to think he could not. The Duke said: "I have a son when I am dead, and a grandson when I am dead. There is no end to my children and grandchildren. Why should I worry about digging?"His words moved the emperor, the two sons of Hercules moved two mountains.

칠선녀의 백일가약

전설에 따르면 "칠선녀七仙女"는 옥황상제의 일곱 번 째 공주이다. 그녀는 영리할 뿐 아니라 손재주도 좋고 마음씨도 매우 착했다. 하루는 단양丹陽이라는 지역에서 성은 동董이요 이름은 영永이라고 하는 한 젊은이를 알게 되었는데, 그는 집이 가난하여 죽은 아버지의 장례를 치를 돈이 없어 몸을 팔아 노비가 된 사람이었다. 그녀는 감동을 받아 몰래 천궁에서 동영과 백년해로를 맺기로 하고 홰나무大槐樹 아래에서 부부의 인연을 맺었다. 그런데 중매를 선 홰나무가 기쁜 나머지 백년가약을 백일가약으로 잘못 선포하는 바람에 그들은 백일 동안만 부부로 살게 되었다. 칠선녀는 손재주를 이용해 금 베틀로 열필의 비단을 만들어 동영의 빚을 갚아주고 백년해로를 준비하게 하였다. 옥황상제가 이 사실을 알고 매우 진노하여 칠선녀를 궁으로 불러들여 칠선녀는 하는 수 없이 슬퍼하며 돌아갔다. 그녀가 사용하던 베틀은 돌로 변하여 사람들에게 남겨졌는데, 사람들은 야심한 밤이 되면 고요한 정적을 타고 여전히 베틀 돌리는 소리를 들을 수 있었.

매년 음력 7월15일 밤이 되면 화려한 옷차림의 아가씨들이 바늘과 실을 들고 돌베틀 곁에 모여 칠선녀의 바느질 솜씨가 전해지길 기원하며 노래를 부른다. 송축의 노래가 끝나면 한 해의 길흉화복과 혼사에 관한 일에 대해 점을 치기도 한다.

Seven fairy, legend is the Jade Emperor's seventh daughters, she is the most ingenious, and heart is very kind. One day, the seven fairies learned that there was a young man named Dong Yong in Danyang, who had to be sold as a slave because of his poor family and the lack of money to bury her dead father. The fairy was deeply moved. In private days, Dong Yongjie and her daughter achieved great success under the great Sophora japonica tree. Unfortunately, the matchmaker's great locust tree was delighted for a moment, saying that "a hundred years of good union" was spoke as "a hundred days of good union", which made Dong Yong and seven fairy only have a hundred days of fate. The seven fairy used Jin shuttle to weave 10 brocade silk to redeem Dong Yong, prepare to govern the homeland, love to the white head. Unexpectedly, the Jade Emperor learned these things and he was very furious. He summoned seven elder sisters to return to the palace, and the seventh sister had to fly away reluctantly. Her loom was proofread as a flying shuttle stone, and the loom remained in the world, and the sound of a "click, click" loom could still be heard in the dead of night.

On the evening of the fifteenth day of the seventh month of the lunar calendar each year, girls dressed in costumes gather around the flying shuttle stones, holding a sewing box in their hands, begging for purple from the seven fairy. Sing the song of begging. After singing the song of pray for handicraft, we also need to ask about how good or bad the year is, how good or bad it is, whether to marry or not.

한자와 중국어
그리고 중국문화
Follow me,
like Chinese

역경편

04

『역경易經』은 한 때 운세에 관한 책으로 오해되기도 하였지만, 나중에는 중국 철학의 집대성이라는 인정을 받고 있으며, 내용의 깊이가 심오하면서도 가독성이 뛰어나다.

The Book of Changes was misread as a book of fortune-telling, but later became the general source of Chinese philosophical thought. It was profound and easy to read.

一陰一陽之謂道(일음일양지위도)

음陰과 양陽이 차례로 갈마드는 것을 도道라 이른다.

이는 『역경易經』에서 가장 유명한 철학적 명언이다. 『역경』은 음양陰陽 운동을 사물 발전의 기본 법칙이라고 여기고 있다. 세상은 음과 양 두개의 측면으로 구성되어 있으며, 이 둘은 세력이 서로 대립되면서도 조화를 이루고 변환을 주고받기 때문에 어느 한 쪽도 소홀히 여길 수 없으며, 사물을 구성하는 본성이요 운동법칙이 된다. 자연과 세상살이 모두가 이 도리를 담고 있다.

This is the most famous philosophical saying in *The Book of Changes*. *The Book of Changes* believes that Yin and Yang movement is the basic law of the development of things. The world is made up of Yin and Yang, two forces, on the contrary, mutually complementary, mutually exclusive, constituting the nature of things and the laws of their movement. No matter how natural or human beings are, this is the way to behave.

天行健, 君子以自强不息, 地势坤, 君子以厚德载物.

(천행건, 군자이자강불식, 지세곤, 군자이후덕재물.)

하늘의 운행은 건실하니, 군자도 스스로의 굳은 의지를 가지고 쉼이 없어야 하고, 대지의 기세는 무한한 법이니, 군자도 후덕함으로 만물을 이끌어야 한다.

스스로를 강하게 해야 비로소 스스로 설 수 있고, 스스로를 비하한다면 반드시 스스로 패할 수밖에 없으며, 남에게 관용을 베풀면 반드시 앞길이 활짝 열리게 된다는 의미이다. 『역경易經』은 우리에게 스스로에게는 모질며 굳은 의지를 가지게 하고, 남에게는 관대할 것을 당부하고 있는데, 바로 이 관용을 매우 중시하며 인류의 미덕으로 여긴다.

Self-reliance can be self-reliant, inferiority and self-defeating. Tolerance of others is bound to have broad prospects. *The Book of Changes* tells us that to be cruel to ourselves, to strive for self-improvement, to be kind to others, tolerance is a human virtue.

生生之謂易(생생지위역)

생겨나고 또 생겨나는 만물의 끊임없는 활동을 가리켜 역易이라 한다.

'생生'은 음양의 상호작용과 변화로부터 나온다. '생생生生'은 음과 양이 서로 쉬지 않고 상호 변화를 이끌어내는 활동을 가리킨다. 이 글귀는 종종 "천지대덕왈생天地大德曰生" 즉 "천지의 큰 덕을 '생生'이라 한다"라는 말과 함께 사용된다. 이는 천지만물은 멈춰있는 것이 아니라 끊임없이 운동하고 발전하고 있는 상황에 처해 있음을 설명하고 있다. 세상살이로 말하자면, '생生' 즉 생겨난다는 것은 희망을 나타내는 것이다.

Sheng, which comes from the change of Yin and Yang, means that Yin and Yang constantly move and transform each other. This phrase is often used together with "Life is the great virtue of heaven and earth", mainly to show that the universe is always in the development of movement. In terms of personnel, life means hope.

易窮則變, 變則通, 通則久(역궁즉변, 변즉통, 통즉구)

역易은 궁극에 달하면 변하고, 변하면 통하며, 통하므로 오래간다.

『역경易經』은 융통성을 강조하고 있다. 『역경易經』은 사물이 발전해서 절정에 도달하여 변화가 발생해야 비로소 사물의 발전에 장애가 없어지고, 지속적인 발전을 오래 지속하게 되는 것이라고 말하고 있다. 이는 우리에게 해결할 수 없을 것 같은 극한 어려움에 봉착했을 때, 반드시 현상을 바꾸어 변혁과 혁명을 진행해야 함을 설명해주고 있는 것이다. 인생철학에서 『역경易經』은 우리에게 하늘은 사람의 길을 막지 않으니 "天無絶人之路", 어려움에 처하더라고 단지 상황을 잘 따져보고 융통성을 추구해 간다면 오랫동안 발전을 이루게 된다는 것을 알려주고 있다.

The Book of Changes emphasizes flexibility. *The Book of Changes* holds that when things reach the extreme, they must change, so that the development of things will not be blocked and things will continue to develop. It shows that in the face of the situation that cannot be developed, we must change the status quo, carry out reform and revolution. In the philosophy of life, *The Book of Changes* tells us that there is no end to the universe, so long as the pros and cons are weighed flexibly, long-term development can be achieved.

日新之謂盛德 (일신지위성덕)

매일 새로워지는 것을 일러 크로 훌륭한 덕德이라고 한다.

날마다 쉬지않고 새로운 변화를 추구해야 한다. 상商나라 탕왕湯王의 욕조에 새겨진 유명한 명언으로, "참으로 하루를 새롭게 하려면, 하루하루를 새롭게 하고, 또 하루를 새롭게 해야한다 苟日新, 日日新, 又日新."는 말이 있다. 몸을 깨끗하게 하기 위해서는 하루동안 몸에 낀 때를 깨끗이 씻어내고, 향후에도 매일매일 몸의 때를 깨끗하게 씻으면서 매일매일 지속적으로 지켜 나가야 한다. 이를 삶의 철학에 접목시켜 본다면, 우리 개개인은 새로운 삶을 유지하기 위해 끊임없이 각자의 정신과 도덕성을 깨끗하게 씻어주어야 하는 것이다.

Things change everyday. "If you can make things better for one day, you should make them better every day and never stop doing this." is inscribed on the bathtub of King Shang Tang. It tells us that if we wash all the dirt today, we should wash all the dirt every day. Everyone should persist in this way. Extending to the philosophy of life, each of us must baptize his spirit and morality to keep it new every day.

履霜堅氷至 (이상견빙지)

서리를 밟을 때가 되면 머지않아 단단한 얼음이 얼 때도 곧 찾아온다.

가을이 되어 서리를 밟을 때가 되면 곧 차가운 얼음이 얼 때가 찾아온다는 것을 생각해야한다. 지혜로운 사람은 이파리 하나만으로도 가을을 알 수 있고, 어리석은 사람은 기를 쓰고 이파리 하나로 눈을 속인다. 『역경易經』은 우리에게 사물의 발전과 변화를 주의 깊게 인식하고 미리 준비해야 한다고 가르쳐주고 있다.

When we set foot on autumn frost, we should think that the cold ice will come. A wise man knows the autumn from a leaf, but a fool blinds with a leaf. *The Book of Changes* tells us that we should carefully perceive the development and change of things, so that we can prepare ahead of time.

無平不陂, 無往不復 (무평불파, 무왕불복)

평평하기만 하고 기울어지지 않은 것은 없으며, 가기만 하고 돌아오지 않은 것은 없다.

　세상에는 평탄한 길이 있으면, 가파른 절벽이 있게 마련이고, 앞으로 나아가면서 전진하면 돌아와야 하는 때도 있는 법이다. 인생 철학에 있어서『역경易經』은 우리에게 세상의 모든 것이 순조롭게 진행될 수만은 없다고 가르쳐주고 있다. 가파른 절벽을 오르고 나면 눈앞에 드넓은 평야가 펼쳐질 수 있고, 봄바람에 말을 타고 순탄하게 달리더라도 그 다음엔 냉수를 마셔도 이에 끼는 때가 올 수 있다. 이것이 바로 소위 말하는 번성이 극에 달하면 쇠하기 마련이고, 쇠락이 극에 달하면 다시 흥성하게 되는 자연의 이치이다.

　If there is a smooth road, there will be steep cliffs. Philosophically speaking, *The Book of Changes* tells us that there is no smooth sailing in the world. When you climb a cliff, there may be the boundless plain. When you are self-complacent, then there may be the bad luck. The so-called prosperity will decline and decay will flourish.

中行無咎(중행무구)

중용을 행하면 허물이 없다.

　타인에 대한 처사에 있어서 치우치기 않고 빌붙지 않는 방식을 취하는 것이 중용中庸 즉 중행中行이며, 허물이 없으면 "無咎" 화가 미치지 않게 된다. 『역경易經』은 모든 일을 행할 때 정직하고 올바르게 하고, 너무 지나쳐 극단으로 치닫지 않아야 인생에 재앙이 없을 것이라고 가르치고 있다. 이는 공자孔子의 "과유불급過猶不及"과 주희朱熹의 "불편불의不偏不倚"와도 일맥상통하는 이치이다.

　Willing to practise the doctrine of the mean, no matter when and where will not make mistakes. No mistake in moderation. *The Book of Changes* tells us that all things should be done correctly, sit upright, do not go too far to extremes, cannot be inferior, so that there is no disaster in life, which have the same wonderful work as Confucius' " Overdone is worse than the undone "and Zhu Xi's" Impartiality "have the same wonderful work.

與時偕行(여시해행)

정해진 때를 따라 행동한다.

어떤 일을 할 때, 우리는 시기에 순응하여 법칙을 파악해야만 적은 노력으로 두 배의 효과를 거둘 수 있다. 이는 시대의 요구에 부응하여 함께 나아가야 한다는 이치를 담고 있다. 그렇다면 어떻게 해야 정해진 때를 따라 행동할 수 있을까? 맹자孟子는 "하늘의 때는 땅의 이로움만 못하고, 땅의 이로움은 사람 간의 화합만 못하다 天時不如地利, 地利不如人和."고 말하고 있는데, 이는 최상의 시기를 파악하고, 하늘과 땅 그리고 사람들의 도움을 받는다면 모든 일에 성공을 거둘 수 있다는 의미이다.

To do anything, we must comply with the opportunity and grasp the rules, so that we can get twice the result with half the effort. This is a truth with "Advancing with the times". How can we go with the times, Mencius tells us, "Favorable weather is less important than advantageous terrain, and advantages terrain is less important than harmonious human relations", we should grasp the best opportunity, and can get the time and the help of people, then the cause of great success!

積善之家, 必有餘慶; 積不善之家, 必有餘殃(적선지가, 필유여경; 적불선지가, 필유여앙)

선善을 쌓은 가문은 반드시 경사가 넘쳐나고, 불선不善을 쌓은 가문은 반드시 재앙이 넘친다.

이것은 『역경易經』에서 말하는 인과관계의 원칙이다. 불교에서는 인과응보因果應報를 가장 중요한 덕목으로 여기고 있지만, 『역경易經』에서는 불교가 들어오기 전부터 인과관계에 대하여 명확히 밝히고 있다. 이 책은 우리에게 선한 일을 많이 하고, 악한 일을 억제한다면, 하늘이 이에 상응하는 가장 공평한 대가를 줄 것이라고 가르치고 있다.

This is the causality in *The Book of Changes*. It is generally believed that Buddhism pays most attention to karma. In fact, *The Book of Changes* profoundly expounded the law of karma long before the introduction of Buddhism. *The Book of Changes* tells us that we should do more good deeds and fewer bad deeds. God will give you the most equitable answer.

易簡而天下之理得矣(이간이천하지이득의)
쉽고 간단하게 천하의 이치가 얻어진다.

아무리 복잡하거나 어려운 일이더라도 쉽고 간단한 방식으로 관찰하면 천하의 진리를 쉽게 파악할 수 있다. 『역경易經』은 우리에게 큰 도道일수록 간단명료한 법이며, 똑똑한 사람은 복잡한 일을 단순화하는 데 능숙하다고 알려준다.

No matter how complicated or difficult things are, observe them in a simple and easy way, and you can master the truth of the world. *The Book of Changes* tells us the greatest truths are the simplest, intelligent people are good at simplifying complex things.

仰則觀象於天, 俯則觀法於地. 近取諸身, 遠取諸物, 於是始作八卦
(앙즉관상어천, 부즉관법어지, 근취제신, 원취제물, 어시시작팔괘)

우러러 하늘의 형상을 관찰하고, 구부려 땅의 법도를 살펴보고, 가깝게는 먼저 자기에게서 취하고, 멀게는 만물에서 취하여 팔괘를 만들었다.

옛날 복희씨伏羲氏는 천하의 왕으로서 고개를 들어 천체현상을 관찰하고, 고개를 숙여 땅의 이치를 관찰하였으며, 새와 짐승의 문양과 땅의 마땅함을 살펴보며, 가까이는 자기에게 취하고, 멀게는 만물에서 취함으로써 팔괘八卦를 만들었다고 전한다. 이것이 바로 『역경易經』의 "천인합일天人合一" 사상이요, "관상취의觀象取義" 방법론의 정수이다.

In ancient times, as the emperor of the world, Fuxi looked up at the heavens, looked down at geography, looked at the markings of birds and animals and the suitable land, taken from themselves in the near, from all things in the distance, so he began to create the Eight Diagrams. This is the essence of the theory of "harmony between man and nature" and the methodology of "discovering the essence of things by observing phenomena" in *The Book of Changes*.

以通神明之德, 以類萬物之情(이통신명지덕, 이류만물지정)

신명神明의 덕을 통하고, 만물의 정情을 분류한다.

이는 '사물을 관찰하여 그 내재된 뜻을 취한다'는 관상취의關象取義를 통해 사물이 발전하는 기본 법칙과 내부관계를 파악할 수 있다. 이뿐만 아니라, 이를 확대적용한다면 만물의 모든 발전 법칙을 깨달을 수 있게 된다. 『역경易經』은 인간의 연상능력을 매우 중시하고 있어서, "인간이 이러한 이치에 대한 연상능력을 잃는다면 세상이 어떻게 되겠는가?"라고 반문하고 있다.

It means that we can grasp the basic laws and internal relations of the development of things through the method of apparently obtaining the meaning. Moreover, we can also compare images with analogies and touch on the bypass of analogies so as to associate with the development laws of more similar things. *The Book of Changes* attaches great importance to associative ability. So, "what will the world be without human association?"

時止則止, 時行則行(시지즉지, 시행즉행)

멈춰야 할 때 멈추고, 움직여야할 때면 움직인다.

멈출 때와 움직여야 할 때를 판단해서 행동하라. 이는 『역경易經』이 주는 가장 유명한 삶의 지혜다. 멈춰야 할 때와 행동해야 할 적당한 때를 파악하는 것이 관건이다. 이는 "움직여야 할 때와 멈춰야 할 때를 놓치지 않는다면, 그 도가 밝게 드러난다 動靜不失其時, 其道光明."는 말과도 일맥상통한다.

Stop when it should stop, and act when it's done. This is *The Book of Changes* dedicated to our most famous wisdom of life. When to stop and when to act, the key is to seize the right time, the so-called "when the time is right, the road is bright."

知幽明之故, 以知死生(지유명지고, 의지사생)

그윽하게 숨겨 지기도 하고 밝게 드러나기도 하는 천지의 연고를 알게되면, 생사의 원리를 알게 된다.

『역경易經』은 천하의 모든 일이 밖으로 드러나는 것이 아니라 바다 속의 빙

산처럼 대부분 숨겨져 드러나지 않는다고 말하고 있다. 그러므로 우리는 밝은 가운데 어두움을 예측하고, 드러남을 통해 그윽하게 숨겨진 의미를 찾아낼 수 있어야 비로소 세상살이의 이치를 깨닫고, 삶과 죽음의 의미를 제대로 이해할 수 있다

The Book of Changes holds that things under heaven are not all exposed, but like icebergs in the sea, most of them are hidden. Therefore, we must master to detect darkness by light, to reveal the method of seclusion, in order to be familiar with personnel and understand the meaning of life and death.

幾者動之微, 吉凶之先見者也(기자동지미, 길흉지선견자야)
낌새는 움직임이 미약하지만, 길흉에 앞서 미리 드러나는 것이다.

『역경易經』에는 예방조치를 취하는 실천철학을 강조하고 있다. 문제가 발생하기 전에 예방조치를 취하려면 어떻게 해야 할까? "기幾"는 작고 사소한 것을 가리키지만, 이렇듯 작은 것에도 사물의 발전과 변화 법칙이 내포되어 있게 마련이다. 따라서 그 미세함을 통해 현저함을 알아내고, 그 작은 것을 통해 큰 것을 도모할 수 있어야만 비로서 길흉의 전조현상을 파악하고, 신속하게 행동함으로써 그에 대한 대비를 할 수 있게 되는 것이다.

The Book of Changes emphasizes the practical philosophy of preparation ahead of time. How can we take precautions so as to prevent them from happening? "Ji", refers to the small and insignificant things, but the small contains the law of development and change of things, only " From the first small beginnings one can see how things will develop ", " Know small but seek great", to grasp the auspices of things in order to quickly move for the forerunner.

安而不忘危, 存而不忘亡, 治而不忘亂(안이불망위, 존이불망망, 치이불망란)
평온할 때 위기의 순간이 찾아올 수 있음을 잊지 말고, 흥성할 때 쇠망할 수 있음을 잊지 말고, 잘 다스려질 때도 난세가 찾아올 수 있음을 잊지 말아야 한다.

"걱정 속에 살아날 방도가 있고, 안락함과 태만함이 죽음을 불러올 수 있다

生於憂患, 死於安樂.!"는 말처럼 사람은 평안함 속에서 위기를 생각할 줄 아는 지혜를 가져야 한다. 설령 일이 마음먹은 대로 잘 될 때라도 과시하며 티를 내서는 안되는 것이다.

In a simple sentence, "Born in sorrow, died in peace", we must have the wisdom of peace and danger. Don't be so complacent.

正家而天下定矣(정가이천하정의)

가정이 바르게 서야 천하가 안정된다.

이는 『역경易經』에 나오는 국가와 사회 그리고 개인 간의 관계에 대한 지론이며, 유가儒家 학설에 지대한 영향을 끼쳤다. 『대학大學』의 "수신제가치국평천하修身齊家治國平天下"라는 사상은 바로 여기에서 유래된 것이다.

This is the great wisdom of *The Book of Changes* on the relationship between the state, society and individuals. This has a very important influence on Confucianism. In the University, the idea of "Cultivate the moral sey, regulate the family, matain the state rightly and make all peaceful" is based on this.

保合太和, 乃利貞(보합태화, 내리정)

보존하고 합하여 크게 화합시키면, 이롭고 바르게 된다.

중국 문화가 전통적으로 조화를 강조하고 있는 것도 『역경易經』 철학의 정수였다. 국가의 통치에 있어서는 보존하고 합하여 크게 화합시킬 수 있어야만 만국의 중심이 될 수 있는 것이며, 인생에서는 마음이 조화를 이루어야 만사가 순조롭게 되는 것이다.

Chinese culture has always emphasized harmony, which is also the essence of the *phrase in The Book of Changes*. From the perspective of national governance, only by maintaining peace and harmony can all nations be peaceful, and for life, inner harmony can all things go smoothly.

損益, 盛衰之始也(손익, 성쇠지시야)

손실과 이익은 융성함과 쇠함의 시작이다.

손실은 감소를 의미하고, 이익은 증가를 의미한다. 사물에는 감소가 있으면 증가도 있게 마련이다. 이 말의 심층적인 함의는 발생한 문제에 대해서 절대적인 관점에만 의존하지 말고, 변증법적 관점으로 사물을 대할 때, 비로서 사물의 상호 전환을 볼 수 있게 되고, 한걸음 더 나아가 사물의 변화조짐을 볼 수 있게 된다는 것이다.

Loss means reduce, interest means increase. Things decrease as well as increase. The deep meaning of this sentence is that we should not look at the problem too absolute, we should use a dialectical point of view to see things, to see the mutual transformation of things, more importantly, to see the transformation of things.

한자와 중국어
그리고 중국문화

Follow me,
like Chinese

제자백가편

05

고대 그리스에서 소크라테스와 플라톤, 아리스토텔레스, 페리클레스 등으로 대표되는 고전 문명이 등장했을 때 중국에서는 노자老子, 공자孔子 등으로 대표되는 제자백가들의 사상이 널리 영향력을 끼치고 있었다. 선진先秦 시기를 중심으로 많은 사상가들이 백가쟁명百家爭鳴이라 불리는 사상논쟁을 벌였다. 본 장에서는 노자, 장자, 공자, 맹자, 손자 등 사상가들이 남긴 경전經傳의 어록에 담긴 선진 시기 철학자들의 지혜를 살펴기로 한다.

When the classical civilization represented by Socrates, Plato, Aristotle, and Pericles appeared in ancient Greece in the West, the thought of prosperity of hundreds of schools of thought represented by Lao-tzu and Confucius also appeared in China. There was a hundred schools of thought contending in the pre Qin period. We select the classical quotations of Lao Tzu, Zhuang Tzu, Confucius, Mencius and Sun Tzu to show the wisdom of Pre-Qin philosophers to foreign friends

제자백가
諸子百家편

1. 노자편 老子篇

道生一, 一生二, 二生三, 三生萬物(도생일, 일생이, 이생삼, 삼생만물)

도道가 1을 낳고, 1은 2를 낳고, 2는 3을 낳고, 3은 만물을 낳는다.

도道는 유일무이唯一無二한 것으로, 도道 자체가 음陰과 양陽이라는 두 현상을 포함하고 있다. 음양陰陽의 두 기운이 교차하여 하나의 조화로운 상태가 되는데, 만물은 바로 이러한 상태에서 생성되는 것이다.

From Tao comes the oneness of being; from oneness comes the duality of Yin and Yang; from duality comes the equilibrium of Yin and Yang; from equilibrium come all things under heaven.

禍兮, 福之所倚; 福兮, 禍之所伏(화혜, 복지소의; 복혜, 화지소복)

화禍에는 복福이 기대어 있게 마련이며, 복에는 화가 숨어있는 법이다.

나쁜 일이 오히려 좋은 결과를 이끌어낼 수 있고, 좋은 일도 나쁜 결과를 초래할 수 있는 법이다

Ill fortune contains good fortune; while good fortune breeds ill fortune.

治大國, 若烹小鮮(치대국, 약팽소선.)

큰 나라를 다스리는 것은 작은 생선을 삶는 일과도 같다.

큰 나라를 다스리는 일은 마치 맛있는 반찬을 요리하는 일과 흡사하다.

Governing a large country is like cooking a small fish——leave it undisturbed.

天下難事, 必作於易; 天下大事, 必作於細(천하난사, 필작어이; 천하대사, 필작어세)

천하의 어려운 일은 반드시 쉬운 일에서 비롯되고, 천하의 큰 일은 반드시 작은 일로부터 비롯된다.

천하의 어려운 일들은 모두 쉬운 일들로부터 비롯되는 법이며, 천하의 큰 일들도 모두 미세하고 작은 일들로부터 비롯되는 법이다.

Solve a difficult problem by attacking its weakest link; accomplish a great deed by attending to minor details.

合抱之木, 生於毫末; 九層之台, 起於累土; 千里之行, 始於足下
(합포지목, 생어호말; 구층지태, 기위누토; 천리지행, 시어족하)

아름드리 나무도 털끝 같은 싹에서 생겨나고, 9층 누각도 한 삼태기의 흙을 쌓아 올리는 데서 시작된 것이며, 천리 길도 한 걸음부터 시작된다.

아름드리 나무도 작은 새싹으로부터 생겨나 자란 것이고, 9층 규모의 높은 누각도 한 줌의 흙들을 쌓아 올림으로써 건축된 것이며, 천리의 먼 길도 한걸음을 떼는 데서 시작되는 것이다.

A huge tree grows from one tiny shoot; a towering terrace rises with one basketful of earth; a journey of a thousand miles starts with one small step.

天網恢恢, 疏而不失 (천망회회, 소이부실)

하늘의 그물은 크고 넓어서 성긴 듯 하지만, 빠뜨리지 않는다.

하늘의 도道는 공평하며 악을 행하면 징벌을 받아야 한다는 측면에서 볼 때, 어찌 보면 그다지 치밀하지 못한 것처럼 보이지만, 결국에는 나쁜 사람을 가만두지 않을 것이다. 이는 악한 일을 하는 자는 결국 처벌을 면할 수 없다는 것을 비유적으로 설명해 주고 있는 말이다.

Heaven is like an enormous net; its wide meshes allow no escape.

弱之勝强, 柔之勝剛, 天下莫不知, 莫能行 (약지승강, 유지승강, 천하막부지, 막능행)

약한 것이 강한 것을 이기고, 부드러움이 단단함을 이긴다는 것을 천하가 모르는 바가 아니지만 행할 수 있는 이가 없다.

약한 것이 강한 것을 이기고, 부드러움이 단단함을 이긴다는 것을 천하에 모르는 사람이 없지만, 정작 실행으로 옮길 수 있는 사람이 없다.

The weak overcomes the strong; the soft overcomes the hard. Everyone knows this, yet no one practices it.

05

제자백가
諸子百家편

道可道, 非常道, 名可名, 非常名(도가도, 비상도, 명가명, 비상명)

도道를 말로 할 수 있다면, 진정한 도가 아니며, 이름을 이름 지을 수 있다면, 진정한 이름이 아니다.

삶의 법칙은 인지하고 파악할 수 있는 것이지만, 우리가 일상을 통해 알고 있던 이치와는 다를 수 있다. 진정한 명분과 실리를 추구할 수는 있지만, 그것은 평상시에 일반적으로 인식하고 있던 그런 추상적 명분이 아닐 수도 있는 것이다.

Tao can be defined as "Tao", but it is not the eternal Tao; names can be used for its name, but they are not its eternal name.

上善若水, 水利萬物而不爭. 處衆人之所惡, 故幾於道

(상선약수, 수리만물이부쟁. 처중인지소오, 고기어도)

최고의 선善은 물과 같다. 물은 만물을 이롭게 할 뿐 다투지 않는다. 뭇 사람들이 싫어하는 낮은 곳에 처하고자 하기 때문에 도(道)에 가깝다.

최고 경지의 선행은 물의 성품처럼 만물에 영향을 끼칠 뿐 명분과 이익을 따지지 않는 법이다

The best of "goodness" is like water. Water benefits everything and remains aloof; it flows in places others reject; in this way, it comes closest to Tao.

曲則全, 枉則直, 窪則盈, 敝則新, 少則得, 多則惑

(곡즉전, 왕즉직, 와즉영, 폐즉신, 소즉득, 다즉혹)

구부러지면 온전해지고, 휘어지면 곧게 펴지게 되고, 움푹 패이면 채워지고, 낡으면 새로워지고, 적어지면 얻게 되고, 많아지면 미혹된다.

구부러지고 굽어져야 보전할 수 있고, 압력을 받아 구부러지면 오히려 뻗어 나가게 되고, 함몰되면 채워지고, 쇠약해지면 새로워지고, 단순함을 통해 오히려 얻게 되고, 얻은 것이 많아지면 미혹되는 법이다.

Yield and you will remain intact; bear wrongs and you will be set aright; accept disgrace and you will be respected; wear out the old and you will obtain the new; be content with little and you will gain more; have too much and you will be confused.

人法地, 地法天, 天法道, 道法自然(인법지, 지법천, 천법도, 도법자연)

사람은 땅을 본받고, 땅은 하늘을 본받고, 하늘은 도道를 본받고, 도는 스스로 그러함을 본받는다.

사람들은 대지에 근거하여 살아가며 번식하고 번성한다. 대지는 하늘의 추위와 더위가 반복됨에 따라 만물을 변화시키고 양육한다. 하늘은 도道에 따라 변화하며 때의 순서를 정하고, 도는 스스로의 본성에 따라 자연적으로 그렇게 이루어지는 것이다.

Man patterns himself after earth; earth patterns itself after heaven; heaven patterns itself after Tao; Tao pattern itself after its own nature.

大方無隅, 大器晚成, 大音希聲, 大象無形(대방무우, 대기만성, 대음희성, 대상무형)

큰 네모는 귀퉁이가 없고, 큰 그릇은 늦게 이루어지고, 큰 소리는 들을 수 없고, 큰 형상은 모양이 없다.

도량이 넓은 사람은 어두운 구석이 없고, 귀중한 물건은 항상 늦게 만들어지고, 가장 큰 울림 소리는 마치 소리가 없는 것 같고, 가장 큰 형상은 그 형체가 보이지 않는 것과 같다.

An enormous square seems to have no corners; a massive vessel seems ever incomplete; a thunderous sound seems mute; an immense image seems shapeless.

其進銳者, 其退速(기진예자, 기퇴속)

나아가기를 빨리하는 자는, 그 물러남도 빠르다.

너무 빠르게 앞으로 나아가는 사람은 물러남도 빠르게 마련이다. 오로지 중용中庸의 도를 가지고 올바르게 행하고, 지나침도 부족함도 없어야, 자연스럽고 순조롭게 목적을 달성할 수 있다.

One who advances too fast will fall back rapidly.

2. 논어편 論語篇

제자백가
諸子百家편

子曰: "學而時習之, 不亦說乎? 有朋自遠方來, 不亦樂乎? 人不知而不慍, 不亦君子乎?"(자왈: "학이시습지, 불역열호? 유붕자원방래, 불역열호? 인부지이불온, 불역군자호?")

공자께서 말씀하셨다. "배우고 때로 익히면 또한 기쁘지 아니한가? 벗이 있어 먼 곳으로부터 찾아오면 또한 즐겁지 아니한가? 남들이 알아주지 않아도 노여워하지 않으면 또한 군자가 아니겠는가?"

공자께서는 "배우고 그것을 끊임없이 실천하는 것이 기쁜 일이며, 뜻맞는 친구가 먼 곳에서 찾아오는 것은 즐거운 일이며, 남이 나를 알아주지 않아도 원망하지 않는 사람이 바로 군자이다." 라고 말씀하고 있다.

Confucius said: "Isn't it a pleasure to study and practice what you have learned? Isn't it also great when friend visit from distant places? If people do not understand me and it doesn't bother me, am I not nobel man?"

巧言令色, 鮮矣仁. (교언영색, 선의인)

아첨하는 말과 꾸미는 얼굴빛을 가진 사람들 가운데는 어진 이가 드물다.

감언이설과 거짓으로 상냥한 척하는 사람들 중에는 어진마음을 가진 자가 드문 법이다.

There is little benevolence of such people as rhetoric and affectation.

曾子曰: "吾日三省吾身, 爲人謀而不忠乎? 與朋友交而不信乎? 傳不習乎?"

(증자왈: "오일삼성오신, 위인모이불충호? 여붕우교이불신호? 전불습호?")

증자曾子가 말씀하셨다. "나는 날마다 나 자신에 대해 세가지를 성찰한다. 남을 위해 도모함에 있어서 최선을 다하였는지? 친구와 더불어 사귀면서 성실함을 다하였는지? 스승으로부터 전수 받은 것을 충분히 익혔는지?"

증자는 매일 수차례 자신을 반성하였다. 남에게 의견을 제시하거나 남을 위해 일을 할 때 성실하게 최선을 다했는지? 친구와 사귀면서 진실하고 참되었는지? 스승께서 전수한 지식을 충분히 복습했는지?

Zengzi said: "I daily examine my personal conduct on three points: in planning for other people, whether or not I have been loyal; in relationship with friends, whether or not I have been trustworthy; and whether or not I have practiced what I preached."

道千乘之國, 敬事而信, 節用而愛人, 使民以時.
(도천승지국, 경사이신, 절용이애인, 사민이시)
천 수레의 나라를 이끌어 갈 때는 매사를 공경스럽게 하여 믿음이 가게 하며, 재물 쓰기를 절도 있게 하고 사람들을 사랑하며, 백성을 부릴 때는 적당한 때에 맞추어야 한다.

천대의 병거가 있는 대국을 다스리는 데는 반드시 신중하게 국가의 업무를 처리하여 국민의 신임을 얻어야 하며, 재물을 절약하고 백성을 사랑해야 하며, 백성의 노동력을 사용함에 있어서 농사짓는 시기를 그르치지 않도록 배려해야 한다.

In directing the affairs of a great nation, a man must be serious in attention to business and faithful and punctual in his engagements. He must study economy in the public expenditure, and love the welfare of the people. He must employ the people at the proper time of the year.

有子曰: "禮之用, 和爲貴." (유자왈: "예지용, 화위귀")
유자가 말씀하시길: "예의 쓰임은 조화가 귀중하다." 라고 하셨다.
예를 실천함에 있어서는 조화로움을 귀중히 여겨야 한다.
Youzi said: "The most important function of Etiquette is harmony."

吾十有五而志於學, 三十而立, 四十而不惑, 五十而知天命, 六十而耳順, 七十而從心所欲不踰矩. (오심유오이지어학, 삼십이립, 사십이불혹, 오십이지천명, 육십이이순, 칠심이종심소욕불유구)
열 다섯 살에 학문에 뜻을 두고, 서른 살에 자립하였으며, 마흔 살에는 미혹되지 않았고, 쉰 살에는 하늘의 뜻을 알았으며, 예순 살이 되어서는 귀가 순해졌

05

제자백가
諸子百家편

고, 일흔 살에는 마음속으로 하고싶은 대로 해도 법도에 어긋나지 않았다.

공자께서는 나이 열다섯에 공부를 하기로 마음먹었으며, 서른 살에는 예禮와 의儀를 따르며 세상에서 자립할 수 있었고, 마흔 살에는 일을 대하면서 더 이상 혼란스럽지 않았고, 쉰 살에는 사람의 힘으로는 어쩔 수 없는 일이 무엇인지 알고 하늘의 뜻을 기쁜 마음으로 깨닫게 되었으며, 예순 살에는 여러 가지 다른 의견들을 들을 수 있게 되었고, 일흔 살에는 마음대로 행하여도 규율이나 규범에 어긋나지 않게 되었다고 자신의 인생을 회상하고 있다.

At fifteen I had made up my mind to learn. At thirty I can be a foothold in the world, according to the requirements of etiquette. At forty I was no longer confused when met things. At fifty I understood the truth of religion. At sixty I could understand whatever I heard without exertion. At seventy I could follow whatever my heart desired without transgressing the law.

君子不器. (군자불기)

군자는 (모양이 고정된) 그릇이 아니다.

군자는 특정한 도구나 기구처럼 일정한 국면에만 한정되어서는 안되고, 융통성을 가지고 다른 사람들의 다재다능함을 인정하고 두루 칭찬할 수 있어야 한다.

A noble person is not like a mere utensil (fit for only one purpose).

君子周而不比, 小人比而不周. (군자주이불비, 소인비이부조.)

군자는 단결하되 결탁하지 않고, 소인배는 결탁하되 단결하지는 않는다.

A wise man is impartial, not neutral. A fool is neutral but not impartial.

學而不思則罔, 思而不學則殆. (학이불사즉망, 사이불학즉태.)

배우고기만 하고 생각하지 않으면 흐릿해져서 어찌할 바를 모르는 법이고, 생각만하고 배우지 않으면 정신적으로 피폐해져서 얻는 것이 없게되는 법이다.

Study without thinking is labor lost. Thinking without study is perilous.

子曰: "人無遠慮 必有近憂." (자왈: "인무원려, 필유근우.")

공자께서 말씀하시길 "만약에 한 사람이 충분히 숙고하지 않으면, 곧 걱정이 눈앞에 나타나게 마련이다." 라고 하셨다.

Confucius remarked: "If a man takes no thought for the tomorrow, he will be worry before today is out."

子曰: "工欲善其事, 必先利其器." (자왈: "공욕선기사, 필선리기기.")

공자께서 말씀하시길 "일을 완벽하게 하고자 한다면, 먼저 도구를 완벽하고 날카롭게 만들어야 한다." 고 하셨다.

Confucius said: "A workman who wants to perfect his work first sharpens his tools."

子曰: "不在其位, 不謀其政." (자왈: "부재기위, 불모기정.")

공자께서 말씀하시길 "그 직위상에 있지 않다면, 그 직위상의 일을 거론하지 말라." 고 하셨다.

Confucius said: "A man who is not in office in the government of a country should not give advice as to its policy."

子曰: "君子和而不同, 小人同而不和." (자왈: "군자화이부동, 소인동이불화.")

공자께서 말씀하시길 "군자는 화합하되 같아지지 않고, 소인배는 같아지려고 할 뿐 화합하지 못한다." 고 하셨다.

이렇듯 군자는 최선의 방법을 간구하여 주변 사람들을 단결시키되 야합하지 않고, 소인배는 야합하되 단결시키지 못하는 법이다.

Confucius said: "Noble persons achieve harmony without being alike, common persons are alike but lack harmony."

子曰: "言必信, 行必果." (자왈: "언필신, 행필과.")

공자께서 말씀하시길 "말을 함에 있어서는 반드시 신뢰가 있어야 하며, 행함

에 있어서는 반드시 결과가 있어야 한다."고 하셨다.

　이렇듯 말을 함에 있어서는 반드시 성실하고 신용을 잃지 않아야 하며, 행동함에 있어서는 반드시 단호한 결단력이 필요한 법이다.

　Confucius said: "One should make its point to carry out what he says and to persist in what he undertakes."

子曰: "欲速則不達." (자왈: "욕속즉부달.")

　공자께서 말씀하시길 "일을 성급하게 달성하고자 하면 오히려 목표한 바에 이를 수 없다."고 하셨다.

　Confucius said: "Do not hurry about things."

子曰: "歲寒, 然後知松柏之後凋也." (자왈: "세한, 연후지송백지후조야.")

　공자께서 말씀하시길 "엄동설한을 지내본 후에라야 소나무와 잣나무만이 (혹한의 날씨에도) 늦게 시든다는 것을 알게된다."고 하셨다.

　Confucius said: "Only when the year grows cold do we see the pine and cypress are the last to fade."

子曰: "不患人之不知己, 患不知人也." (자왈: "불환인지부지기, 환부지인야.")

　공자께서 말씀하시길 "남이 자기를 알아주지 않는다고 걱정하지 말고, 오히려 자기가 남을 이해하지 못하고 있는지를 걱정해야 한다."고 하셨다.

　Confucius said: "I am not bothered by the fact that I am unknown. I am bothered when I do not know others."

子曰: "道之以政, 齊之以刑, 民免而無恥; 道之以德, 齊之以禮, 有恥且格."

(자왈: "도지이정, 제지이형, 민면이무치; 도지이덕, 제지이례, 유치차격.")

　공자께서 말씀하시길 "백성을 법제로 인도하고, 형벌로써 가지런하게 한다면, 백성들은 형벌을 면하려고 할 뿐 염치가 없어지게 되고, 백성을 덕으로 이끌고 예법으로 가지런하게 한다면 백성들은 자신의 행동에 수치심을 가질 뿐 아니라 품격을 갖추게 된다." 고 하셨다.

Confucius said: "If you govern the people legalistically and control them by punishment, they will avoid crime, but have no personal sense of shame. If you govern them by means of virtue and control them with propriety, they will gain their own sense of shame, and thus correct themselves."

3. 맹자편 孟子篇

天時不如地利, 地利不如人和. (천시불여지리, 지리불여인화.)

하늘의 때는 땅의 이로움만 못하고, 땅의 이로움은 사람들의 화합만 못하다.

좋은 시간과 조건보다는 유리한 지리적 조건이나 형세를 파악하고 있는 것이 중요하고, 유리한 지리적 조건이나 형세를 파악하고 있는 것보다는 사람들의 인심을 하나로 단결하게 만드는 것이 더 중요하다.

Favorable weather is less important than advantageous terrain, and advantages terrain is less important than harmonious human relations.

得道者多助, 失道者寡助. (득도자다조, 실도자과조)

도道를 얻은 자는 (주변의) 도움이 많고, 도道를 잃은 자는 (주변의) 도움이 부족하다.

정의로운 쪽은 더욱 많은 지지를 받고, 불의한 쪽은 지지가 부족하다.

The side with justice wins more support and the side without justice is short of support.

生於憂患, 而死於安樂. (생어우환, 이사어안락.)

근심과 걱정 속에서는 살게되고, 안락함 속에서는 죽게 된다.

우환 속에서 살아날 수 있고, 안락함 속에서 죽는 법이다. 그래서 맹자는 편안함에 안주하지 말고 걱정과 고난 속에서 자신을 끊임없이 단련해야 한다고 강조하고 있다.

Live in hardship and die in comfort.

禍福無不自己求之者. (화복무불자기구지자.)

재앙과 복은 모두 스스로부터 비롯된다.

Misfortune or good luck is what one earns with his own conduct.

人有不爲也, 而後可以有爲. (인유불위야, 이후가이유위.)

사람은 하지 말아야 할 바를 구별할 수 있어야, 비로소 해야 할 바를 정할 수 있다.

Only if one chooses not to do something can he do more and better.

得天下有道, 得其民, 斯得天下矣; 得其民有道, 得其心, 斯得民矣.
(득천하유도: 득기민, 사득천하의; 득기민유도: 득기심, 기득민의.)

천하를 얻는 데는 길이 있나니, 그 백성의 지지를 얻으면 천하를 얻게 되고, 백성의 지지를 얻는 데는 길이 있나니, 백성의 마음을 얻으면, 백성들의 지지를 얻게 되는 법이다.

Take the world by winning over the people. Win over the people by charming their hearts.

不以規矩, 不能成方圓. (불이규구, 불능성방원.)

컴퍼스와 곱자가 없으면 사각이나 원을 정확히 그릴 수 없다.

일을 할 때 일정한 법칙을 따라야 한다는 의미를 담고 있다.

It's impossible to draw standard squares and circles without compasses and carpenter's square. Things can't be done without rules.

權然後知輕重, 度然後知長短. (권연후지경중, 도연후지장단.)

저울로 달아보아야 비로소 그 무게를 정확히 알 수 있고, 자로 재어본 후에 비로소 정확한 길이를 알 수 있다.

One weighs a thing and then knows its weight; one measures it and then knows its length.

民爲貴, 社稷次之, 君爲輕. (민위귀, 사직차지, 군위경.)

백성이 가장 귀중하고, 그 다음은 국가이고, 군주는 그 다음이다.

The people are the most important, the state is the second, and the monarch is the least important.

老吾老, 以及人之老, 幼吾幼, 以及人之幼, 天下可運於掌.
(로오로, 이급인지로; 유오유, 이급인지유; 천하가운여상.)

자기 집안의 노인을 섬기는 것으로써 남의 집 노인을 섬기고, 내 집안의 아이를 보호하듯 남의 집 아이를 보호한다면, 천하를 다스리는 일이 손바닥 뒤집듯이 쉽게 된다.

If everyone respects his own elders and respects other's as well, and loves his own children as well as others', it is as easy to run a state as to move balls in a hand.

五十步笑百步. (오십보소백보)

오십보가 백보를 비웃는다.

다른 사람과 똑같은 결점이나 잘못을 저지르고도 자신의 잘못을 돌아보지 못하고 남을 조롱한다는 뜻이다.

In retreat, those who ran away fifty steps sneer at those who ran away a hundred steps.

05

제자백가
諸子百家편

生, 亦我所欲也; 義, 亦我所欲也; 二者不可得兼, 舍生而取義者也.
(생, 역아소욕야; 의, 역아소욕야; 이자불가득겸, 사생이취의자야.)

삶도 내가 원하는 것이고, 의로움도 내가 원하는 것이지만, 이 두가지를 겸할 수 없다면, 삶을 버리고 대의를 취해야 한다.

Life is what I want and justice is also what I want. If I couldn't have both, I would give up my life and choose justice.

愛人者人恒愛之, 敬人者人恒敬之. (애인자인항애지, 경인자인항경지.)

남을 사랑하는 사람은 다른 사람들이 항상 그를 사랑하고, 다른 사람을 존경하는 사람은 늘 다른 사람들로부터 존경을 받는다.

The benevolent loves others and is loved by all forever. The courteous respects others and always enjoys the respect from others.

賢者以其昭昭使人昭昭, 今以其昏昏, 使人昭昭. (현자이기소소사인소소, 금이기혼혼, 사인소소.)

현명한 사람은 자신이 깨달은 뚜렷하고 밝은 도리로써 다른 사람들의 도리를 밝고 뚜렷하게 해주고자 하는데, 지금 사람들은 자신의 어둡고 흐린 법도로써 다른 사람들의 도리를 밝고 뚜렷하게 하려고 한다.

A virtuous person tries to make others understand what he has known clearly. But nowadays, some people try to make others understand what they themselves haven't figured out.

富貴不能淫, 貧賤不能移, 威武不能屈, 此之謂大丈夫.
(부귀불능음, 빈천불능이, 위무불능굴, 차지위대장부.)

부귀를 가졌어도 부패하지 않고, 가난하고 힘들어도 변절하지 않고, 권위와 무력에도 굴복하지 않는 사람이 바로 우리가 말하는 대장부라 할 수 있다.

He cannot be led into excesses when wealthy and respected, nor swayed from his purpose when poor and obscure, nor can he be made to bow before superior force. This is what I would call a noble man.

4. 장자편 莊子篇

以衆小不勝爲大勝. (이중소불승위대승)

작은 세상사에서 이기려고 하지 않으면 대승을 거두게 된다.

작은 문제로 세상사람들과 승패를 다투지 않고, 큰 일에서 승리를 취하는 것이 진정한 승리이다.

One who does not compete with mediocrities can win a major victory.

德有所長而形有所忘. (덕유소장이형유소망)

내면의 덕이 높으면 외형따위는 잊게 된다.

어떤 사람의 덕망이 높으면, 그의 신체나 외모상의 결함 같은 것은 다른 사람들이 중요하게 생각하지 않는다.

Virtue has its merits and its form is forgotten.

至樂無樂, 至譽無譽. (지락무락, 지예무예)

지극한 즐거움에는 즐거움이 없고, 지극한 명예에는 명예가 없다.

진정한 즐거움에서는 세상에서 소위 말하는 즐거움을 느낄 수 없고, 진정한 명예로움에서는 세상에서 말하는 명예로움을 자각할 수 없는 법이다.

Perfect happiness is derived from the absence of happiness; perfect fame is derived from the absence of fame.

虛室生白. (허실생백)

방이 비워지면 환하게 밝아진다.

만약 깨끗하고 맑은 생각을 유지하고 잡념이 없으면, 이 세상을 맑고 깨끗하게 대할 수 있다는 비유의 말이다.

If you look upon everything as emptiness, your empty mind will be pure and simple.

05
제자백가
諸子百家편

外重者內拙. (외중자내졸)

외물을 중시하면 내면이 졸렬하게 된다.

사람이 외형적인 것에 마음을 쏟으면, 마음의 균형을 쉽게 잃어버리고, 아둔하게 된다는 의미이다.

Consideration of external things always disturbs people internally.

絶迹易, 無行地難. (절적이, 무행지난)

발자취를 끊기는 쉽지만, 땅을 밟지 않고 다니기는 어렵다.

걸어가지 않고 흔적을 남기지 않는 것은 쉽지만, 걸으면서 그렇게 하기는 쉽지 않다는 뜻으로 죽어서 발자국이 끊어지기는 쉽지만 살아있는 이상 땅에 흔적을 남지지 않을 수는 없다는 의미이다.

It is easy to stop leaving traces without walking, but hard to do so when walking.

小惑易方, 大惑易性. (소혹역방, 대혹역성)

작은 의혹은 방향을 바꾸고, 큰 의혹은 본성을 바꾼다.

작은 의혹은 사람으로 하여금 잘못된 방향으로 인도하고, 이러한 큰 의혹들이 커져 큰 의혹에 이르게 되면 본성을 잃을만큼 큰 영향을 받게된다.

One who is mildly confused will change his direction of life; one who is seriously confused will change his inborn nature.

哀莫大於心死. (애막대어심사)

마음이 죽는 것보다 더한 슬픔은 없다.

인간에게 가장 슬픈 일은 천성을 완전히 잃어버리고 마음이 굳어 죽는 것이라는 의미이다.

No sorrow is greater than death of the mind.

小人殉財, 君子殉名. (소인순재, 군자순명)

소인배는 재물에 목숨을 바치고, 군자는 명예에 목숨을 바친다.

소인배는 재물을 빼앗기 위해 목숨을 바치고, 군자는 명예를 지키기 위해 목숨을 바친다는 의미이다.

Mean persons would die for possessions whereas, true gentlemen would die for honor.

意有所至, 而愛有所亡. (의유소지, 이애유소망)
의지에 지극함만 있으면 사랑에 잃음이 생긴다.

한 가지 목적에만 사로잡히게 되면, 스스로의 주관적인 방법으로 다른 사람을 사랑하게 되어, 때때로 의지와는 달리 사랑하는 사람에게 해를 입히는 경우가 있다는 의미이다.

Good intentions can cause damages.

無遷令, 無勸成. (무천령, 무권성)
명령을 바꾸지 말고, 일을 억지로 이루려고 하지 말라.

이미 하달한 명령을 마음대로 바꾸지 말고, 능력에서 벗어난 일을 강요하지 말라는 의미이다.

Do not change orders constantly; do not press to accomplish something.

好面譽人者, 亦好背而毁之. (호면예인자, 역호배이훼지)
면전에서 칭찬을 잘하는 자는 배후에서 헐뜯기도 잘한다.

면전에서 아부와 아첨하기를 잘하는 사람은 뒤에서 욕하는 것도 좋아한다는 의미이다.

Those who praise someone to his face are likely to smear him behind his back.

不能容人者无親, 无親者盡人. (불능용인자무친, 무친자진인)
남을 용납하지 못하는 자는 친함이 없고, 친함이 없는 자는 남을 해치게 된다.

관대함이 없는 사람은 아무도 그와 친해지려고 하지 않고, 모두가 가까워지려고 하는 않는 사람은 이 사회에서 배제된다는 의미이다.

He who does not tolerate others will have no friends; he who has no friends around him will be the outcast of society.

樸素而天下莫能與之爭美. (박소이천하막능여지쟁미)

자연 그대로의 순박함을 지키면 천하에서 아무도 그와 아름다움을 다툴 수 없다.

순박한 본성을 유지할 수 있다면, 그가 바로 세상에서 가장 완벽한 사람이라는 의미이다.

To be simple and pure is to have no peer in the world.

君子之交淡若水, 小人之交甘若醴; 君子淡以親, 小人甘以絕.
(군자지교담약수, 소인지교감약례, 군자담이친, 소인감이절.)

군자의 사귐은 물같이 담백하고, 소인배의 사귐은 단술처럼 달콤하다. 군자는 담백함으로 친함이 오래가고, 소인배는 달콤하기 때문에 끊어지고 오래가지 못한다.

군자는 의리로 사귀기 때문에 그들 사이의 친분은 항상 물처럼 담백하고, 소인배는 이익으로 사귀기 때문에 그들 사이의 친분은 종종 좋은 술처럼 달콤하다. 군자들 간의 친분은 비록 담백하고 평범하지만 오랜 시간 동안 친밀함을 유지할 수 있고, 소인배 간의 친분은 달콤하지만 조금도 견고하지 않아 쉽게 끊어진다.

The relationship between superior men is as nature as plain water, whereas the relationship between the inferior men is as sweet as wine. The former is plain but close, whereas the latter is sweet, but callous.

吾生也有涯而知也無涯, 以有涯隨無涯, 殆矣. (오생야유애이지야무애, 이유애수무애, 태의)

우리의 생애는 끝이 있지만, 앎에는 끝이 없다. 끝이 명백한 것으로써 끝이 없는 것을 쫓으려 하면 위태롭다.

사람의 생명은 유한하지만 지식은 무한한데, 한정된 생명으로 무한한 지식을 쫓으면 사는 게 힘들어진다는 의미이다.

Man's life is limited, but knowledge isn't limited, to pursue the unlimited with the limited is fatiguing.

人生天地之間, 若白駒之過隙, 忽然而已. (인생천지지간, 약백구지과극, 홀연이이.)

사람은 천지 가운데서 살아가는데, 마치 흰 망아지가 작은 문 틈새를 지나가는 것처럼 홀연할 따름이다.

사람의 일생은 순식간에 지나가 버리는데, 이는 마치 작은 문틈으로 흰 망아지가 신속하게 달려 지나가는 것과 같다는 의미이다.

The life of a man between heaven and the earth is a brief as a passage of a horse through a crevice in the wall.

人皆知有用之用, 而莫知無用之用也. (인개지유용지용, 이막지무용지용야.)

사람들은 모두 쓸모가 있는 것만 쓸모 있는 줄 알지, 쓸모가 없는 가운데 쓸모가 있다는 것을 모른다.

사람들은 쓸모 있는 물건의 용도는 알지만, 쓸모 없는 물건의 용도는 잘 모른다는 의미이다.

Everyone knows the usefulness of being useful, but none knows the usefulness of being useless.

泉涸, 魚相與處於陸, 相呴以濕, 相濡以沫, 不如相忘於江湖.

(천학, 어상여처어륙, 상구이습, 상유이말, 불여상망어강호.)

못이 마르면 물고기들이 함께 진흙 위에 모여, 서로 물기를 뿜어주고, 서로 거품을 내어 적셔주지만, 물 많은 강과 호수에서 서로를 잊고 사는 것만 못하다.

샘물이 고갈되어 물고기들이 육지에 갇히게 되면 입으로 거품을 내어 서로를 배려하며 애틋한 모습을 보이지만, 이 물고기들은 실제로 강과 호수에서 자유롭게 살면 서로 돌볼 필요가 없는 자유로운 생활을 더욱 원하게 된다는 의미이다.

When spring dries up, the fish are standard on the line. Moist telling each other which they brush and deepening each other with the small slimy, but it would be much better for them to live in the rivers and lakes and forget each other.

不知周之夢爲胡蝶與, 胡蝶之夢爲周與. 周與胡蝶則必有分矣, 此之謂物化.
(부지주지몽위호접여, 호접지몽위주여, 주여호접즉필유분의, 차지위물화.)

장주가 꿈속에서 나비가 된 것인지, 나비가 꿈속에서 장주가 된 것인지 알 수 없었다. 장주와 나비는 틀림없이 구별됨이 있거늘, 이를 물화物化라고 한다.

장자가 말하는 물화物化는 차별성을 넘어서, 나와 만물이 하나가 되는 경지이다. 자연의 만물이나 각기 다른 인간들의 모습이나 모두 시각적으로 다르게 보일 뿐, 우주의 이치에서 보면 동일하다는 의미를 담고 있다.

Do not know whether Zhuangzhou dream into a butterfly, or a butterfly dream into Zhuangzhou? There must be a difference between Zhuangzhou and butterflies, this is called the identity of object and self.

5. 묵자편 墨子篇

甘瓜苦蒂, 天下物無全美. (감과고체, 천하물무전미.)
단 참외라도 꼭지는 쓰듯, 천하의 어떠한 일도 완전 무결한 것은 없다.
Sweet melon, its melon pedicle is also bitter, nothing in the world is perfect.

官無常貴, 而民無終賤. (관무상귀, 이민무종천.)
벼슬자리에 있다고 해서 항상 귀한 경우는 없고, 일반 백성이라고 해서 언제까지나 비천한 경우는 없다.
Officials will not always be rich, nor will ordinary people always be poor.

無不讓也, 不可, 說在殆. (무불양야, 불가, 설재태.)

참지 못하는 것이 없다는 것은 불가능하다. 그 이치는 큰 상처를 받았을 때에 있다.

모든 것을 참고 용납하는 것은 불가능하다. 예를 들어 자신이 큰 상처를 받았을 때 견딜 수 없다는 것이 이를 설명해준다.

It is impossible to tolerate anything. When you are hurt, you can no longer tolerate it.

利之中取大, 非不可得已也; 害之中取小, 不得已也.
(리지중취대, 비불가득이야; 해지중취소, 부득이야.)

이로움 가운데 큰 것을 선택하는 것은 어쩔 수 없는 것이 아니지만, 해로움이 가운데서 작은 것을 선택하는 것은 어쩔 수 없는 것이다.

When there is interest, we can choose the best interest, which is not a necessity; when there is harm, we must choose the small harm, which is a necessity.

强必富, 不强必貧; 强必飽, 不强必飢. 故不敢怠倦.
(강필부, 부강필빈, 강필포, 부강필기. 고불감태권)

부지런하면 반드시 부유하게 되고, 게으르면 반드시 간난하게 되며, 부지런하면 반드시 배불리 먹게 되고, 게으르면 반드시 굶주리게 되기 때문에 감히 태만하거나 게을리 해서는 안된다.

Diligence leads to wealth, laziness leads to poverty; diligence leads to food, clothing and warmth, and laziness leads to hunger and hunger. So laziness does not dare to be slackened at all.

非無安居也, 我無安心也; 非無足財也, 我無足心也.
(비무안거야, 아무안심야; 비무족재야, 아무족심야.)

편안하게 거할 곳이 없는게 아니라, 내게 안정되고 편안한 마음이 없는 것이며, 만족할만한 재물이 없는게 아니라 나에게 만족하는 마음이 없는 것이다.

It's not that we don't have a stable home, it's because our hearts can't be stable; it's not that our money isn't enough; it's that our hearts will never be satisfied.

釣者之恭, 非爲魚賜也; 餌鼠以蟲, 非愛之也. (조자지공, 비위어사야; 이서이충, 비애지야.)

낚시하는 사람이 물고기에게 공손한 것은 고기에게 먹이를 주기 위한 것이 아니오, 쥐에게 벌레를 제공하는 것도 쥐를 사랑해서가 아니다.

The fisherman does not bow to the fish in deference; nor does the catcher give mice insects because he likes them.

唯信身而從事, 故利若此. (유신신이종사, 고리약차.)

오직 다른 사람을 믿음으로 대해주어야 이같이 이롭게 되는 것이다.

다른 사람으로 하여금 자신을 위해 어떤 일을 하게 할 때는, 먼저 반드시 진정으로 그를 믿어주어야만 유익함을 얻게 되는 법이다.

Let a person do something for you, you must truly believe him, so that you can gain benefits.

古者聖王之爲政, 列德而尙賢. 雖在農與工肆之人, 有能則擧之.

(고자성왕지위정, 열덕이상현. 수재농여공사지인, 유능즉거지.)

옛 성왕은 정치를 함에 있어서 덕에 따라 등용하고 현자를 숭상하였으므로, 비록 농사꾼이나 직공이나 장사치라도 유능하면 등용하였다.

Ancient sages govern the country, advocate virtuous men, and honor the throne by virtue. Even if he is a farmer, a worker or a businessman, he can be selected and elected as long as he has talent.

有能則擧之, 無能則下之. 擧公義, 辟私怨, 此若言之謂也.

(유능즉거지, 무능즉하지. 거공의, 피사원, 차약언지위야.)

(옛 성왕들은) 능력이 있으면 등용하고, 능력이 없으면 좌천시켰다. 공의에 따라 등용하고 사사로운 원한 감정은 피해야 한다고 하는 것은 바로 이를 두고 하

는 말이다.

옛 성왕들은 능력이 있는 자를 등용하고 능력이 없으면 좌천시켰다. "공의는 세우고, 원한은 피한다 擧公義, 辟私怨."는 것은 바로 공의의 기준에 따라 천거하고 개인적인 원한 감정이 섞여서는 안 된다는 의미이다.

If a man of ability commits him, he who has no talent will take him down. According to the standards of justice, recommendation should not be mixed with personal feelings of gratitude and resentment. This is what is called "upholding justice and preventing private resentment".

言不信者, 行不果. (언불신자, 행불과.)
말에 신용이 없는 사람은 일을 행해도 결실이 없다.

A man who speaks without credit, things will never work out with result.

法不仁, 不可以爲法. (법불인, 불가이위법.)
법이 어질지 못하면 법이 될 수 없다.
법이 불분명하고 불공평하면, 법률로 시행될 수 없다는 의미이다.

If the statute is not clear and unfair, it cannot be implemented as a law.

誠信者, 天下之結也. (성신자, 천하지결야.)
정성과 신뢰는 천하를 단단히 묶어준다.
신용을 지키는 것이 천하의 행동 준칙의 기본이라는 의미이다.

Honesty is the key to the world's code of conduct.

食者國之寶也, 兵者國之爪也. (식자국지보야, 병자국지조야.)
식량은 국가의 보배이고, 군사는 나라의 날카로운 발톱이다.

Grain is the treasure of the country, and the army is the claw of the country.

05

제자백가
諸子百家편

天下兼相愛則治, 交相惡則亂. (천하겸상애즉치, 교상오즉란.)
천하가 서로 사랑하면 질서가 바로잡히고, 서로 미워하면 혼란에 빠지게 된다.
If everyone loves each other, the world will be able to settle down; if everyone will be evil with each other and the world will be in turmoil.

君子不鏡於水而鏡於人. (군자불경어수이경어인.)
군자는 물로 거울을 삼지 않고, 다른 사람을 거울로 삼는다.
A gentleman does not need water to be a mirror, but a mirror from others.

生, 刑與知處也. (생, 형여지처야.)
삶은 형체와 지적 능력을 가진다.

사람이 사람답게 될 수 있는 것은 하늘의 뜻과 사회 규범에 따르기 때문이다. 안다知는 것은 하늘의 도리에 대한 이해, 사회지식 그리고 생산지식을 포함하고 있다. 묵가墨家는 사람들의 공통된 인식을 바탕으로 그것들을 준수하고, 인류의 인지 수준을 상향 발전시켜야 인류의 자생과 번식의 목표를 실현시킬 수 있다고 여기고 있다.

The reason why people become human beings is to obey the rules of heaven and society. "Knowledge" contains understanding of heaven, social knowledge and production knowledge. Mohists believe that the goal of self-existence and survival can be achieved by gaining consensus and abiding by it, and by developing human cognitive level.

子不能治子之身, 惡能治國政? (자불능치자지신, 오능치국정?)
그대가 자신의 몸을 잘 다스리지 못하면서, 어찌 국가의 정사를 잘 다스릴 수 있겠는가?
You can't manage yourself well. How can you manage the affairs of the state well.

靈龜近灼, 神蛇近暴. (령귀근작, 신사근폭.)

(점술에 쓰는) 영험한 거북이가 먼저 구워지고, (제사에 사용되는) 신령스러운 뱀이 먼저 말려지는 법이다.

Effective tortoises burn first (used for divination); mysterious snakes are caught in the sun first (rain seeking).

慧者心辯而不繁說, 多力而不伐功, 此以名譽揚天下.

(혜자심변이불민설, 다력이불벌공, 차이명예양천하.)

지혜로운 자는 마음속으로는 말에 조리가 있더라도 겉으로는 말을 아끼고, 힘을 다해 열심히 일하면서도 그 공로를 자랑하지 않는다. 이 때문에 더욱더 천하에 이름을 떨치게 되는 것이다.

The heart of wise man is like a mirror, but he does not speak much, and can do practical things without asking for merits and rewards. That is why he is famous all over the world.

染於蒼則蒼, 染於黃則黃. (염어창즉창, 염어황즉황.)

푸른 염료로 염색하면 푸른색이 되고, 노란색 염료로 염색을 하면 노란색이 된다.

A piece of white silk cloth, put it in a cyan vat, white silk turned cyan; put it in a yellow vat, then turned yellow silk.

天之行廣而無私, 其施厚而不德, 其明久而不衰, 故聖王法之.

(천지행광이무사, 기시후이부덕, 기명구이부쇄, 고성왕법지.)

하늘의 운행은 광대하고도 사사로움이 없으며, 그 베푸는 것은 두터우면서도 스스로 덕이 있다고 여기는 일이 없고, 그 밝음은 오래되어도 어두워지지 않으므로, 옛 성왕들은 이를 본받으려고 한 것이다.

The operation of heaven is vast and selfless. It is beneficent to the people without self-righteousness. It can also shine brightly and endure for a long time. Therefore, the ancient sage king must follow the principle of heaven.

05

제자백가
諸子百家편

勇, 志之所以敢也. (용, 지지소이감야.)
용기는 품은 의지를 감히 할 수 있는 원천이다.
Warriors are those with courage and ambition.

治於神者, 衆人不知其功; 爭於明者, 衆人知之.
(치어신자, 중인부지기공; 쟁어명자, 중인지지.)
다스림이 신묘한 이에 대해서는 뭇 사람들이 그 공을 알지 못하고, 드러내고 싸우는 이의 공로는 오히려 사람들이 알아준다.
No one knows the merits of a man who has accomplished a great cause, but those who argue endlessly in the open are known to all.

義人在上, 天下必治. (의인재상, 천하필치.)
의로운 사람이 윗자리에 있으면, 천하는 반드시 잘 다스려진다.
If a moral person is in power, the state will surely be at peace and stability.

義, 利也. (의, 리야.)
의로움은 이로움이다.
이로움은 의로움의 본질이라는 의미이다.
Profit is the essence of righteousness.

萬事莫貴於義. (만사막귀어의.)
세상 모든 일에 정의로움보다 귀한 것은 없다.
Nothing is more valuable than justice.

善無主於心者不留, 行莫辯於身者不立. (선무주어심자불유, 행막변어신자불립.)
선善함도 마음에서 우러난 것이 아니면 오래 가지 못하고, 행실도 몸으로 실천한 것이 아니면 굳건할 수 없다.

Good is not from the heart, cannot be retained; behavior cannot be self-justification, cannot do.

良馬難乘, 然可以任重致遠; 良才難令, 然可以致君見尊.

(량마난승, 연가이임중치원; 량재난령, 연가이치군견존.)

좋은 말은 타기 어려우나, 무거운 짐을 지고 멀리까지 갈 수 있고, 좋은 인재는 부리기 어려우나, 임금을 잘 보좌하여 사람들에게 존중을 받게 할 수 있다.

A good horse is not easy to ride, but it can carry a long way; a good man is not easy to control, but can make a king respected.

兼相愛, 交相利. (겸상애, 교상리.)

똑같이(차별 없이) 서로 사랑하고, 서로 이롭게 한다.

Love yourself as well as others, benefit from mutual communication.

無言而不信, 不德而不報, 投我以桃, 報之以李.

(무언이불신, 부덕이불보, 투아이도, 보지이리.)

(정직한) 말이 없으면 신뢰가 생기지 않고, 은덕을 베풀지 않으면 보답도 없게 된다. 나에게 복숭아를 준다면, 자두로 보답하게 될 것이다.

Unjust words and deeds will naturally not be recognized by others, no good will naturally have no return, you give me the peach, I return you the plum.

志不强者智不達; 言不信者行不果; 據財不能以分人者, 不足與友; 守道不篤, 偏物不博, 辯是非不察者, 不足與遊. (지불강자지부달; 언불신자행불과; 거재불능이분인자, 부족여우; 수도부독, 변물불박, 변시비불찰자, 부족여유.)

의자가 강하지 못한 사람은 지혜를 이루지 못하고, 말에 신용이 없는 사람은 행동에 열매를 맺지 못한다. 재물을 움켜쥐고 다른 사람에게 나눠주지 않는 자는 벗으로 삼기에 부족하고, 도리를 지킴에 돈독하지 못하고 사물을 분별하는데 편향되고 식견이 넓지 못하며, 시비를 분별함에 있어서 잘 살피지 못하는 사람은 더불어 교유하기에 부족하다.

He who speaks dishonestly must not act resolutely; he who possesses wealth and refuses to share it with others is not worthy of making friends with him; he who is unshakable in his ways, who has not experienced much, who does not know right from wrong, and who is not worthy of making friends with him.

原濁者流不淸, 行不信者名必耗. (원탁자유불청, 행불신자명필모.)

근원이 탁하면 흐름이 맑을 수 없고, 행실에 신용이 없으면 명성도 반드시 허물어지게 된다.

The source is cloudy, the water cannot be clear; the act is unreliable, the reputation inevitably corrupted.

6. 순자편 荀子篇

靑, 取之於藍, 而靑於藍; 氷, 水爲之, 而寒於水.
(청, 취지어람, 이청어람; 빙, 수위지, 이한어수.)

푸른 물감은 쪽에서 취한 것이지만, 쪽빛보다 푸르고, 얼음은 물에서 된 것이지만, 물보다 차갑다.

Blue is a dye extracted from blue grass but darker than blue grass; ice is made from water but is cooler than water.

非我而當者, 吾師也; 是我而當者, 吾友也; 諂諛我者, 吾賊也.
(비아이당자, 오사야; 시아이당자, 오우야; 첨유아자, 오적야.)

나를 꾸짖는데 정확한 사람은 내 스승이고, 내가 옳다고 지지하는데 정확한 자는 내 친구이며, 내게 알랑거리며 아첨하는 자는 나를 해치는 자이다.

He is my teacher who criticizes me correctly; he is my friend who affirms my certainty; and he who flatters me is the one who destroys me.

天行有常, 不爲堯存, 不爲桀亡. (천행유상, 불위요존, 불위걸망)
하늘의 운행은 항상성을 가지고 있는데, 요임금(요임금 같은 성군) 때문에 존재하는 것도 아니며, 걸임금(걸 나라의 폭군) 때문에 없어지는 것도 아니다.
Heaven exists naturally, which is neither because Yao is a wise emperor, nor because Jie is a tyrant and disappear.

目不能兩視而明, 耳不能兩聽而聰. (목불능량시이명, 이불능량청이총.)
눈은 동시에 두 가지를 보지 못하기 때문에 명확하게 보이고, 귀는 두 사람의 말을 동시에 듣지 못하기 때문에 정확히 들리는 것이다.
The eye can see everything because it can't look at two things at the same time, and the ear can distinguish right from wrong because it can't listen to two people at the same time.

道雖邇, 不行不至; 事雖小, 不爲不成. (도수이, 불행부지; 사수소, 불위불성.)
길이 비록 가깝더라도, 걷지 않으면 도달할 수 없고, 사안이 비록 작다 하더라도, 하지 않으면 이룰 수 없다.
하루종일 빈둥거리며 놀기만 하는 사람들은 절대로 그 성취가 다른 사람들보다 원대할 수는 없다는 의미이다.
Though the road is near, it is impossible to get there without going; thought things are small, they will not succeed without doing so. Those who idle around all day long will not be far more successful than ordinary people.

鍥而不舍, 金石可鏤. (계이불사, 금석가루.)
멈추지 않고 새기면 쇠와 돌에도 새길 수 있다.
As long as we insist on carving with a knife, even if metal or jade can be carved out

of flower ornaments.

蓬生麻中, 不扶而直. (봉생마중, 불부이직.)

쑥이 삼밭에서 자라면, 붙들어 주지 않아도 곧게 자란다.

좋은 환경에서 생활하면 그 영향을 받아 건강하게 자랄 수 있음을 의미한다.

The grass grows in the hemp field, without support, and naturally straightens up.

故不積跬步, 無以至千里; 不積小流, 無以成江海.

(고부적규보, 무이지천리; 부적소류, 무이성강해.)

반 걸음이 쌓이지 않으면 천리를 갈 수 없고, 작은 흐름이 쌓이지 않으면 강과 바다를 이룰 수 없다.

The road of a thousand miles is to walk out step by step. Without the accumulation of small steps, it is impossible to walk a thousand miles.

學不可以已. (학불가이이.)

배우는 것을 그쳐서는 안 된다.

배우는 것은 끝이 없다는 의미이다.

Learning cannot be stopped, that is, learning is endless.

7. 손자병법 孫子兵法

『손자병법孫子兵法』은 병서兵書이자 우수한 문학 저서로, "상대방을 알고 자기를 알면, 백 번을 싸워도 위태롭지 않다 知彼知己, 百戰不殆.", "적이 대비하지 않는 곳을 공격하고, 적이 예상 못하는 수단을 사용하라 攻其無備, 出其不意" 등 인구에 회자되고 있는 명언名言이 수록되어 있으며, 세상사의 행동요령에 있어서 참고할 만 한 "승리를 미리 알 수는 있지만 그렇게 만들 수는 없다 勝可知而不可

爲." 등의 문장이 기술되어 있다.

 Sun Tzu's Art of War is not only a military book, but also an excellent literary work, such as "knowing one's own enemy and its counterpart's, one will never lose a battle", "attack it unprepared, be surprise" and so on. It is also a reference book to point out how to conduct oneself and do things, such as "Do your best and listening to heaven".

兵無常勢, 水無常形, 能因敵變化而取勝者, 謂之神.

(병무상세, 수무상형, 능인적변화이취승자, 위지신.)

 병법에는 불변의 형세가 없고, 물에도 불변의 모양이 없다. 적에 따라서 능히 변화하고 승리를 취하는 사람을 가리켜 신神이라고 한다.

 용병술에는 정해진 패턴이 없고, 물이 고정된 형태가 없는 것처럼 적의 상황에 대한 정확한 정보에 따라 승리를 취할 수 있는 것이며, 이를 가리켜 용병用兵 기술이 신과 같다고 한 것이다.

 손자는 전장의 형세가 순식간에 변하여, 어떤 작전의 형식에 얽매여서는 안 되는데, 이는 마치 물이 본래 고정된 형태가 없어 둥근 용기에 넣으면 바로 둥글어지고 네모난 용기에 넣으면 네모난 형태가 되는 것과 같다고 설명하고 있다. 적의 수에 따라 적절하게 군 장비를 준비하고, 사기의 고하에 따라 지휘관이 적절한 자질을 발휘하고, 군수 물자 공급에 있어서 얼마나 적절한 기동성을 발휘할 수 있느냐에 따라 승패가 좌우되는 것이다. 이러한 말들은 단지 용병술에서 뿐만 아니라 기타 일을 할 때에도 현실상황에 따라 융통성 있게 계획을 세워서 실천해야 하며, 맹목적이거나 정해진 규율대로만 해서는 안 된다고 말하고 있다.

 These two sentences are to the effect that there is no fixed mode of combat with troops, just as there is no fixed and unchanged form of water, and those who can win according to the changes of the enemy's situation are called "Work miracles in maneuvering troops".

 Sun Tzu believed that the situation on the battlefield was so changeable that it could not be confined to a certain form of combat. Just as water had no fixed form, it was round in a round container and square in a square container. It is possible to win victory only when the number of enemies, equipment, and morale, the quality of commanders, and the maneuverability and flexibility of the supply of munitions are used. These sentences can be used to explain that military personnel or other work should be judged by the situation, flexible planning, not dead copy of dogma, sticking to the rules.

知可以戰與不可以戰者, 勝. (지가이전여불가이전자, 승.)

싸워도 되는지, 싸우지 않아야 하는지를 아는 자는 승리한다.

어떤 상황에서 싸워야 하고, 어떤 상황에서 싸우지 않아야 하는지를 아는 장수는 승전할 수 있다. 융통성을 가지고 자신과 적을 잘 파악하고 있는 장수는 전쟁에서 민첩하고 기동성 있는 전술을 통해 이길 수 있다고 판단되면 싸우고, 패배할 것 같으면 싸우지 않으며, 감정에 지배되지 않고, 무작정으로 행동하지 않으니 자연히 승리한다는 의미이다.

A general who knows under what circumstances he can fight and under what circumstances he cannot fight can win a battle. Generals who can judge the situation and know one another are good at using flexible tactics in wars. If they can win, they will fight. If they can't win, they won't fight. They won't be dominated by feelings, and they won't act blindly.

善於兵者, 避其銳氣, 擊其惰歸. (선어병자, 피기예기, 격기타귀.)

병법에 능한 자는 상대가 혈기왕성하고 공격적일 때는 피했다가, 그 기력이 쇠약하고 지쳤을 때를 틈타 공격한다.

"날카로운 기세에 대해서는 피하고 기력이 쇠약해질 때 공격한다 避其銳氣, 擊其惰歸."는 말과 "상황에 따라 강함을 피하고 약점을 취한다 避實取虛."는 말은 모두 같은 맥락이다. 즉, 모두 적과 나의 상대적인 세력이 대등할 때는 잠시 양보함으로써 적의 날카로운 기운을 누그러뜨리고, 때를 기다렸다가 적에게 치명적인 타격을 준다는 의미이다.

The general who is good at commanding operations should avoid the enemy's sharpness and attack him when his morale is low and tired. The same principle as the one of "Avoiding the enemy's vigor and attacking when his indolent return" and " Keep clear of the enemy's main force and strike at his weak points" means that temporary concessions can be made when the enemy and ourselves are equal in strength, so as to maintain our army's vigor, fatigue and frustrated the enemy, reduce his superiority, and when the time is right, strike the enemy to death.

兵者, 詭道也, 故能而示之不能, 用而示之不用, 近而示之遠, 遠而示之近.
(병자, 궤도야, 고능이시지불능, 용이시지불용, 근이시지원, 원이시지근.)

전쟁은 속임수이다. 능력이 있어도 능력이 없는 것처럼 위장하고, (일격을 가할) 필요가 있으면서도 필요없는 것처럼 위장하고, 가까이 있으면서도 멀리 있는 것처럼 위장하고, 적과 멀리 떨어져 있으면서도 가까이 있는 것처럼 위장해야 한다.

어쨌든 도처에서 적으로 하여금 착각하게 만들어야 하는데, 속담에 이르기를 "전투에서는 적을 기만하는 전술을 쓸 수 있다 兵不厭詐." 고 하였다. 전장에서는 적을 착각하게 하고 오판하게 하는 위장술을 사용하여 기회를 틈타 적을 습격해야 이길 수 있다는 의미이다.

War is a kind of knowledge that deceives and confuses the other side with false appearance. Therefore, we must pretend to be weak when we are strong; we must pretend to be vulnerable when we are fighting; we must pretend to be far away when we are close to the enemy; we must pretend to be close when we are far away. (In short, the enemy must be illusory everywhere). As the saying goes: "There can never be too much deception in war." Between battles, the enemy must be disguised, misjudged, and then take the opportunity to attack the enemy. You can win.

利而誘之, 亂而取之, 實而備之, 强而避之. (리이유지, 란이취지, 실이비지, 강이피지.)

이롭게 함으로써 유인하고, 혼란할 때 취하며, (상대가) 충실하면 방비하고, 강하면 피한다.

저자는 "전장에서는 기만하는 전술을 쓸 수 있다 戰陣之間, 不厭詐僞." 고 한

『한비자韓非子』 난일편難一篇의 말처럼, 작은 이익으로 적을 꾀어 현혹시킬 수 있고, 적군을 교란시켜 보급물자를 파괴하고, 부대의 배치를 교란시켜 적을 물리칠 수 있다고 주장하고 있다. 적의 실력이 막강하다면 적이 자신을 공격할 수 있다는 점을 감안해 대비를 해야 한다. 군대가 교전을 할 때 적이 강하면 회피해야 하며, 강경하게 맞서거나 충돌하면 안 된다. 용병술에 관한 이 교훈들은 오늘날 현대 군대의 전술에 적용해도 손색이 없다.

The author believes that "Between wars, we are not tired of cheating." (see *Han Fei Zi Nan Yi*), so that small profits can be used to lure and confuse the enemy; can disrupt their military spirit, destroy their supplies, disrupt their deployment, and ultimately defeat the enemy. If you see the strength of the enemy, you should consider that the enemy may launch an attack on yourself and be prepared. When the two armies meet the enemy, they must avoid instead of fighting hard. These two sentences can be used for reference in modern military affairs.

功其無備, 出其不意. (공기무비, 출기불의.)

무방비한 것을 공격하고, 예상치 못한 곳에서 출몰한다.

적을 상대로 하는 작전에 있어서는 적의 가장 취약한 곳을 적이 전혀 예상하지 못한 때를 틈타 상대방이 무방비 상태일 때 기습 공격을 하면 확실하게 승리를 거둘 수 있다. 동서고금을 통해 이러한 전쟁의 승리는 적지 않은데, 예를 들면 일본의 진주만 기습이 그 중 하나이다. 이러한 전술은 현대사회의 기타 영역에서의 쟁탈이나 경쟁에서 적용되고 있는데, 상대방이 무방비 상태이거나 준비가 없을 때 공격을 감행하고, 예상외의 행동을 통해 승리할 수 있다.

In battle against the enemy, it is necessary to strike suddenly at the weakest part of the enemy's defense and at an unexpected time without the enemy's defense, so as to achieve surprising victory. There are many such battles at home and abroad. The success of Japan's attack on Pearl Harbor is one. Now it has been widely used in other fields of contest, competition, the former said that to launch an attack when the opponent is unprepared or unguarded; the latter said that take unexpected action to win.

知彼知己, 百戰不殆; 不知彼知己, 一勝一負; 不知彼不知己, 每戰必殆.

(지피지기, 백전불태; 부지피지기, 일승일부, 부지피부지기, 매전필태.)

적을 알고 나를 알면, 백 번 싸워도 위태로움이 없고, 적을 모르고 나만 알면, 한번은 승리하고 한번은 패배하며, 상대도 모르고 나도 모르면 매번 싸워도 매번 위태롭다.

이는 이것은 중국과 기타 국가들 간의 전쟁 원칙으로 유명하다. 전쟁 시에 적과 아군 쌍방의 힘의 대비를 과학적으로 서술하여 자신의 장점을 활용하여 적의 약점을 공격하고, 확신이 있으면 공격하고, 확신이 없으면 공격하지 않고 적의 상황 변화에 따라 가장 적절한 방식으로, 가장 적절한 시기에 적을 공격해야 한다. 이렇게 하면 자연히 매 싸움마다 필승을 거둘 수 있다. 또한 이 원칙은 전쟁을 떠나 다른 모든 사업에도 적용될 수 있다.

To understand the enemy's strengths and weaknesses as well as our own strengths and weaknesses, we can win a hundred battles and remain invincible forever. This is a famous war principle at home and abroad. It scientifically expounds that when facing war, we must understand the contrast between the strength of the enemy and ourselves and attack the enemy with our own strong points and the shortcomings of the enemy; if we are sure of it, we must fight without grasping it, and according to the changes of the enemy's situation, we should adopt the most appropriate way and the most appropriate time to attack the enemy. Therefore, he will win every battle naturally. At the same time, this principle is far beyond the scope of war and applies to all other tasks.

用兵之法, 十則圍之, 五則攻之, 倍則分之, 敵則能戰之, 少則能逃之, 不若則能避之. (용병지법, 십즉위지, 오즉공지, 배즉분지, 적즉능전지, 소즉능도지, 불약즉능피지.)

용병의 방법은 아군이 적의 열 배가 되면 포위하고, 다섯 배가 되면 주저 없이 공격하고, 두 배가 되면 적을 분산시켜 공격하고, 대등하면 싸울 수 있고, 열세이면 퇴각할 줄 알아야 하고, 실력이 부족하면 전면적인 교전을 피할 줄 알아야 한다.

이는 용병의 기본 전술이 적과 아군의 군세의 강약에 따라 방침을 달리해야 한다는 의미이다. 즉 아군이 적보다 강한 상황에서는 우세한 병력을 집중시켜 포위, 공격하여 적을 섬멸해야 하고, 적과 아군의 군세가 비슷할 때는 적군을 분산시켜 적을 공격해 과감히 쳐부술 수 있어야 하며, 적의 군세가 아군보다 강하면 적과 싸우는 것을 피하고 퇴각하는 기동진술을 구사해야 한다는 것이다. 그렇지 않으면 기회를 놓치거나, 무모하게 전쟁을 처러 실패할 수도 있다. 이는 전투에서의 기본 원칙이며 오늘날까지도 적용되는 교훈이다.

The principle of using troops is to surround the enemy with ten times the enemy's strength, attack the enemy with five times the enemy's strength, disperse the enemy with one time the enemy's strength, defeat the enemy with the same force, retreat with less force than the enemy, and avoid decisive battles with less strength than the enemy. The basic rule of employing troops is to adopt different policies according to the difference between the enemy and the enemy. When we are strong and the enemy is weak, we should concentrate our superior forces to en-circle, attack and destroy the enemy; when the force of enemy and ourselves are close, we should try to disperse the enemy's forces, attack the enemy decisively and defeat him; when the enemy is strong and we are weak, we should avoid the enemy, walk around and adopt flexible tactics. Otherwise, it will miss the opportunity or risk the war, leading to the failure of the war. These principles still serve as a reference for military warfare.

投之亡地然後存, 陷之死地然後生. (투지망지연후존, 함지사지연후생.)

멸망할 곳에 내던져진 후에라야 존재할 수 있고, 사지의 함정에 빠진 연후에야 살아남게 된다.

군대가 사지의 땅에 빠져 궁지에 몰리면 오히려 위급한 곳을 벗어나 안전한 곳으로 이동시킬 수 있게 된다. 이 역시 승리를 만들어 내는 기묘한 방법의 하나이다. 퇴로가 막혀 상황이 급박해지면 군대가 사지로 내몰리게 되면 병사들은 전진할 뿐 후퇴할 수 없게 되니 자신의 생존을 위해 배수진을 쳐야만 하고, 이로써 오히려 역전시킬 수도 있다는 의미이다.

Putting the army in a place where it is bound to die, in a desperate situation, it can take a turn for the better and be out of danger. This is also a way to win. In case of crisis, there is no danger of retreat, and the army can be put to in the edge of death, soldiers can only advance and no retreat. In order to survive, they must fight to win or die. In this way, they can turn a defeat into a victory.

百戰百勝, 非善之善者也; 不戰而屈人之兵, 善之善者也.

(백전백승, 비선지선자야; 불전이굴인지병, 선지선자야.)

백전백승이 결코 최상의 방법은 아니다. 싸우지 않고 적을 굴복시키는 것이 최선의 방법이다.

이 말은 전쟁에 관한 손무孫武의 핵심 사상을 반영한 것이다. 손무는 전쟁의 목적이 스스로를 보호하면서 모든 전쟁을 승리로 이끄는 것이라는 측면에서 백전백승百戰百勝은 실제로 매우 이루기 어려운 것이며, 설사 전승을 한다 해도 적군 1만명을 죽이고 아군 3천명이 죽었다면 아군도 역시 큰 손실을 입은 것이 되는데, 만약 계책과 외교 수단을 사용하여 승리를 할 수 있다면 이것이 가장 최고의 책략이라는 것이다. 그래서 "전쟁에서 제일의 전법은 적의 계책을 깨뜨리는 것이고, 그 다음 제일은 적의 외교를 끊는 것이고, 그 다음이 적의 병력을 무력화시키는 것이며, 제일 안 좋은 방법은 성을 공격하는 것이다 上兵伐謀, 其次伐交, 其次伐兵, 其下攻城." 라고 말하였다. 이는 나라와 나라가 서로 전쟁을 할 때, 가장 높은 전략은 책략으로써 상대를 굴복시키는 것이며, 둘째는 외교수단을 통해 이기는 것이고, 그 다음은 교전을 통해 병력을 무너뜨리는 것이고, 가장 안 좋은 방법이 성을 직접 공격하는 것이라는 의미이다.

It is good to win a hundred battles, but it is not the best; it is the best only if let the enemy yield without war. This passage reflects an important part of Sun Wu's view of war. Sun Wu believed that the purpose of the war was to "be able to defend and win completely". It was difficult to win a hundred battles. Even if the war was completely won and the enemy was killed by 3000, the party would suffer a great loss. If the strategy and diplomatic means were used to win the war, it would be the best policy. So he said: "The superior military action is to defeat the enemy's strategic intentions, then

05

제자백가
諸子百家편

by diplomacy, then by force, and to attack the enemy's city finally." It means that when two countries are fighting each other, the highest strategy is to make the other side surrender, followed by diplomatic struggle to win, the third is to win the war, the lowest is to win the siege.

한자와 중국어
그리고 중국문화

Follow me,
like Chinese

고사
성어편

06

고사성어成語故事는 고대 중국인들의 지혜의 결정체로서 대부분은 고대 속담, 역사적 사건, 시와 속어에서 탄생되었으며 깊은 역사적 배경과 풍부한 문화적 의미를 가지고 있다.

Idiom stories, the crystallization of the wisdom of Chinese ancient working people, are mostly produced from ancient proverbs, historical events, poetry and common saying, with a profound historical background and rich cultural connotations.

亡羊補牢(망양보뢰)　　Better late than never (Remedy the situation)

양을 잃은 후에 우리를 보수한다. 더 큰 잘못을 초래하지 않도록 문제가 발견되면 제때에 보완 조치를 취해야 한다는 의미이다.

전국 시대 초楚나라 양왕襄王은 정사를 외면하고 술과 쾌락에만 빠져 충신의 권고를 듣지 않아 나라가 혼란스럽고 백성들이 고초를 겪어야 했다. 나중에 진秦나라가 초나라를 쳐들어와서 초나라의 도성을 점령하였다. 초나라 양왕은 어쩔 수 없이 황급히 피난을 가게 되었는데 그 때서야 정신을 차리고 나라를 재정비하고자 하였다. 왕은 그에게 늘 충언을 아끼지 않던 신하에게 자신의 생각을 말했다. 신하가 양왕을 보고 진심으로 후회하는 것을 보고 말하길 "양을 잃은 후에라도 외양간을 고친다면 늦은 것이 아니다 亡羊補牢, 爲時不晩." 라고 말하였지만 초 양왕은 이 말을 뜻을 이해하지 못하자, 그 신하가 말하길, "옛날 어느 농부가 한 무리의 양을 길렀는데, 어느 날, 그 사람의 좋은 이웃이 그의 양 우리에 큰 구멍이 뚫린 것을 보고는 그에게 양의 우리를 고치지 않으면 또 양을 잃게 될 것이라고 조언하였다. 하지만 양 무리의 주인은 이미 양을 잃었는데 이제 와서 고친들 무슨 소용이 있겠냐고 말했다. 그 다음날 또 한 마리를 잃자 그제서야 이웃의 권고대로 양의 우리를 고치게 되었는데, 그 뒤로는 더 이상 양을 잃어버리지 않게 되었다." 고 말했다. 양왕이 듣고는 문득 일리가 있는 말이라고 크게 깨달았고, 그 이후에 양왕은 정신을 차리고 나라를 잘 다스리게 되었다고 한다.

Better late than never refers to the problem found in time to take remedial measures to avoid serious mistakes.

During the Warring States Period, the King of Chuxiang was fond of drinking and making merry. He ignored the government and the advice of his loyal ministers, which led to national chaos and the plight of the common people. Later, Qin sent troops to attack the state of Chu, and soon conquered the capital of Chu. Chuxiang King had to rush for his life. On the way to escape, Chuxiang King came to sober up and wanted to reorganize the mountains and rivers. He said his thoughts to those who had often warned him before. The officials saw that the King of Chu had sincere repentance. He said, "It's never too late to mend." Chuxiang King did not know what this meant, the official said: "There was once a shepherd, who raised a few sheep. One day, his well-meaning neighbor suggested to him: 'You should fix the sheepfold and cover the hole right away.' But the shepherd said: 'The sheep is already lost. What do I fix it for?' The next morning, he discovered that another sheep was missing.

The shepherd regretted not taking the neighbor's advice. He thought: It's ever too late to mend the sheepfold. He covered the hole right away and it was as strong as before. From then on, no more sheep was stolen."

After hearing this, Chuxiang King suddenly realized that it was very reasonable. Since then, he learned a lesson and kept up his spirits and began to rectify the country.

拔苗助長(발묘조장)

Try to help the shoots grow by pulling them upward (Destructive Enthusiasm)

벼의 순을 뽑아 자라는 것을 도우려 한다. 급하게 서두르면 오히려 일을 망친다는 의미로 객관적 규율을 어기고 성공에 급급하면 오히려 일을 망칠 수 있다는 것을 빗댄 말이다.

옛날 송宋나라의 한 사람이 있었는데, 그는 농사일로 생계를 꾸려 매일 밭에서 일해야 했다. 햇빛이 비칠 때면 땀방울로 옷이 땀에 흠뻑 젖었지만, 그는 뜨거운 태양 아래서도 몸을 구부려 모를 심고, 큰 비가 올 때면 숨을 곳이 없어 비를 맞으며 밭을 갈았고, 비 때문에 그는 머리를 들 수도 없었다. 이렇게 하루 종일 일하다 집에 돌아오면 지쳐서 꼼짝도 못하고 말도 제대로 못 한다. 그런 그를 더욱 짜증나게 하는 것은, 그가 매일 괭이를 메고 밭에 나가 죽을 지경으로 고되게 일을 하는데도 농작물은 야속하게 좀처럼 자라지 않아 매일 초조한 날을 보내는 것이었다.

어느 날 이 농부가 여느 날처럼 오랜 시간 동안 밭을 갈고 논두렁에 앉아 쉬고 있는데 물끄러미 농작물을 보며 안타까운 마음이 솟구쳐 올랐다. 그는 중얼거리면서 "농작물아, 농작물아! 내가 매일 얼마나 힘들게 일하는지 알잖아." 그는 중얼거리면서 옷의 실밥 한 가닥을 잡아당기는데 실밥은 끊어지지 않고 더 길게 따라 나왔다. 그는 갑자기 아이디어가 하나 떠올랐다. "아이고, 왜 진작 이

걸 생각하지 못했을까? 모가 빨리 자라도록 도와주면 되겠네."라고 생각 하고는 벌떡 일어나, 바쁘게 모종을 뽑기 시작했다. 해가 저물자 농부의 아내는 밥상을 차려놓고 이제나저제나 남편이 돌아오기를 기다리고 있었다. 날이 저물자 송나라 사람들은 마침내 땀투성이가 되어 돌아왔다. 그는 문을 들어서면서 흥분하여 아내에게 자신이 오늘 힘들게 작물 한 올 한 올을 뽑아주었더니, 작물들이 어느새 많이 자랐다고 말하면서, 덩실덩실 춤을 추며 손짓으로 흉내를 내었다. 아내는 너무 놀라 말도 잇지 못하고 서둘러 초롱을 들고 논으로 뛰어갔지만, 이미 늦어버려 농작물이 전부 말라 죽은 상태였다. 세상 만물은 모두 나름대로 객관적 법칙이 있기 때문에 사람이 억지로 변하게 할 수는 없고, 규칙에 따라 일을 해야 성공할 수 있다는 것을 모르는 어리석은 송나라 농부는 조급하게 서두르고 성공에 급급하여 농작물을 자기 뜻대로 빨리 자라게 하려고만 하다가 정반대의 결과를 초래하고 만 것이다.

Try to help the shoots grow by pulling them upward metaphors, violates the objective laws, and makes things worse.

There was a Song man who lived by planting crops and had to work in the fields every day. When the sun was shining over head, the man's beats of sweat fell down and his clothes were soaked in sweat. But he had to transplant rice seedlings and bow to the burning sun. There was no shelter, so he had to plough in the fields under the heavy rain when the rain was heavy, The rain hit him so hard that he could not raise his head. Day in and day out, he came home after a long day's work, and he felt so tired that he couldn't move or even speak. The people of the Song Dynasty felt that it was so toilsome. What annoy him more was that he carried a hoe to the fields every day and worked hard, but the crops did not grow at all. He was deadly anxious.

One day, the people of the Song Dynasty ploughed for a long time, and sat on the ridge of the field to have a rest. He looked at the crops which had not moved for a long time, and was not anxious to rush into his mind. He said to himself: "Crops, crops, you know how hard it is for me to do farm work each day. Why didn't you grow at all? Growing fast, growing fast and tall…" As he talked, he smoothly drew a thread from his cloth. The thread did not break but came out more. The Song Dynasty people suddenly came to mind and had an idea. "Oh, why didn't I come out with that idea earlier? To help a bunch of seedlings to grow up quickly. The people of the Song Dynasty jumped up and began to pull out the seedlings busily. The sun went down, and his wife has already prepared the meals for him. She waited and waited, but no one was seen. When it was dark, the Song man finally came back with sweat. "I'm so tired today." he said excitedly as he entered the door. "I've pulled out some of crops, and they've grown a lot faster." He qesticulated happily. His wife was so astonished that she couldn't spare time to answer his words, she quickly lifted the lantern and ran to the field with up-and-down feet, but it has already late and the crops has already all dead.

Everything in the world has its own objective laws, people cannot forcibly change these laws, success can only be obtained by following laws, the foolish Song man do not understand such a principle, and instant benefits, he intent to make the crops grow faster according to their own wishes, but the results are the opposite.

刻舟求劍(각주구검)

Carve on gunwale of a moving boat (Disregard the changing circumstances)

뱃전에 그 자리를 표시하고 (물에 빠진) 검을 찾으려 한다. 일 처리 하는 방법이 틀리고 고지식하여 형세에 따라 융통성을 발휘할 줄 모르는 것을 비유한 말이다.

옛날 어느 초(楚)나라 사람이 스스로 매우 총명하다고 여겼는데, 어느 날 배를 타고 강을 건너 강 한가운데로 들어갔다가 실수로 몸에 지니고 있던 보검을 강물에 빠뜨리고 말았다. 뱃사공이 "당신의 보검이 물에 빠졌으니, 얼른 뛰어들어가 검을 찾으세요." 라고 말하자, 초나라 사람은 서두르지 않고 천천히 다른 작은 칼을 빼 들고는 뱃전에 빠진 위치를 새겨 표시한 뒤 "급할 것 없다." 며 뱃사공을 느긋하게 타일렀다. 뱃사공은 의아스러운 듯 그저 그 칼자국 표시를 바라보고 있었다. 뱃사공은 또 그를 재촉하며 "그럼 뭘 기다리는 거에요? 빨리 뛰어들어가 검을 찾으셔야죠." 하지만 그는 잔잔한 흐르는 강물을 바라보며 "이미

배위에 빠진 곳을 표시를 해 두었으니 급하게 서두를 것 없다."라고 자신 있게 말했다. 배가 앞으로 나아가자 사공은 또다시 재촉하며 그에게 "이제라도 검을 찾으러 뛰어들지 않으면 배가 멀어질수록 검을 찾을 길이 없다,"고 말했지만, 그는 여전히 "뱃전에 표시를 해 두었으니 급할 것 없다."고 하였다. 배가 해안에 다다랐을 때에서야 비로소 그는 뱃전의 표시가 있는 곳으로 뛰어들어 그의 보검을 찾았다. 계속 반복해서 물속으로 들어갔으나, 검을 찾지 못하였다. 그는 표적을 잘못보고 뛰어든 줄 알고 위치를 꼼꼼히 확인한 후 다시 강물에 잠입했지만 결국 헛수고만 하고 아무 것도 얻지 못했다. 빠진 검은 그 자리에서 움직이지 못하지만 뱃전에 표시를 해두었더라도 배가 계속 움직였는데, 어떻게 그의 검을 찾을 수 있단 말인가?

Carving on gunwale of a moving boat is a metaphor of the method which is not correct, and it indicates that people work rigidly, and do not know how to change according to the changing situation.

Once upon a time, a Chu man thought that he was very clever. One day he was going to cross the river by boat. The boat sailed to the center of the river. He accidentally dropped his sword in the river. The fisherman saw it and said:"Your sword fell into the water, jump into the water and get it right now!" However, the Chu man was not worried, he pulled out a knife without hurry or bustle, carved a mark on the ship board, and then slowly comforted the fisherman, "Please do not worry." The boatman questioningly looked at the carving mark. The boatman hastened him again:"What are you waiting for? Go into the water and look for the sword!" The people of Chu looked at the rippling water of the river and said with assurance:"Take it easy, I got the mark." The boat continued to sail, and the boatman urged him once again, "If you don't go on looking for the sword, the boat will go farther and farther away. You may not find it back." Chu man still confidently said: "Do not worry, do not worry, the mark is engraved."

When the boat was on shore, the Chu man jumped into the river along the marked place to search for his sword. He dived into the water repeatedly, with empty-handed.

He thought that he was not aiming at the marked place. After proofreading carefully, he dived into the river again. The result was still vain and nothing was found. How can he find his sword when the sign runs along the ship but the sword does not?

毛遂自薦(모수자천)　Volunteer one's service

모수毛遂가 자신을 천거하다.

부끄러움 없이 자기를 내세우는 사람을 빗대어 가리키는 말이다.

전국戰國시대 진秦나라는 대군을 이끌고 조趙나라를 공격하여 조나라 도성 한단邯鄲을 포위하였다. 나라의 형세가 매우 위급하여 조나라 왕은 평원군平原君을 초나라에 사신으로 파견하여 도와달라고 청했다. 평원군은 자신의 집에 수천 명의 식객을 두고 있었는데, 초나라로 가는 길에 문무를 겸비하고 지모智謀가 뛰어난 20명을 골라서 함께 가기로 결정하였다. 하지만 고르고 골랐지만 열 아홉 명밖에 선발하지 못했다. 이렇게 한 사람이 모자라자 모수毛遂라는 사람이 일어서서는 평원군에게 자기가 초나라에 같이 가겠다고 말을 하였다. 평원군은 모수가 별로 인상적이지 않자 내 문하에 얼마나 있었느냐며 대수롭지 않게 묻자 3년 동안 있었다고 대답하였다. 평원군이 대답을 듣고는 웃으면서 말하길 "정말로 재능이 있는 사람은 어디에서든 송곳처럼 자루를 뚫고 나온다는 말을 들었다. 선생께서 우리 집에 들어 오신지 이미 이렇게 오래 오셨지만, 지금까지 누구도 당신을 나에게 추천한 적이 없으며, 나도 당신의 존함은 들어본 적이 없다. 이는 당신에게 아무런 재능도 없다는 것을 증명하는 것이다. 그러니 당신은 그대로 여기 남아 있으시오." 모수는 듣고도 화를 내지 않고 오히려 "내가 칼끝을 내밀지 않은 이유는 자루에 넣어 기회를 주지 않으셨기 때문인데, 진작에 나를 자루에 넣으셨다면 어찌 뚫고 나오지 않았겠습니까?"라고 차분하게 말했다. 평원군이 초나라에 도착한 후 초나라 왕과 이른 아침부터 한참 동안 이야기를 나누었지만 결과가 나오지 않았다. 그러자 모수는 초나라 왕에게 다가가 왕의 목에 칼을 들이대고는 "진나라는 국력이 강해져서 판도를 확장하려 합니다. 지금 진나라가 조나라를 공격하고 있는데, 왕께서 파병을 안하시면, 진나라는 먼저 조나라를 멸망시키고, 실력을 키워 다시 초나라를 점령하게 될 것입니다. 조나라와

초나라가 맹약을 맺는 것이 양국에 모두 좋은 일인데 머뭇거릴 게 뭐가 있습니까?" 라고 말하였다. 초나라 왕은 그의 기세를 보고 두려운 나머지 조나라와 바로 맹약을 맺기로 약속했다. 평원군은 "모수는 정말 대단하다. 그의 세 치 혀는 정말 백만 대군에 필적한다. 그가 나서지 않았더라면 나는 인재를 발굴하지 못했을 것이다." 라고 말했다.

Volunteering one's service, which means that a person volunteer to take on a job.

During the Warring States Period, the State of Qin attacked Zhao on a large scale and besieged Handan, the capital of Zhao. The situation of Zhao was very serious. King Zhao had to send Duke Pingyuan to the State of Chu for help. The Duke Pingyuan raised thousands of spongers in his family. On this trip to the state of Chu, he decided to select twenty them of who good manners, martial arts and resourcefulness to accompany with him. However, he picked out only nineteen people and still needed one more. Then Mao Sui stood up and said to Duke Pingyuan, "I'd like to go to Chu with you." The Duke Pingyuan did not have much impression of Mao Sui, so he asked him with an air of disapproval, "How long have you been in my mansion?" "It's been three years." Mao Sui answered. Duke Pingyuan laughed and said:"I've heard of that a truly talented person, no matter where he is, is like an awl in a bag which must reveal its sharp prong. Mister, no one has ever recommended you to me, even if you have been here so long, and I have never heard of your name, which means that you have no talents, so you should stay."After hearing that, he was not angry, but calmly said, "I did not show the sharp edge, that is because you did not give me the opportunity to stay a bag, if you put me in a bag earlier, I must have shown my ability to the full extent instead of a little bit of sharp edge?" The Duke Pingyuan felt what Mao said was resonable, so he promised to let him be his follower and rush to Chu overnight. After reaching the Chu state and the king of Chu talked with him from morning to about the noon with no result. Seeing such a situation Mao Sui went directly to the King of Chu and put his sword on his neck and said: "The Qin Kingdom is strong and wants to expand its territory. Now that the State of Qin attacked the State of Zhao, you did not send troops to help Zhao. Did you want to wait until the State of Qin destroyed the State of Zhao and strengthened its power to invade the State of Chu in the near future? Zhao and Chu should signed an alliance, it is helpful for both countries. What else do you need to hesitate?" King Chu looked at the situation and was very frightened. He promised to conclude a covenant with Chu immediately. Afterwards, Duke Pingyuan felt deeply guilty and said: "Mao Sui is really great! His silver tongue is worth of millions of troops. If he hadn't come out boldly, I would have stifle a read a talent."

水深火熱(수심화열)　Be in deep distress (In dire straits)

물은 깊고 불은 뜨겁다. 백성들이 당하는 극심한 고통과 곤궁한 처지를 비유하여 일컫는 말이다.

전국戰國 시기 연燕나라 군주 희쾌姬噲는 개혁을 추진하면서 자발적으로 군주의 자리를 재상인 자지(子之)에게 선양하였다. 자지가 왕위에 오르자 조정이 극심하게 혼란해지고 백성들의 원성과 고통이 이만 저만이 아니었다. 그가 재위에 오른 지 3년째 되는 해에 공자평公子平(정목공鄭穆公의 아들)이 군대를 연합하여 자지를 공격하여 연나라에 내전이 유발되었다. 제齊나라 왕은 연나라의 대란을 틈타 쳐들어가 연나라를 일거에 점령하고자 10만 대군을 이끌고 공격을 감행하였다. 당시 연나라 주민들은 내전에 불만을 품고 제齊나라 군대에 저항하려 하지 않았고, 심지어 일부 지역 주민들은 제齊나라 군대에 물을 공급하면서 환영하기도 하였다. 결국 제나라 군대가 연나라의 도성을 점령하였고 연나라의 국왕 자지를 죽였다. 그러나 제나라 장군 광장匡章은 연나라를 점령한 후, 군대를 엄하게 단속하지 않고 병사들이 연나라 백성들을 괴롭히는 것을 방치하였다. 연나라 백성들은 치욕을 이기지 못한 나머지 잇달아 거세게 반항하였다. 그러자 제나라 선왕宣王은 연나라를 완전히 집어삼킬 때까지 계속 공격해야 할지 말아야 할지 쉽게 결정하지 못하고 맹자孟子에게 가르침을 청하고자 하였다. 그래서 그는 맹자에게 사람을 보내어 "지금 어떤 사람이 내게 병력을 물리라고 권하고 어떤 사람은 차라리 연나라를 집어삼키라고 권하고 있는데 어찌하면 좋겠습니까?" 라고 묻자, 맹자는 "연나라 백성들이 당신이 연나라를 집어삼키기를 원한다면 당신은 주周

나라 무왕武王처럼 연나라를 점령해도 된다. 하지만 연나라 백성들이 당신이 연나라를 집어삼키기는 것을 바라지 않는다면 당신은 주나라 문왕文王처럼 퇴병하는 것이 좋을 것 같습니다." 맹자가 또 정색하며 "당초 연나라 백성들이 기병들에게 저항하지 않고 오히려 기병들에게 물을 길어와 제공하였던 것은 고난에서 벗어나고 싶었기 때문이며, 지금은 제나라 군대가 망국의 재앙을 가져와 근심 속에 살아가게 만들었기 때문" 이라고 말하였다. 이 말을 들은 후 제나라 선왕은 즉시 퇴병하고, 연나라를 집어삼키려던 생각을 포기하였다.

It seems fall into deep water and burn in fire, and it's a metaphor that people live in a extremely difficult life.

During the Warring States Period, the monarch of Yan state carried out the reform and volunteer to hand over the throne to the prime minister Zizhi. After being the successor of the throne, Zizhi make the imperial court disordered, and the people were in grief and miserable. In the third year, the prince of Ping allied with the generals, they attacked Zizhi, which led to the civil war of Yan state. The king of Qi took advantage of the turmoil of the state of Yan and wanted to take advantage of the emptiness to attack the state of Yan. He sent Kuang Zhang to lead a hundred thousand troops to attack the state of Yan. At that time, the people of Yan were very dissatisfied with the civil war and were unwilling to resist the army of Qi state. In some places, the people even welcomed the Qi army by delivering food and water. Therefore, Qi's army attacked the capital of Yan state in a short time and killed Zizhi. However, after Kuang Zhang occupied the State of Yan, he did not strictly restrain the army, he allowed soldiers to bully the people of the State of Yan, so the people of the State of Yan could not bear humiliation they stand and fight. King Qi Xuan was hesitated, he did not know whether he showld continue to attack Yan until it was completely annexed or not, and wanted to consult Mencius. So he invited Mencius and asked, "Now I have been advised to retreat, but others have advised me to annex the kingdom of Yan. Mister, what I should do?" "If the people of Yan want you to annex Yan, then you can occupy it, just like King Zhou Wu. If Yan people do not want you to annex the Yan state, then you had better retreat, just like King Zhou Wen." Mencius answered with a severe countenance. "At the begining, the people of Yan did not resist the cavalry, and sent water to the cavalry, because they wanted to get rid of the miserable days; now they rebelled because the Qi's army brought them the disaster of national subjugation and made them live in the midst of deep water and burning fire." Later, the king of Qi decide to a retreat and gave up the thought of annexing Yan.

一箭雙雕(일전쌍조)　Kill two birds with one stone

한 개의 화살로 두 마리 독수리를 잡는다. 원래는 활 솜씨가 빼어남을 지칭하는 말로 사용되었으나, 나중에는 일거양득一擧兩得이라는 의미로 쓰이게 된 말이다.

북주北周의 황제는 북방의 소수민족인 돌궐족과의 안정적인 관계를 유지시키기 위해 공주를 돌궐의 국왕 섭도攝圖와 혼인을 시키기로 결정하였다. 공주의 안전을 위해 장손성長孫晟으로 하여금 장병을 거느리고 공주를 돌궐까지 안전하게 호송하게 하였다. 천신만고 끝에 그들은 마침내 돌궐에 이르렀다. 돌궐의 국왕은 연회를 대대적으로 차려서 장손성을 대접하였다. 술이 세 순배나 돌자, 돌궐의 습관에 따라 무예 겨루기를 통해 흥을 돋우고자 하였다. 돌궐 임금은 활을 한 개 가져오게 하고는 장손성에게 백 보 떨어진 곳의 엽전을 맞춰보라고 하였다. 울려 퍼지는 음악 소리와 함께 그는 곧바로 활을 당겨 달을 겨냥했고, 화살은 쌩 하는 소리와 함께 날아가 엽전의 작은 네모난 구멍으로 빨려 들어갔다. 그러자 모두 일제히 갈채를 보냈다. 그 후 장손성을 존경하는 마음으로 1년 동안 돌궐에 머물도록 청하고, 그와 함께 술을 마시며 사냥도 함께 하였다. 한 번은 두 사람이 사냥을 하고 있었는데, 섭도가 갑자기 고개를 들어보니 하늘에서 두 마리의 큰 독수리가 한 덩어리의 고기를 사이에 두고 다투고 있었다. 그는 장손성에게 두 개의 화살을 주며 "두 마리 새를 모두 쏘아 떨어뜨릴 수 있느냐?"고 묻자, 화살 하나면 충분하다고 대답하였다. 장손성은 화살을 받아 말을 채찍질하며 달려갔고, 그는 화살을 활에 걸어 당겨 두 마리 독수리를 향해 겨누고 쏘자 두 마리 큰 독수리가 동시에 땅에 떨어졌다.

Killing two birds with one stone means that two hawks were shot in one arrow, the archery was excellent. Later, it also means that two birds with one stone.

In order to stabilize Tujue, which is the northern minority, the emperor of the Northern Zhou Dynasty decided to marry a princess to the Turkic king Shetu. Considering the safety, Zhangsun Sheng, the chief minister, led a group of soldiers to escort the princess to Turkic. They finally arrived in the Turkic empire after many hardships. The king of Turks Shetu prepared a grand banquet for Zhangsun Sheng. After three rounds of wine, it is necessary to compete for entertainment according to the habits of Turks. The King of Turks ordered the man to take a hard bow and let Zhangsun Sheng shoot a copper cash which stands a hundred paces away. With the sound of "Geller", the hard bow was pulled into the shope of crescent moon, and an arrow was shot into the small square hole of the copper coin. "Bravo!" Everyone applauded in chorus. From then on, Shetu was highly esteem Zhangsun Sheng and let Zhangsun Sheng stay in Turk for a year, and often let him drink and hunt with himself. Once they were hunting, they looked up suddenly and saw that two big hawks were fighting for a piece of meat in the air. He gave two arrows to Zhangsun Sheng, and asked, "Can you shoot both birds?" "An arrow is enough!"Zhangsun Sheng took the arrow and answered simultaneously galloped his horse, he put on the arrow, drew his bow and pointed at the two big hawks that were hard to separate. With the sound of "swish", two big hawks fell down together.

屠龍之技(도룡지기)　Dragon killing skill

'용을 죽이는 재주' 라는 의미로 쓸 데 없는 재주를 일컫는 말이다.

춘추春秋시대의 명작 『장자莊子 · 열어구列御寇』에 나오는 얘기다. 옛날 주평만 朱泙漫이란 사람이 있었는데, 집안이 매우 부자였다. 그는 늘 아무도 해낼 수 없는 기발한 재주를 배우고 싶어 했다. 그래서 그는 사람을 만나면 늘 특별한 재주가 있는지 없는지를 알아보고 재주가 뛰어난 사람을 스승으로 모시고 그 재주글 배우고 싶어했다. 하지만 몇 년이 지나도 세상에 하나뿐인 재주를 가진 사람을 찾아내지 못했다. 어느 날 마을에서 한 노인이 찾아와서 그에게 넌지시 한 가지 소식을 전해주었는데, 지리익支離益이라는 사람이 있는데, 그에게 용을 잡아 죽이는 재주가 있을 뿐 아니라, 이 재주는 세상에 단 한 사람만이 가지고 있는 재주라는 것이었다. 주평만이 듣고는 심장이 쿵쾅거리며, 용을 잡아 죽이는 재주야말로 그가 배우려고 했던 그런 재주라고 생각하고는 곧바로 지리익을 찾아가 스승으로 모시고자 하였다. 하지만 지리익이 제자로 쉽게 거두어 주려 하지 않자, 그는 지리익에게 집안의 모든 재산을 학비로 보냈으며, 결국 지리익은 그를 제자로 받아주기로 하였다. 주평만은 매일 스승을 따라 용을 도살하는 기술을 배웠고, 그는 꼬박 3년을 공부한 끝에 마침내 용을 도살하는 재주를 익히고 순조롭게 학습을 마쳤다. 그는 매우 기뻐하며, 도처에서 사람들에게 용을 도살하는 재주를 자랑하였고, 사람들은 모두 그를 부러워하였고, 아이들은 그에게 용을 도살하는 칼을 보여 달라고 졸라댔다. 이 때 한 노인이 다가와서는 "당신이 용을 도살하는 재주는 실로 대단한 것이 사실이지만, 용이 있어야 찾아내 죽일 수 있는 것이다. 그러니 이 재주를 배워 봤자 아무 소용도 없는 것이다." 라고 말하였다. 후대 사람들은 이 이야기를 들어 사람들이 무언가를 배우려면 실용성을 중시해야 한다고 경고하고 있다. 이렇듯 겉만 번지르르하고 실속이 없는 능력이나 재주는 시간과 돈만 낭비하게 되는 것이다.

In the Spring and Autumn Period, a famous work which namely *Chuang-tzu Lie Yukou*, recorded such a story. Once upon a time, there was a man named Zhu Pengman who was so rich. But he wanted to learn an extraordinary skill every day that no one would have. So he asked everyone if he know such a skill. Many years later, he still did not find such a unique ability in the world.

One day, an old man came to the village, and he reveal a piece of news. There is a man named Zhi Liyi who has the ability to slay dragons, and he is the only one person in the world can do so. He was very excited when Zhu Pengman knew this. He thought that the skill of dragon slanghtering was a kind of skill which he wanted to learn. So he went to take Zhi Liyi as his teacher. But Zhi Liyi refused to accept apprentice easily, so Zhu Pengman gave all his property to Zhi Liyi as tuition fees, and Zhi Liyi promised to accept him as an apprentice. Zhu Pengman was very diligent. He learnt dragon slaughter with his master every day. He has studied it for three years. Finally, he learned the skill of dragon slaughter and finish his apprenticeship school smoothly. He was very happy, and he showed off his ability of dragons slaughtering in front of people everywhere, everyone admired him, and children asked to see his dragon sword. Then an old man said:"You are really good at slaughtering dragons, but where are you going to find them? It is useless for you to learn this skill."

Later generations make use of this story to warn people that they should learn practical things and that flamboyant, useless abilities or skills are simply a waste of time and money.

遠水不救近火(원수불구근화) Far water does not put out near fire

먼 곳에 있는 물로는 가까운 곳의 불을 끄지 못한다. 멀리 있으면 급할 때 아무 소용이 없다는 말이다.

춘추春秋시대 제齊나라와 진晉나라 그리고 초楚나라는 당시 매우 강성했던 나라들이었다. 이 세 나라 사이에 노魯라는 작은 나라가 있었다. 당시 제나라와 노나라는 사이가 좋지 않았는데, 노나라는 갈수록 쇠약해져 가고, 이웃한 제나라는 나날이 강성해졌다. 노나라 목공穆公은 자신의 국가가 제나라에 의해 병탄될지 몰로 매우 두려워 떨며 전전긍긍하였다. 노나라 목공은 자기 나라를 보존하려면 대국이 도와줘야 한다고 생각하고 진나라와 초나라 두 강대국과 친분을 쌓고, 향후 제나라가 노나라를 침략하는 일이 발생하면 진나라와 초나라의 원조를 받기를 원했다. 그는 그의 숙부를 진나라로, 그의 조카들을 초나라로 보내 벼슬자리를 맡도록 한다면 진나라와 초나라가 모두 노나라와 가깝게 되고, 설사 제나라가 침략해 온다 하더라도 반드시 출병하여 노나라를 구해줄 것이라고 생각하였다. 노나라 목공이 이런 자신의 생각을 신하들에게 들려주었는데, 리서犁鉏라고 신하가 이 방법으로는 문제를 해결할 수 없다고 생각하고 목공의 생각에 반대하며, "왕이시여! 만일 아이가 강에 빠졌을 때, 그 아버지 된 자가 월越 나라로 달려가서 그 아이를 구해달라고 한다면, 구하러 달려온 월 나라 사람이 비록 수

영을 잘하는 사람이라 할지라도 그 아이는 살지 못할 것입니다. 또 만일 불이 나서 천리 밖에서 물을 구해와 불을 끄려 한다면, 아무리 바닷물이 많다 하더라도 큰 불을 끌 수 없을 것입니다. 이처럼 먼 곳의 물로는 가까운 불을 끄지 못하는 법입니다 遠水不救近火. 같은 맥락에서 진나라와 초나라가 비록 강하고 하지만 노나라와는 거리가 아주 멀고, 제나라는 노나라와 거리가 가까워서 제나라가 노나라를 침략해 온다면, 진나라와 초나라의 힘으로는 노나라를 구할 수 없습니다."라고 말하였다.

The distant water cannot save the fire nearby.

During the Spring and Autumn Period, Qi, Jin and Chu were relatively strong states at that time. Among them, there was a small country called Lu. At that time, the relations between Qi and Lu had not been very good. The state of Lu is becoming weaker and weaker, and the neighboring Qi state is increasingly stronger. Duke Lu Mu was very afraid that his country would be annexed by Qi. Duke Lu Mu associates with the two great powers of Jin and Chu. He hoped that he could get assistance from both countries, when Lu was invaded by Qi.

Duke Lu Mu thought that only relying on big powers his country can be saved. He planned to send his uncle to Jin and his nephew to Chu, thinking that in this way, he felt that both Jin and Chu would associate with Lu. They would send troops to rescue Lu, if Qi invaded. Duke Lu Mu expressed his ideas to the officials. A minister called Li Chu disagree with this. Li Chu believed that this method could not solve the problem. He said to Duke Lu Mu, "King, if a child falls into the river, the father goes to Yue State to ask someone to save his child. If the people of Yue State are swimming experts, the child will never be able to live. For example, if there is on fire, people goes thousands of miles away to get sea water to put out it, though the sea water is plentiful, the fire will not be extinguished. The principle is easy to understand: far water does not save near fire. In the same way, although Jin and Chu were very strong, they were far from Lu, but Qi was the one which was close to Lu. Once Qi State invaded the state of Lu, the scourge could not be saved by either Jin and Chu."

人爲刀俎我爲魚肉(인위도조아위어육)   To be meat on one's chopping block

다른 이는 칼과 도마가 되고 나는 생선과 고기가 되었다. 생사여탈권이 남의 손에 쥐어져 죽게 되었음을 비유하여 이르는 말이다.

기원전 206년 초楚나라와 한漢나라 간의 전쟁 초기에 항우項羽의 세력은 강했고, 유방劉邦은 상대적으로 세력이 약했다. 항우는 유방이 먼저 관중關中으로 진격해 진秦나라의 도성 함양咸陽을 점령하자, 이에 불만을 품고 각 제후를 거느리고 홍문鴻門으로 들어가 유방을 칠 준비를 하고 있었다. 그 때 항우에게는 사십만 대군이 있었고, 유방에게는 고작 십만의 군대가 있었는데, 항우는 홍문에 주둔하고 있었고, 유방은 패상霸上에 주둔하며 대치하고 있었는데 서로 간의 거리가 사십 리 밖에 떨어져 있지 않았다. 이는 유방에게 두려움을 초래하는 상황이었다. 결국 유방은 그의 책사였던 장량張良과 무장 번쾌樊噲를 데리고 홍문으로 가서 항우에게 사죄하였다. 항우는 유방과 함께 술을 마셨는데, 항우와 항백項伯(항우의 숙부)은 동쪽을 향해 앉고, 범증范增은 남쪽을 향해 앉았고, 유방은 북쪽을 향해 앉고, 장량張良은 서쪽을 향해 앉도록 하였다. 술자리에서 범증은 항우에게 수차례 눈짓을 하며 자신이 달고 있는 옥 띠를 들어올리면 유방을 죽이라고 신호하였지만, 항우는 묵묵부답이었다. 그러자 범증은 자리를 떠나 항우의 사촌동생 항장項莊을 찾아가서, 술자리에서 칼춤을 추게 하고, 그 틈을 타서 유방을 죽이라고 지시하였다. 이때 장량도 밖으로 나와 번쾌를 만났는데, 번쾌가 안 쪽 상황을 묻자 장량은 지금 상황이 매우 위급하다고 말하면서, 항장이 검무를 추고 있는데, 이는 패공沛公(유방의 칭호)을 죽이려는 의도로 보인다고 말하였다. 번쾌은 곧 칼과 방패를 들고 들어가서 서쪽을 향해 서서 눈을 부릅뜨고 항왕을 노려보았다. 항우는 검을 누르면서 "이 손님은 누구냐?"라고 묻자 장량은 "이 사람은 패공의 참승參乘 번쾌라는 자이옵니다." 라고 말했다. 항우가 그를 장사라고 칭찬하며 술과 고기를 하사하고 유방 곁에 앉게했다. 번쾌가 유방을 호위하고 있으니 항장이 손을 쓸 기회가 없었고, 잠시 후, 패공이 화장실을 갔는데, 이 때 장량과 번쾌가 함께 따라 나갔다. 장량이나 번쾌 모두 유방에게 빨리 도망쳐야 한다고 권하였지만, 유방은 "항우에게 작별을 고하지도 않고 어떻게 갈 수 있겠느냐?"라며 난처해했다. 번쾌가 말하길 "대장부는 크고 중요한 일에 우선해야지,

예의 따위를 차리는 작은 일을 걱정할 필요가 없습니다. 지금 안에서 살해를 모의 중이고, 우리가 그 살해 대상인데, 이 형국에 무슨 작별인사를 따로 하겠습니까?" 라고 하였다. 유방은 곧바로 번쾌와 함께 도망을 쳤고, 장량을 남겨 항왕에게 작별을 고하고 백옥 한 쌍을 항우에게 선물로 주고, 범증에게도 옥을 선물로 주도록 하였다. 장량이 자리로 돌아와 항우에게 작별을 고하자 항우에게 유방이 준 백옥 한 쌍을 주고, 범증에게도 옥을 내밀었다. 범증은 칼을 뽑아 옥을 내리치며 "앞으로 항왕의 천하를 빼앗을 자는 유방이요, 우리는 그에게 포로가 될 것이다." 라고 하면서 분개하였다.

"To be meat on one's chopping block" means that the right to kill is controlled by others, and oneself is in the status of being slaughtered.

In 206 BC, the struggle between Chu and Han, the power of Xiang Yu was great and Liu Bang was relatively weak. Xiang Yu was dissatisfied when he saw Liu Bang's advance into Xianyang, which is the capital of the Qin state. He led all the that feudal princes into Hongmen and prepared to attack Liu Bang.

At that time, Xiang Yu had 400,000 soldiers and horses, Liu Bang had 100,000, one stationed at Hongmen, the other tied up on the Baxia, only 40 miles apart. This frightened Liu Bang. He took his adviser, Zhang Liang, and his general, Fan Kuai, to Hongmen to plead guilty to Xiang Yu. Xiang Yu invited Liu Bang to drink. Xiang Yu and Xiang Bo (Xiang Yu's uncle) sit eastward, Fan Zeng (the strategic adviser of Xiang Yu) southward, Liu Bang northward, and Zhang Liang (the strategic adviser of Liu Bang) westward.

During the dinner, Fan Zeng shot at Xiang Yu warning glances several times, and repeatedly lifted the jade he wore, signaling that Xiang Yu would start killing Liu Bang, but Xiang Yu still keep in silence. So Fan Zeng stood up and went out to find Xiang Yu's cousin Xiang Zhuang. Xiang Zhuang came to the stage to dance with a sword, and planned to kill Liu Bang by chance.

At this time, Zhang Liang hurriedly came to the military gate to find Fan Kuai (the guard of Liu Bang), Fan Kuai asked: "What's the situation now?" Zhang Liang said: "It's

so urgent. At the moment, Xiang Zhuang is dancing with the intention to assassinating Liu Bang. Fan Zeng immediately rushed into gate with his sword and shield, and stood to ward the west. He looked at Xiang Yu with anger.

Xiang Yu stood up with the sword and asked, "What's this guest for?" Zhang Liang said, "This is the advisor of Liu Bang." Xiang Yu called him a heronic man, giving him wine and meat and sitting beside Liu Bang. Fan Kuai escorted Liu Bang, and Xiang Zhuang could not help him, so he had to give up. After a while, he went up to the toilet and asked Zhang Liang as well as Fan kuai to go out with him together.

Zhang Liang and Fan Kuai urged Liu Bang to run away quickly. Liu Bang said in embarrassment, "How can I leave without saying goodbye to Xiang Yu?" Fan Kuai said, "A great man should focus on the big things, but not the trivial modesty. Now he is knife case and we are fish. How could we say goodbye to him?" Liu Bang ran away quietly with Fan Kuai. They left Zhang Liang to thank Xiang Yu, and asked Zhang Liang to give a pair of white jade to Xiang Yu, a pair of jade to Fan Zeng.

Zhang Liang returned to the dinner and express thankfulness to Xiang Yu. Xiang Yu placed the white jade which sent by Liu Bang on the table. Fan Zeng took over the jade, and drew by sword broke it. He said angrily: "The man who will seize the reign of Xiang must be Liu Bang in the future, and we are now going to be captured by him."

塞翁失馬 (새옹실마)   A loss may turn out to be a gain

'새옹(塞翁)이 말을 잃다.' 라는 뜻으로 한때 손해를 보더라도 이로 인해 오히려 이득을 볼 수 있다는 의미이다. 좋지 않은 일이 일정한 조건에서는 좋은 일이 되기도 한다는 의미로 우리말의 새옹지마塞翁之馬와 같은 의미의 말이다. 옛날 점괘에 능한 한 노인이 있었는데, 서북쪽 변방 근처에 살았기 때문에 사람들은 그를 새옹塞翁이라 불렀다. 어느 날, 새옹의 집에 있던 말 한 마리가 갑자기 오랑캐의 지역으로 달아났다. 이웃들이 이 일을 알고 모두 다 그를 위로했지만 새옹은 전혀 슬퍼하지 않았고 오히려 담담하게 지내며 이웃에게 "무엇이 그렇게 슬프냐? 이 또한 좋은 일이 될지도 모른다." 고 말했다. 몇 개월이 지나고, 도망쳤던 말이 몇 마리의 오랑캐의 준마들과 함께 다시 집으로 돌아왔다. 이번엔 사람들이 그에게 와서 다들 말이 늘어난 것을 축하해주었지만, 새옹은 전혀 기뻐하지 않고 오히려 "이것이 화근이 될지도 모른다."고 말하였다. 새옹의 아들은 말타기를 좋아했는데 마침 집에 좋은 말이 몇 마리 더 생기자 말을 타고 놀러 다니곤 했다. 어느 날 갑자기 그는 말에서 떨어져서 다리가 부러졌다. 마을 사람들은 이 소식을 듣고는 곧 다시 와서 위로하였지만 새옹은 여전히 이것 또한 좋은 일일지도 모른다며 전혀 슬퍼하지 않았다. 그로부터 1년 뒤, 국경 밖의 오랑캐들이 대거 중원을 침입하자, 조정에서는 징병할 것을 요구했고, 마을 젊은이들은 모두 전쟁에 나갔지만, 새옹의 아들만 다리가 부러져서 징병에서 제외되었다. 전쟁은 참혹했고, 많은 병사들이 전쟁에서 죽었지만, 새옹과 그의 아들은 무사히 재난을 넘길 수 있었다.

A loss may turn out to be a gain means that the lost may be temporary, people may be benefit from the loss. It also means that bad things will turn into good deeds under certain conditions.

In ancient times, there was an old man who was good at divination. He lived near the northwest frontier, so people called him Saiweng. One day, one of Saiweng's horse suddenly ran to the area of the Hu people. Neighbors all came to comfort him after knowing this, they did not expect that Saiweng was not sad at all, but very calm, he said to the neighbors: "Why should I be sad, it may become a good thing."A few months later, the horse not only ran back by itself, but also brought back several horses of Hu, everyone came to congratulate him. He got those good horses without any efforts, but Saiweng was not happy at all. He said peacefully: "Why showld I feel joy? Maybe it's a curse." Saiweng's son like riding a horse, since there are several good horses in the family, he often go for a ride on the horse. Unfortunately, one day, he fell off the horse and broke his leg. People all immediately came to comfort him ofter heard about the news. Saiweng did not feel sad and said very quietly: "I fell sad for nothing, maybe it is a good thing." A year later, the Hu people outside the Great Wall invaded the Central Plains in large numbers. The imperial court ordered the conscription to resist the foreign enemy. The young people in the village all joined the army. Only Saiweng's son was not among the conscription because he fracture his leg. The war was so fierce that many of the people who participated in were dead, but Saiweng and his son were both survived from that disaster.

驚弓之鳥(경궁지조)　Frightened birds

'활에 놀란새' 라는 뜻으로 한 번 놀랐던 사람이 조그마한 일에도 겁을 내어 위축됨을 비유한 말이다.

　　전국戰國시대 말기, 진秦나라가 나날이 강대해지면서 다른 나라들에게 큰 위협이 되면서 진나라를 제외한 중 조趙, 초楚, 연燕, 제齊, 한韓, 위魏 등 6국이 연합하여 진나라에 대항하기로 하였다. 하루는 조나라 사신 위가魏加가 초나라 승상 춘신군春申君을 찾아와 함께 대장군 자리에 앉힐 인물에 대해 논의를 하였다. 위가는 "당신 밑에 대장군을 삼을 만한 사람이 있습니까?" 라고 물었다. 춘신군은 "있습니다. 임무군臨武君을 장군으로 삼으려고 합니다." 고 말했다. 위가는 고개를 가로 저으며 한숨을 길게 내쉬었다. 춘신군이 그의 견해과 이유를 묻자 위가는 "제가 이야기를 하나 하면 곧 깨닫게 될것입니다." 라고 하며 말을 이어갔다. "옛날 위나라에 경영更羸이라는 궁수가 있었는데, 그는 화살을 쏘면 백발백중이었습니다. 어느 날 그가 위왕과 함께 산책을 할 때, 하늘에서 기러기 몇 마리가 날아갔습니다. 그가 위왕에게 말하기를, '전하, 저는 활만 이용하여 화살을 쏘지 않고 기러기가 떨어지게 할 수 있습니다.' 라고 하고, 잠시 후 기러기 한 마리가 동쪽에서 날아왔는데, 경영이라는 자는 화살을 쏘지 않고 활시위만 당겼다가 놓았습니다. 그러자 활시위가 울리면서 기러기 한 마리가 정말로 공중에서 떨어졌습니다. 위왕은 깜짝 놀라서 '네가 이렇게 대단한 재주를 가지고 있을 줄 몰랐구나.' 라고 말하자, 경영은 '이것은 제게 뛰어난 재주가 있는 것이 아니라 이 기러기가 화살에 다친 적이 있습니다.' 라고 했습니다. 위왕이 '자네는 그것을 어떻게 알았느냐? 라고 하자, '전하께서는 저 녀석이 울면서 느리게 날아가는 것을 보지 않으셨습니까? 느리게 난다는 것은 상처의 통증 때문이고, 운다는 것은 기러기 떼를 떠난 지 오래됐기 때문입니다. 그 상처가 채 낫지도 않았는데, 그 경황이 가라앉기도 전에 활의 시위가 퉁기는 소리가 들리니 당연히 날개를 치며 더 높게 날고자 할 것이고, 급기야 상처가 터져 버티지 못하고 떨어지는 것입니다.' 라고 대답했습니다." 위가는 말꼬리를 돌리며 "사람의 일도 마찬가지입니다. 임무군은 일찍이 진의 군대에게 대패한 적이 있어 진나라를 보면 무서워할테니, 상처를 입은 새와 같은데, 어찌 그에게 대장군을 맡길 수 있겠습니까?" 라고 하였다.

Frightened birds refer to people who will be very frightened if they come up against a little movement or sounds.

At the end of the Warring States Period, the Qin state became stronger and have malicious intentions for other states. Zhao, Chu, Yan, Qi, Han and Wei decided to make an alliance against Qin. One day, the messenger of Zhao, Wei Jia and Duke Chun Shen of Chu State, discussed the candidates who would fight against the Qin Dynasty. Wei Jia asked: "Is there any generals in your state?" Duke Chun Shen said: "Yes, I want to let Linwu be the general." Wei Jia shook his head and sighed without saying anything. Chun Shen knew what he thought and asked why. Wei Jia said: "I'll tell you a story and you will understand. Once upon a time, there was a famous marksman in the Wei Dynasty called Geng Lei and he shoot with accuracy. One day, when he was walking with king of Wei, there were several wild geese flying in the sky. He said to the king of Wei, 'King, I can shoot the wild goose down with only bow but without arrow.' After a while, a wild goose flew from the east side, and Geng Lei raised the bow, he pulled the bowstring withowt using the arrow, with the bowstring sounded, wild goose really fell from the air. King Wei was shocked and said: 'You have such a skill!' Geng Lei said: 'This is not because that I have such a talent, but that the wild goose was injured by arrow.' The king said: 'How do you know? Did't you see that it flew slowly and cried miserably?' 'The slow flight is due to the pain of its wounds, and the miserable cry is because it has left the crowd for a long time. When the wound is still not healing and the heart is not stable, the sound of the strings is heard, of course, the wings of the drum are flying high, and the result is that the wound bursts. It can't help but fall.'" Then, Wei

Jia said: "When was defeated by the Qin army, he would be frightened at the sight of the Qin army. He was like a wounded bird, and how could he be the chief commander again?"

狐假虎威(호가호위) Adorn oneself with borrowed plumes

여우가 호랑이의 위세를 빌리다. 남의 권세를 등에 업고 으름장을 놓거나 사람을 속이는 것을 비유하는 말이다.

어느 날, 덩치가 크고 사나운 호랑이 한 마리가 숲에서 먹이를 찾고 있는데, 갑자기 여우를 발견하였다. 호랑이가 여우를 덥석 잡고는 신이 나서 무시무시한 입을 쩍 벌렸다. 여우는 매우 무서웠지만 순간적으로 기묘한 대책을 생각해 냈다. 그리고는 억지로 침착한척 하면서 호랑이에게 말했다. "너는 내가 짐승의 왕이라는 것을 너는 모르느냐? 감히 나를 잡아먹으려고 하다니!" 그러자 호랑이는 입을 다물고 반신반의하며 "네가 짐승의 왕이라는 증거가 있느냐?" 고 물었다. 그러자 여우는 천천히 말했다. "못 믿겠다면 나를 따라오너라, 너에게 왕의 위엄을 보여주겠다." 고 말했다. 호랑이는 속으로 따라가보고 여우가 허풍을 떠는 것이라면 당장 잡아먹어야 하겠다고 생각하고는 길을 터주고 조심스럽게 여우의 뒤를 따라갔다. 그때 숲에서 노닐던 산토끼, 산양, 원숭이가 멀리서 여우 뒤에 호랑이가 오는 것을 보고 혼비백산하여 달아나고 늑대와 곰 마저도 슬그머니 피했다. 여우는 고개를 쳐들고 호랑이를 데리고 한 바퀴 빙 돌더니 자랑스럽게 호랑이에게 말했다. "내 위엄을 보았느냐? 숲속의 짐승들 중 누가 나를 무서워하지 않는 놈이 있느냐?" 호랑이는 이 광경을 보고 겁이 나서 여우의 말이 끝나기도 전에 도망쳐버렸다.

"Adorn oneself with borrowed plumes" means that people rely on others' power to frighten and cheat others.

One day, a tall and strong tiger was foraging in the forest. Suddenly, he found a fox and caught it. The tiger excitedly looked at his plate and opened his bloody mouth. The fox was very frightened, but he came up with an excellent plan. So he pretended to be calm and said: "Unbridled! Tiger, don't you know that I am the king of animals? How dare you eat me?" The tiger held his jaw and asked doubtfully: "You say that you are the king of animals. What are your credentials?" The fox said slowly, "If you don't believe it, you can follow me. I will let you see the power of me!" The tiger thought that fine, if you brag, I immediately killed you. Then the fox carved out its way in front of the tiger, and the tiger followed behind it carefully. At this time, the rabbits, goats and monkeys that were wandering in the forest were terrified to death after watching the fox and the tiger behind it. Even the wolf and the bear stayed away from them stealthily. The fox held his head high, took the tiger around the forest, and said to the tiger with complacency, "You should see my majesty of the king, right? There is no one who is not afraid of me in the forest." When the tiger saw this, he could not help being frightened. He ran away before the fox finished its speech.

葉公好龍(엽공호룡)　False respect (Ye Gong loves dragon)

엽공(葉公)이 용(龍)을 좋아하다. 겉으로는 좋아하는 듯 하지만 사실은 그렇지 않음을 이유하여 이르는 말이다.

옛날 엽자고葉子高라는 부자가 있었는데, 그는 항상 다른 사람에게 자기가 용을 좋아한다는 것을 자랑하고 다녔다. 겉으로 보기에 정말 그런 것 같이 옷에 용무늬를 장식하고 옷고름에는 용이 그려져 있으며, 일용품에도 용이 새겨져 있고, 방안마저도 곳곳에 모두 용이 새겨져 있었다. 그의 집 뒤뜰에는 용이 조각되어 있었고, 연못도 누운 용의 형상으로 만들었고, 난간도 용의 모양이요, 정원의 작은 길들도 용의 형상이었고, 정자의 누각에도 용이 장식되어 있었으며, 심지어 그의 집 담에도 용이 그려져 있다. 누가 그의 집에 가면 용궁에 들어갔다고 착각할 만큼 용이 많았다. 그는 용이라고 하면 돈을 아낌없이 쓰기 때문에 그가 고용한 장인들은 모두 손재주가 뛰어난 인물들이어서 어찌나 생동감 있게 묘사하였는지 마치 살아 움직이는 것 같았다. 게다가 다른 사람과 이야기를 할 때도 용에 관한 담소를 좋아하여 용이야기를 잘하는 설화가에게 수일의 품삯을 주고 집에 들여 함께 살기도 하였으니, 사람들이 그에 대해 말하기를, 단지 그의 집에 진짜 용만 없을 뿐이라고 할 정도였다.

용을 좋아한다는 섭공의 사연이 하늘에 사는 진짜 용에게 알려지자 용은 "용을 좋아하는 사람은 드문데, 내가 한 번 그를 방문해야 되겠다."고 말했다. 용은 섭공의 집으로 날아가 머리를 창문으로 집어넣으며 섭공이 집에 있느냐고 소리쳤다. 섭공은 진짜 용을 보자마자 혼비백산하여 "괴물이야! 괴물!" 하며 소리를 질렀다. 용은 이상하게 생각하며 "나를 어찌 괴물이라고 하느냐? 나는 네가 가장 좋아하는 용이란 말이다!" 라고 말했다. 그러자 섭공은 "난 가짜 용이 좋지 진짜 용을 좋아하는게 아니에요. 살려주세요." 라고 소리지르며 도망갔다. 용은 의아한 표정을 지으며 "흥! 섭공이 용을 좋아한다는 것은 다 거짓이다. 그는 용을 무서워하는 것이지 좋아하는게 아니었어. 내가 이런 인간을 보려고 괜히 내려왔네!" 라며 떠나버렸다.

False respect (Ye Gong loves dragon) means that people just verbally say that they are fond of something, but actually that is not their real hobby.

Once upon a time, a man who named Ye Zigao are so rich. He often shows off to others that he likes dragons very much. It seems apparently, his clothes were decorated with dragons figure, his clothes were painted with dragons, his daily necessities were carved with dragons, his rooms were carved with dragons, his back gardens could be said as a world of dragons: dragons lay in pools, railings were in the shape of dragons, paths were also in the shape of dragons, pavilions and attics were all decorated everywhere. Decorated with the dragon pattern, even his family wall painted a big dragon, everyone walked into the home of Ye Zigao thought that he walked into the Dragon Palace. Because he was willing to spend money, these craftsmen are superb craftsmen, dragon paintings vividly. Not only that, when talking with others, the topic is also talking about dragons. The storyteller of the meeting dragon story lived in his house for ten days or half a month, and Ye Zigao provides him free meals and accommodation as well as wages. People laughed at him and said: "He just lack of a real dragon."

One day, the story of Ye Zigao's love for dragons was known by the real dragon in the sky. The real dragon said: "It's rare that someone likes dragons so much. I would like to visit him." True Dragon flew to Ye Gong's house and put his head in the window, shouted: "Is Ye Gong at home?" When Ye Gong saw the real dragon, he was scared out of his wits, and shouted, "Monster! Monster!" The real dragon felt very strange and said: "How do you say that I am a monster? I am your favorite dragon! Let me see you. "Ye Gong is trembling with fear. "I like fake dragons which look like the true dragons, but not real dragons, Help!" Until Ye Gong finish speaking, he ran away quickly, leaving the real dragon stay put with a confused look, saying: "Hum! Ye Gong said that he likes dragons. This is not true. He is afraid of dragons, and I visit him specially!"

三顧茅廬(삼고모려)　To call on somebody repeatedly

초가집을 세 번 방문하다. 윗사함이 아랫사람을 중용하기 위해 각별한 정성을 기울인다는 의미로 사용된다. 우리말에서는 '삼고초려三顧草廬'라는 말로 더 많이 사용되고 있다.

한漢나라 말기, 유비劉備가 제갈량諸葛亮의 집을 여러번 방문하며 간청한 끝에 그를 수하로 삼은 이야기에서 유래한다.

동한 말년에 황건적黃巾賊의 난이 일어나 천하가 크게 어지러워졌다. 조조曹操는 후한後漢 조정을 장악하였고, 손권孫權은 병사를 이끌고 동오東吳를 차지하고 있었으며, 각지의 제후들이 제각기 전쟁을 통해 영토를 확장하고 천하통일을 획책하고 있었다. 유비와 조조는 당시의 역사를 대표하는 인물들이다. 근본적으로 조조는 유비를 이길 수 없었다. 조조는 유비 휘하에 있었던 서서徐庶라는 책사로 인해 번번히 패전하자 서서의 어머니를 인질로 잡았다. 이 때문에 서서는 하는 수 없이 유비를 떠나게 되었고, 떠나기 전에 유비에게 제갈량을 추천하였다.

제갈량은 와룡臥龍 선생이라고 불리웠는데, 일설에 따르면 누군가가 그의 보좌를 받으면 천하를 통일할 수 있다는 말이 회자되기도 하였다. 유비는 관우關羽, 장비張飛와 함께 선물을 들고 제갈량의 집을 찾아가 도움을 청하고자 했다. 하지만 제갈량의 집에 도착했을 때 제갈량의 몸종이 나와 "선생께서 어디로 갔는지 모릅니다. 언제 돌아올지도 모릅니다"라는 대답만 듣고는 세 사람은 발길을 돌릴 수밖에 없었다.

얼마 후 눈보라를 뚫고 유비는 관우와 장비를 데리고 다시 그의 집을 방문했다. 하지만 그들이 오기 전에 제갈량은 다시 집을 나가고 없었다. 장비가 제갈량이 집에 없는 것을 보고 유비를 재촉하며 돌아가려고 했지만, 유비는 제갈량에 대한 자신의 높은 평가와 나라를 구하는 일에 함께 하자는 간절한 편지 한 장을 남기고 돌아갔다.

다시 어느 정도 시간이 흐른 후, 유비는 다시 제갈량의 집을 방문하고자 했다. 관우는 "제갈량은 유명하기만 할 뿐 실제로 재능은 없을 것 같으니 갈 필요가 없습니다." 라고 말하며 가기를 꺼려했다. 장비는 오히려 자기 혼자 가서 제갈량이 따르지 않으면 밧줄로 그를 묶어서라도 오겠다고 말했다. 유비는 장비를 한바탕 꾸짖고, 또 그들과 세 번째로 제갈량을 방문하였다.

세번째로 제갈량의 집을 찾아갔을 때 그는 자고 있었는데, 유비는 제갈량이 잘 동안 폐를 끼치지 않으려고 문 앞에 서서 기다렸다. 잠시 후 장비는 화가 나서 제갈량을 묶어오겠다고 말했다. 유비는 급히 그를 제지하였고 제갈량이 깨어나서야 비로소 집안으로 들어갔다. 제갈량은 유비의 태도가 성실하고 간절한 것을 보자 곧 유비가 천하를 도모하는 것을 돕기로 하고 결국 유비가 촉蜀나라를 세우는데 큰 힘이 되었다.

This is about the story of Liu Bei's visit to Zhu Geliang at the late Eastern Han Dynasty, which analogies sincere and repeated invitations.

In the end of the Eastern Han Dynasty, the Yellow Turban was rising in rebellion. Cao Cao possesed the imperial court, Sun Quan's mercenary soldiers are in the East Wu Dynasty, vassals in various regions have sent troop's, they want to expand the territory, unification of the world. Liu Bei and Cao Cao were two of the outstanding figures. Cao Cao could not fight Liu Bei before, because Liu Bei had a counselor named Xu Shu. After several defeats, Cao Cao took Xu Shu's mother as a hostage. Xu Shu couldn't help Liu Bei and recommended Zhu Geliang to Liu Bei before leaving.

Zhuge Liang, he is also called Mr. Wolong, it is said that people who gets his help can dominate the whole country. So Liu Bei, Guan Yu, Zhang Fei brought gifts to visit, and ask Zhu Geliang to help him. But unfortunately, the servant said: "I don't know where sir went and when he will come back." So they had to leave with resentment.

After a while, Zhuge Liang returned. It was snowing. Despite the bad weather, Liu Bei took Guan Yu and Zhang Fei went to see him. However, before they came, Zhuge Liang went out again. Zhang Fei didn't want to come back, and saw Zhuge Liang not at home. He hurried back. Liu Bei had to leave a letter expressing his admiration for Zhuge Liang and pleading with him to help to save the country.

After a few days, Liu Bei took three days to be a vegetarian and prepare to visit Zhuge Liang. Guan Yu said, "Zhuge Liang's reputation may be illusory. He may not be able to really learn and not to go." Zhang Fei advocated that he should go alone. If Zhuge Liang did not come, he would tie him in with rope. Liu Bei rebuked Zhang Fei and visited Zhuge Liang third times with them.

Zhuge Liang was sleeping by the time, and Liu Bei stood outside the door and waited for him, he is fearful of disturbing Zhuge Liang's rest. After a while, Zhang Fei was angry and said that he wanted to tie Zhuge Liang up. Liu Bei quickly stopped him, after Zhuge Liang woke up and went to visit him. Zhuge Liang saw Liu Bei's sincere attitude, he immediately went down the mountain with Liu Bei to help him fight for sovereignty over enemy. Liu Bei established the Shu Kingdom with his help.

緣木求魚(연목구어) Climb a tree to look for fish

'나무에 올라 물고기를 구한다.' 는 뜻으로 도저히 불가능한 일을 굳이 하려 하거나 방법이 맞지 않음을 비유적으로 이르는 말이다.

춘추전국시대에 제齊나라는 국력이 강성했고 군대가 충족하였다. 제나라의 선왕宣王은 이를 바탕으로 천하를 제패하고자 하였지만 맹자孟子 등은 이를 강력히 반대하며, 무력 정복을 포기하라고 권했다.

맹자가 선왕에게 "전하는 어찌하여 전국의 군사를 다 동원하셨습니까?" 라고 묻자 선왕은 "내 가장 큰 꿈을 이루기 위해서이다." 라고 대답하였다. 맹자는 다시 "전하의 꿈이 무엇입니까?" 라고 묻자 선왕은 웃기만 할 뿐 아무 대답을 하지 않았다. 맹자는 이어서 "혹시 먹기에 좋은 음식들이 부족합니까? 아니면 입을만한 좋은 옷이 없어서 입니까? 그것도 아니라면 볼 만한 예술품이 없어서 입니까? 아니면 전하를 모실 사람이 적어서 그러십니까?"라고 구체적으로 물었다.

선왕은 황급히 "아니, 아니, 그런 것 때문이 아니다."라고 말했다.

맹자는 "그럼 잘 알겠습니다. 전하께서는 천하를 정복하고 싶이 하시는 것이 틀림없습니다. 이는 나무에 올라 물고기를 잡으려는 것과 같이 전하 뜻대로 되지는 않을 것입니다."라고 말했다.

선왕은 "내가 그렇게 무모한 것이란 말인가?"라고 묻자, 맹자는 "아마 이보다 더 심각할 것입니다. 나무에 올라가 고기를 잡으려고 한다면 못 잡으면 그만이지만 만약 무력으로 천하를 독차지하려는 욕망을 만족시키고자 한다면 목표를 이룰 수 없을 뿐만 아니라 그 결과는 상상조차 할 수 없습니다."라고 대답했다.

맹자가 다시 "소국인 추鄒나라와 대국인 초楚나라가 싸운다면 전하는 어느 쪽이 이길 것 같습니까?"고 묻자, 선왕은 바로 "두말 할 필요 없이 당연히 초나라가 이길 것이다."라고 대답하였다.

그러자 맹자가 말했다. "분명히 소국은 대국과 대적할 수 없습니다. 인구가 적은 나라는 인구가 많은 나라와 대적할 수 없고, 약소국은 강대국과 대적할 수 없습니다. 중국의 땅은 현재 9개의 덩어리로 나뉘었는데, 제나라는 그중 한 개의 땅만 점령했습니다. 이 한 개의 덩어리로써 다른 8개의 덩어리와 싸우는 것은 추나라가 초나라와 대적하는 것과 같지 않겠습니까? 전하께서도 잘 생각해 보십시오, 전하께서 어진 정사를 펼치시면 하급 관리들은 모두 전하의 조정에서 일을 하고싶어 할 것이고, 천하의 농부들은 모두 전하의 땅에 와서 농사를 짓고자 할 것이며, 천하의 장사꾼들도 전하의 나라에 와서 장사하려 할 것이고, 하물며 여행자들도 모두 전하의 땅을 밟고싶어 할 것입니다. 또한 자신의 나라 왕을 증오하는 자들도 모두 전하께 와서 이를 하소연하고자 할 것입니다. 이렇게 될 수만 있다면 과연 누가 감히 전하와 적이 되고자 하겠습니까?"고 설명하였다.

선왕은 맹자의 말을 듣고 일리가 있다고 여겨 무력으로 세상을 제패하는 것을 포기하고 어진 정치를 베푸는 것으로 방향을 선회하였고, 이때로부터 제나라는 인재가 넘치고, 상인들이 길을 트고, 백성들의 생활이 평안해졌다.

"Climb a tree to look for fish" means that the direction or method is not right, no result or harvest can can be obtained.

During the Spring and Autumn Period and the Warring States Period, Qi state was strong and the army was abundant, so king Qi Xuan wanted to dominate the world. However, he was strongly opposed by Mencius and other people. Mencius urged the king of Qi Xuan to abandon military conquest but carry out the benevolent government.

Mencius asked king Qi Xuan: "Why did you mobilize the whole army to attack other countries?"

King Qi Xuan declared: "To satisfy my desire."

Mencius asked: "What is your greatest desire?"

King Qi Xuan smiled but did not answer. Mencius then asked: "Is it because that the delicious food is not enough to be eaten? Is it because that the beautiful cloths is not enough to be wore? Is it because there is no good art to be seen? Or is it because that there are too few people to serve you?"

King Qi Xuan hurriedly said: "No, no, I am not for these reasons."

Mencius said: "Well, I see. You want to conquer the world, don't you? If so, I think it's like climbing a tree to catch fish. It can't be achieve."

King Qi Xuan said: "Is it so serious?"

Mencius said: "I am afraid it is more serious than that. Climbing trees to catch fish is impossible. If we use force to satisfy our desire to dominate the world, we will not only fail to achieve our goal, but also lead to the unthinkable consequences."

Mencius asked: "If the country of Zou (a very small country) and Chu(a big country in the Spring and Autumn Period) are at war, which side will win?"

King Qi Xuan said: "This is needless to ask, of course is Chu."

Mencius said: "Obviously, small countries can't rival the big one, countries with small populations can't rival the countries with large populations, and weak countries can't rival the powerful countries. The land of China can be divided into nine domains within a thousand miles. The state of Qi only occupied one of them, if you want to use this piece to tame the other eight pieces, there will be no difference between Zou and Chu. Why didn't you think about it and start with it? If the king can carry out benevolent government, so that all the people in the world think of your court to do official, all the farmers in the world want your country to farm land, all the people in the world want to do business in your country, all the people in the world want to travel in your country, all the people who hate their own country want to come here. Who can be your enemy if your can do all those things?"

When King Qi Xuan heard this, he felt very reasonable, so he gave up the desire to dominate the world, and changed to benevolent government. After that, the Qi people were well-off, businessmen were well-off.

如火如荼(여화여차)　　In full swing

'차와 불처럼 뜨겁다.' 는 뜻으로 군대의 기세가 성대함을 비유한다. 지금은 대규모 행동을 가리키는 말로 기세가 왕성하고 열기가 뜨거움을 나타낸다.

춘추 후기, 오왕吳王 부차夫差가 월越나라, 노魯나라, 제齊나라를 잇달아 정복하고, 晉나라로 계속 진군하다가 뜻밖에도 월王越王 구천句踐에 의해 뒷길이 막혀버렸다. 오왕 부차는 속전속결로 진나라를 물리치고 다시 돌아가 월왕 구천을 치기로 했다. 진군과의 대치에서 오왕은 3만 명의 정예 병사를 세 방진으로 배치했다. 그리고 매 방진을 백 줄로 배치하고 한 줄에 백 명씩, 총 만 명의 방진을 펼쳤다. 그중 가운데 방진의 병사들은 모두 흰 갑옷을 입고 백기를 들며 중군이라고 부르고, 왼쪽 방진의 병사들은 모두 붉은 갑옷을 입고 붉은 기를 들며, 오른쪽 방진의 병사들은 모두 검은 갑옷을 입고 검은 기를 들게 했다. 진군은 오군의 위세가 큰 세 개의 방진을 보고 놀라움을 금치 못했다. 흰색의 방진은 흰 꽃으로 물든 풀숲 같았고, 붉은 방진은 마치 활활 타오르는 횃불 같았으며, 검은색의 방진은 마치 깊이를 알 수 없는 바다와 같았다. 진군은 상황을 보고 즉시 스스로 물러서 싸우지 않고 패하였다.

"In full swing" is the metaphor of military capacity, which is now used to describe the largescale, vigorous action, warm atmosphere.

In the late Spring and Autumn Period, King Fuchai of Wu conquered Yue, Lu and Qi states successively, and then continued to march to Jin. Unexpectedly, he was blocked by the King of Yue Goujian on his way. Fuchai decided to fight quickly and defeat the Jin State and then go back to defeat Yue state's king Goujian. In the confrontation with the Jin army, King Wu put 30,000 elite soldiers into three squares, each square has a hundred lines, there are a hundred people each line, the total number is 10,000. The soldiers in the middle square wore white helmets and white armour, they were called White army. The soldiers on the left side wore red helmets and red flags. The soldiers on the right side of the square wore black helmets and black flags. The Jin Army was shocked at the sight of Wu's three gigantic squares: the white squares resembled thatched grasslands which are full of white flowers; the red squares resembled flames; the black squares resembled the unfathomable sea. After seeing the situation, Jin's army immediately took the initiative to retreat and lose without fighting.

同流合汚(동류합오) Associate oneself with undesirable elements

세속의 흐름에 동조하고 더러운 세상과 어울린다. 어지럽고 혼탁한 세상에 야합하여 사는 것을 비유하여 이르는 말이다.

맹자孟子는 만장萬章의 스승으로, 그들은 모두 공자孔子를 우러러보면서 틈만 나면 함께 공자의 사상과 학설을 논했다. 어느날 만장은 한가지 의문이 들었다. 공자께서는 극단적인 사상을 가진 사람들이 무골호인들보다 낫다고 말하면서도 한편으로는 극단으로 치닫지 말고 중용의 도를 행해야 한다고 말씀하시는 것이 모순이라는 생각이 들었다. 그래서 이 문제를 맹자에게 물어보았다. 맹자는 만장에게 공자께서는 평생 세 종류의 사람을 접촉하기 원하셨는데, 그 중 첫째는 언행이 중용의 도에 부합해 극단으로 치닫지 않는 사람, 둘째는 언행이 호탕하고 극단적인 사상을 가진 사람, 셋째는 나쁜 짓을 하지 않는 사람이었으며, 공자가 제일 접촉하기 싫어 했던 부류는 무골호인이었다고 알려주었다. 맹자의 말을 들은 만장은 무골호인에 대한 공자의 생각에 더욱 의문이 들었다. 이에 맹자는 "공자는 극단적인 말을 하는 사람은 중용의 도에는 맞지 않지만 사상적으로 진

보적이라고 말씀하셨다. 오히려 무골호인들은 언행이 불일치할 뿐만 아니라, 비판의 대상이 될만한 일은 하지 않지만, 그저 시류와 세상 물정에 비판의식 없이 동조하고 남의 비위만 맞추면서 혼탁하고 더러운 세상과 합류할 뿐이니, 결국 겉으로는 착해 보이지만 속으로는 이기적이고 온갖 나쁜 짓을 저지른다. 이것은 중용의 도에 전혀 부합하지 않는다. 그래서 공자께서는 극단적인 사람들이 오히려 무골호인들보다 만 배는 더 낫다고 여기신 것이다." 라고 말해주었다. 만장은 이 말을 듣고 순간 많은 것을 깨달은 듯이 환해졌다. 누구에게나 좋은 평가만 받으려고 하는 사람들은 일반적으로 말과 행동이 맞지 않고 위선적일뿐만 아니라 실제로는 세상을 업신여기는 위선자이며 도덕 파괴자가 될 수 있다는 생각이 들었다. 맹자의 대답에 만장은 매우 만족했고 그로 인해 공자에 대해 더욱 탄복하게 되었다.

"Associate someone with undesirable elements" refers to that the thoughts and deeds are consistent with abominable social atmosphere and dirty world.

Mencius was the teacher of Wan Zhang. They all worshipped Confucius and they always discussed Confucius' thoughts and theories whenever they had time. One day, Wan Zhang realized one thing, and he was very puzzled. Confucius treat those who went to extremes better than those who were nice. However, Confucius always advocated that people can not go to extremes, but should pursure the golden mean. So he went to ask Mencius. Meng Zi told him that Confucius was willing to contact only three kinds of people in his life. The first one was that his words and deeds conformed to the doctrine of the golden mean and did not go to extremes; the second kind of people was that he took extremes in his bold and unrestrained thoughts; and the third one was that he did not do evil. What Confucius hated most was Mr. Hao. Wan Zhang was more puzzled after hearing this. Mencius went on to reply, "Confucius thought that people who spoke to extremes did not conform to the doctrine of the golden mean, but they were ideologically progressive. The good gentlemen, however, say one thing, do another, be tactful and sophisticated, and we can't find the evidence to criticize those kind of men, and you can't find a good reason to accuse them, and what's worse is that they flatter everywhere, and are willing to go with the world in order to cater to fashion and insect repellent customs. Faithfulness on the surface is actually selfish and evil. Moreover, these people are often very popular. This is highly incompatible with the golden mean. Therefore, Confucius believes that those who go to extremes are ten times stronger than those who are good. Confucius hated 'good gentleman' very much."When Wan Zhang heard these words, he suddenly realized clearly that though the eight-sided and exquisite gentlemen, though called good gentlemen, they were in fact hypocrites who did not conform to hypocrisy and deception, and were moral saboteurs. Meng Zi's answer made Wan Zhang feel very happy. He admire Confucius more.

下筆成章(하필성장)

Write something logical and coherent without the need for a draft

붓만 대면 문장이 완성된다. 구상이 빠르고 문장을 매우 빠르게 쓰는 것을 비유해서 이르는 말이다.

조식曹植은 중국 삼국三國시대의 유명한 문학가로 문학에 조예가 높았다. 대표작으로는 《낙신부洛神賦》, 《백마편白馬篇》, 《칠애사七哀思》 등이 있으며, 건한문학建安文學의 대표자로 칭송받고 있다. 남조 문학가 사영운謝靈運은 "천하의 문학 재능 중 조식이 8할을 차지하고 있을 정도이다." 라고 그를 극찬했다.

조식은 어릴 때부터 똑똑하여 시詩와 부賦를 좋아하여, 10대 때 이미 수백 편의 명작을 읽었고, 또 글을 매우 잘 스는 재주를 가졌다 하여 '기재奇才'라 불렸으며, 조조도 아들의 재치에 대해 높이 평가하면서도 기이하게 여겼는데, 한 번은 조조가 아들 조식의 글을 보고 마음속으로 글을 잘 썼다고 생각했지만, 이 글이 대필을 한 것인지 의문이 들어 그가 이러한 재능이 있는지 없는지를 확인하려고 직접 물어보려고 했다. 조조는 조식을 불러들여 진지하게 "네 글을 내가 보았다. 잘 쓰긴 하였는데 혹시 대필을 한 것이 아니냐?" 고 물었다. 조식은 황급히 아버지에게 무릎을 꿇고 "아닙니다. 저는 하는 말을 지체하지 않고 바로 문장으로 만들 수 있습니다. 만약 믿지 못하겠으면 저를 시험해보십시오. 어찌 제

가 대필했다고 말씀하실 수 있습니까?' 고 아뢰었다. 조조가 듣고 깔깔 웃었다.

얼마 후, 조조는 관성官城에 지은 동작대銅雀臺가 완공되자, 아들 몇 명을 모두 올라가 보게 하고 그들은 그들의 문채를 시험하려고 글을 한 편씩 써로라고 명했다. 조식은 망설이지 않고 붓을 들고는 순식간에 문장을 완성하였는데, 글이 날아 움직이는 것 같았다. 이를 보고 만족한 조조는 아들 조식에 대하여 "과연 하는 말이 곧 글이 되고 붓만 대면 문장이 완성되는구나." 라고 평가하고, 이를 계기로 그를 더욱 사랑하게 되었다.

"Write something logical and coherent without the need for a draft" means that people write an essay quickly and the writing is elegant.

Cao Zhi is a famous litterateur in the Three Kingdoms Period and he has great attainments in literature. His representative works include *Luo Shen Fu*, *Bai Ma Pian*, and *Seven Mourning* and so on. He is the representatives of Jian'an literature. Xie Lingyun, a litterateur of the Southern Dynasty, praised him highly. He said: "There are ten buckets of talent in the world, and Zi Jian can equate eight buckets."

Cao Zhi was very clever since he was a child. He liked poetry-verses, ditties, odes and songs. He could recite hundreds of famous articles when he was a teenager. He was also very good at writing articles. So he was called a "wizard". Cao Cao praised his son's talent very much, but he also felt strange. Once he read Cao Zhi's articles, he thought that Cao Zhi's articles were very good, but he also doubt whether the article was written by someone else or not, he asked him face to face to see if he was indeed talented. So Cao Cao called Cao Zhi to him and questioned him seriously, "I have read your article and it is well written. Is it written by someone else?" Cao Zhi quickly knelt down to his father and told him, "No, I can creat an article by just saying and write essay without drafting it as a piece of writing. If you don't believe it, you can test me face to face. How can you say I'm asking someone else to write it for you?" Cao Cao listened and laughed.

Soon after, when the Bronze Sparrow Tower built by Cao Cao in the official city was completed, he asked all his sons to go up and look at it and ask them to write a dictionary to try their literary grace. Cao Zhi took up his pen and wrote it in a moment, and his literary is scintillating. Cao Cao was delighted to see it. Only then did he believe what Cao Zhi said was "saying is writing, writing is writing a chapter". Cao Cao liked Cao Zhi even more.

濫竽充數(남우충수)　　Hold a post withowt qualification

남아도는 악사로 머릿수를 채운다. 재주가 없는 사람이 재주가 있는 것처럼 꾸미거나, 품질이 나쁜 물건이 좋은 물건이라고 사칭하는 것을 비유한다.

옛날에 제齊나라의 선왕宣王이 음악을 좋아했는데, 특히 피리 연주 듣는것을 좋아하여 그를 위해 피리를 잘 연주하는 악사를 300명이나 두었다. 제 선왕은 시끌버적한 것을 좋아하여, 항상 국군의 위엄을 보여주고 싶어 매번 300명씩 합주를 시켰다. 당시 남곽南郭선생이라 불리는 사람이 있었는데, 그는 제 선왕에게 이러한 취향이 있다는 것을 듣고 이를 돈벌이가 되는 좋은 기회라고 생각하여 제 선왕에게 달려가 "전하, 저는 유명한 악사입니다. 제가 피리 부는 것을 들은 사람은 감동하지 않을 수 없습니다. 새나 짐승이 듣고도 춤추고, 화초가 듣고도 리듬을 탄답니다. 저는 이 재능을 전하께 바치고 싶습니다." 고 말했다. 제 선왕은 이를 듣고 매우 기뻐하여, 시험연주도 없이 혼쾌히 그를 받아 들여 300명 악사 대오와 함께 하게 하였다. 이때부터 남곽 선생은 그 300명의 학사와 함께 제 선왕을 위해 피리연주를 하였다. 그는 여러 사람과 함께 후한 대우를 받으면서 매우 좋아했다. 사실상, 남곽 선생은 새빨간 거짓말을 한 것인데, 그는 피리를 부는 것은 커녕 피리를 잡아본 적도 없는 사람이었다. 그는 연주할 때마다 그저 피리를 들고 대오에 섞여 사람들이 몸을 흔들면 자신도 몸을 흔들고 다른 사람이 고개를 저으면 자신도 고개를 저으면서 음악에 취한 척하는 등 남들과 똑같은 동작을 하여 빈틈이 없어 보였다. 남곽 선생은 이렇게 왕을 속여가면서 하루하루를 살았다. 그러나 몇 년이 지난 후 피리의 합주를 즐겨 듣던 제 선왕이 죽고, 그의 아들 민왕潛王이 왕위를 이어받았다. 민왕도 피리 연주를 좋아했지만, 선왕과는 달리 300명이 합주하는 것보다는 독주를 좋아하였다. 300명의 악사들은 민왕의 눈에 들기 위해 연습에 몰두하고 음악을 준비하여 한 명씩 와서 민왕을 위해 피리를 불었다. 머릿수만 채우고 있던 남곽 선생은 뜨거운 아랫목의 개미처

럼 안절부절하며 하루 종일 불안해 했다. 그는 이리저리 생각한 끝에 더 이상은 속이며 지낼 수 없을 것 같아서 밤새 짐을 싸서 줄행랑을 쳤다. 남곽 선생처럼 배운 것도 없고, 속여서 먹고사는 사람은 한때를 속일 수는 있지만, 평생을 속일 수는 없다. 가짜는 가짜일 수 밖에 없는것이며, 결국에는 거짓이 들통·나기 때문에 성공할 수 있는 유일한 방법은 성실하게 자신의 주어진 일에 최선을 다해야 하는 것이다. 오직 탄탄한 기술을 연마해야만 온갖 시련을 이겨낼 수 있는 것이다.

"Hold a post without quatification" means that people who are not competent but pretend to be competent, and also refers to that the inferior goods pretend to be good ones.

In ancient times, King Qi Xuan loved music, especially like listening to Yu. There are three hundred musicians who are good at playing Yu. king Qi Xuan likes jollitication and loves to put on the stage and always wants to show his majesty as a king in front of people. So every time he listens to the playing, he always let 300 people to play the Yu together. Mr. Nanguo, hearing about this hobby of King Qi Xuan, thought that it was a good opportunity to make money. He ran to King Qi Xuan and bragged, "King, I am a famous musician. People who have heard my play are all moved, even birds and beasts will dance after hearing, flowers and plants will swing with the rhythm. I would like to dedicate my uniqne skill to you. King Qi Xuan was very glad to hear that. He accepted him without testing and put him into the ranks of 300 blowers. From then on, Mr. Nanguo played to King Xuan of Qi with the 300 players together, enjoying the generous treatment with others, and he was very proud of it. In fact, Mr. Nanguo told a big lie, he were not able to play Yu. Every time he plays, Mr. Nanguo holds a Yu and stands in the team. When other players shake their bodies, he shakes his body, when others shake their heads, he also shakes his head. He pretended to be enchanted as others. People can not reveal and flows at all. Mr. Nanguo spent day after day by deceiving he obtained his wages without doing any efforts. But it did not last long time. After a few years, King Qi Xuan, who loved to listen to the Yu's ensemble, died, his son, King Qi Min, inherited the throne. King Qi Min liked to listen to the music, but unlike King Qi Xuan, he thought it was too noisy to let three hundred people play together. He thought it would be better to listen to a solo. So, these three hundred people are order to practice well, prepare well, and take turns to play the Yu. The musicians all practiced actively to show their skills. Only Mr. Nanguo, who was so worried, was as anxious as an ant in a hot nest. He thought about it and felt that he could not continue to pretend. He had to pack up overnight and run away. The only way to succeed is to study hard. Only by practicing one's real skills can one stand the test.

掩耳盜鈴(엄이도령)   Plug one's ears while stealing a bell

귀를 막고 방울을 훔친다. 스스로 자신을 속이고 숨길 수 없는 일을 억지로 감추려 하는 것을 비유한다.

춘추春秋시대 진晉나라 귀족 지백智伯이 범씨范氏를 몰락시켰다. 한 사람이 이 기회를 틈타 범씨 집에 가서 물건을 훔치려고 했다. 그는 뜰에 큰 종이 매달려 있는 것을 보았는데, 이 종은 상급의 청동으로 주조한 것으로 조형과 도안이 모두 매우 정교하고 아름다웠다. 도둑은 이 멋진 종을 업고 자기 집으로 돌아간다는 생각에 매우 기뻤다. 그러나 이 종은 너무 크고 무거워서 도저히 옮길 수가 없었다. 결국 종을 조각내어 집으로 가져가는 수 밖에 없을 것 같아 큰 망치를 구해와서는 필사적으로 종을 내리치기 시작했는데, 그만 "우당탕!" 하는 큰 소리가 나서 자신도 깜짝 놀랐다. 도둑은 당황하여 어쩔줄 몰랐다. 종소리로 인해 사람들이 마치 자신이 종을 훔치고 있는 것이 들통날 것만 같았다. 마음이 조급해지자 몸으로 종을 감싸안고, 두 팔을 벌려 종소리를 막아보았지만, 어떻게 해도 종소리는 막을 수 없었고 더욱 요란하게 멀리 울려 퍼져만 갔다.

도둑은 들으면 들을 수록 무서워서 자신도 모르게 두 손을 빼서 귀를 꽉 틀어막았다. 순간, 종소리가 작아져서 들리지 않을 정도였다. 도둑은 매우 기뻤다. "좋아. 내 귀를 막으니 종소리가 안 들려서 괜찮구나." 그는 즉시 두 개의 헝겊 뭉치를 가져와 귀를 막고, 이제 누구도 종소리를 들을 수 없을 것이라고 생각하며 마음껏 종을 부쉈다. 결국 종소리가 울려 퍼지고, 사람들이 종소리를 듣고 몰

려와 도둑을 붙잡았다. 어리석은 도둑은 자신의 귀를 막고 있어 종소리가 들리지 않았지만 다른 사람의 귀에는 여전히 종소리가 들린다는 것을 생각하지 못한 것이다.

"Plug one's ears while stealing a bell" analogics one deceives himself, people hide things but try to cover up the thing that they can not cover up at all.

In the Spring and Autumn Period, Zhi Bo, the nobles in Jin Dynasty destroyed Fan Clan. Someone took the opportunity to steal things at Van's house. The man saw a big bell hanging in the yard. The bell was made of fine bronze with beautiful designs and patterns. The man was so happy that he wanted to carry this beautiful bell back to his home. But the bell was too big and heavy to move. So, he thought that there was only one way he could break it and move it home separately. The thief got a big hammer and banged the bell, and he was frightened by a loud bang sound. The thief was in a panic and thought that it would be bad. Wouldn't the bell tell people that I was stealing the bell here? He was anxious, and he fell himself on the bell and put his arms over it, but how be bell could be covered? The bell still conveyed melodiously far away.

The more he heard, the more frightened he was, he could not help to pull back his hands and cover his ears vigorously. "Oh, the sound of bell has turned down and people can't hear it", the thief said happily. "Good. Cover my ears. and I can't hear the bell?" He found two pieces of cloth and stuffed his ears immediately, thinking that nobody could hear the bell, so he started to smash it. For a moment, the bell went louder and farther. People heard the bell and caught the thief. In fact, although the man covered his own ears, and could not hear the bell, others could still hear it since their ears were not covered.

老馬識途(노마식도)　An old hand is a good guide

늙은 말이 갈 길을 안다. 경험과 연륜이 깊은 사람이 상황을 잘 이해하고 지혜롭게 지도적 역할을 잘 수행할 수 있다는 의미이다.

기원전 663년, 연燕나라의 요청을 받은 제齊나라 환공桓公은 관중管仲의 호위

속에 출병하여 연나라의 산융山戎으로 진격하였는데 관중管仲이 동행하였다. 봄에 출정했던 제나라 군대가 돌아올 때는 이미 겨울이 되어 길이 낯설었다. 대군은 험산 준령의 골짜기를 맴돌다가 길을 잃고 더 이상 돌아갈 길을 찾지 못했다. 많은 정탐꾼들이 길을 찾아 나섰지만, 어디로 계곡을 빠져나가야 할지 알 수가 없었다. 시간이 오래 지나면서 군대의 보급에도 어려움이 생겨 더 이상 길을 찾지 못하면 대군은 산에서 죽을 수밖에 없는 상황이었다. 관중은 한참을 고민하다가 개들도 먼길을 돌아 집까지 찾아올 수 있으니, 군대의 말들, 특히 늙은 말들은 갈 길을 아는 재주가 있을지도 모른다고 생각했다. 그는 환공에게 "전하, 저는 노마가 길을 알아보는 재주가 있어 앞에서 길을 안내하도록 한다면 대군을 계곡 밖으로 이끌어 나갈 수도 있다고 생각합니다." 라고 말했다. 제 환공이 한 번 시도해보라고 하자 관중은 즉시 늙은 말 몇 마리를 골라 고삐를 풀고 대군의 맨 앞에서 자유롭게 걷게 했는데, 과연 그 늙은 말들은 망설임 없이 한 방향으로 나아갔다. 대군은 이들을 따라 동분서주하다가 결국 험한 골짜기를 벗어나 제나라로 돌아가는 길을 찾을 수 있었다.

"An old hand is a good guide" is a metaphor that experienced people who are familiar with the situation and can play a leading role in some aspect.

In 663 BC, Duke Qi Huan sent troops to attack Shan Rong, who invaded the state of Yan, and this is the request of Yan state. Prime minister Guan Zhong and doctor Xi Peng went with the army. The Qi army was launched in spring. When they triumphed, it was already winter, and the plant as well as grasses all changed. The army turned around in the valleys of high mountains and finally lost the way, and they can no longer found its way home. Although a lot of detectives were sent to explore the way, they still did not know the way that they could get out of the valley, after a long time, the army's supplies would be short, so the situation is very critical, the army will be trapped in the mountains, if they cannot find a way out. Guan Zhong pondered for a long time. He thought: since the dog is far away from home, they can find it back, in the way, the horses in the army, especially the old ones, may have the ability to recognize the way. So he said to Duke Qi Huan: "King, I think the old horse has the ability to know the way, we can let it guide us and lead the army out of the valley." Duke Qi Huan agreed and decided to give it a try. Guan Zhong immediately picked out some old horses and unbuttoned them so that they could walk freely in front of the army. He said it was strange that these old horses did not hesitate to move toward the same direction. The army followed them, and finally walked out of the valley and found the way back to Qi.

四面楚歌(사면초가)　Be besieged on all sides

사방에서 초楚나라의 노랫소리가 들린다. 적의 공격을 받아 고립 상태에 빠진 상황을 비유하여 이르는 말이다.

항우項羽와 유방劉邦은 원래 동서 양쪽을 경계로 하여 서로 침범하지 않기로 약속했다. 그런데 얼마 후에 유방은 장량張良과 진평陳平의 권유로 항우가 미약할 때 없애야 한다는 생각을 하고는 한신韓信, 팽월彭越, 유고劉賈와 합류하여 동쪽으로 향하던 항우의 부대를 공격하였다. 마침내 유방이 항우를 해하垓下로 내몰고 몇 겹의 병력으로 둘러쌓았다. 항우 수하의 병사들도 사기가 떨어져 도망을 치고 식량도 떨어져갔다. 밤사이 사방으로 에워싼 군대들이 초나라의 구슬픈 민가를 불러댔다. 항우는 "유방이 이미 초나라에 도착했느냐? 왜 그의 부대에는 초나라 사람들이 이렇게 많은 것이냐?" 라고 하면서 투지를 잃었다. 항우는 남은 기마병 수백 명을 데리고 가까스로 포위를 뚫고 탈출하였지만 오강烏江에 도착했을 때, 그는 더 이상 희망이 없다고 느끼고는 자살을 선택했다. 후세 사람들은 "사면초가" 라는 말로 사람들이 여러모로 공격당하거나 핍박 받는 환경때문에 고립된 상황을 묘사하는데 사용하고 있다.

"Be besieged on all sides" analogies falling into the face of being surrounded by the enemy and isolated.

Xiang Yu and Liu Bang had agreed not to invade each other on the east and west sides of the Hong Gou. Later, Liu Bang listened to Zhang Liang and Chen Ping's advice and thought Xiang Yu should be destroyed when he was weak. Finally, Liu Bang deployed several layers of troops and tightly encircled Xiang Yu. At this time, the soldiers under Xiang Yu were very few, and there was no food. At night, he heard the troops around him sing Chu folk songs. Xiang Yu was very surprised and said: "Has Liu Bang arrived in Chu? Why are there so many Chu people in his army?" With that, he had lost his fighting spirit. Later, Xiang Yu broke through the encirclement with only a few hundred caralry soldiers. When he arrived at the Wujiang River, he felt hopeless and committed suicide. Later generations used this idiom to clescribe the personal environment in which people were attacked or forced from all sides and were in an isolated and distressed situation."

黔驢技窮(검려기궁)　All tricks have been exhausted

쥐꼬리만 한 재간마저 바닥이 드러난다. 얼마 남지 않은 솜씨도 이미 다 써버렸음을 비유하여 이르는 말이다.

이전에 귀주貴州 일대에는 당나귀가 없었는데 훗날 한 사람이 다른 곳에서 당나귀 한 마리를 배로 실어 들여왔다. 사람들도 이 동물을 처음 본지라 일단 산 아래에 묶어두었다. 그런데 어느 날 산에 사는 호랑이 한 마리가 내려왔는데 이 호랑이도 귀주 일대에서는 당나귀를 본 적이 없던터라 당나귀를 보고는 놀라지 않을 수 없었다. 호랑이는 황급히 숲 속으로 숨어들어, 당나귀의 움직임을 몰래 관찰하였다. 하루가 지나도록 호랑이는 당나귀에 어떤 특별한 구석이 있는지 알아채지 못했다. 이튿날, 호랑이는 살금살금 숲을 빠져나와 당나귀의 뒤를 살펴보고 있는데, 갑자기 당나귀가 움부짓는 바람에 화들짝 놀라 산으로 도망쳐버렸다. 그 후 며칠째 당나귀의 행동을 주의 깊게 관찰한 호랑이는 당나귀에게 특별한 구석이 없을 뿐만 아니라, 당나귀 울음소리에도 익숙해졌다. 그러자 호랑이는 다시금 용기를 내어 조심스럽게 당나귀에게 다가가 당나귀를 관찰하기 시작했다. 하지만 호랑이는 여전히 당나귀의 특이한 재주를 발견하지 못하고 주위만 맴돌았다. 점점 담이 커진 호랑이는 당나귀에게 슬쩍 다가가 일부러 싸움을 걸었다. 당나귀는 정말 화가 나서 발굽을 들어 호랑이를 찼고, 호랑이는 오히려 매우 기뻐하며 "이놈이 고작 요 정도 능력이었구나!" 라고 말하며 포효하며 당나귀에게 덤벼들더니 당나귀의 목구멍을 한입에 물어뜯고 포식을 한 후 산으로 돌아갔다.

06

고사성어
故事成語편

"All tricks have been exhausted" is a metaphor that the limited ability has been used up.

There used to be no donkeys in Guizhou. A busybody later shipped a donkey from another place. He did't know how to use it, so he put it under the mountain. One day, a tiger came down from the mountain. The tiger in Guizhou never saw a donkey. After seeing saw such a huge thing, he cannot help but be shocked, think what gods descend, the tiger hurried into the woods, secretly observed the donkey's movement. A day passed, and the tiger did not see anything unusual about the donkey. On the second day, the tiger tiptoed out of the forest, ready to reach the donkey and touch the details. Before he had gone a few steps, he heard a roar from the donkey. He was so frightened that the tiger turned around and ran wild for a while. The tiger found no movement behind him and carefully paced back. For several days, the tiger watched the donkey carefully, and gradually realized that there was nothing special about the donkey, and he became accustomed to the sound of the donkey. So the tiger became bold and cautiously approached the donkey for further observation. And then he test the donkey and see how great the donkey is. But still dare not infringe upon it. Later, the tiger's courage grew closer and closer to the donkey, and deliberately provoked and collided with it. The donkey really got angry, lifted his hoof and kicked the tiger. The tiger was very happy when he saw it. "That's what this guy did!" The hungry tiger which had been hungry all day and all night, snapped at the donkey's throat, ate a good meal and went up the hill.

杞人憂天(기인우천) Fear is often greater than the danger

기나라 사람이 하늘이 무너질까 걱정을 하다. 쓸데없는 걱정과 안 해도 될 근심을 비유하여 이르는 말이다.

옛날 기杞나라에 겁이 많고 걱정이 많은 사람이 있었다. 그는 종종 엉뚱한 문제를 생각했다. 어느 날 그는 저녁을 먹고 문 앞에서 더위를 식히며, "만약 하늘이 무너지고 도망칠 길이 없어 죽는다면 너무 억울한 일이 아닌가?" 고 혼잣말로 중얼거렸다. 이때로부터 그는 거의 매일 이 문제를 걱정했는데, 친구들이 그를 보면 하루 종일 정신이 몽롱하고 얼굴이 야위어서 그를 걱정해 주었다. 하지만 그 이유를 알고 모두가 달려와 그에게 "이 사람아, 이런 일로 고민할 필요가 있느냐, 하늘이 어떻게 무너질 수 있느냐, 또 정말 무너져도 혼자 걱정한다고 해결될 일이 아니니 마음을 넓게 가져라."고 위로했지만, 그는 아무말도 듣지 않고, 여전히 이 불필요한 걱정을 계속하였다.

"Fear is greater than the danger" is a metaphor for unnecessary or unfounded worries and fear.

Once upon a time, there was a timid and nervous man in Qi State. He often thought of strange questions, which made people feel puzzled. One day, he had supper. In front of the door enjoying the cool, he said to himself "If one day falls, what should we do? Do we not have no way to escape and be crushed to death by force? "Is that too unfair? From then on, he worried about this problem almost every day, and his friends worried about him when they saw him all day long in a trance and haggard face. But when everyone knew the reason, they came to him and said, "Man, why bother about this? How can the sky fall down? Besides, even if it does, it's not something you can solve by worrying about it alone. Look on the bright side." However, no matter what people say, he does not believe that he is always worried about this unnecessary problem.

與虎謀皮(여호모피)　Ask a tiger for its skin

호랑이의 가죽을 가져오려고 호랑이와 상의하다. 요구하는 일이 상대방의 이해와 상충하여 이루어질 수 없음을 비유하여 이르는 말이다.

주周나라 때, 모피 옷을 좋아하고 기이하고 귀한 음식을 좋아하던 사람이 있었는데, 그는 천 냥 황금 정도 되는 모피 옷을 만들고 싶었다. 그는 여우가죽으로 만든 옷을 입으면 틀림없이 귀해보일 것이라고 믿고 시내로 가서 여우가죽 두루마기를 사려고 했다. 시내에 나가자마자 그는 여러 점포를 돌며 여우모피를 직접 고르려 하였지만 마음에 드는 여우모피를 구하지 못했다. 한 가게에서 마음에 드는 여우모피를 찾아냈지만, 가격이 너무 비싸서 그가 가지고 있는 돈으로

는 살 수가 없었다. 그는 할 수 없이 의기소침해서 가게를 떠나야만 했다. 그런데 그 때 갑자기 무언가를 생각해내고는 급히 도시를 벗어나 곧장 숲속으로 향했다. 그는 여우를 찾아서 여우에게 가죽 한 장을 달라고 부탁했다. 여우는 자신을 죽이려고 하는 것이라며 놀라서는 많은 여우 무리들과 함께 깊은 산속으로 숨어버렸다. 하지만 이 사람은 포기하지 않는다. 이 때 배가 고파지자 또 양을 잡으러 가려다가 양떼가 산으로 들로 모두 도망쳐버렸다. 결국 이 어리석은 사람은 아무것도 얻지 못하였다.

이 "여호모피與虎謀皮"라는 사자성어는 "여호모피與狐謀皮"라는 말에서 유래했는데, 이해관계가 서로 맞지 않는 사람과 논의하는 것은 헛수고라는 것을 비유하는 말로 사용되고 있다.

"Ask a tiger for its skin" means that people discuss with the tiger to ask for its skin. It is absolutely impossible to discuss with a villain that he should give up his own interests.

During the Zhou Dynasty, there was a man who were fond of wool gathering, was crazy about fur and loved precious food. He wanted to make a fur clothe which worth twelve thousand gold. It must be very cool to wear such a dress. So he went to the town and was going to buy a fox fur robe. He went to the town and went directly to the clothes shop. Many shops did not sell satisfactory fox fur robes. Finally he found it in a shop but the fox fur robe was very expensive. The money he has is far from enough.

He left the shop dejected because he couldn't get a lot of money. Suddenly, he rushed out of the city and went straight to the mountain forest. He found the fox and asked the fox to send him his fur. When the fox heard this, he was shocked, this did it mean that you want to expose me to mortal danger? so he ran away and took the whole family to hide in the mountains. The fool did not give up, at this time he was hungry, he was going to catch sheep for meat. The sheep immediately hide in the col. As a result, the nerd was empty handed and got nothing.

The idiom "Ask tiger for its skin" evolved from "ask fox for its skin". It's a metaphor for trying in vain to get something from villains.

按圖索驥(안도색기)　　Try to locate something by following up a clue

按圖索驥(안도색기)는 그림에 그려진대로만 좋은 말을 찾는다는 말로 융통성 없이 원리원칙만을 따져 일하는 것을 비유하여 이르는 말이다.

춘추시대 진秦나라에 손양孫陽이라는 사람이 있었는데, 이 사람은 또 백락伯樂이라고도 불렸는데, "상마相馬", 즉 말의 생김새만 봐도 그 말이 좋고 나쁨을 잘 감정한다고 소문이 났다. 백락의 아들은 아버지가 자기의 경험을 바탕으로 쓴 《상마경相馬經》을 잘 숙지하고 외워서, 자신도 상마의 재주가 생긴 줄로 착각하였다.

어느 날 백락의 아들이 길가에서 두꺼비 한 마리를 보았다. 그는 책에 나와 있는 천리마는 이마에 볼록한 눈망울, 네 개의 큰 발굽이 있다고 한 것을 떠올리고는 "이 놈의 이마는 솟아오르고 눈은 크고 밝으니 천리마가 아닌가?" 라고 생각했다. 그는 백락에게 가서 "제가 천리마 한 필을 구했습니다. 그런데 다른 조건은 다 들어맞는데 발굽이 별로 크지는 않습니다." 라고 하였다. 그는 아들이 매우 우둔하다는 것을 알고 있었기에 그저 어이가 없어서 웃으며, 아들에게 "네가 찾아낸 말은 너무 뛰기를 좋아해서 탈 수가 없구나!" 라고 하며 허탈해하였다.

"Suo" means look for; "Ji" refers to good horse. Follow the portrait to find a good horse. It means that people do things by following a rule of law, and find things by following clues.

In the Spring and Autumn Period, there was a man named Sun Yang in Qin Dynasty. He was called Bole because he was good at recognizing horses. Bole's son memorized *Xiangma Jing*, which was written by his father based on experience. Bole thought that he had the ability to recognize horses.

One day, Bole's son saw a toad on the side of the road. He remembered that the book said that it would be a good horse if he had raised forehead, bright eyes, four big hoofs. He thought, "This guy's forehead is raised and eyes are bright, isn't it a giant horse?" So he went to his father (Bole) and said: "I found a horse (thousands of miles) and it met all the other conditions except its hoof is not big enough!" Bole knew that his son was stupid. He laughed angrily and said: "The horse you found is too jumpy to ride!"

愛屋及烏 (애옥급오)　Love me love my doy

집을 사랑함이 까마귀에게까지 미친다는 뜻으로 누군가를 사랑하게 되면 그 사람에 딸린 사람이나 물건까지 좋아지게 됨을 비유하여 이르는 말이다.

상商나라의 주왕紂王은 매우 포악하기로 소문난 왕으로 걸핏하면 백성을 처형하려 했다. 이러한 폭정이 극에 달하자 주周나라 무왕武王이 이를 토벌하여 상나라를 멸망시키고 주周나라를 세웠다. 주나라가 세워지고 나서도 주 무왕은 천하가 아직 완전히 안정되지 않았음을 느끼고는 강태공姜太公을 찾아가 "주나라가 세워졌는데 옛 상나라의 관원들은 어떻게 처리하는 것이 옳겠는가?"라고 물었다. 강태공은 "누군가를 좋아하게 되면 그 사람 집의 지붕에 머무는 까마귀까지 사랑스럽고, 또 누군가를 미워하면 그 집 담벼락도 미워하게 된다는 말도 있습니다. 그러니 그들을 모두 죽이는 게 좋다고 생각합니다."라고 말했다. 주무왕이 강태공의 말을 따르지 않고, 소공召公을 불러 같은 질문을 하자 "백성을 억압하는 상의 주왕같은 탐관오리는 죽이고, 백성에게 공정하고 청렴한 관원은 살려주는 것이 어떻겠습니까?"라고 의견을 제시했지만 무왕은 이말도 역시 탐탁하게 여기지 않았다. 마지막으로 주공周公을 불러 물으니 주공은 "이들을 모두 집으로 돌려보내서 자기 집에서 일하게 해야 한다고 생각합니다. 무왕께서는 오래된 부하와 친지들만을 감싸지 말고, 그들도 집에 가서 일하게 하고, 어진 정사를 베풀어 온 백성을 감동시켜야 합니다."라고 말하였다. 주 무왕은 이 말을 듣고 천하가 안정되리라 생각하며 기뻐하였고, 결국 주공의 말대로 하자 나라가 금방 안정되었다.

"Love me love my dog" means that people love the crow who stays on a person's roof because of the love for this person.

The king of Shang Dynasty was very cruel, and he would kill the people frequently. King Zhou Wu defeated the Shang Dynasty and established the Zhou Dynasty. After the founding of the Zhou Dynasty, King Zhou Wu felt that the society was not stable. He asked Jiang Taigong: "How did the Zhou Dynasty punish the officials of the Shang Dynasty?" Jiang Taigong said: "I once heard, if you like someone, you will also like the crows on his roof. If you hates someone, you will hate his walls and crowns. I think it's better to kill them all." King Wu of Zhou did not approve of Jiang Taigong's practice, so he called Shao Gong and asked the same question. Shao Gong said: "I have heard people say, corrupt officials oppress the people like the king of Shang, and they would be put to death; the impartial and honese officials who treat the people well would keep them alive. We should separate the good officials from the bad ones and execute all of bad officials."

King Zhou Wu was still dissatisfied, so he called in Zhou Gong and asked Zhou Gong this question. "I think that we should let all these officials back home, and let them work in their own homes, in addition, we should not cover up our old subordinates, relatives and friends, let them also come home to work and to move the people of the whole country with benevolent government." Zhou Gong said. King Zhou was very glad to hear it and felt that the world would be able to be stable. Later King Zhou Wu did it according to what Zhou Gong said, and the country soon settled down.

風吹草動(풍취초동)   The grass shakes when the wind blows slightly

바람이 불어 풀이 움직인다는 의미로 경미한 움직임에 의해 영향이 생긴다는 것을 비유하여 이르는 말이다.

춘추시대 초楚나라의 평왕平王은 여색에 빠진 왕이었다. 나중에는 자신의 며느리까지 취하였다. 신하인 오사伍奢는 이런 군주의 행동에 대해 큰 반감을 가지고 있었다. 초나라 왕이 이를 알고는 기분이 나빠서 오사를 잡아들이고 그의 큰아들까지 함께 죽여버리자, 오사의 둘째 아들 오원伍員(오자서伍子胥)은 상황이 심상치 않다고 판단하고는 재빨리 도망을 쳤다. 그 후 오자서는 길거리에 숨어 다니면서 무슨 바람이 불거나 풀이 움직이는 소리만 들어도 놀라곤 했다. 어느 날, 오자서가 강변에서 한 어부를 만났는데, 그 어부에게 그간의 모든 일들을 알려주었다. 이를 불쌍히 여긴 어부가 먹을 것을 가지고 오자서가 숨어있는 곳으로 찾아갔지만, 오자서는 그 어부가 밀고했을지 몰라 겁이나서 갈대숲으로 몸을 숨겼다. 어부는 오자서가 숨었다는 것을 알아차리고는 소리를 내어 그를 부르며 걱정하지 말고 빨리 나와서 맛있는 저녁을 먹으라고 했다. 그제서야 숲에서 나온 오자서는 저역을 먹으며 어부에게 제발 자신을 만난 이야기를 하지 말라고 부탁하였다. 어부는 오자서가 계속 자신을 의심하자, 그가 걱정하지 않도록 하기 위해 결국 강에 투신하여 죽었다. 오자서는 매우 후회하고 괴로워하며 도망 생활을 계속했다. 나중에 오나라에서 중용되어 오나라의 군대를 장악하게 되었으며, 그는 결국 나중에 초나라를 공격하여 아버지의 깊은 원한을 갚았다.

"The grass shakes when the wind blows slightly" which is the metaphor of minor changes.

In the Spring and Autumn Period, King Chu Ping was a king who was very obsessed with women. Later he owned his daughter-in-law. Minister Wu She is very disgusted with such acts of monarch. The king of Chu was unhappy and ordered the arrest of Wu She. Even his eldest son was killed together. Wu Zixu, the second son, was in bad condition. He ran for his life and hid all the way. He would be frightened by the sound of wind or grass. One day, Wu Zixu came to the riverside and met a fisherman. Wu Zixu told him the truth. Later, the fisherman went ashore to help him find food. He was afraid that the fisherman would snitch, so he hid in the reeds on the shore. When the fisherman came back and found that he was absent, he told him that he need not to worry about it and should come out to have a big dinner. When Wu Zixu wanted to leave, he urged the fisherman not to talk about him to others. The fisherman saw that Wu Zixu doubting himself, and in order not to worry him, he threw himself into the river and died. Wu Zixu did regret it very much. He was very sad and continued to run away. Later, he was received plenty of recognition in the Wu State and mastered the army of the Wu State. He immediately attacked the State of Chu and avenged the murder of his father.

口蜜腹劍 (구밀복검)　Play a double game / Judas kiss

말은 달지만 속으로는 남을 해칠 나쁜 생각을 품고 있는 것을 묘사한다.

당唐나라 때 이임보李林甫라는 재상이 있었는데, 그는 간교하고, 겉과 속이 달

랐던 역사상 유명한 간신이었다. 이임보는 서예와 미술 등 여러 분야에 뛰어난 재능이 있었지만 품성은 정말 형편없었다. 그는 특별한 재능을 가진 다른 사람을 질투하고 남 해치기를 좋아했다. 무엇보다 능력이 뛰어나고 명망이 높으며, 권세가 그와 비슷한 사람이라면 수단과 방법을 가리지 않고 배척하고 공격하였다. 재위 기간에 그는 당唐 현종玄宗에게 온갖 수법을 동원해 아첨을 하며 신임을 얻었으며, 현종의 총애를 받는 후궁과 심복의 환심과 지지도 얻었다. 이렇든 그는 황제의 생각을 읽어내고 신임을 유지하며 자신의 지위를 지켜갔다. 이임보는 사람들과 어울릴 때 겉으로는 자신의 본모습을 감추고 상대방을 배려하는 척 하였지만 뒤에서는 갖은 음모로 남을 모함하곤 하였다. 결국 주위 모두가 그의 형편없는 성품을 알게 되면서 그를 빗대어 "그의 입에는 꿀이 흐르지만 뱃속에는 칼을 품고 있다"고 말하였다. 한 번은 동료인 이적지李適之를 만났는데, 그는 이적지에게 "화산華山에는 황금이 많이 있으니, 그것을 캐내면 국고를 크게 늘릴 수 있다."고 말했다. 이적지는 곧이곧대로 믿고 황제에게 황금을 채굴하자고 황급히 건의했고, 황제가 듣고 매우 기뻐하는 모습을 보고는 임보를 찾아가 구체적인 채굴방법을 상의하였다. 그런데 뜻밖에도 이임보는 황제에게 몰래 나아가 채굴을 반대하며 말하기를 "저는 이미 알고 있었습니다. 하지만 화산은 임금의 풍수가 모여 있는 곳이기때문에 함부로 채굴을 하면 안됩니다. 전하께 황금을 채굴하라고 권하는 그 사람은 황금에 눈이 멀어 화산의 풍수를 파괴할 것입니다. 그동안 말씀드리려고 몇 번을 생각했지만 결국은 입을 열지 못했습니다." 이 말에 감동한 현종은 이임보를 황제에게 충성하고 나라를 사랑하는 신하라 여기고, 오히려 이적지를 탐탁지 않게 여겨 그를 멀리 하였다. 그렇게 이임보는 19년 동안 재상으로 지냈다. 훗날 사마광은 《자치통감資治通鑑》을 집필하면서 구밀복검口蜜腹劍으로 이임보를 평가하였다.

  This idom refers to that someone's mouth is sweet, but the belly is harbours the evil idea, which describes the person who is insidious.

  In the Tang Dynasty, there was a prime minister who named Li Linfu. He was a cunning, inconsistent man and a famous treacherous prime minister in history. Actually, Li Linfu is versatile. He was not only good at calligraphy, but also good at painting. But his morality is really inferior. He was jealous of talent and do people great harm, and he did everything he could to repulse anyone who was stronger, prestigious and more powerful than he was. During his tenure, he had a gift of flattery for Tang Xuanzong. He endeavored to accommodate Xuanzong, using various methods to please Xuanzong's favorite concubines and trusted eunuchs, in order to obtain their favor and support, and in this way he can also understand the emperor's ideas, gain the emperor's trust, and maintain his position. When he get along with others, Li Linfu always tries purposely to be sincere, friendly and considerate. But secretly plotting tricks and framing others. As time goes by, everyone knows his personality. People said behind his back that he had honey words in mouth but a sword in his belly. On one occasion, he met his colleague, Li Shizhi. He remind Li Shizhi on purpose: "There is a lot of gold in Huashan Mountain. If exploited, the wealth of the country can be greatly increased."Li Shizhi believed it, and promptly suggested that the emperor should mine gold. The emperor was very happy to hear this, and immediately came to Li Linfu to discuss it. Unexpectedly, Li Linfu objected to it:"I have known for a long time, but Huashan Mountain is the land of treasure for emperors. How can it be mined? The person who advised you to exploit gold may want to destroy Huashan Mountain's geomancy. I have tried to tell you this several times, but I dare not speak. "Xuanzong was moved by his speech and thought that he was really a loyal and patriotic minister. Instead, he was not satisfied with Li Shizhi and gradually alienated him. Li Linfu had been prime minister for nineteen years with this special skill. Later, when Sima Guang compiled History As A Mirror, and he used this proverb to evaluate Li Linfu in this book.

狼狽不堪(낭패불감)　Be thrown into a panic

어떤 곤란한 상황이 닥쳐 이러지도 저러지도 못하는 어려운 처지가 되었음을 비유하여 이르른 말이다.

삼국시대 유비劉備의 군대를 이끄는 유명한 마초馬超라는 장수 한 명이 있었는데, 그는 용감하고 싸움을 잘하였을 뿐만 아니라 지략이 뛰어나, 오호五虎라 불리며 유비의 총애를 받던 다섯 장군 중의 한 명이다. 유비에게 귀순하기 전 마초는 부대를 이끌며 한수韓遂의 부대와 함께 조조에 맞서 싸운적이 있다. 어느 날 마초는 조조의 군대가 먼길을 달여왔으므로 상당히 피폐해져 있을 것이라고 여기고, 한수에게 두 부대가 함께 위수 북쪽을 차단하여 조조의 부대를 고립시키고 그들이 양식이 모두 바닥나기를 기다린다면 힘안들이고 조조의 군대를 섬멸할 수 있을 것이라고 제안하였다. 하지만 한수는 이 계책을 받아들이려 하지 않았다. 마초의 계책을 알게된 조조는 "마초가 죽지 않으면 결국 내가 죽겠구나."라고 생각하고는 이간책을 써서 마초와 한수의 관계를 이용해 서로 의심하도록 한 후, 그 틈을 타서 공격하여 마초와 한수는 여지없이 패배하였다. 마초는 자신의 부대를 이끌고, 겹겹이 둘러싸인 포위망을 뚫고 빠져나오다가 머물 곳이 없게 되자, 기성冀城을 공격하여 성주를 죽이고, 스스로 정서장군征西將軍이라고 자처하였다. 하지만 기성冀城 성주의 부하들은 이에 불복하며 지속적으로 마초를 공격하였고, 마초가 군대를 이끌고 기성을 떠나 노성鹵城을 공격하는 동안 기성은 다시 원래 성주의 부하들에게 점령을 당했다. 마초는 몸을 둘 곳이 없어 이러지도 저러지도 못하다가 결국 한중漢中으로 가서 장로張魯에게 몸을 의탁했다. 후에 이 단어는 사람의 처지가 매우 곤궁하다는 말로 사용되었다.

"Be thrown into a panic" describes people's tired and embarrassed look.

During the Three Kingdoms Period, there was a famous general named Ma Chao in Liu Bei's army. He was a brave and resourceful general who was one of the "five tigers" in join Liu Bei's army. Before he went to Liu Bei, Ma Chao led his troops and Han's troops to fight Cao Cao. One day, Ma Chao said to Han Sui that Cao's troops must be exhausted since they came from afar. We only need to arrange interceptions in the north of Wei River to trap Cao's troops and we can defeat them effortlessly when they ran out of their army provisions. But Han Sui refused to adopt this strategy. When Cao Cao knew this, he said: "I will die without burial place, if Ma Chao is not die." Later, Cao Cao used alienation tactics to provoke the relationship between Ma Chao and Han Sui to make them suspicious of each other. Then he took the opportunity to attack and defeated Ma Chao and Han Sui. Ma Chao led his troops, rushed out of the siege and they had nowhere to escape. He captured Ji City and killed the state officer, he called himself the West General. The former subordinates of state officials were dissatisfied, and they attacked Ma Chao one after another. Later Ma Chao led his troops to leave Ji City and attack Lu City. Uncxpcctedly Ji City has been occupied by the former subordinactes of state officials, Ma Chao has no place to stay and he was in a dilemma and was very embarrassing, had to go to Hanzhong to Zhang Lu. Later, this proverb is used as describe people's distress.

半途而廢(반도이폐)　Give up halfway

도중에 멈추다. 일을 하다가 중간에 멈춰버리는 것을 비유하여 이르는 말이다.

낙양자樂羊子는 전국시대戰國時代 위魏나라의 유명한 장수이다. 낙양자는 젊었을 때 매우 가난했지만 포부가 매우 큰 아내를 두고 있었다. 결혼 후 얼마 되지 않아 길에서 황금을 주운 그는 매우 기뻐하며 집으로 그것을 가져가 아내에게 주었다. 그런데 그의 아내는 그에게 화를 내며 "기개가 있는 사람은 모욕적인 물건을 받지 않는다고 들었고, 품성이 고상한 사람은 "도천盜泉"의 물도 마시지 않는다고 들었습니다. 도적의 샘이라는 그 이름이 너무 듣기 거북했기 때문일 것입니다. 그런데 어찌 남의 것을 공짜로 탐하겠습니까?" 라고 말했다. 낙양자는 아내의 말을 듣고 곧 황금을 제자리에 가져다 놓고는 스승을 모시고 학문을 배우기 위해 먼 길을 떠났다. 일년 후, 낙양자가 집으로 돌아오자, 그의 아내는 "왜 이렇게 빨리 돌아오셨습니까?" 라고 물었다. 그러자 낙양자는 "밖에서 지낸지 1년이나 지나서 당신이 너무 그리워서 돌아왔다오." 라고 멋쩍게 말했다. 아내가 낙양자의 말을 듣고는 칼을 집어들고 베틀 앞으로 다가서더니, "비단은 누에고치에서 뽑아 실을 짠 다음 실 한올 한올이 쌓이면 겨우 한 장丈 내지 한 필이 됩니다. 오늘 내가 그것을 자른다면 공든 탑이 무너질 것입니다. 배움도 마찬가지로, 매일 새로운 지식을 얻어야 하고 그로써 품행이 날로 높아지는데, 도중에 그만두면 이제껏 공을 들인 시간과 노력이 헛되지 않습니까? 이는 짜전 천을 자르는 것과 무엇이 다릅니까?" 라고 말했다. 아내의 말에 감동한 낙양자는 다시 공부를 했고 7년 동안 집에 가지 않았다고 한다.

Give up halfway describes that one stops doing something midway and does not stick to the end.

Yue Yangzi was a famous general in Wei state during the Warring States Period. When he was young, he was very poor but his wife was a very ambitious woman. Soon after he got married, he picked up a piece of gold on the road and he was very happy to take it home to his wife. His wife was very angry and said to him, "I have heard that ambitious people do not accept insulting handouts; noble people, who do not even drink the water from the thief's fountain, think that name is too unpleasant. How can you take something without nothing paid? After hearing that, he immediately put the gold back to the original place and sought for knowledge. A year later, he went home. "Why are you back so soon?" His wife asked in surprise. "I have missed you very much for a year, so I came back." After hearing Yue Yangzi's words, his wife went over to the loom with a knife and said: "The silk on this loom comes from the cocoon and is made from a loom. Only by accumulating silks can it grows one inch; only by accumulating one inch by one inch can ten feet or even a bolt of cloth be accumulated. If I cut it off today, what I have done will be useless. Reading is also the case. If you accumulate knowledge, you should acquire new knowledge every day. In order to make their own conduct increasingly perfect, if half-done the original time and effort wasn't wasted? What is the defference between giving up halfway and cutting the silk weaves?" Yue Yangzi was deeply moved by what his wife said, so he went to finish his studies and never went home for seven years.

鑿壁借光(착벽차광)　Chisel wall to borrow light

사람이 부지런하고 열심히 공부하는 것을 비유하여 이르는 말이다.

서한에 저명한 경학자가 있었는데, 그의 이름은 광형匡衡으로, 주로 유가의 경전과 학문을 연구하며, 특히《시경詩經》을 비롯한 문학에 조예가 깊었다.

젊었을 때 그의 집안은 매우 가난하여 늘 부모를 도와 농사일을 해야만 했다. 하지만 그는 부지런했으며, 공부하기를 좋아하여 수단과 방법을 가리지 않고 학습에 매진하였다. 집에 책을 살 돈이 없어서 부잣집에 가서 허드렛일을 하고 임금 대신 책을 빌려와 공부를 하였고, 낮에는 일을 해야 했기 때문에 밤에만 책을 읽을 수 있었다. 하지만 그의 집에는 등불을 살 돈이 없어 사실상 책을 읽기도 어려웠다. 그는 방에서 초조히게 방도를 생각하다가 벽의 갈라진 틈으로 이웃집의 작은 불빛이 새어들어오는 것을 발견하고는 밤이 되어 이웃집에서 불을 켜기만 하면 벽 틈으로 새어 들어오는 불빛을 이용해 글을 읽었다. 또한 벽에 구멍을 더 크게 뚫어 더 많은 빛이 책을 비추도록 하였다. 이렇듯 그는 매일 밤 책을 들고 벽에 바짝 기대어 옆집에서 새어 나오는 불빛을 이용해 열심히 책을 읽다가 이웃집의 촛불이 꺼지고 나서야 잠을 이루곤 하였다.

이렇게 열심히 학습을 계속한 그는 마침내 대학자가 되었고, 사람들은 이 이야기를 바탕으로 어려운 환경에서 열심히 공부하는 사람을 빗대어 "벽을 뚫고 빛을 빌리다" 라는 의미의 착벽차광鑿壁借光이라는 고사성어를 만들어냈다.

"Chisel wall to borrow light" describes that one studies hard and is diligent.

In the Western Han Dynasty, there was a famous Confucian scholar named Kuang Heng, he mainly studied Confucian classics and scholarship, especially was good at telling the Book of Songs and was very accomplished the field of in literature.

Kuang Heng was very poor when he was young. He often helped his parents do farm work. But he was diligent, eager to learn and tried every efforts to study. When he had no money to buy books, he went to take service with rich people and suggested to borrow books instead of money. Seeing how much he loved reading and how sincere he was, the master's family agreed to his request, so Kuang Heng worked during the day and read at night. But there was no extra money at home to buy a light for him to read? He walked around in the room anxiously, and suddenly he came up with a idea. He found a faint beam of light coming through the cracks of the wall. The wall of Kuang Heng's house and his neighbor's were close together. As long as the neighbors lit the lights, the light would leak through the cracks of the wall. Kuang Heng was delighted and come up with a very good idea. He immediately cut a hole on the wall in order to get more light. Until the light can illuminate books, from then on, Kuang Heng, hold a book every day, and he leaned tightly against the wall, read carefully by the light coming from his neighbor's house and was reluctant to go to bed until his neighbor put out the candle.

Later Kuang Heng, eventually became a famous scholar in a university by vitue of this spirit of diligence. According to this story, people also summed up this idiom to describe a person who studies hard.

東山再起(동산재기)　Stage a comeback

은퇴 후 다시 요직에 임명되는 것을 비유하여 이르는 말이다.

기원전 383년 8월, 부견符堅은 친히 87만 대군을 이끌고 장안長安에서 출발했다. 남쪽으로 향하는 대로에는 보병과 기병에다 게다가 군수물자를 실은 말의 행렬이 위풍당당했다. 한 달이 지나 부견의 주력부대는 항성項城에 도착했고 익주益州의 수군도 강 연안을 따라 동쪽으로 내려갔으며, 황하의 북쪽에 있던 부대도 팽성彭城에 이르렀다. 동쪽에서 서쪽으로 1만여 리쯤 길게 이어진 전선에 전진前秦 부견의 수군은 두 갈래로 진군하여 강남江南으로 접근했다. 이 소식이 건강建康에 전해지면서 진晉 무제武帝와 경성京城의 문무백관들은 다급해졌다. 진나라 군민軍民들 역시 강남이 함락되어 전진의 수중에 들어가기를 원치 않았는데, 모두들 재상 사안謝安이 나서서 방도를 모색하기를 바랬다.

사안은 진군陳郡의 양하陽夏 사람으로 사대부 집안에서 태어났다. 그는 젊었을 때 왕희지王羲之와 친한 친구사이여서 자주 회계會稽의 동산東山에서 산수를 유람하며 시문을 짓곤 하였다. 그는 당시 사대부 계층 중에서도 명망이 매우 높아 모두들 그를 진정한 재능과 학식을 갖춘 사람이라고 여겼다. 그러나 조정의 소인배 무리들의 시기와 질투에 따른 비방으로 인해 임금은 그를 중용하였다가 버리고, 또 다시 중용하였다가 내치는 일들이 반복되었다. 사안은 홧김에 벼슬을 그만두고 토산土山에 들어가 은거하며 바둑을 두면서 편안한 여생을 보내려고 하였다. 그는 절강浙江 회계의 동산을 그리워하여, 토산을 동산의 모습을 본떠 조성하였다. 당시 사대부들 사이에서는 이를 우려하여 "사안이 결국 벼슬에 나오지 않으면 백성들은 어찌 되겠습니까?" 라는 말이 전파되기도 하였다.

국가가 위급한 지경에 놓이자 그의 도움이 절실하다고 판단한 임금은 사람을 파견하여 사안에게 입궐을 요청하였고, 사안은 다시 벼슬길로 들어섰다. 오랫동안 동산에 은둔했던 사안이 훗날 다시 벼슬길에 나아가 재기했다고 하여 후세 사람들은 이를 동산재기東山再起라고 이르고 있다.

"Stage a comeback" refers to that people takes up another important post after retirement.

In August 383 B.C., Fu Jian personally led 870,000 soldiers from Chang'an to the South Road. The road is full of smoke, the infantry and cavalry, and heavy vehicles and horses made the procession almost a thousand miles long. After a month, the main force of Fu Jian reached Xiang City. The sailors of Yi state also went east along the river. People and horses in the north of the Yellow River also came to Pengcheng. On the east-west battle line which was longer than 10,000 kilometers, the two armies of the former Qin Fengjian waterway approached the south of the Yangtze River on waterway. Neither the army nor the people in the Jin Dynasty were willing to let the south of the Yangtze River fall into the hands of the former Qin Dynasty. We all looked forward to Xie An, the prime minister, coming out to make up his mind.

Xie An was a native in Xiayang Chenjun. He was a scholar-bureaucrat. When he was young, he and Wang Xizhi were good friend. He often visited the mountains and rivers in Kuaiji East Mountain and recited poems and prose. At that time, he enjoyed a high reputation as a scholar bureaucrat. He was regarded as a man who owned real talent. But in the imperial court, a small group of people were jealous of him, which made the emperor employ him for a while, and disolate him sometimes. Xie An resigned in anger and live in seclusion in the mountains. He invited people to play chess and made ear clean. He missed his home so he imitated the scene of Zhejiang provincial government inspecting the Dongshan Mountains. He built a large number of buildings on the Tushan Mountains and changed the Tushan Mountains into the Dongshan Mountains. Only in his forties did he come out again as an official. Because of his seclusion in Dongshan for a long time, Xie An was later called Dongshan's resurgence. Unitl now, the army of Fu Jian was going to attck Jin Dynasty, the emperor sent someone ask his help.

衆叛親離(중반친리)　　Be utterly isolated

많은 사람들이 반대하고 친근한 사람들이 떠나가 완전히 고립된 것을 비유하여 이르는 말이다.

춘추시대春秋時代에 위衛라는 작은 제후국이 있었다. 위나라의 제13대 임금인 환공桓公에게는 두 명의 형제가 있었는데, 한 명은 공자公子 진晉이오, 또 다른 한 명은 공자公子 주우州吁였다. 주우는 어릴 적부터 무술을 익히는 것을 좋아하여 하루 종일 칼춤을 추고, 병사를 이끌고 천군만마를 이끄는 대장군이 되는 것이 꿈이라고 하였다. 위 환공은 성실한 사람으로, 비교적 나약하게 일을 처리했고, 위나라가 자주 주변국의 괴롭힘을 받자 주우는 이에 실망하여 위 환공의 자리를 찬탈하고자 하였다.

기원전 719년에 위 환공이 주周나라 임금 평왕平王의 장례식에 참석하기 위해 낙양洛陽으로 떠나야 했다. 주우는 서문 밖에 술자리를 마련하고 환공을 배웅하였다. 그는 술 한 잔을 들고 환공에게 "오늘 형님이 먼길을 떠나니 제가 한잔 올리겠습니다." 라고 말했다. "곧 돌아올 텐데 아우가 너무 신경 쓰는구나." 환공이 말하며 술을 한 잔 따라 화답하였다. 주우는 환공이 방심하는 틈을 타 갑자기 비수를 뽑아 환공을 살해하였고, 환공을 대신하여 위나라의 왕이 되었다. 그는 백성들의 반발을 두려워하여 대외전쟁으로 그를 힐난하는 시선을 돌리기로 마음먹었다. 그는 이윽고 진陳, 송宋, 채蔡 등 나라를 끌어들여 함께 정鄭나라를 공격하였지만 정 나라의 철통같은 수비로 공격은 실패로 끝나고 말았다.

노魯나라 왕이 이 소식을 듣고, 대부 중중衆仲에게 "주우가 이렇게 해서야 오래갈 수 있겠느냐?" 라고 묻자, 중중은 "주우는 무력에 의지해 전쟁만 하고 다녀서 백성들이 그를 옹호하지 않을 것입니다. 참혹하고 무고한 사람을 마구 죽이는데 누가 감히 가까이 가겠습니까? 이러면 백성들의 신임을 얻을 수도 없고 가까운 측근들도 모두 그의 곁을 떠나갈 것이 뻔한데 어떻게 그 정권이 오래 갈 수 있겠습니까?" 라고 대답하고, 또 말하길 "전쟁은 불과 같아서 오로지 싸우려

고만 하고 절제할 줄 모르면, 그 결과는 필연적으로 불놀이를 하다가 자신이 타버리게 마련입니다. 제가 보기엔 그에게는 실패의 운명만이 기다리고 있을 뿐입니다." 고 말했다.

과연 일년도 안 되어 주우는 결국 진나라의 힘을 등에 업은 늙은 신하 석초石醋에 의해 살해당하였다.

This idiom means everyone object to people and they are faced with the departure of their loved ones, which describes being completely isolated.

In the Spring and Autumn Period, there was a small vassal state called Wei state. The thirteenth generation of monarch was Duke Wei Huan who had two brothers. One is called Gongzi Jin, and the other is called Gongzi Zhouyu. Zhouyu liked to practise martial arts since childhood and brandish swords and sticks all day long. His dream was to lead soldiers to fight and become a general who led thousands of troops and horses. Duke Wei Huan is an honest man and acts a little bit cowardly, Wei state was often bullied by neighboring countries, so Zhouyu conspires to usurp the throne, replacing his brother Duke Wei Huan.

In 719 B.C., Duke Wei Huan left for Luoyang to attend the funeral of King Ping of Zhou Dynasty. Zhouyu prepared a banquet outside the West Gate to see him off. He held a glass of wine and said to Duke Wei Huan: "Today, my brother is going out, and I propose a toast to you." Wei Huan answered that "I will be back soon, don't worry!" Then Duke Wei Huan toasted a glass of wine back. While Duke Wei Huan was undefended, Zhouyu suddenly pulled out his dagger and killed Duke Wei Huan.

Zhouyu killed Duke Wei Huan and became the monarch of Wei state. He was afraid of the opposition of the national people, and he used the way of fighting abroad to distract the attention of the domestic people. He drew Chen state, Song state and Cai State together to attack Zheng State. But because of Zheng State's close defense, the attack ended in failure.

After hearing this, the king of Lu asked the senior official Zhongzhong, "Can Zhouyu do this for a long time?" Zhongzhong answered: "Zhouyu only knows to rely on force. The common people would not support him when there was trouble everywhere; he was very cruel and killed innocent people. Who dared to approach him? So the ordinary pople were opposed to him and his trusted people left him. How could his regime last?" Zhongzhong went on and said: "Soldiers are like fire. If people blindly using troops, without knowing how to converge and control, the result must be to burn with fire. In my opinion, the fate of failure is waiting for him."

Sure enough, less than a year, the old minister Shicu, with the power of Chen Guo, killed Zhouyu.

老牛舐犢(노우지독) Parental love

늙은 소가 송아지를 핥는다는 뜻으로 자식에 대한 부모의 사랑을 비유하여 이르는 말이다.

삼국시대 조조曹操의 수하 중에 양수楊修라는 책사가 있었다. 양수는 태위 양표楊彪의 아들로, 자부심이 강하며, 항상 자신의 생각대로 조조의 마음을 헤아렸다. 이 때문에 조조의 의심을 샀다.

한 번은 조조가 군사를 거느리고 한중漢中을 공격하였으나 뜻밖에 패전하여 할 수 없이 일단 사곡계 어구에 후퇴하여 주둔하며 다시 전략을 세우고 있었다. 조조는 진퇴양란의 처지에 놓여있었다. 공격하자니 이길 자신이 없었고, 물러서자니 자신의 체면이 깎이는 상황에서 번뇌에 빠져 있었다. 어찌한 바를 모르고 있을 때, 요리사가 닭고기국 한 그릇을 건넸다. 국속에 들어있던 계륵의 맛을 보고 있을 때 부장 하후돈夏侯惇이 야간 암구호를 청해 묻자, 조조는 별 생각 없이 "계륵! 계륵일세!" 라는 말만 했다.

양수는 그 말을 듣고 짐을 싸서 집으로 돌아갈 준비를 했다. 하후돈은 영문을 몰라 양수에게 왜 그러냐고 물었다. 양수는 "계륵은 먹을 만한 고깃살도 없지만 버리기도 아까운 법이다. 우리가 지금 진공한다 해도 승리를 장담할 수 없고, 물러서는 것 또한 웃음거리가 될까 두렵다, 승상께서 방금 계륵이라고 하신 것으로 보아 돌아갈 준비를 하고 있는 것이 틀림없다. 그러니 이를 대비하여 허둥대지 않으려고 짐을 먼저 챙기고자 하는 것이다." 고 말했다. 조조가 이 사실을 전해듣고 양수가 자신의 마음을 꿰뚫어본 것에 화가나서 양수를 끌어와 군심을 어지럽힌다는 핑계로 그를 군법으로 참수하였다.

어느 날 조조는 양수의 아버지 양표楊彪의 초췌한 모습을 보았다. "요즘 몸이 안 좋은가? 왜 이렇게 살이 빠졌는가?"라고 물었다. 양표는 조조에게 직접 대답하지 않고 "흉노 귀족 김일탄金日磾은 한 무제가 아끼던 신하이며, 그의 두 아들은 한 무제의 사랑을 듬뿍 받아 궁중에서 양육되었습니다. 나중에 두 아들이 후궁을 어지럽히자 김일탄은 화를 면하기 위해 아들들을 죽였습니다. 나는 김일탄처럼 선견지명이 없는데도 아들을 제대로 가르치지 못해 이런 꼴이 된 것을 부끄럽게 생각합니다. 승상께서는 혹시 밭의 늙은 소를 보신 적이 있으신지요? 밭을 갈고 나면 늘 송아지와 같이 있습니다. 그리고 이따금씩 혀로 송아지를 핥아대는 걸 보면 자꾸 아들 생각이 납니다."라고 말하며 눈물을 흘렸다.

"Parental love" analogies that parents love their children. The love for his son as the old cow licking the calf.

At the time of the Three Kingdoms Period, Cao Cao had a counsellor named Yang Xiu. Yang Xiu is the son of Grand commandant Yang Biao. He is more conceited and have a high opinion of himself. He often try to figure out Cao Cao's intentions with his own wisdom, but he also arouse Cao Cao's suspicion.

Once, Cao Cao led his troops to attack Hanzhong, but he was defeated. He had to be stationed at the border of the inclined Valley before making plans. Cao Cao was mentally calculating the present situation, they were unable to enter and unable to defend themselves. While hesitating, the cook brought a bowl of chicken soup, which contained several chicken ribs. Cao Cao could not help but initiate feelings. Just then, Xiahou Dun came to ask the night password, and Cao Cao said without thinking: "Chicken ribs!"

When Yang Xiu heard the password, he began to pack up and prepare for home. Xiahou Dun looked very puzzled and asked Yang Xiu why. Yang Xiu said: "People can not eat the meat on the chicken rib, but it is pity to throw it away. We can't win now, we're afraid of making jokes if we retreat. The prime minister just refered to chicken ribs, he must be ready to go back. So I pack my bags in advance so I won't be in a hurry." When Cao Cao knew this, he resented Yang Xiu for seeing through his mind. He decide to execute Yang Xiu with military law on the pretext that Yang Xiu disturbed the mind of the army.

One day, Cao Cao saw Yang Biao, Yang Xiu's father, and was shocked to see his haggard appearance. He asked: "Are you not feeling well recently? Why are you so thin?" Yang Biao did not answer Cao Cao positively, but said: "Kim Ri-dan, the Hun nobleman, is a near courtier of Emperor Wu of Han Dynasty. His two sons are very popular with Emperor Wu of Han Dynasty, and he also loved them. They were brought up in the palace. Later, Kim realized that his two sons were disorderly, and killed them so as not to cause trouble. It's a shame that I didn't have the foresight of Kim, and I didn't to teach my son so well. Sir, I wonder if you've ever seen an old cow in the field? They're always together with the calf after ploughing, and sometimes licking the calf with their tongues. Seeing such a scene always reminds me of my son!" Yang Biao said with tears.

至死不悟(지사불오)　Hold on to one's wrong belief till death

죽을 때까지 잘못을 깨닫지 못함을 비유하여 이르는 말이다.

당송팔대가唐宋八大家의 한 사람인 당唐대의 문학가 유종원柳宗元은 일찍이 임강臨江의 사슴이라는 의미의 〈임강지미臨江之麋〉라는 글을 쓴 적이 있는데, 임강에 '미록麋鹿'이라 불리는 사슴들이 있었는데 예쁘게 생겼을 뿐만 아니라 고기 맛도 일품이라는 내용의 글이다.

어느 날 한 사냥꾼이 작은 '미록麋鹿' 한 마리를 잡게 되어 매우 기뻤다. 하지만, 사냥꾼은 이 사슴이 아직은 좀 어리다고 생각하여 집으로 데려와 키우기 시작했다. 사슴이 어렸기 때문에 사냥꾼은 싱싱한 풀과 시원한 물을 공급해 주며 세심하게 돌봐주었고, 사슴은 사냥꾼의 집에서 아주 편안하게 생활했다.

사냥꾼 집에는 강아지 한 마리도 키웠는데, 사슴을 처음 본 강아지는 겁에 질려 사냥꾼 뒤로 몸을 숨겼다. 사냥꾼은 강아지를 향해 성난 목소리로 말했다.

"내가 키우는 사슴이자 너의 새 친구인데 앞으로 사이좋게 지내라, 알겠니?" 그 후로 개와 사슴은 사이좋게 지내며 함께 놀며 친하게 지냈다. 사냥꾼은 이제는 그들이 뜰에서 숨바꼭질까지 하는 것을 보고는 한시름 놓으며 흐뭇해 하였다. 어린 사슴은 점점 사라났고, 사슴은 자신이 사슴이라는 것을 까맣게 잊고는 개가 정말로 자기와 같은 류의 친구인 줄로만 알았다. 3년이 지나자 미록은 예쁜 암사슴으로 성장하였다. 어느 날 사슴은 사냥꾼의 앞마당 뜰을 나서게 되었는데, 우연히 만난 개들을 보고는 모두가 자기의 친구들인 줄 알고 거리낌 없이 다가가서는 "얘들아 안녕!" 하며 인사를 건넸다. 이 개들은 사슴 한 마리가 다가오는 것을 보고는 입안에 침을 흘리며 사정없이 돌진하여 사슴을 잡아먹어 버렸다. 죽을 때까지도 사슴은 자기가 죽는 까닭을 알지 못했다.

이 이야기는 우리로 하여금 늘 정신을 똑바로 차리고 살아가야 하며, 혹시 어떤 일이 발생한다면 마땅히 이에 대한 깊은 사고와 관찰을 해야 함을 알려준다. 자신의 생각이 틀렸음을 발견하고서도 제때에 고치지 못한다면 어린 사슴처럼 죽을 때까지도 자신이 죽는 까닭을 모를 수 있는 것이다

"Hold on to one's wrong belief till death" means that someone does not come to his senses till death.

Liu Zongyuan, one of the eight great writers in Tang and Song Dynasties, once wrote an article called *Linjiang Elk*. The article mainly tells about a kind of deer called elk. They are very popular and their meat is very delicious.

One day, a hunter caught a small elk, he was very happy, but he thought that the elk was still small, so he took it home to feed. Because it was very small, the hunter took care of it very carefully and fed it good fresh grass and cool spring water. The elk lived very comfortably in the hunter's home.

A puppy was kept in the hunter's house, and when he first saw the elk, he howl wildly, the elk was frightened and went straight behind the hunter. When the hunter saw it, he was very angry and said to the puppy angrily, "It's my deer and your new friend, so you showld treat it kindly in the future, you know?" Since then, the dog and the elk lived together, played together very intimately. The hunters saw that they were playing hide and seek in the yard, there was no scruple in their hearts. Little elk grew up. It seems that he has forgotten that he is a elk, he thought that dogs are really kindred friends. Three years later, the elk grew into a beautiful doe. One day, he came out of the hunter's yard and happened to meet a group of dogs. He thought they were all his friends. Without the slightest vigilance, he went over to say hello. When the dogs saw a deer coming, they drooled mercilessly, and the elk ceased to exist. Little elk does not understand it until death. Why?

Therefore, we must keep a clear head at any time, and observe and think more about things. If we find our ideas wrong, we need to correct them in time. We can't die like the elk who doesn't come to realize the truth until death.

奇貨可居(기화가거) Hoard as a rave commodity

진기한 물건이나 사람은 당장 쓸 곳이 없다 하여도 훗날을 위하여 잘 간직해 가면 훗날 귀하게 사용된다는 것을 비유하여 이르는 말이다.

전국戰國시대 자초子楚는 진秦나라 소양왕昭襄王의 손자이며, 태자 안국군安國君 슬하의 10여 명의 아들 중 하나이다. 자초의 어머니 하희夏姬는 안국군의 총애를 받지 못하였고, 자초 역시 형제들 중에서 지위가 매우 낮았기 때문에 국가안보를 위한 조趙나라와의 상호조약에 의해 조나라에 볼모로 보내지게 되었다.

당시 거상巨商이었던 여불위呂不韋가 조나라에서 장사를 하러 갔다가 우연히 자초를 보게 되었는데, 한 눈에 자초가 장차 큰 일을 도모할 사람이라는 것을 알아차리고는 향후 자초를 통해 자신의 영달을 꾀하고자 하였다. 진나라의 내막을 잘 아는 여불위는 안국군이 화양華陽부인을 가장 총애하고 있지만, 그녀에게 아들이 없다는 것을 알고 화양부인이 자초를 의붓아들로 삼도록 획책하였다. 이는 나중에 태자 안국군이 즉위하게 되었을 때 자초가 태자에 봉해진다면 자신도 틀림없이 많은 부귀와 영화를 얻을 수 있을 것으로 생각했기 때문이다.

여불위는 뛰어난 말솜씨를 발휘하여 자초가 매우 현명할 뿐 아니라, 천하의 친구를 널리 사귀고, 큰 뜻을 가진 인물이라며 그를 칭찬하였고, 또한 비록 멀고 먼 타향에 있지만, 자상한 안국군과 현숙한 화양부인을 그리워하며 눈물로 밤을

지새우고 있다고 말했다. 화양부인은 그의 말에 감동되어 자초에게 호감을 갖게 되었고, 결국 화양부인은 안국군의 총애를 이용하여 자초를 안국군의 후계자로 만들 계획을 세우게 하였다.

　일이 여불위의 뜻대로 성사되자 사초의 처지와 지위에 모두 큰 변화가 생겼다. 안국군과 화양부인은 자초에게 충족한 돈을 주고도 여불위를 자초의 스승이 되게 하여 아들을 도와주게 했다. 이때부터 여불위는 한단邯鄲에 머물며 자초와 함께 천하의 식객들과 교제하며 견문을 넓히면서 자초가 귀국 후 태자가 되어 왕위를 계승할 날이 오기를 기다렸다.

　6년 후(기원전 215년)에 진나라 소양왕이 죽자 안국군이 즉위하였는데, 이 사람이 바로 진秦의 효문왕孝文王이다. 여불위의 계획대로 화양부인은 왕후가 되었고 자초는 태자로 봉해졌다. 안국군의 재위 기간은 매우 짧았는데, 먼저 부친의 1년 복상을 마치고, 정식으로 즉위한 지 불과 3일 만에 세상을 떠났다. 효문왕孝文王의 뒤를 이어 자초가 즉위했는데, 그가 바로 진秦의 장양왕莊襄王이다. 자초는 즉위하자마자 여불위를 상국相國에 봉하고 문신후文信侯를 제수하였다.

　진의 장양왕은 여불위를 작은아버지라는 의미의 중부仲父라 칭할 정도로 그를 의지하며 큰 권력을 하사하였고, 여불위는 막강한 권력을 토대로 역사에 남을 만한 유명한 재력가가 되었다.

　It refers to that people stockpil scarce goods and wait for sale in high prices. It also refers to that people take something special or exclusive as capital and wait for the opportunity to gain fame and wealth.

　During the Warring States Period, Zi Chu was the grandson of the king of Qin Zhao Xiang, the son of Prince An Guo. Zi Chu's mother Xia Ji was not loved by Prince An Guo, and Zi Chu was ranked at the middle of 20 sons of Prince An Guo, he was not the eldest son, so his status was very low, so Zi Chu was arranged as a hostage in Zhao state.

　A businessman, Lv Buwei, once did business in Zhao state and discovered Zi Chu in an accidental situation. He was very speculative. When he met Zi Chu, he felt that Zi Chu was as valuable as a commodity and he would be able to earn fame and fortune through Zi Chu in the future. Lv Buwei was very familiar with the inside story of the Qin Dynasty. He knew that An Guo Jun loved Mrs. Hua Yang most, but she had no son. So he decided to let Hua Yang to adopt Zi Chu as her stepson. Then after Prince Anguo succeed to the throne, Zi Chu was the prince, and Lv Buwei would certainly make innumerable money by special political capital.

Lv Buwei showed his eloquence, said how wise Zi Chu was, how kind he was, he made friends all over the world, and he had great ambitions. Although living in a foreign country, but he missed the kind Prince An Guo and virtuous Mrs. Hua Yang every day, sometimes he may weep because of much miss. Mrs. Hua Yang was moved by his words and had a good impression on Zi Chu. Mrs. Hua Yang made use the favor of Prince An Guo to persuade him to make Zi Chu as his successor.

When it was done, Zi Chu's plight and status changed greatly: Prince An Guo and Mrs. Hua Yang gave Zi Chu enough money, and let Lv Buwei be his teacher to help him. From then on, Lv Buwei lived in Handan for a long time and made friends with people all over the world. He waited for the day when Zi Chu returned home to be the prince and was ready to inherit the throne.

Six years later, in 215 B.C., King Qin Zhao died and King Anguo assumed the throne, and he was King Xiaowen of Qin Dynasty. Madame Huayang became queen, and the prince was Zi Chu. Prince An Guo was in office for a short monarch. He firstly mourned for his father for a year and died only three days after his official accession. Zi Chu ascended the throne, he was the king Qin Zhuang Xiang. Just when he took the throne, he made Lv Buwei become a prime minister and was also knight him as Wen Xin marquis.

Zi Chu, king of Qin Zhuang Xiang, had great power, and Lv Buwei, with his great power, became a famous rich merchant in history.

越俎代庖(월조대포)

Exceed one's duties and meddle in others' affairs(A backseat driver)

제사를 담당하는 사람이 음식만드는 일을 한다는 뜻으로 자신의 직분을 벗어나 남의 영역을 침범하는 것을 비유하여 이르는 말이다.

중국의 역사상 성인으로 추앙받고 있는 요堯 임금은 태평성대를 이끈 현명한 군주로 유명하다. 세월이 흘러 나이가 들자 요는 현명하고 유능한 사람에게 왕위를 물려주고 싶었다.

요임금은 당시 양성陽城의 기산箕山에 은거하고 있다는 허유許由라는 인물이 재능과 수양을 겸비하여 사람들의 존경을 받고 있다는 말을 전해 듣고 그를 찾다가 허유에게 왕권을 넘겨주려 했다.

요임금은 허유에게 "해와 달이 밝은데 횃불을 계속 태우면, 그 빛이 너무 헛되지 않겠는가? 때맞추어 단 비가 내리는데 여전히 물을 대고 있다면 묘를 윤택하게 하는 데 있어서 부질없는 일이 아니겠는가? 선생께서 임금이 되면 천하가 더 잘 다스릴 것인데, 내가 이 자리를 차지하고 있으면 또 무슨 의미가 있겠는가? 부끄럽지만 천하를 자네의 손에 맡길 수 있도록 허락해 주시오." 라고 말했다.

허유는 "전하께서는 이미 천하를 잘 다스려 오셨습니다. 제가 만약 전하를 대신하여 천하를 다스린다면 전하의 명예를 낚아채는 것이 아니겠습니까? 저는 지금 스스로도 잘 살고 있는데 그런 허명을 가진들 뭐하겠습니까? 뱁새가 숲 속에 둥지를 틀어도 나뭇가지 하나면 충분하고, 두더지는 황하의 물을 마신다 해도 그 작은 배를 채우는 데 불과합니다. 그런데 천하가 저에게 무슨 소용이 있겠습니까? 저는 사양하겠습니다. 요리사가 제사를 지낼 때 요리도 하고 술도 준비하느라 정신없이 바쁘다고 하여 제사를 관장하는 사람이 제사 지낼 도구를 버리고 요리사 대신 음식을 만들러 갈 수는 없지 않습니까? 전하께서 천하를 떠나신다 해도 저는 결코 전하의 자리를 대신하지 않겠습니다." 라고 대답하였다.

후세 사람들은 이 설화에 근거한 "월조대포越俎代庖"라는 성어를 자신의 능력과 책무를 벗어나 남의 영역을 침범한다는 의미로 사용하고 있다.

The officiating man walk cross the courtesan to replace the cook, which metaphors go beyond their business scope to handle other people's affairs.

There is a famous emperors Yao in ancient China. He is the first emperor in Chinese history. Under the leadership of Yao, the people live and work in peace and contentment. Later Yao was old enough to pass the throne to the next man of merit.

At that time, there was a very talented and cultivated person in Yang City, named Xu You. He lives in Ji mountain, and people admire him very much. When Yao heard that Xu You was talented, he had sought Xu You and wanted to hang over his leadership to Xu You.

Yao said to Xu You: "The candle does not go out after the sun and the moon come out. It is too meaningless to be compared with the sun light and the moon light. Do you want to irrigate the seedlings after rain? If you are a leader, you will certainly govern the world better. Why should I occupy this position? I feel very ashamed. Please allow me to hand over the world to you."

Xu You said: "You rule the world well. If I replace you, I will become the person who fish for fame and credit? Now I am self-reliant, and I do not need the undeserved reputation. A wren nests in the forest, and it only occupies a branch; a mole drinks the water of the Yellow River to feeds his belly. What is the use of the world for me? Forget it, when the chef is offering sacrifices, he is busy with cooking and preparing wine, but the person in charge of the sacrifices cannot forget his own work and leave his sacrificial utensils to help the chef to cook and prepare wine! If you leave the world behind, I will never take your place."

According to this story, later generations have summed up the idiom "A backseat driver" as a metaphor to describe the person who acts beyond one's duty and authority.

覆水難收 (복수난수) Spilled water cannot be gathered up

바닥에 엎질러진 물은 다시 담을 수 없다는 말로, 일이 이미 정해져 돌이킬 수 없다는 것을 비유하여 이르는 말이다.

상商나라 말기에 지략이 풍부한 한 사람이 있었는데, 그의 이름은 강상姜尙이요 자字는 자아子牙이며, 사람들은 그를 비웅飛熊 혹은 강태공姜太公이라고 불렀는데 그의 선조가 대우大禹의 치수治水 사업에 큰 공로를 세워 여씨呂氏라는 성씨를 제수받았다 하여 강상을 여상呂尙이라고도 불렀다. 그는 주周의 문왕文王과 무왕武

王을 보좌해 상商을 멸망시키고 주나라를 세우는 데 큰 공을 세우고 훗날 제齊 땅에 봉함을 받아 제후가 되어 춘추시대 제나라의 시조가 되었다.

강상이 태어났을 때 이미 가세가 기울었기 때문에 강상은 젊었을 때 도축업과 술집을 운영하며 겨우 입에 풀칠을 하며 근근히 살았다. 강싱은 비록 가난했지만 의지는 굳건했다. 그는 어렵게 살아가면서도 천문지리와 군사전략 등을 부지런히 배워가며 나라를 다스리는 법을 연구하였다. 그는 늘 나라를 위해 자신의 재능이 사용되기를 원했지만, 70세가 될 때까지도 이렇다할 별다른 하는 일 없이 세월을 보내야만 했다.

훗날 강태공은 상나라의 관리가 되기도 했는데, 주왕紂王의 잔혹한 통치에 불만을 품고 관직을 버리고 산서山西 위수渭水의 강변 외진 곳에 은거했다. 그는 주족周族의 지도자 희창姬昌(훗날의 주 문왕)의 관심을 끌기 위해 시냇가에서 미끼를 걸지도 않은 낚시대로 능청스럽게 낚시를 즐겼다. 강태공은 하루 종일 낚시질을 하다 보니 집안 살림에 문제가 생겼고, 그의 아내 마씨馬氏는 가난하고 출세도 하지 못하는 그에게 실증이 나서 그를 떠나버리려고 하였다. 강태공은 그녀를 회유하며 언젠가는 부귀를 얻을 것이라고 말했다. 그러나 마씨는 강태공을 도저히 믿지 못했고 급기야 그를 떠나버렸다.

그 후, 강태공은 마침내 주 문왕의 신임과 중용을 얻었고, 또 주 무왕을 보좌하여 각 제후들과 연합하여 상나라를 멸망시키고 주 왕조를 세우는데 큰 공을 세웠다. 마씨는 강태공이 그의 말대로 결국 부귀와 명예를 거머쥐게 된 것을 보고, 후회하며 강태공을 찾아가 간곡하게 재결합을 청하였다.

강태공은 이미 마씨의 사람 됨됨이를 잘 알고 있었기 때문에 그녀와의 재결합을 원치 않았다. 그는 물 한 주전자를 바닥에 쏟아버리고는 마씨로 하여금 물을 다시 담게 하였다. 마씨는 얼른 엎드려 물을 다시 담아보려 애썼지만 담아지는 것은 진흙뿐이었다. 그러자 강태공은 "당신이 떠나갔으니 우리는 다시 예전으로 돌아갈 수 없다. 바닥에 쏟아진 물을 다시 담기는 어렵다."고 말하였다.

"Spilled water canot be gathered up" which is the metaphor of a foregone conclusion.

At the end of the Shang Dynasty, there was a resourceful figure named Jiang

Taigong, also named Jiang Shang, with the character "Ziya" or "Fei Xiong". Because his predecessor assisted Yu to prevent floods, he was knighted in Lü. He helped king Zhou Wen and king Zhou Wu to attack the Shang Dynasty and set up great achievements in the Zhou Dynasty. Later, He was knighted in the state of Qi and he was the first ancestor of Qi in the Spring and Autumn Period.

When Jiang Ziya was born, his family was already in ruins, so when he was young, Jiang Ziya had been a butcher of beef and meat, and he had also opened a wineshop to sell wine and subsidized household. But Jiang Ziya has a long-cherished ambition. He has always studied astronomy, geography, military strategy and the way of peace and order diligently, whether he is slaughtering cattle or doing business. He hopes to devote his talents to the country one day. However, he still has nothing to do until he is 70 years old and he just stays at home idle.

Later, Jiang Taigong became an official in the Shang Dynasty. He abandoned his official position because he was dissatisfied with the brutal rule of the Emperor Zhou. He lived in seclusion in a remote place near the Weishui River in Shaanxi Province. In order to gain the reuse of Jichang (King Wen of Zhou), who is the leader of the Zhou nationality, he often fished in a pretentious manner by the riverside with a straight hook without bait. Jiang Taigong fishing all day, so the family's livelihood had problems, his wife Ma disliked and avoided him because he was poor and not promising, so she was unwilling to live with him, she wanted to leave him. Jiang Taigong repeatedly persuaded her not to do so, and said that one day he would be rich. But Ma thought that he was deceived her by saying empty words. Jiang Tai Gong had no choice but to let her go.

Later, Jiang Taigong finally gained the trust and reuse of King Wen of Zhou, he helped King Wu of Zhou unite the various vassals to conquer the Shang Dynasty and establish the Western Zhou Dynasty. Ma saw that he was rich and valuable now, and she regretted that she had left him. She found Jiang Taigong asking him to renew the marriage bonds.

Jiang Taigong had seen through Ma's character and did not want to recover the marriage bonds, so he poured a pot of water on the ground and asked Ma to put it away. Ma quickly lie on the ground to get water, but he could only receive some mud. Therefore, Jiang Tai Gong said to her coldly, "You have already left me, and can no longer be together with me again. It's like the water falling on the ground. It's hard to get it back!"

馬馬虎虎(마마호호)　Careless

　불성실하게 일을 처리하고 꼼꼼하지 못한 사람을 묘사하여 이르는 말이다.
　송宋나라 경성京城에 화가 한 사람이 있었는데, 그는 그림을 그릴 때, 종종 자기 멋대로 붓을 휘갈겨 그가 그린 것이 도대체 무엇인지 헷갈리게 했다.
　어느 날 그는 집에서 호랑이 한 마리를 그리고 있었다. 그가 막 호랑이의 머리를 다 그렸을 때 마침 한 친구가 찾아와 말 한 마리를 그려 달라고 부탁했다. 화가는 허허 웃으며 호쾌하게 승낙하고는 그가 그린 호랑이 머리 뒤에 말의 몸을 그렸다. 잠깐 사이에 완성된 그림을 보고는 그림을 부탁한 친구가 "이 그림이 호랑이냐 말이냐? 왜 호랑이의 머리에 말의 몸인가?"라고 묻자 화가는 "말 같기도 하고 호랑이 같기도 하고 뭐 그런거지." 라고 대답하였다. 친구는 기분이 나빠서 그림을 가져가지 않자 화가는 그 그림을 자신의 집 마루에 걸어 놓았다. 그의 큰 아들이 이를 보고 무엇을 그린 것이냐고 묻자 화가는 호랑이이라고 하고는 같은 질문을 하는 작은 아들에게는 말이라고 하였다.
　얼마 후 큰 아들은 사냥하러 나갈 때 다른 사람의 말을 호랑이라고 여기고 활로 쏘아 죽였다. 화가는 하는 수 없이 말의 주인에게 돈을 물어줘야 했다. 그의 작은 아들은 외출했다가 호랑이와 마주쳤지만 말인 줄 알고 올라탔다가 호랑이에게 산채로 먹혀버렸다.
　화가는 비통하여 그림을 불태우고 시 한 수를 써서 사람들에게 자신의 어리석음을 알렸다. "마호도馬虎圖여, 마호도馬虎圖여, 말 같기도 하고 호랑이 같기도 한 내 그림 때문에 큰아들은 말을 쏴 죽이고, 둘째 아들은 호랑이에게 먹혀버렸다네. 대청마루의 마호도馬虎圖를 불태우나니 사람들이여, 못난 나를 제발 따라 배우지 마시게나."

It means that people are careless and not careful when they do something.

In the Song Dynasty, there was a painter in the capital. When he painted, he did not write according to common sense and often made people puzzled what he painted.

One day, he drew a tiger at home. He just finished the tiger's head. A friend came to him and asked him to help to draw a horse. The artist agreed and said, "No problem, I will draw it for you now." "After that, he drew a horse's body behind the tiger's head. After a few moments, the friend looked at the picture and asked, "Is this a tiger or a horse? Why is it a tiger's head but a horse's body?" His Friend was very unhappy, he felt without taking the painting, the painter saw that the friend does not want this painting, so he hang the painting on their own hall. When his eldest son saw the painting and asked him what he had painted, he said it was a tiger; when his youngest son asked him what he had painted and he said it was a horse.

Soon after, his eldest son was out hunting and he shot others' horse, he thought that it was a tiger. The painter had to pay the owner of the horse. His little son went out and ran into a tiger, but he thought it was a horse and wanted to ride on it. As a result, the tiger ate him alive.

The painter was so sad that he burned the painting and wrote a poem to warn people: "Sloppy, sloppy, sloppy and tiger, the eldest son shot the horse according to the painting, the second son fed the tiger according to the painting. The painting was burned up in the cottage, and I advised all of you that please did not learn from me."

井底之蛙 (정저지와, 우물안의 개구리)

A person with narrow outlook (The frog in the well knows nothing of the great ocean)
우물 안 개구리라는 뜻으로 식견이 좁음을 비유하여 이르는 말이다.

《장자莊子·추수편秋收篇》에는 얕은 우물에 사는 개구리와 동해바다에 사는 거북이를 다룬 이야기가 전해지고 있다. 어느 날 동해의 거북이를 본 우물안의 개구리가 "나는 마냥 즐겁다. 우물 밖으로 나오면 우물가에서 이리저리 뛰어다니며 노닐고, 우물 안으로 들어가서는 우물 벽 틈에서 쉴 수도 있고, 물 속에서는 헤엄을 치다가 두 겨드랑이와 뺨을 물 위에 내놓고 쉬다가 얕은 곳까지 금방 헤엄쳐 가시 뻘 속으로 뛰어들면 몸과 발등을 숨겨 위험을 피할 수도 있단다. 내가 우물안의 물을 독차지하고 있으니, 게도 올챙이도 나와 비교가 않된단다. 너도 한 번 이리로 내려와 보지 않겠니?" 라고 말했다.

이 말을 들은 동해의 거북이는 우물 속으로 들어가보려고 왼쪽 발을 내려놓기도 전에 무릎이 걸려버렸다. 거북이는 천천히 물러나며 "바다는 천 리 길이라는 말로도 그 광활함을 재지 못하고, 천 길이라는 말로도 그 깊이를 다 헤아릴 수 없다. 우禹임금 때에는 10년 중 9번이나 홍수가 쏟아졌지만 물이 크게 불어나지 않았고, 탕湯 임금 때에는 8년 중 7번이나 가뭄이 들었는데도 바닷물이 크게 줄지 않았단다." 이 말을 들은 개구리는 어안이 벙벙했다. 우물보다 더 큰 세상이 있을 것이라고 어찌 상상이나 했겠는가!

우물안의 개구리는 우물 속에서 관찰되는 작은 하늘만 볼 수 있는 법이다. 이 고사처럼 정저지와井底之蛙는 식견이 작고 협소한 사람을 비유하는 말로 사용되고 있다.

Zhuangzi qiu shui Chapter tells a story about a shallow well and a turtle in the east sea. One day, a frog from a shallow well saw a big turtle from the east sea. He said to the turtle:"I'm so happy! When I come out, I could jump around the edge of the well. When I went into the well, I could rest. When I dived into the well, the water soaked my axils and gills. When I swam to the shallow, mud soup submerged my feet. I own a well of water, crab and tadpole can't compare with me, why don't you come down and have a look?"

The turtle of the east sea came to the well. Before the left foot could get in, the knee was stuck. The turtle of the east sea retreated and told the frog of the shallow well what the sea looked like,"The words Thousand of miles away cannot describe the broadness of the sea. The word 'Thousands high'can not fully show the depth of the sea water. During the time of Great Yu, the sea level did not become higher although there were nine floods within ten years. Shang Tang eight years seven was drought, the sea did not reduce much…". The frog of the shallow well was stunned, frightened, and lost, and did not think of a world larger than his well!

The frog at the bottom of the well can only see the sky as big as the mouth of the well, which compares to a person who has limited experience.

邯鄲學步(한단학보)　　Handan toddlers (Imitate others and thus lose one's own)

한단(邯鄲)에서 걸음걸이를 배운다는 의미로, 자기의 본분을 버리고 맹목적으로 남의 행위를 흉내내는 어리석음을 비유하여 이르는 말이다.

2천 년 전 연燕나라 수릉壽陵에 수릉소년이라 불리는 한 소년이 있었다. 이 소년은 의식주에 큰 걱정이 없는 집안형편이었고 생김새도 준수했지만, 매사에 자신감이 부족하여 스스로 사사건건 남보다 못하다는 생각을 가지고 있었다. 남이 입은 옷이나, 남이 먹는 음식, 심지어 앉는 자세도 늘 다른 사람의 것이 자신의 것보다 뛰어나고 고상하다는 생각을 하며 살았다. 이러한 그의 마음가짐 때문에 새롭게 무엇인가를 보고나면 매번 그것을 배우고자 애를 쓰는 과정에서 다른 것들을 잊어버리는 일들이 반복되었다. 이런 까닭에 그는 한 가지 일도 제대로 이루지 못하는 것 같았고, 자신이 도대체 어떻게 해야 할지를 알지 못했다.

집안 사람들이 그에게 어떤 버릇을 고치라고 권하면 집안 사람이 너무 많이 간섭을 한다고만 여길뿐 이렇다할 변화를 가져오지 못했고, 그의 친척, 이웃들도 이 소년의 결심이나 말을 전혀 믿지 않았다. 언젠가 그는 스스로 자신의 못난 걸음걸이로 인해 큰 고민에 빠졌는데, 보면 볼수록 자신이 걷는 자세가 너무 둔하고 못났다고 생각했기 때문이다.

그러던 어느 날 그는 길에서 몇 사람이 모여 한단邯鄲 사람들의 걷는 자세가 매우 아름답다며 담소를 나누고 있는 것을 보았다. 그는 그 이야기를 듣자마자 자신의 문제를 해결할 수 있지 않을까 하는 마음으로 그들에게 다가가 자세한 이야기를 듣고자 하였으나, 사람들이 그를 보고 크게 한바탕 웃고는 성큼성큼 자리를 떠나 버렸다.

한단 사람들의 걸음걸이는 어떻게 그리 아름다울까? 그는 도저히 상상이 가지 않았다. 결국 이것은 그의 또다른 걱정거리가 되었다. 그렇게 방황하던 어느 날 결국 그는 가족들 몰래 멀리 한단까지 걸음걸이를 배우러 떠나고야 말았다.

한단에 도착하자 그는 모든 것이 새롭게만 느껴졌다. 도시는 그야말로 현란함 그 자체였다. 아이가 걷는 것을 보고는 그 모습이 활발하고 아름답다고 느껴져 그 걸음걸이를 따라 배웠고, 노인이 걷는 것을 보고는 그 모습이 진득하고 무게감이 느껴져 그 걸음걸이를 따라 배웠다. 또한 부녀자가 걷는 것을 보고는 흔들흔들하며 걷는 모습이 너무나 아름답게 여겨져 그 걸음걸이를 따라 배웠다. 그렇게 며칠이 지났지만 걸음걸이는 오히려 엉망이 되어버렸고, 노잣돈도 바닥나서 어쩔 수 없이 집으로 돌아갈 수밖에 없었다.

한단학보邯鄲學步 이야기는《장자莊子·추수秋水》편에 출현하는 고사로서 남의 방법이나 경험을 실제 상황에 대한 고려없이 기계적으로 모방하려다가 자신의 장점마저 잃어버리게 됨을 비유적으로 말해주고 있다.

According to legend, there was a youth in Shouling of the state of Yan two thousand years ago. As his name is unknown, we just call him Shouling boy.

The Shouling boy, who need not worry about clothing and food and was considered average in appearance, but he lacked confidence, and often felt inferior to for no reason others in everything. He thought that the good clothes, good food, and good manners in standing and sitting all belonged to others. He learned what he saw, but he could not do one thing well, even though he had made new changes. He did not know what he should look like.

The family members tried to advise him to get rid of such a bad habit, but he thought that his families had too much control.

Relatives, neighbors, said he was a bear who was cracking sticks, he did not listen. As time went on, he wondered whether he should walk like this, he thought that the way he walked was too stupid and ugly.

One day, he met several people on the road, those people were talking and laughing, he heard that Handan people walked so gracefully. Upon hearing this, he hastened to inquire into it. Unsuspecting, those men saw him and went away with a burst of laughter.

How beautiful is the walking posture of Handan people? He could not imagin it. It became a sore point of him. Finally, one day, he went to Handan to learn to walk without telling his family.

Upon his arrival in Handan, he found everything new and dazzling. Seeing a child who is walking, he felt that walking way is lively, beautiful and he learned it. Seeing the old man who is walking, he felt the walking way is stable and he learned it; seeing women's walking way is swinging, he learned it. So, before half a month had passed, he could not even walk, and he had run out of money, so he had to back home by crawling.

The story comes from Zhuangzi Qiushui. The idiom "Handan learn to walk" means that people imitate others mechanically. People not only fail to learn other people's strengths, but also will lose their own strengths and abilities.

東施效顰(동시효빈) Blind imitation with ludicrous affection

춘추시대 월越나라에는 서시西施라는 한 미녀가 살고 있었는데, 미모는 물론이고 옅은 화장과 수수한 옷차림 등 일거수 일투족 그녀의 모든 행동이 주변 사람들의 부러움과 관심의 대상이 되었고 주목을 받았다.

서시는 명치 부위가 아픈 고질병을 가지고 있었는데, 어느 날 그녀의 병이 또 도졌다. 그녀는 가슴이 아파 손으로 가슴을 움켜쥐고 두 눈썹을 찡그리며 걸어가고 있었다. 이러한 그녀의 모습은 사람들의 큰 주목을 끌기에 충분했다.

한편 같은 마을에 동시東施라는 못생긴 여자도 살고 있었는데, 그녀는 동자이 거칠 뿐만 아니라 말소리도 크고 우렁차서 우아하고 매력적인 서시와는 대조되는 형상이었지만 그녀 역시 하루 종일 미녀가 되는 꿈을 꾸며 날마다 옷차림과 머리모양을 바꾸어 보았지만 그녀를 예쁘다고 하는 사람은 한 사람도 없었다.

그러던 어느날 가슴을 감싸쥐고 찡그린 채 걸어가는 서시의 모습에 많은 사람들이 입을 모아 아름답다고 칭송하는 것을 보고는 자신도 서시의 모습을 흉내내어 손으로 가슴을 감싸쥐고 찡그리며 걸어보았지만 마을사람들은 그녀의 이러한 행동을 보면서 오히려 흉하다고만 여기고, 그녀의 걷는 모습에 어떤 사람들은 문을 닫아버렸고, 또 어떤 사람들은 멀찍감치 자리를 피해버리기도 했다.

이 고사는 사람들이 자신의 개성과 특성에 맞는 자신만의 이미지를 개발하지 못하고 맹목적으로 다른 사람을 모방하려고 하는 우둔한 행동을 삼가해야 한다고 가르쳐주고 있다.

During the Spring and Autumn Period, there was a beautiful woman named Xi Shi in the state of Yue. People were fond her speech and deportment and smile. Xi shi, with a little makeup and plain clothes, was greeted by many people wherever she went. She was so beautiful that no one can fail to marvel at her beauty.

Xi Shi suffers from heart pain. One day, her illness struck again, and people only saw that she covered her chest by hands and her brow furrowed, showing a delicate feminine beauty. The villagers stared at her as she walked through the country.

There was an ugly woman named Dong Shi in the country, with coarse movements and loud speech but she dreamed of being a beauty all day long. Today she wears such a dress and tomorrow she wears another hairstyle but no one says that she is pretty.

On that day, she saw Xi Shi was covering her chest and frowning, which had won the favor of so many people. Therefore, after she went back, she learned the way Xi Shi did but it made her more ugly. As a result, the rich man saw the ugly woman and closed the door. The poor man saw the ugly girl coming and immediately pulled his wife and children away from her. When people saw the ugly woman who walked around the village in this strange manner, and imitate Xi Shi, they thought that they saw the plague.

It is silly for everyone to blindly imitate others, people should seek for their own image according to their own characteristics.

買櫝還珠(매독환주) Getting the casket and returing the pear(Choose the wrong thing)

한 초楚나라 사람이 가지고 있는 귀한 진주를 팔고자 하였다. 그는 좋은 가격에 자신의 진주를 팔기 위해 진주를 잘 포장하여 상품가치를 높이고자 하였다. 그는 귀한 목란木蘭을 구입하여 솜씨가 뛰어난 장인을 모셔와 진주를 담을 상자를 만들고 계피나무와 산초나무를 상자에 그을려 향이 배이게 하였다. 그런 다음, 상자 겉면에 보기 좋은 무늬를 많이 새겨 넣었고, 예쁜 금속 장식을 테두리도 박아 반짝반짝 빛나게 하고나니 상자는 매우 정교하고 아름다운 공예품으로 변해 있었다.

준비를 마친 이 초나라 사람은 조심스레 진주를 상자에 담고 진주를 팔기 위해 시장으로 갔다.

시장에 도착한 지 얼마 되지 않아 많은 사람들이 물건을 구경하기 위해 모여들었다. 한 정鄭나라 사람이 상자를 손에 들고는 한참 동안 살펴보다가, 마침내 비싼 값을 내고 초나라 사람의 물건을 사갔다. 그런데 물건을 산 정나라 사람이 몇 걸음 안 가서 다시 물건을 판 초나라 사람을 향해 돌아오는 것이 아닌가? 초나라 사람은 혹시 물건을 사 간 정나라 사람이 이내 비싼 값을 주고 산 것을 후회하여 거래를 취소하려고 오는 것으로 생각했다. 어느새 초나라 사람 앞으로 다가온 정나라 사람은 상자 속에 담긴 진주를 꺼내서 초나라 사람에게 건네며 "선생님, 진주 한 알이 상자 안에 들어 있길래 이 진주를 돌려드리러 왔습니다." 라고 말하였다. 말을 끝낸 정나라 사람은 초나라 사람에게 진주를 건네주고는 다신 자신이 산 나무 상자를 한껏 감상하며 제 갈길로 돌아갔다.

초나라 사람은 돌려받은 진주를 손에 들고 어쩔 줄을 몰랐다. 초나라 사람은 진주를 과대포장함으로써 주객이 전도되는 결과를 낳았고, 정나라 사람 역시 상자의 겉모습에 홀려 귀한 물건의 가치를 알아보지 못하는 엉뚱한 행동을 한 것이다.

A man from the state of Chu had a beautiful pearl. He intended to sell it. In order to sell a good price, he used his wits to wrap the pearl well. He felt that the "status" of the pearl would naturally rise with the noble package.

The Chu people found valuable Mulan and brought great builders to make a box for pearl (namely Du), and he used the Guangxi pepper spice incense to make the box smells sweat. Then, in the outside of the box he carved a lot of beautiful patterns, and he also set with a beautiful metal lace, the box looks shining, it is really a delicate and beautiful handicraft.

So the Chu people put the pearl carefully into the box and sold it in the market.

Soon after arriving at the market, many people crowded around to admire the box.

A man of the state of Zheng took the box in the hand to have a look for a while, he could hardly tear himself away from it, finally he offered a high price to buy the box. After Zheng had paid, he returned with the box. But he came back after a few steps. Chu people thought that Zheng people regretted and he wanted to return goods, did not wait Chu people to think over, Zheng people have walked to Chu. Zheng took out the pearl from the box and gave it to the man of Chu. "Sir, you left a pearl in the box," he said. So Zheng handed the pearl over to Chu, and then lowered his head to admire the wooden box while walking back.

The man of Chu stood there awkwardly, and held the returned pearl. He thought that others would appreciate his pearl, but he did not expect that the value of the exquisite packaging was more than the value of the box, so that "the noise usurps the master", it made Chu people feel funny and annoying.

Zheng pople emphasis on appearance rather than substance which led him to make a wrong choice, and Chu's "excessive packaging" also a little bit laughable.

鐵杵成針(철저성침)　Iron pestle needle

당唐나라의 유명한 시인 이백李伯은 어릴 때 공부하기를 싫어하여 늘 학교를 무단결석하고 거리에 나가 한가로이 돌아다니기를 좋아하였다.

어느 날, 이백은 또 학교에 가지 않고 거리에서 이리저리 배회하다 보니 어느새 성 밖에까지 이르게 되었다.

따사로운 햇살, 신나게 날아다니는 새들, 바람에 흔들리는 꽃잎들에 이백은 감탄했다. "이런 날씨에 하루 종일 책만 읽는다면 무슨 재미가 있을까?"

길을 가다가 낡은 초가집 문 앞에 백발의 노파가 앉아서 쇠몽둥이를 갈고 있었다. 이백이 다가가서 "할머니, 지금 뭐 하세요?"라고 물었다.

할머니는 고개를 들어 이백에게 미소를 지으며, "이 쇠몽둥이를 갈아서 자수 바늘로 만들려고 해."라고 말을 건네고는 이내 고개를 숙이고 계속 쇠를 갈았다.

이백은 의아해 하며 "옷을 꿰맬 때 쓰는 자수침말인가요?"라고 되물었다. 할머니가 그렇다고 대답해주자 이백은 다시 물었다. "이렇게 굵은 쇠몽둥이를 언제 갈아서 자수침을 만든단 말입니까? 할머니는 오히려 "물 한 방울이 쌓이면 돌도 뚫을 수 있고, 우공愚公도 산을 옮기는데, 쇠몽둥이는 왜 자수침으로 되지 못하느냐?"라고 그에게 반문하였다.

이백이 할머니의 나이를 묻자 할머니는 나이가 많지만 남들보다 공을 더 들이면 못할 것도 없다고 대답을 해 주었다.

이백은 할머니의 말에 부끄러움을 금치 못했다. 그는 할머니를 만나고 돌아간 이후부터는 무단결석하지 않았고, 매일매일 공부도 열심히 해서 천고에 길이 남을 시선詩仙이 되었다.

이처럼 무슨 일을 하든지 꾸준하고 성실하게 임한다면 반드시 성공할 것이다. 젊은 학생들도 성실하게 학업에 임하고 노력한다면 많은 것을 이룰 수 있다는 것을 알아야 한다.

Li Bai, a famous great poet of the Tang dynasty, did not like study when he was a child.

One day, Li Bai did not go to school, he hung out on the street and he was unknowingly already out of town. The warm sunshine, the happy bird, the flowers and plants that sway with the wind all make Li Bai sigh unceasingly, "It's such a nice day. It's not interesting to read all day inside the house."

An old woman with white hair sat in front of a shabby hut, she was grinding an iron pestle as thick as a stick. Li Bai went over to her. "What are you doing, old lady?"

"I'm going to grind this iron pestle into an embroidery needle."

The old woman raised her head, smiled at Li Bai, and then lowered her head to continue grinding.

"Sewing needle? Li Bai asked again, "Is it an embroidery needle for sewing clothes?"

"Of course!"

"But, the iron was so thick, when it can be ground into a fine embroidery needle?" The old woman asked Li Bai: "Water can pass through stone, Yu Gong can move mountains, why can't iron pestle grind into an embroidery needle?"

"But you are so old?"

"As long as I work harder than others, nothing is impossible."

The old woman's words made Li Bai very ashamed, after returning back, he never escaped school anymore. Every day he studied particularly hard, and he finally became a poetic genius.

No matter what you do, you will succeed as long as you have perseverance,. If our children are serious, hard-working and persevering in their studies, they will have good grades out of question.

守株待兎 (수주대토) Waiting for windfalls

일하지 않고 수확을 얻으려고 헛된 욕심을 부리거나 편협한 경험을 토대로 융통성 없게 행동함을 비유하여 이르는 말이다.

송宋나라에는 농사를 짓고 사는 농부가 있었는데, 그는 매년 자기 자신의 조그만 밭에서 열심히 일을 해야 그나마 추수 때 배불리 먹을 수 있었다.

어느 날 이 농부가 밭에서 농사일을 하던 중 흰토끼 한 마리가 갑자기 풀숲에서 뛰어나왔다. 농부와 마주친 토끼가 놀라서 달아나다가 밭의 귀퉁이에 있는 나무 그루터기에 부딪혀서 죽어버렸다.

농부는 얼른 호미를 내려놓고 토끼를 주워 대바구니에 담았다. "이게 웬 행운이야! 내가 토끼 한 마리를 거저 주웠네. 오늘 한 끼 잘 먹을 수 있겠구나." 라고 말했다.

날이 저물자 농부는 토끼를 들고 집으로 돌아가면서 생각에 빠졌다. "내 운이 이렇게 좋다면 내일도 오늘처럼 저 나무 그루터기에 토끼가 부딪힐지도 모르니 내가 그곳을 잘 지켜야지, 다른 사람이 나의 떡을 가로채게 해서는 안 된다."

다음 날 농부는 평소처럼 밭으로 나왔지만 일을 하지는 않고 하루종일 나무 그루터기를 지키며 또 다른 토끼가 나무에 부딪히기를 기다렸다.

그러나 농부는 저녁이 되어 달이 뜰 때까지 기다려도 토끼는 보이지 않았다. 그는 "괜찮아, 괜찮아, 내일은 꼭 토끼가 올 거야! 오히려 내가 매일 힘들게 일하는 것보다 훨씬 낫네."

이때부터 농부는 매일 아무것도 하지 않고, 그저 나무 옆에 멍하니 앉아 토끼가 나무에 부딪치기만을 기다렸다.

이렇게 많은 나날을 보냈지만 농부는 결국 토끼를 다시 얻을 수 없었고, 밭에는 아무런 농작물도 없이 텅 비워져 매일 굶주림 속에서 지내야만 했다.

이 이야기는 우리에게 여러 방법을 강구하거나 노력하지 않고 성공하려는 요행 심리는 오히려 우리를 성공에서 멀어지게 할 뿐이라는 것을 알려주고 있다.

The metaphor means that one is delusional to reap without sowing or to stick describes one who the narrow experience and is not flexible.

In the state of Song, there was a farmer who lived by farming. He worked hard in his few acres of fields every year to feed himself during the autumn harvest.

One day, the farmer was working in the field. Suddenly a white rabbit ran out of the grass. It turned out that the rabbit was frightened, and it ran like an arrow towards the farmer, it finally crashed into a nearby tree. The rabbit fell to the ground, and it did not breathe after two body flutters.

The farmer quickly put down his hoe and picked up the rabbit and put it in a bamboo basket, he said happily: "This is a good luck! I pick up a rabbit without doing nothing. I can have a good meal today."

As it was getting late, the farmer took the rabbit home and thought happily, "I'm so lucky. Maybe there will be another rabbit that knocks into that tree like today." I must guard and I cannot let other people rob my cheap.

On second day, the farmer came to the field as usual, but he did not work. He just stood by the tree and waited for the other rabbits to hit it, and then make his dinner.

But when the moon came out, the farmer did not see a rabbit.

He comforted himself: never mind, never mind, the rabbit will come tomorrow! It's much better than working hard every day.

From then on, the farmer does nothing every day, but just sit under the tree and wait for the rabbit to hit the tree.

Day by day, the farmer not only did not find the rabbit again, but also obtain no crop in the field. In the end, he spent every day in hunger.

The story tells us that the fluke mind that people do not know how to change or want to gain something without hard work will only take us further and further away from success.

金石爲開(금석위개) Sincerity can make metal and stone crack

한漢나라때 이광李廣이라는 이름난 장수가 있었는데, 그는 어릴 때부터 호쾌하고 승마와 활쏘기를 즐겨하였다. 장수가 되어서는 승마와 궁술에 능할뿐 아니라 용맹하여 사람들은 그를 '비장군飛將軍'이라 불렸다. 그는 사냥을 아주 좋아해서 사냥할 때마다 맹수들을 많이 사냥해 왔다. 어느날 명산冥山 남쪽 기슭으로 사냥을 나갔는데, 문득 풀숲에 호랑이 한 마리가 엎드려 자고 있는 것을 발견하였다. 이광은 조심스럽게 온 정신을 집중하여 활 시위를 힘껏 당겨 화살 한 발을 쏘았다. 활솜씨가 워낙 뛰어났던 이광은 활에 맞은 호랑이가 꿈쩍도 하지 않자, 호랑이의 급소에 명중시켰다고 생각하고 기뻐했지만, 활을 거두고 그 호랑이에게 다가가 보니 그것은 호랑이가 아니라 호랑이처럼 생긴 바위하나가 수풀 속에 덩그러니 자리잡고 있었고 화살촉만 바위에 깊이 박혔 있었다. 이광은 자신이 착각했다는 것보다는 화살이 바위에 깊이 꽂혔다는 사실에 감동하여 몇걸음 뒤로 물러나서 다시 활시위를 힘껏 당겨 다시 바위를 향해 활을 쏘아보았지만 화살이 꽂히기는 커녕 화살대만 부러졌고 바위는 조금도 손상되지 않았다.

사람들이 이 일을 의아하게 여기고 양웅揚雄이라는 학자에게 그 까닭을 묻자 양웅은 "마음을 모아 집중하면 금석처럼 딱딱한 것도 능히 뚫을 수 있는 법이다." 라고 말했다.

In the Han Dynasty, there was a famous general named Li Guang. He was strong and skilled in horse-riding and archery. He was very brave in battle. He was called "Flying General". He liked hunting very much and could hunt many animals every time he hunted. On one occasion, he went hunting in the southern foot of the mountain, and suddenly found a tiger in the grass. Li Guang hastily bent his bow and set an arrow. He was so absorbed that he used all his strength to shoot an arrow. Li Guang's archery was very good. He thought that the tiger must have been killed by that arrow. Li Guang was very happy. But he saw the tiger from afar that it could not move, and there was no sign of struggling. So he took up his bow and arrow and went to the tiger. It turned out that it was a stone lying in the grass which was like a tiger. Not only did the arrow go deep into the stone, but also almost the arrow tail went into the stone. Li Guang was very surprised. He didn't believe he could have such great strength. He wanted to try again. He stepped back a few steps, he drew his bow and shot at the stone. However, a few arrows did not go in, some arrows were broken, some rods were broken, but the stones were not hurt at all.

People were surprised and puzzled at this matter, so one of them went to ask the scholar Yang Xiong. Yang Xiong said: "If you are sincere, even hard things like gold and stone, will be touched." The idiom "Absolute sincerity will move a heart of stone the opening of gold and stone" has been handed down.

成也蕭何, 敗也蕭何 (성야소하, 패야소하)
Success is due to Xiao He, failure is also due to Xiao He

성공도 소하蕭何 덕분이요, 실패도 소하蕭何의 탓이다. 성공도 실패도 다 한 사람에게 달려 있음을 비유하여 이르는 말이다.

진秦나라 말, 한漢나라 초에 한신韓信이라는 사람이 있었다. 한신은 젊었을 때 집안이 보잘 것 없고 가난하여 사람들에게 업신여김을 당하고 놀림도 당했다. 심지어 마을의 건달 하나가 한신에게 자신의 바짓가랑이 사이로 기어가라고 한 일이 있었는데, 이 일은 한신의 평생 치욕이 되었다.

나중에 한신은 항우項羽의 밑에 들어가서 반진 봉기 전쟁에 참전했다. 그는 항우에게 약간의 작전을 건의했으나 그의 작전은 받아들여지지 않았다. 한신은 자신의 재능을 뜻대로 펼치지 못하자 유방劉邦을 찾아갔다.

유방도 처음에는 한신을 크게 중용하지 않다가 엎친데 겹친 격으로 한신이 과거 건달의 바짓가랑이 사이를 기어갔다고 하는 사실을 알게 되자, 유방은 한신이 나약하고 크게 쓸모가 없다고 생각해, 단지 작은 군관 보직만 맡겼는데, 한

번은 한신이 군법을 어겨서 하마터면 처형당할 뻔한 수난을 겪기도 하였다. 한신이 겨우 사형을 면하고 얼마후 양식을 관리하는 작은 벼슬을 맡게 되었는데, 이때 우연히 소하蕭何를 만나게 되었다. 소하는 유방의 가장 큰 신임을 받던 최측근으로, 유방은 소하의 말과 계책을 신뢰하고 있었다. 소하는 한신과 교분을 쌓으면서 많은 이야기들을 나누게 되었고 한신의 능력을 제대로 파악할 수 있게 되었고, 한신이 흔치 않은 군사 천재라고 여겼다. 그러나 소하가 정작 유방에게 한신을 추천하기로 결정할 무렵 한신은 유방이 자신을 중용할 뜻이 없는 것을 알아차리고 떠나 버렸다. 소하는 한신이 떠나버렸다는 소식을 듣고 애가 탄 나머지 유방에게 알릴 틈도 없이 군마에 뛰어올라 밤새 그를 쫓아갔다. 유방은 소하도 그의 곁을 떠나버린 줄 알고 화가 났다. 그런데 먼길을 아가 보잘것 없는 한신이라는 보잘 것 없는 작은 벼슬아치를 데려온 것을 보고 소하를 야단쳤다. 소하는 유방에게 한신의 상황을 자세히 소개한 뒤 "한신은 뛰어난 군사적 재능을 지닌 뛰어난 인재입니다. 전하께서 한 평생 기꺼이 한중漢中의 왕으로만 만족하시겠다면 모르겠지만, 온 천하를 얻으려고 하신다면 한신을 다시 중용해야만 합니다." 라고 말했다. 소하의 추천으로 유방은 마침내 한신을 최고의 예우를 갖추어 대장군으로 기용하였다.

한신은 대장군으로 봉해진 후, 자신의 군사적 재능을 충분히 발휘하여, 유방이 천하를 통일하고 한나라를 세우는 데 혁혁한 전공을 세웠다. 그러나 유방은 황제가 되면서 날로 입지가 확장되는 한신에 대한 불안이 커져갔다. 유방은 우선 한신의 병권을 빼았고, 한신의 요구로 어쩔 수 없이 수락했던 '제왕齊王'의 직책을 거두고 명분뿐이었던 '초왕楚王'에 임영하였다. 급기야 얼마 후 한신을 장안으로 압송하고 그의 신분을 회음후淮陰侯로 격하하였다. 한신은 장안에 묵으며 의기소침하여 반란을 꾀하다가, 유방의 아내 여후呂后에게 고발당했다. 유방이 원정으로 자리를 비운 사이 여후는 한신을 불러 없애려고 하였으나 그가 순순히 응하지 않을 것을 우려하여 이 일을 소하와 의논하였다. 결국 여후와 승상인 소하의 계책에 의해 한신은 모반 혐의로 참살된다.

  At the end of Qin Dynasty and beginning of Han Dynasty, there was a man named Han Xin. When Han Xin was young, his family was very poor and he was lonely, so he was looked down upon and often bullied and made fun of him by others. There was a bludger in the village, forcing Han Xin to walk through from his crotch. This became a humiliation of Han Xin's life.

Later, Han Xin went to Xiang Yu to take part in the war which against Qin uprising. He had mentioned some operational suggestions to Xiang Yu, but none of them had been adopted. When Han Xin saw that his talent could not be applied, he turned to Liu Bang.

At first, Liu Bang did not reuse Han Xin either. He knew that Han Xin had once drilled through the crotch and suffered humiliation under his crotch. Feeling that Han Xin was coward and unfit for great use, he was only allowed to be a small officer, he once violated the military law, and was almost sentenced to death. After death, he was allowed to serve as a small official who was in charge of food and grass. By chance, Han Xin met Xiao He. Xiao He is Liu Bang's confidant, Liu Bang was obedient to him. After a long talk with Han Xin, Xiao He admired Han Xin very much and thought that he was a rare military genius. But when Xiao He decided to recommend Liu Bang to Han Xin, Han Xin escaped. Originally, Liu Bang's most subordinates were from Xuzhou. Liu Bang became the king of the Han Dynasty, and was enclosed in the middle of the Hanchung, which was so remote that it's hard to be developed. Therefore, their subordinates fled because of their homesickness. Han Xin saw that Liu Bang didn't plan to reuse him, so he also ran away.

When Xiao He heard that Han Xin had escaped, he was so anxious that he had no time to report to Liu Bang. He ride on the horse and chased Han Xin back overnight. Liu Bang thought that Xiao He had escaped and was very angry. Later he knew that Xiao He himself recovered Hanxin such an unimpressive beadle, scolding Xiao He and said that he is making a mountain out of a molehill. Xiao He introduced Han Xin to Liu Bang in detail, and then said: "Han Xin has outstanding military talent, he was not an ordinary talent. You cannot use him if you are willing to be a lifelong Hanchung king, if you want to win the world, you must reuse it. "Because of Xiao He's strong recommendation, Liu Bang finally agreed to worship Han Xin as a general, and chose an auspicious occasion to hold a solemn general worship ceremony.

After becoming a general, Han Xin gave full play to his military ability, and made great contributions to the unification of the world and the establishment of the Han Dynasty. But after Liu Bang became emperor, he became more and more worried about Han Xin. Firstly, Han Xin's military power was lifted, and he was renamed "King of Chu" instead of "King of Qi"; shortly afterwards, Han Xin was arrested; after pardon, Han Xin was only knighted as "Marquis Huai Yin". Han Xin, who lived in Chang'an without being appreciated, was scheming to rebel and was told to Liu Bang's wife Lv. When Lv wanted to kill Han Xin, she was afraid that he would not give up. So she consulted with Xiao He. Finally, Xiao He designed to deceive Han Xin into the palace, Lv murdered Han Xin in the bell room of the Changle Palace on the charge of rebellion.

According to this passage of history, later generations have introduced the idiom "Success is due to Xiao He, failure is also due to Xiao He" which means that the success or failure of a thing is due to the same person.

初生牛犢不怕虎(초생우독불파호)

Newborn calves are not afraid of tigers. / Young people are fearless.

갓 태어난 송아지는 호랑이를 무서워하지 않는다. 경험이 많지 않은 사람이 겁없이 행동하는 것을 비유하여 이르는 말이다.

동한東漢 말년에 제후들이 분열하여 각각의 힘을 과시하며 독립을 주창하며 분기하였다. 이들 중 조조曹操가 북방의 가장 많은 지역을 차지해 가장 강성하였고, 유비劉備는 제갈량諸葛亮의 지략에 힘입어 다른 성들을 점력하며 점점 입지를 다지고 있었다.

유비는 서천西川을 빼앗은 뒤 이 지역을 근거지로 한중漢中을 공격하기 시작했다. 끊임없는 전투를 거쳐 드디어 유비는 조조로부터 한중을 탈환하고, 이곳에서 스스로를 왕이라 칭한 후, 관우關羽에게 계속 북진하여 양양襄陽을 취한 다음 번성樊城으로 진군하도록 명하였다. 관우의 휘하 장수 요화廖化와 관평關平이 군대를 이끌고 양양을 공격하자, 조조 휘하의 장수 조인曹仁이 부대를 이끌고 저항하였지만 결국 대패하여 번성으로 퇴각하게 되었다.

조조가 패전 소식을 들은 후, 화가 나서 우금于禁을 대장군에 봉하고, 맹장 방덕龐德을 선봉으로 삼아 이끌고 번성으로 급파하여 조군을 지원하였다. 선봉부대를 이끌고 번성으로 달려간 방덕은 결사항전을 다짐하며 병사들에게 미리 짜 둔 자신의 관 하나를 앞세우고 관우와의 일전을 준비하였다.

방덕은 사기탱천하여 호랑이 무서운 줄도 모르고 관우와 사투를 벌이겠다며 큰소리를 쳤다. 이렇게 시작된 관우와의 전투는 백여 회에 달했지면 결국 승패를 가리지 못하자, 양군은 각각 자신들의 주둔지로 철수하기에 이르렀다. 관우는 주둔지로 돌아와 관평에게 "방덕의 칼솜씨가 능숙해 과연 맹장답다." 라며 방덕을 평가했다. 이 말을 들은 관평은 "속담에 막 태어난 송아지는 호랑이도 무서워하지 않는 법이지만 절대로 무시해서는 않될 것입니다." 라고 말했다. 관우는 일단 무력으로는 방덕을 이기기 어렵다고 생각하고는 진중하게 계략을 짜냈다.

당시 가을비가 계속 내려 한수漢水가 갑자기 불어나자, 관우는 위魏 군영이 움푹 패인 분지 지역에 머물고 있음을 이용하여 한수 제방을 허물어 엄청난 물을 방류했다. 결국 조나라의 7군을 물에 휩쓸리게 하여 우금, 방덕 등 수많은 조조의 장수들을 포로로 잡았다. 방덕을 포로로 잡았지만, 방덕은 끝까지 무릎을 꿇지 않을 정도로 기개가 높았다. 관우가 그의 기개를 높이 사 끝까지 투항하라고 권했지만 방덕이 오히려 관우를 나무라자 어쩔 수 없이 방덕을 처형하라고 명하였다.

Calf refers to the newborn calf which is not afraid of tigers. It means that young people think without any hesitates and they seldom worry and dare to act.

At the end of the Eastern Han Dynasty, the vassals often stirred up strifes and wars. Cao Cao was the most powerful and ollupied the part of the north. With the help of Zhu Geliang, Liu Bei gradually gained a firm foothold and began to gain more city and moats.

After taking Xichuan, Liu Bei took Xichuan as the base and began to capture

Hanzhong. After the war, Liu Bei seized Hanzhong from Cao Cao and won the throne. Then he ordered Guan Yu to take Xiangyang in north and lead troops to Fan city. Guanyu led Liao Hua and Guanping to attack Xiangyang and Cao Cao led Cao Ren to resist. As a result, Cao's army was defeated and retreated to Fan city.

When Cao Cao heard the news of the defeat, he became angry and embarrassed. He knighted Yu Jin as "South-Conqured General" and let him to lead troops to Fan city for rescue. Pong De led the troops to Fan city, and let the soldiers carry a coffin and walk in front of the team, vowed to fight Guan Yu to death.

Pang De had an exaggerated opinion of his abilities, and clamored for Guan Yu to fight him to death. Guan Yu went to war, and the two men fought over 100 rounds. Guan Yu returned to the camp and said to Guan Ping, "Pang De's sword using is very skilled. He is worthy of being a brave general of Cao Ying." Guan Ping said: "As a saying goes,'The newborn calf is not afraid of tigers.' He can't be despise!"Guan Yu found it difficult to defeat Pang De by force and came up with a strategy.

At that time, when the autumn rains continuously, the Han water soared, but the Wei barracks were stuck in low-lying areas, Guan Yu excavated the Han River's embankment, flooded the Yu Jin's seven teams of armies, captured Yu Jin, Pang De and many other Cao Cao's generals. Although Pang De was captured, Pang De did not kneel and refused to give in. Guan Yu advised him to surrender, however, Pang De basted Guan Yu. So Guan Yu ordered to kill Pang De.

涸轍之鮒(학철지부) A fish trapped in a dry rut / A person in a desperate situation

말라가는 수레바퀴 자국 속의 물고기라는 의미로 곤경에 빠진 처지를 비유하여 이르는 말이다.

춘추시대에 장자莊子라는 학자가 있었는데, 성은 장莊이요 이름은 주周였다. 그는 춘추전국 시대의 유명한 사상가이자 철학자요, 문학가였는데, 중국의 대표적인 철학의 한 학파인 장학莊學을 창립해 노자老子에 이어 도가학파를 대표하는 인물 중 하나로 평가되고 있다. 젊은 날의 장자는 작품 창작에만 너무 몰두하고 생업에는 신경을 쓰지 않아 매우 궁핍하게 살았다.

어느 날, 장자가 또 입에 풀칠을 하는 지경에 이르자, 그는 할 수 없이 울며 겨자먹기로 지역의 수로를 관리하는 감하후監下侯의 집으로 식량을 빌리고자 하였다. 감하후는 아주 옹졸한 사람이었지만, 고결하고 청렴한 장자가 찾아와 도움을 청하자 선뜻 양식을 빌려주겠다고 대답하면서, "식량을 빌려줄 수는 있지만, 내가 백성들로부터 조세를 다 받고 나서야 빌려줄 수 있는데 자네 생각은 어떤가?"라고 말하였다. 감하후가 당장 식량을 빌려주려 하지 않는 것에 화가난 장자는 감하후에게 "어제 제가 집에서 먼 길을 걸어서 대감님 집에 왔습니다. 도중에 갑자기 살려 달라는 소리가 들렸습니다. 소리가 나는 곳을 향해 갔더니 다 말라가는 수레바퀴 자국 안에 들어있던 작은 물고기 한 마리가 구조를 요청하고 있었습니다." 장자는 한 숨을 한 번 크게 내쉬며 다시 말을 이어갔다. "그 물고기가 나를 보고는 마치 구세주를 만난 것처럼 내게 도움을 청했습니다. 나는 당시 급히 다가가서 '어린 물고기야, 너는 왜 여기까지 오게되었니?'라고 물었더니 작은 물고기는 '나는 원래 동해에 살았는데 불행히도 오늘 이 도랑에 빠져 죽을 지경입니다. 물을 조금만 나누어 주세요. 제 목숨을 살려주세요!'라고 말했습니다."

감하후는 장자의 말을 듣고 있다가 물고기를 구할 물을 주었느냐고 물었다. 장자는 "네, 제가 물고기에게 '내가 남쪽에 가서 오吳·월越 두 나라 임금에게 서강西江 물을 끌어와 너를 구조하고 강물을 따라 즐겁게 동해로 돌아갈 수 있도록 하는 게 어떻겠느냐?'라고 말해주었다고 하였다.

감하후가 이 말을 듣고 어리둥절하여 장자의 구조 방법을 매우 황당하게 생각하며 물었다. "그 물고기가 어떻게 반응하던가?"고 말했다. "네, 물고기는 제 말을 듣자마자 눈을 부릅뜨고 '나는 물이 없으면 당장 살 수가 없습니다. 지금 이순간 조금의 물만 얻으면 살 수 있습니다. 당신이 만약 서강수를 끌어온다면 나는 그 전에 벌써 여기서 죽어있을테니 그때는 건어물 가게에서나 나를 찾을 수 있을 것입니다.'라고 말했습니다."

It refers to the little fish in the ditch where the water dries. It describe one who is in desperate and need for rescue.

고사성어
故事成語편

In the Spring and Autumn Period, there was a scholar named Chuang-tzu. Chuang-tzu, surnamed Zhuang, name Zhou. He was a famous thinker, philosopher and litterateur in the Spring and Autumn Period and the Warring States Period. He founded Zhuang Zi School, which was an important philosophical school in China, he was a representative figure of Taoism after Laozi and one of the main representatives of Taoism. As a young man, Chuang-Tzu was too focused on writing books but ignored production, so he was very poor and often hungry because he had no money to buy food.

One day, the Chuang-Tzu's family reached the time when they were short of food, he had to go to the Jianhe Hou's house, to borrow grain. Jianhe Hou is a very stingy person, but when he saw that the high-hearted Zhuangzi came to the door for help, he readily agreed to borrow grain, and said: "Of course, you can borrow grain, but I have to collect the people's rent tax before lending the grain to you, do you agree?" Zhuangzi was very angry when he saw that Jianhe marquis refused to borrow grain immediately, he was annoyed. He said to Jianhe marquis angrily: "Yesterday I came to you by walking a long way from home. On my way, I suddenly heard a cry for help. Immediately I went to the place where the sound came out and saw that it was a small fish lying in a dry ditch and crying for help." Chuang-tzu sighed and said, "He saw me and asked for help like a savior. I quickly went up to him and asked, 'Why did you come here, little fish?' The little fish answered, 'I lived in the East China Sea, and today I unfortunately landed in this ditch, and I am dying. Please give me a liter and a half of water to save my life!'"

After listening to Chuang-tzu's words, Jianhe marquis asked him if he had given water to help the little fish. Chuang Tzu said coldly, "I told him Well, when I got to the south, I would persuade the kings of Wu and Vietnam to bring water from the Xijiang River to relieve you and let you swim back to the East China Sea happily. What do you think?'"

As soon as Jianhe marquis heard this, he thought that Chuang-Tzu's rescue method was really absurb, and said: "How can you do that?" "Yes, the little fish listened to my idea, and immediately opened his eyes angrily and said, 'I lost the water I depended on and could not live. As long as I get half a liter of water, I can live. If I wait for the Western River water, I would have died here. At that time, you could only look for me in a shop which sold dried fish.'"

南橘北枳(남귤북지)　Oranges change with their environment

　　남방의 귤나무를 북쪽에 심으면 탱자나무가 된다는 의미로 사람은 그가 처한 환경에 따라 변한다는 것을 비유하여 이르는 말이다.

　　안영晏嬰은 춘추시대 제齊나라의 정치가로 이름은 영嬰이요, 자는 중仲으로 사람들은 그를 안자晏子라고 존칭하여 부르기도 한다. 그는 비록 높은 벼슬을 지냈지만 늘 검소하게 지냈으며, 언변이 좋기로도 유명하다.

　　한 번은 안자가 초나라에 출사하려고 했다. 초나라 왕은 이 소식을 듣고 좌우 신하들에게 말했다. "안자는 제나라에서 언변이 좋기로 유명한 사람이라고 하는데, 우리 나라에 오게 되면 내가 한 번 그를 골탕 먹이고 싶은데 자네들은 어떤 방법이 좋다고 생각하는가?" 라고 물었다.

　　한 대신이 "그가 오면 한 사람을 묶어 전하 앞을 지나가게 하라면 좋을 것 같습니다. 그 때 전하께서 '그가 어디 사람인가?' 라고 물으시고, 신하들이 '제나라 사람입니다.' 라고 대답하게 한 후, 전하께서 다시 '그가 무슨 죄를 지었는가?' 라고 물으시면, '그가 절도죄를 저질렀나이다.' 라고 대답하게 하소서." 초왕은 이 아이디어가 괜찮다고 생각했다.

　　안자가 초나라에 사신으로 당도하자 초왕이 술로 대접했다. 모두가 한창 흥에 겨워 있을 때 계획한대로 하급 관원 두 명이 한 사람을 압송해 왔다. 초나라 왕에게 이르자, 초왕은 일부러 "어떤 일로 그를 포박하여 끌고 왔느냐?" 고 물었다. 하급 관원들이 "이 사람은 제나라 사람인데 절도 죄를 지었습니다." 라고 말했다. 초왕은 고개를 돌려 안자를 바라보며 "제나라 사람들은 천성적으로 도둑질을 좋아하는가?" 라고 물었다.

　　안자는 자리에서 일어나 초왕에게 다가가 "제가 듣기론 귤나무가 회하 이남에서 자라면 정상적으로 귤을 맺지만 회하 이북에다 옮겨 심으면 탱자가 맺힌답

니다. 귤과 탱자, 잎은 비슷하지만 열매의 맛은 다른 법입니다. 왜 그럴까요? 지금 잡힌 이 사람이 제나라에 살 때는 절도를 하지 않았는데 초나라에 와서 도둑질을 하는 것은 초나라의 풍토가 사람을 도둑으로 만들기 쉽기 때문이 아니겠습니까?" 라고 내답했다.

그러자 초왕은 어색한 웃음을 지으며 "이래서 성현은 시험하면 안 되는 것이구나. 오히려 내가 망신을 당했구나." 라고 말했다.

The southern oranges be transplanted to the north of Huaihe River will become trifoliate orange. It means that same species may change due to different environmental conditions.

Yan Zi, the given name is Ying, history named him as Yan Zizhong. In the Spring and Autumn Period, Qi's doctors were once the prime ministers of Qi Linggong, Qi Zhuanggong and Qi Jinggong. Yan Zi was famous for his thrift and argumentation.

On one occasion, Yan Zi was going to serve as an envoy abroad to state of Chu. When the king of Chu heard the news, he said to the ministers around him, "It is said that Yan Ying was a man of Qi who was eloquent. Now that he came to our country, I want to humiliate him. What can we do?"

A minister said:"When he comes, please bind a man and let him pass by the king. The king asked, 'Where is he from?' The answer is:'The people of Chu.' The king then asked, 'What crime has he committed?' He replied,'He committed theft.'" King Chu thinks that it is a good idea.

When Yan Ying came to Chu, They used wine to entertain him. The host and guest were drinking at the height of their enthusiasm, two little officials bound a man to the king of Chu. Chu king deliberately asked:"What kind of person is this man?" The little official replied:"This is a people of Qi, he commit a crime because of theft was guilty."The king of Chu turned to Yan Ying and said:" Did Qi people like stealing?"

Yan Ying left his seat and went to the king of Chu. He answered:"I heard that orange trees which grows at the south of the Huaihe River will bear oranges. If they grow at the north of the Huaihe River, they will trifoliate oranges. Oranges and trifoliate oranges are similar in leaves but different in taste. Why is that, because the water and soil are different. The man caught now did not steal he lived in the state of Qi, but began to steal after coming to the state of Chu, is it because the water and soil of the state of Chu easily make people become thieves?"

King Chu listened and laughed awkwardly, saying:"Sages can not be teased. Instead, I asked for a snub."

螳螂捕蟬, 黃雀在後 (당랑포선, 황작재후)

The mantis stalks the cicada, unauere of the oriole behind

사마귀가 매미를 잡으려 집중하고 있을 때 참새가 그 뒤에서 사마귀를 노리고 있다. 눈앞의 이익에 어두워 뒤에 따를 걱정거리를 생각하지 않는다는 것을 비유하여 이르는 말이다.

춘추시대는 정벌의 시대였고, 크고 작은 제후국 300여 개 사이에 합병전쟁이 자주 벌어졌다. 대국이 소국을 합병하고 몇 백 번의 크고 작은 전쟁이 해마다 일어났다.

어느 해 오왕吳王은 초楚나라를 공격하기로 마음먹고 군신들을 불러 모아 초나라를 공격할 것을 선언하였다. 신하들은 이 소식을 듣자마자 낮은 소리로 수근거렸다. 오나라의 현재 세력으로는 아직 세력이 훨씬 큰 초나라를 공격할 수 없다고 판단했기 때문이다. 실제로 당시 오나라와 초나라의 세력은 비교가 않될 정도였기 때문에 오나라로서는 먼저 자체적으로 나라를 부강하게 해야 한 후에야 다른 것을 도모할 수 있을 형편이었다. 신하들이 뒤에서 수군거리는 것을 들은 오왕은 성난 목소리로 "나는 이미 결심했으니 그대들은 더이상 왈가왈부 하지 마라. 누가 감히 나를 말리려 한다면 용서치 않겠다."라고 말했다. 신하들이 서로 빤히 쳐다볼 뿐 누구도 감히 말을 하지 못했다. 당시 조정에는 정직한 젊은 시종 한 사람이 있었는데, 퇴조 후에도 마음이 편치 않아 오왕이 그렇게 하는 것은 너무 성급하다고 생각하면서도 어떻게 하면 오왕을 설득해 초나라를 공격할 생각을 버리게 할 수 있을까 하는 고민을 하였다.

그 시종은 오왕의 뒤뜰에서 서성거리며 이리저리 묘안을 찾다가 문득 나무

위의 매미를 발견하고 방법을 찾은듯한 표정을 지었다. 이튿날 날이 밝자 이 젊은 시종은 오왕이 쉬고 있던 뒤뜰에 다시 와서 새총을 들고 나무 아래를 이리저리 돌아다녔다. 셋째 날에도 아침 일찍 다시 나무 밑으로 돌아다녔고, 넷째 날과 다섯째 날 아침에도 그렇게 돌아다니기를 반복했다. 몇몇 사람들이 그의 행동을 이상하게 여기고 오왕에게 이 사실을 알렸다.

여섯째 날 아침, 젊은 시종이 또다시 뜰에 나타나자 오자 오왕이 다가와서 물었다. "그대는 며칠째 아침마다 화원에서 도데체 무엇을 하고 있는 것이냐? 옷이 이슬에 다 젖어가며 도데체 무슨 일을 꾸미고 있는 것이냐?" 그러자 젊은 시종이 새총을 들고 오왕에게 조용히 말했다. "전하, 조용히 하시고 저 나무 위를 보십시오, 저기 매미 한 마리가 있습니다. 매미는 이슬만 빨고 있을 뿐 사마귀 한 마리가 자기 뒤에 숨어서 앞발을 웅크린 채 자신을 사냥하려는 것을 모르고 있습니다." 오왕은 사마귀가 매미를 잡는 것은 너무도 흔한 일인데 뭐가 그리 신기하냐며 웃었다. 젊은 시종이 말했다. "전하, 다시 자세히 보십시오. 사마귀는 매미를 잡으려 하고 있지만 그 뒤에 참새 한 마리가 목을 길게 빼고 눈을 부릅뜨고 사마귀를 잡아먹으려고 하는 것을 눈치채지 못하고 있습니다." 오왕은 "그래서 그게 또 뭘 말해준다는 것이냐?" 젊은 시종은 새총에 흙덩이를 얹어 노란 참새를 겨누며 말했다. "저 참새는 내 새총이 자신을 겨누고 있는 줄 모르고 사마귀만 바라보고 있습니다. 매미, 사마귀, 참새 이들 모두가 눈앞의 이익만 바라볼 뿐 뒤에 닥칠 위험은 생각하지 못하고 있다는 것입니다." 이를 들은 오왕은 마침내 젊은 시종의 깊은 뜻을 깨닫고 초나라를 공격하려던 계획을 취소했다.

The mantis is trying to catch cicada, but the vertin is eating it behind the mantis. It means that people who are short-sighted, and only pay attention to plot against others but ignore that someone else may also plot against him.

The Spring and Autumn Period was the era of expedition, and there were frequent mergers and acquisitions among more than 300 princes and states. Large countries swallow up small countries, and hundreds of wars occur each year.

One year, King Wu was ready to attack Chu. The king of Wu summoned ministers to announce his decision to attack the Chu state. When the ministers heard the news, they discussed in a low voice, because everyone knew that Chu could not be defeated by Wu's current strength. Chu was a big country, and its strength was far stronger than Wu's. When King Wu heard that the ministers was whispering, it seemed that they have an objection, so he stopped them sharply and said: "Don't talk about it. I'm determined. No one wants to shake me! If anyone is determined to stop me, I will never forgive him." The ministers looked at each other, and no one dared to utter anything. At that time, there was an upright young servant in the court. He still felt uneasy when he retreated from the court. He thought that King Wu was too hasty to do so, but he did not know how to persuade King Wu to give up the idea of attacking Chu.

So the attendant paced up and down in King Wu's back garden, and tried to figure out what to do. At that moment, his eyes fell on a cicada in a tree, and he immediately had an idea. The next day, just after dawn, the young attendant came to the back garden where King Wu rested. He took a slingshot in his hand and turned around under the tree. On the morning of the third day, he came to the tree and walked around, and the fourth day and the fifth day morning were the same. Some people thought that his behavior was very strange and told King Wu about it.

On the sixth morning, the young attendant came again, and the king of Wu also came, Wu asked him: "What have you been doing in the garden for several mornings? Look, your clothes are soaked with dew. What are you going to do?" The young servant held a catapult in his hand, and whispered to King Wu, "Please speak in a low voice, king. Please look up at the tree, there's a cicada sitting there happily sucking the dew, but he don't notice that there is a mantis hiding behind him, the mantis is bending its forelimbs and trying to catch the cicada!" King Wu smiled and said: "Why are you wonderful about Mantis catching cicadas?" The young attendant said: "Look again, King, the mantis is intent on catching cicadas, but he does not know that there is a virtin behind it, the virtin is stretching its neck, staring at it and trying to peck it." King Wu said: "What does this mean?" The young attendant put a clay ball on his slingshot and pointed it at the titmouse. "The titmouse just looked at the cockroach, but didn't know my slingshot was pointing at it. The cicada, the mantis, and the virtin see only their immediate interests, but do not think of the danger behind them." When King Wu heard this, he suddenly awakened. He understood the intention of the young servant and cancelled the plan of attacking Chu.

明修棧道, 暗渡陣倉 (명수잔도, 암도진창)　To do one thing under the cover of another

겉으로는 잔도棧道를 보수하는 척하면서 은밀히 강을 건너 진창陣倉을 친다는 의미로 엉뚱한 행동으로 진의를 숨기고 상대방을 현혹시킨다는 것을 비유하여 이르는 말이다.

진秦나라 말기에 정치가 부패하자 이에 불만을 품고 진나라에 대적하는 세력들이 분연히 일어섰다. 이들 세력 중 유방의 부대가 가장 먼저 관중에 들어가 함양으로 쳐들어갔다. 세력이 막강했던 항우가 유방의 뒤를 이어 관중에 들어섰을 때, 그는 기타 다른 세력들에 대해서는 아무런 거리낌이 없었지만 유독 유방에 대해서는 경계심을 늦출 수 없었다. 이 때문에 결국 항우는 유방을 강제로 한중으로 내 고자 하였다. 일찍이 항우는 유방과 누구든 먼저 수도 함양咸陽을 먼저 함락시키면 그 사람을 관중의 왕으로 추대하기로 약속한 바 있었다. 결국 함양으로 먼저 들어간 쪽은 유방이었지만 항우는 유방이 관중의 왕이 되는 것을 원치 않았고, 그를 고향으로 돌려보내기도 싫어 유방을 파巴와 촉蜀 그리고 한중漢中 3개 지역을 다스리는 왕 즉 한왕으로 봉하여 외진 지역으로 내몰고 남정南鄭에 도읍을 세우도록 지시하고, 자신은 서초패왕西楚霸王을 자처하며 장강長江 중하류와 회하淮河 유역 일대의 비옥한 땅을 차지하고 팽성彭城을 수도로 삼았다.

유방 자신도 천하를 독점하려는 야심이 있었지만, 세력이 약해 항우에게 대항할 수 없었던 그는 어쩔 수 없이 지시대로 군사를 이끌고 서쪽 방향인 남정으로 향했다. 한중으로 들어가는 길은 좁고 험해 잔도를 놓고 통행해야 갈 수 있는 길이었다. 이 때 유방은 장량의 계책을 받아들여, 이 길을 통과하고 나서는 몇 백 리의 잔도를 모두 불태워버렸다. 유방이 잔도를 불태운 목적은 방어의 편의를 위해서였고, 더 중요한 것은 항우를 현혹시켜 그가 한중에서 정말 나오지 않으려 한다고 믿게 함으로써 그에 대한 경계를 풀게 하려는 속셈이었다.

유방은 남정에 이르러 재능 있는 한신韓信을 발굴하여 대장군으로 삼고 동쪽으로 세력을 확장하여 천하를 차지하는 방대한 계획을 세웠다.

한신을 통해 관중을 빼앗아 먼저 동진東進의 문을 활짝 열게 하여 한나라를 부흥시키고 초나라를 멸망시는 기초를 마련하고자 하였다. 그래서 수백 명의 군사를 보내 잔도를 다시 복구하게 했다. 관중의 서부를 지키던 장한章邯이 그 소식을 들었지만 유방의 군사들이 스스로 불태운 잔도를 다시 고치는 것에 대해 대수롭지 않게 여겼다. 그런데 얼마 후 장한은 유방의 대군이 관문을 뚫고 들어와 진창陳倉을 점령하고 수장을 죽였다는다는 급보를 받았다. 장한이 황급히 군대를 이끌고 저항하였지만 때는 이미 늦었고, 삼진三秦이라 불리던 관중 지역은 순식간에 유방의 손에 넘어갔다.

원래 한신은 겉으로는 군대를 파견하여 한가로이 잔도를 복구하는 척 함으로써 적을 현혹시키고 실제로는 유방의 주력부대를 이끌고 몰래 길을 가로질러 진창을 습격하여 승리를 거두었다.

The original meaning is that when Liu Bang was going to attack Xiang Yu from the Hanchong, he intentionally built the warehouse road, confused the other side, secretly made a detour to attack Chencang and won victory. It metaphors that people deceive each other with an illusion, but they have other plans in fact.

In the last years of Qin Dynasty, political corruption existed and heroes began to fight against Qin. Liu Bang's troops firstly entered Guanzhong and attacked Xianyang. After the powerful Xiang Yu entered the Guanzhong area, he had no scruples about the general, but was not confident about Liu Bang. Liu Bang was forced to withdraw from Guanzhong. Earlier, he made an appointment with Liu Bang: The one who attacked the Qin capital of Xianyang firstly was king in Guanzhong. As a result, Liu Bang first came to Xianyang. Xiang Yu, unwilling to let Liu Bang become the king of Guanzhong, or to let him go back to his hometown, deliberately divided the three counties of Ba, Shu and Hanzhong to him, and called him the king of the Han Dynasty, trying to lock him up in remote mountains. He called himself the overlord of Western Chu and

occupied the vast fertile land in the middle and lower reaches of the Yangtze River and Huaihe River basin, with Pengcheng as the capital.

Liu Bang did have the ambition to dominate the world, but deterred by Xiang Yu's power, he had to obey his domination and temporarily lead his troops westward to Nanzheng, and he accepted Zhang Liang's plan to burn down all the hundreds of miles of warehouses that he had traveled. The purpose of burning the warehouse passage was to facilitate defense and, more importantly, to confuse Xiang Yu, making him think that Liu Bang really did not intend to come out, thus relaxing his guard against Liu Bang.

When Liu Bang arrived in Nanzheng, he found a talented man, Han Xin, Liu Bang worshipped him as a general and asked him to plan a military deployment to develop eastward and seize the world.

Han Xin's first step is to seize Guanzhong, open the door of eastward advance, and establish a base for Han and to destroy Chu, so hundreds of officers and soldiers were sent to repair the plank road. Zhang Han, who was guarding the central and western part of Guanzhong, heard the news and felt that he had burned it by themselves and then repaired it. He did not know when such a large project would be completed, so he did not pay attention to it at all. However, soon after Zhang Han received an urgent report that Liu Bang's army had entered the Guan Zhong, Chencang was occupied and the defender would be killed. After Zhang Han confirmed the news, it was too late to lead the troops to resist. The Guanzhong area, which was called the San-qin, was suddenly occupied by Liu Bang.

Original, Han Xin apparently sent troops to repair the warehouse road, pretending to attack from the warehouse road posture, in fact, he unite with Liu Bang to led the main force, secretly copied the path to attack Chencang, while Zhang Han was not prepared. This is called "To do one thing under the cover of another".

一葉障目, 不見泰山 (일엽장목, 불견태산)

Cannot see the world due to one block in front of eyes

나뭇잎 하나가 눈을 가리면 눈 앞에 있는 거대한 산도 보이지 않았다는 의미로 국부적인 현상에 현혹되면 전체를 볼 수 없음을 비유하여 이르는 말이다.

춘추시대 초楚나라에 가난한 서생이 한 사람 있었는데, 그는 가난했지만 늘 부자가 될 방법을 절실히 찾고 있었다. 빨리 돈을 벌어 궁핍한 생활에서 벗어나고 했다. 하지만 날마다 궁리를 해보았지만 빨리 돈을 벌 수 있는 방법이 생각나지 않았다.

그러던 어느 날 그는 심심해서 책 한 권을 구해 읽었는데, 책에서 사마귀가 매미를 잡을 때 나뭇잎으로 자신을 가린다는 이야기가 실려 있었다. 사마귀가 다른 작은 곤충들로부터 자신의 몸을 숨긴다는 그 나뭇잎을 얻을 수 있다면 자신도 그것으로 자신의 몸을 숨길 수 있을 것 같았다.

그는 매우 기뻐서, 사마귀가 매미를 잡을 때 자신을 숨기는 나뭇잎을 구하기 위해 하루종일 나무 위를 관찰하던 어느날 나뭇잎 뒤에 숨어 사냥하고 있는 사마귀 한 마리를 발견하고는 손을 뻗어 사마귀가 몸을 숨기고 있던 나뭇잎을 떼어냈다. 그런데 뜻밖에 그 나뭇잎은 땅바닥에 떨어져 나무 밑의 다른 낙엽들과 섞여 분간할 수가 없었다.

그래서 그 낙엽들을 모두 쓸어담아 족히 몇 말이나 되는 나뭇잎을 거두어 집으로 돌아갔다. 그는 나뭇잎을 하나씩 가져와 자신을 가리고는 아내에게 자신의 모습이 보이냐고 물었다. 아내에게 물었다. 아내는 처음엔 당연히 보인다고 대답했지만 하루종일 질문에 시달리다가 이제는 지쳐서 결국 보이지 않는다고 거짓말을 하였다. 이 사람은 아내의 말을 듣고서 매우 기뻐하며 서둘러 이 나뭇잎을 품속에 안고 거리로 뛰쳐나갔다. 번화가에 이르자 그는 나뭇잎을 들어 자신을 가리고는 보란듯이 남의 물건을 집어들었다. 결국 절도죄로 현장에서 붙잡혀 관아로 압송되어 관리가 심문을 하자 그는 사실대로 일의 전말을 진술했다. 이 관리가 어이없는 그의 말을 듣고는 웃음을 참지 못하고 껄껄 웃다가 한바탕 훈계한 후 그를 방면해 주었다.

A leaf was blocking the eyes, and the tall Tai Mountain could not be seen. It metaphors that people are confused by local phenomena and do not see the whole or overall situation.

During the Spring and Autumn Period, there was a poor scholar in the State of Chu. His family was poor, so he was eager to find a way to make a fortune. He were willing to make money quickly without having to live in poverty. He thought all day, but he could not think of a way to get rich quickly.

One day, he felt bored and found a book to read. In the book he sees a story of a mantis hiding its body from the leaves of a cicada when it catches cicadas. Other small insects can't see it, and can hide their body from it.

He was very happy, so he ran to a tree and looked up, hoping to find the the leaves where were used to cover their bodies when mantis catched cicada. He climbed up the tree and searched for it carefully. At last he found mantis hunting behind the leaves. So he reached out and picked the leaves that the mantis used to hide. Unexpectedly, the leaf fell to the ground. There were fallen leaves under the trees, and they could not be identified anymore.

So he simply swept all the fallen leaves, and got a couple of bucks home. When he got home, he covered his eyes with leaves one by one and asked his wife, "Can you still see me?" At the beginning, the wife kept saying, "Yes, I can." Later, after a long day's agony, his wife became tired and impatient, so she deceived him by saying: "I can't see!" The man listened with great joy. He hurried put the selected leaves into his arms and ran to the street. When he went to the busy market, he held up leaves and act as if there is no one else present. The officials were caught and escorted to the county government. When the magistrate questioned him, he honestly described the whole story. The county magistrate laughed and knew that he was a nerd. He was scolded and released without punishment.

한자와 중국어
그리고 중국문화

Follow me,
like Chinese

07

속담은 짧고 세련된 민간의 지혜가 담긴 경구로, 형식이 치밀하고 운율이 유창하며, 세상을 깨우칠만한 예지가 담겨 있어 널리 전승되고 있다. 동서양을 불문하고 속담들이 향유되고 있다. 동서양의 지리·역사·종교·생활관습 등에는 모두 차이가 있지만, 각각의 문화 영역에서 향유되고 있는 속담들은 인류문화의 공통적 특징을 잘 반영하고 있다. 또한 각 속담이 담아내고 있는 문화정보는 밀접하게 연결되어 있다. 동서양의 속담들은 서로 형식은 다르지만 마치 옛 선조들이 상호 텔레파시가 통하듯 우리에게 의미있는 지침을 전해주고 있다.

Proverbs are short and concise folk wisdom aphorisms, rigorous in form, vivid in image, smooth in rhythm, wise and cautious, widely circulated. English and Chinese all contain a large number of proverbs. Although there are differences in geography, history, religious beliefs, customs and other aspects between the East and the West, English and Chinese proverbs bear the common characteristics of human culture, cultural information is closely linked, heart-to-heart, as if ancestors " Minds think alike", many Chinese and English proverbs can match each other and find the same expression.

1. 영어 속담

A

A rose by any other name would smell as sweet.
장미는 이름이 장미가 아니더라도 향기롭기는 매한가지이다.
酒香不怕巷子深 술맛만 좋다면 주점이 깊은 골목에 있어도 괜찮다.

A bad beginning makes a bad ending. 시작이 나쁘면 결말도 나빠진다.
不善始者不善終 좋은 시작이 없으면 좋은 끝도 없다.

A bad thing never dies. 나쁜 일은 절대 사라지지 않는다.
遺臭萬年 더러운 이름이 만대(萬代)에까지 남게된다.

A bad workman always blames his tools. 서투른 일꾼이 연장을 탓한다.
怨天尤人 하늘을 원망하고 남을 탓하다.

A boaster and a liar are cousins-german. 허풍쟁이와 거짓말쟁이는 사촌이다.
吹牛與說謊本是同宗 허풍과 거짓말은 본래 같은 형제이다.

A bully is always a coward. 약자를 괴롭히는 자는 언제나 겁쟁이다.
色厲內荏 외모는 사납지만 내면은 유약하다.

A burden of one's choice is not felt. 자신이 선택한 부담은 느껴지지 않는다.
愛挑的擔子不嫌重 즐겨 떠맡는 짐은 무겁지 않다

A candle lights others and consumes itself.

촛불은 다른 사람을 비추고 자신을 소진한다.
捨己爲人 남을 위해 자신을 희생한다.

A close mouth catches no flies.
입을 굳게 다물면 파리가 입으로 들어오지 않는다.
病從口入 병은 입으로 들어간다.

A constant guest is never welcome. 단골 손님은 절대 환영받지 못한다.
常客令人厭(久住非嘉賓) 단골손님은 손님대접을 받지 못한다.

Actions speak louder than words. 말보다 행동이 중요하다.
事實勝於雄辯 사실은 웅변보다 설득력이 있다.

Adversity leads to prosperity. 역경은 번영을 이끌어낸다.
窮則思變 궁하면 변혁할 생각을 한다.

A fair death honors the whole life. 공정한 죽음은 전 생애를 명예롭게 한다.
死得其所, 流芳百世 가치 있는 죽음은 훌륭한 명성을 후세에 전해지게 된다.

A faithful friend is hard to find. 신의 있는 친구는 얻기 어렵다.
知音難覓 진정한 벗은 만나기 어렵다.

A fall into a pit, a gain in your wit. 구덩이에 빠지면 지혜가 늘어난다.
吃一塹, 長一智 한 번 좌절을 겪으면 그만큼 현명해진다.

A fox may grow gray, but never good.
여우가 비록 회색으로 자랄지언정 결코 착하지는 않다.
江山易改, 本性難移

강산은 쉽게 바뀌어도 타고난 본성은 바꾸기 어렵다.(제 버릇 남 못 준다.)

A friend in need is a friend indeed. 어려울 때 친구가 진정한 친구이다.
患難見眞情 고난 속에서 비로소 진정한 벗이 보인다.

A friend is easier lost than found. 친구는 얻기보다 잃기가 쉽다.
得朋友難, 失朋友易 친구를 얻기는 어렵지만 잃기는 쉽다.

A friend without faults will never be found. 결점이 없는 친구는 없는 법이다.
沒有十全十美的朋友 완전무결한 친구는 없다.

A good beginning is half done. 시작이 반이다.
良好的開端是成功的一半 양호한 시작은 성공의 절반이다.

A good book is a good friend. 좋은 책이 좋은 친구이다.
好書如摯友 좋은 책은 좋은 친구와 같다.

A good husband makes a good wife. 좋은 남편은 훌륭한 아내를 만든다.
夫善則妻賢 좋은 남편은 훌륭한 아내를 만든다.

A great talker is a great liar. 말이 많은 사람은 거짓말도 많다.
說大話者多謊言 말이 많은 자는 거짓말도 많다.

A hedge between keeps friendship green.
사이에 울타리가 있으면 우정은 신선하게 유지된다.
君子之交淡如水 군자간의 사귐은 물처럼 담백하다.

A joke never gains an enemy but loses a friend.

농담은 적을 얻는 것이 아니라 친구를 잃는 것이다.
戲謔不能化敵為友, 只能使人失去朋友 농담은 적을 얻지 못하고 친구를 잃는다.

A leopard cannot change its spots.
표범도 자신의 얼룩을 바꿀 수는 없다.(제 버릇 개 못 준다.)
積習難改(狗改不了吃屎)
오랜 버릇은 고치기 어렵다.(개는 똥 먹는 버릇을 고칠 수 없다.)

A light heart lives long. 태평한 자가 장수한다.
靜以修身 태평한 자가 장수한다.

A little body often harbors a great soul. 작은 몸은 종종 위대한 영혼을 품는다.
濃縮的都是精華 농축된 것은 모두 엑기스가 된다.

A little knowledge is a dangerous thing.
섣부른 지식은 위험하다.(선무당이 사람잡는다.)
一知半解, 自欺欺人
깊이 이해하지 못하면 스스로를 기만하고 남을 속이게 된다.

A little pot is soon hot. 작은 냄비가 빨리 끓는다.
狗肚子盛不得四兩油(量小易怒) 개의 배에는 네 냥의 기름을 담을 수 없다.
(그릇이 작은 사람은 쉽게 성을 낸다.)

All are brave when the enemy flies. 적이 달아날 때는 누구나 용감해진다.
敵人逃竄時, 人人都是勇士 적이 달아날 때는 누구나 용감한 사람이 된다.

All good things come to an end. 모든 좋은 일에는 끝이 있다.
天下沒有不散的筵席 모든 좋은 일에는 끝이 찾아온다.

07

**속담비교
諺語互通편**

All rivers run into sea.　모든 강은 바다로 흐른다.
海納百川　모든 강은 바다로 흘러 든다.

All roads lead to Rome.　모든 길은 로마로 통한다.
條條大路通羅馬　모든 길은 로마로 통한다.

All that ends well is well.　결과가 좋으면 만사가 좋다.
結果好, 就一切都好　끝이 좋으면 다 좋다.

All that glitters is not gold.　반짝이는 것이 다 금은 아니다.
閃光的不一定都是金子　반짝인다고 다 금은 아니다.

All things are difficult before they are easy
모든 일은 쉬워지기 전까지는 어려운 법이다.
凡事總是由難而易　모든 것은 그것이 쉬워지기 전까지는 어려운 법이다.

All work and no play makes Jack a dull boy
일만하고 쉬지 않으면 바보가 된다.
只會用功不玩耍, 聰明孩子也變傻
일만 하고 놀지 않으면 바보스런 아이가 된다.

A man becomes learned by asking questions
사람은 질문을 함으로써 배우게 된다.
不恥下問才能有學問　사람은 질문하는 과정에서 배운다.

A man can do no more than he can.
사람은 다 자기가 할 수 있는 범위를 벗어나지 않는다.
凡事都應量力而行　모든 일은 다 능력에 맞게 해야 한다.

A man cannot spin and reel at the same time
빙글빙글 돌면서 빠른 춤을 출 수는 없다.
一心不能二用　한마음을 두 군데 쓸 수가 없다.

A man is known by his friends　그 친구를 보면 그 사람을 알 수 있다.
什麼人交什麼朋友　그 친구를 보면 그 사람을 알 수 있다.

A man of words and not of deeds is like a garden full of weeds
말이 많고 행동이 없는 사람은 잡초가 무성한 정원과도 같다.
光說空話不做事, 猶如花園光長刺
말이 많고 행동이 없는 사람은 잡초가 무성한 정원과도 같다.

A man without money is no man at all
돈이 없는 사람은 사람구실을 하기 어렵다.
一分錢難倒英雄漢　푼돈으로는 영웅호걸을 쓰러뜨리기 어렵다.

A merry heart goes all the way　마음이 즐거우면 끝까지 갈 수 있다.
心曠神怡, 事事順利　마음이 후련하고 상쾌하면 매사가 순조롭다.

A miss is as good as a mile
살짝 벗어난 실수라도 1마일 벗어난 것과 다름없다.
失之毫釐, 差之千里　처음 아주 조그만 실수로 길이 어긋나면 끝에서는 천리의 차이가 생길 수 있다.

A mother's love never changes　어머니의 사랑은 변하지 않는다.
母愛永恆　어머니의 사랑은 변하지 않는다.

An apple a day keeps the doctor away

07 속담비교 諺語互通편

하루에 사과 한 개면 의사를 멀리하게 된다.
一天一蘋果, 醫生遠離我   하루에 사과 한 개면 의사가 필요 없다.

A new broom sweeps clean
새로 부임한 사람은 묵은 폐단을 일소하는 데 열심인 법이다.
新官上任三把火
새로 부임한 관리는 세 개의 횃불처럼 기세등등하다.(열심히 일한다)

An eye for an eye and a tooth for a tooth   눈에는 눈, 이에는 이로 갚는다.
以眼還眼, 以牙還牙   눈에는 눈, 이에는 이로 되돌려준다.

An hour in the morning is worth two in the evening
아침의 한 시간은 저녁의 두 시간과 맞먹는다.
一日之計在於晨   하루의 성과는 새벽에 달려 있다.

An old dog cannot learn new tricks   늙은 개는 새로운 재주를 배울 수 없다.
老狗學不出新把戲   늙는 개는 새로운 재주는 배울 수 없다.

An ounce of prevention is worth a pound of cure
예방하는 것이 치료하는 것보다 낫다.
預防爲主, 治療爲輔   예방이 먼저고 치료는 나중이다.

A rolling stone gathers no moss   구르는 돌에는 이끼가 끼지 않는다.
滾石不生苔, 轉業不聚財   구르는 돌에는 이끼가 끼지 않고, 직업을 자주 바꾸는 사람은 부를 축적하기 어렵다.

As a man sows, so he shall reap   심은대로 거둔다.
種瓜得瓜, 種豆得豆

오이를 심으면 오이가 나고, 콩을 심으면 콩이 난다.(뿌린대로 거둔다.)

A single flower does not make a spring   꽃 한 송이가 봄을 만들지는 않는다.
一花獨放不是春, 百花齊放春滿園   한 송이 꽃이 피었다고 봄이 오는 것이 아니라, 온갖 꽃이 만발해야 봄이 왔다고 할 수 있다.

A snow year, a rich year   눈이 많이 내리는 해는 풍년이 된다.
瑞雪兆豐年   상서로운 눈은 풍년의 징조다.

A sound mind in a sound body   건강한 육체에 건강한 정신이 깃든다.
健康的精神寓於健康的身體   건강한 육체에 건강한 정신이 깃든다.

A still tongue makes a wise head   현명한 사람은 말을 많이 하지 않는다.
寡言者智   현명한 사람은 입이 무겁다.

A stitch in time saves nine   제때의 바늘 한번이 아홉 바느질의 수고를 던다.
小洞不補, 大洞吃苦   제때의 바늘 한번이 아홉 바느질의 수고를 던다.

A straight foot is not afraid of a crooked shoe
반듯한 발은 굽은 신발을 두려워하지 않는다.
身正不怕影子斜   몸이 올곧으면 그림자가 기울어져도 걱정하지 않는다.

A wise head makes a close mouth   현명한 머리는 입을 다물게 한다.
眞人不露相, 露相非眞人   실력있는 사람은 자기를 드러내지 않고, 실력이 부족한 사람은 자기를 드러내려 한다.

A word spoken is past recalling   한 번 내뱉은 말은 주워담을 수 없다.
一言旣出, 駟馬難追   말은 한 번 뱉으면 네 필의 말로도 따라갈 수가 없다.

07

속담비교
諺語互通篇

A small leak will sink a great ship 작은 구멍 하나가 큰 배를 가라앉힌다.
千里之堤, 毀于蟻穴 천리나 되는 큰 뚝방도 개미구멍 하나로 무너질 수 있다.

Any port in a storm 얻어먹는 놈이 찬밥 더운밥 가리랴.
慌不擇路 급하게 도망갈 때는 길을 가릴 겨를이 없다.

A wise fox will never rob his neighbor's hen roost
현명한 여우는 결코 이웃 암탉의 보금자를 털지 않는다.
兔子不吃窩邊草 토끼는 자신의 굴 주변의 풀을 먹지 않는다.

Against the clock 촌각을 다투다.
爭分奪秒 1분 1초를 다투다.

A land of milk and honey 젖과 꿀이 흐르는 땅.
魚米之鄕 생선과 쌀이 풍부한 고장.

Apples and oranges 사과와 오렌지.(완전히 다른 과일이라는 의미)
風馬牛不相及 바람난 말이라 해도 소를 만나지는 않는다.

Apple of one's eye
눈 속의 사과.(눈에 넣어도 아프지 않을만큼 소중하다는 의미)
掌上明珠
손바닥 위의 맑은 구슬.(애지중지 아끼는 물건 (또는 사람)이라는 의미)

A bolt from the blue 맑은 하늘에 날벼락.
飛來橫禍(始料不及) 예상과는 다르게 갑자기 날아든 재난.

Activity is the only road to knowledge　실천이 지식으로 향하는 유일한 길이다.
行動是通往知識的唯一道路　실천은 지식을 관통시키는 유일한 길이다.

B

Better to reign in hell than serve in heaven
천국에서 종 노릇 하기보다는 지옥에서 왕 노릇 하는 편이 낫다.
寧做雞頭, 不做鳳尾　닭의 머리가 되는 것이 봉황의 꼬리가 되는 것보다 낫다.

Barking dogs seldom bite　짖는 개는 잘 물지 않는다.
會咬人的狗不叫　사람을 잘 무는 개는 짖지 않는다.

Beauty is in the eye of the beholder　아름다움은 보는 사람의 눈에 달려있다.
情人眼裡出西施　연인의 눈에는 서시(西施)가 드러난다.(제 눈에 안경이다.)

Be swift to hear, slow to speak
듣는 것은 빠르게 하고 말하는 것은 느리게 하라.
聽宜敏捷, 言宜緩行　듣는 것은 민첩하게 하고 말하는 것은 느리게 하라.

Better to ask the way than go astray
갈 길을 물어보는 것이 길을 잃는 것보다 낫다.
問路總比迷路好　길을 물어보는 것이 길을 잘못 가는 것보다 낫다.

Blood is thicker than water　피는 물보다 진하다.
血濃於水　피는 물보다 진하다.

Books and friends should be few but good

07

속담비교
諺語互通편

책과 친구는 많다고 좋은 것은 아니다.
讀書如交友, 應求少而精
책은 친구를 사귀는 것처럼 적더라도 좋음을 추구해야 한다.

Business is business   거래는 거래다.
公事公辦(在商言商)   공적인 일은 공정한 원칙에 따라 처리한다.

By reading we enrich the mind, by conversation we polish it
독서를 통해 마음을 풍요롭게 하고, 대화를 통해 마음을 윤택하게 한다.
讀書使人充實, 交談使人精明
독서는 사람의 마음을 풍요롭게 하고, 대화는 사람의 마음을 정화시켜 준다.

Back seat driver   운전자에게 계속 잔소리를 하는 사람.
站著說話不腰疼   서서 입만 나불대면서 허리 아픈 줄 모른다.

Break a leg   행운을 빕니다.
祝好運   행운을 빕니다.

C

Carry coals to Newcastle   쓸 데 없는 짓을 하다.
多此一舉   쓸 데 없는 짓을 하다.

Cross your fingers   행운을 빕니다.(손가락을 엇갈리게 꼬아서 보여주는 행동)
求老天保佑   하늘이 돕길 바랍니다.

Childhood sweetheart   어린시절의 동무.

青梅竹馬   어린 시절의 소꿉놀이 친구.(죽마고우)

Close your eyes to something   정확히 보지 못한다.
視而不見   눈으로 보지만 깨닫지 못한다.

Copy what is good and try to correct what is bad
좋은 것은 배우고 나쁜 것은 고치려고 노력하다.
見賢思齊焉, 見不賢而內自省也   어진 이를 보면 그와 같이 되기를 생각하고 어질지 못한 자를 보면 마음속으로 스스로를 반성한다.

Care and diligence bring luck   배려와 성 함은 행운을 가져온다.
謹慎和勤奮才能抓住機遇   근면하고 신중해야 기회를 잡을 수 있다.

Caution is the parent of safety   주의는 안전의 어버이다.
小心駛得萬年船   조심해서 배를 몰아야 오래 몰 수 있다.

Children are what the mothers are   아이들은 엄마를 그대로 본받는다.
耳濡目染(言傳身敎)   항상 보고 들으면 몸에 배어 익숙하게 된다.

Choose an author as you choose a friend
책을 고르는 것은 친구를 선택하는 것과 같다.
擇書如擇友   책을 선택하는 것은 친구를 선택하는 것과 같다.

Complacency is the enemy of study   안일함은 공부의 적이다.
學習的敵人是自己的滿足   자기만족은 학습의 적이다.

Confidence in yourself is the first step on the road to success
자신감은 성공으로 나아 가는 첫 걸음이다.

自信是走向成功的第一步　자신감은 성공으로 나아 가는 첫 걸음이다.

Constant dripping passes through a stone
끊임없이 물방울이 떨어지면 돌이 뚫어진다.
水滴石穿(繩鋸木斷)　물방울이 돌을 뚫는다.

Content is better than riches　분수를 아는 것이 부자인것보다 낫다.
知足者常樂　분수를 아는 사람은 늘 편안하다.

Count one's chickens before they are hatched
까지도 전에 병아리 숫자를 세어본다.
未雨綢繆　비가 오기도 전에 (둥지를) 수선한다.

Courtesy on one side only lasts not long　일방적인 예의는 오래가지 않는다.
來而不往非禮也　방문에 대해 답방(答訪)하지 않으면 예가 아니다.

Creep before you walk　제대로 걷기도 전에 뛰어가려 한다.
循序漸進　순서에 따라 서서히 나아간다.

Cry for the moon　불가능한 일을 바라다.
海底撈月(異想天開)　바다에서 달을 건지려고 한다.

Custom is a second nature　습관은 제2의 천성이다.
習慣是後天養成的　습관은 후천적으로 양성되는 것이다.

Custom makes all things easy　습관은 모든 일을 쉽게 만든다.
有個好習慣, 事事皆不難　습관은 모든 일을 쉽게 만든다.

D

Don't count your chickens before they hatch
알을 깨고 나오기 전에 닭을 세지 마라.
不要高興得太早　기뻐하기엔는 너무 이르다.

Diamond cuts diamond
다이아몬드로 다이아몬드를 자르다.(막상막하의 승부)
强中自有强中手(棋逢對手)　강자 위에 더 강자가 있다.(기량이 막상막하이다.)

Do as the Romans do　로마에서는 로마인들이 하는대로 하라.
入鄕隨俗　로마에서는 로마법을 따라라.

Doing is better than saying　말하는 것보다 실행하는 것이 중요하다.
與其掛在嘴上, 不如落實在行動上
예상되는 것을 입으로 말하는 것보다 행동으로 옮기는 것이 낫다.

Do it now　지금 바로 시행하라.
機不可失, 時不再來　기회를 잃으면 좋은 기회가 다시 오지 않는다.

Do nothing by halves　일을 어중간하게 하지 마라.
凡事不可半途而廢　일을 절반 쯤 하다가 포기해서는 않된다.

Don't claim to know what you don't know
모르는 것을 안다고 주장하지 마라.
不要不懂裝懂　모르는 것을 아는 척하지 마라.

Don't have too many irons in the fire.

07

속담비교
諺語互通편

한꺼번에 너무 많은 일을 벌이지 마라.
不要攬事過多　너무 많은 일을 한꺼번에 맡지 마라.

Don't make a mountain out of a molehill.
(두더지가 파놓은) 흙 두둑을 산으로 만들지 마라.
不要小題大做　사소한 일을 크게 만들지 마라.

Don't put off till tomorrow what should be done today.
오늘 할 일을 내일로 미루지 말라.
今日事, 今日畢　오늘 할 일은 오늘을 넘기지 마라.

Don't try to teach your grandmother to suck eggs.
네 할머니에게 달걀을 어떻게 흡입하는지 가르치려 하지 마라.
不要班門弄斧　노반(魯班, 장인)의 집앞에서 도끼질 하지 마라.
(번데기 앞에서 주름잡지 마라.)

E

Each bird love to hear itself sing.　모든 새는 자기 노래 부르기를 좋아한다.
孤芳自賞　홀로 향기를 내뿜으며 스스로 자부심을 갖다.

Early to bed and early to rise makes a man healthy, wealthy and wise.
일찍 자고 일찍 일어나는 것은 사람을 건강하고 부유하고 현명하게 만든다.
早睡早起身體好　일찍 자고 일찍 일어나면 몸에 좋다.

Easier said than done.　행동보다 말이 쉽다.
說得容易, 做得難　말하기는 쉽지만 행동하기는 어렵다.

Easy come, easy go. 쉽게 오는 것은 쉽게 가기도 한다.
來也匆匆, 去也匆匆 황급히 왔다가 황급히 가다.

Eat to live, but not live to eat.
살기 위하여 먹는 것이지 먹기 위해 사는 것이 아니다.
人吃飯是爲了活著, 但活著不是爲了吃飯
사람은 살기위해 밥을 먹는 것이지, 밥을 먹기 위해 사는 것이 아니다.

Empty vessels make the greatest sound. 빈 수레가 더 요란한 소리를 낸다.
實磨無聲空磨響, 滿瓶不動半瓶搖 곡식이 꽉 찬 멧돌은 먹은 소리가 없지만 빈 멧돌은 소리가 요란한 법이고, 꽉 찬 물병은 흔들리지 않지만 반만 찬 물병은 흔들리는 법이다.

Envy has no holidays. 질투에는 휴일이 없다.
嫉妬之人無寧日 질투하는 사람에게는 평안한 날이 없다.

Even Homer sometimes nods.
(위대한 시인) 호머도 (자기 실수에) 고개를 끄덕일 때가 있다.
智者千慮, 必有一失
슬기로운 자라 할지라도 많이 생각하다 보면 실수하기 마련이다.

Even reckoning makes long friends. 공평한 계산이 오랜 친구를 만든다.
親兄弟, 明算賬 친형제 간에도 계산은 분명해야 한다.

Every advantage has its disadvantage. 모든 장점에는 단점도 있는 법이다.
有利必有弊 유리한 점이 있으면 폐해도 있게 마련이다.

Everybody's business is nobody's business.

07

속담비교
諺語互通편

모두가 해야 하는 일은 결국 누구의 일도 아니다.
人人負責, 等於沒人負責
사람마다 책임지는 것은 아무런 책임을 지지 않는 것이다.

Every day is not Sunday.　매일매일이 일요일인 것은 아니다.
好景不常在　멋진 경치는 항상 있는게 아니다.

Every door may be shut, but death's door.
모든 문이 닫힐지는 모르지만 죽음의 문은 반드시 닫힌다.
人生在世, 唯死難逃　인생사에서 죽음 만은 피할 수 없다.

Every little helps a mickle.　작은 것 하나라도 큰 도움이 된다.
聚沙成塔(集腋成裘)
모래가 쌓여 탑을 이루다.(백여우의 겨드랑이 가죽을 모아 갖옷을 만들다.)

Every man for himself and the devil takes the hindmost.
모든 사람은 자신을 위해 살아가고 뒤처지는 자는 마귀에게 잡히게 마련이다.
人不爲己, 天誅地滅
사람이 자신을 위하지 않으면, 하늘과 땅이 그를 멸할 것이다.

Every man has his faults.　모든 사람에게는 단점이 있다.
金無足赤, 人無完人　불순물이 전혀 없는 금은 없고, 완전무결한 사람도 없다.

Every man has his hobby horse.　모든 사람에게는 취미용 말이 있다.
蘿蔔靑菜, 各有所愛　무와 야채도 각기 좋아하는 바가 있다.

Every man has his weak side.　사람은 누구나 약점이 있다.
人人都有弱點　사람은 누구나 약점이 있다.

Every man is the architect of his own fortune.
모든 사람은 자기 운명의 건축가다.
自己的命運自己掌握   자신의 운명은 자신의 손에 달려있다.

Every mother's child is handsome.   모든 엄마의 아이들은 잘생겼다.
孩子是自己的好   자식은 제 새끼가 곱다.

Every potter praises his pot.   모든 도예가는 자기가 만든 도자기를 칭찬한다.
王婆賣瓜, 自賣自誇   수박장수는 모두 자기 수박을 칭찬하면서 판다.

Everything is good when new, but friends when old.
모든 물건은 새것일수록 좋지만, 친구는 오래될수록 좋다.
東西是新的好, 朋友是老的親   물건은 새 것이 좋지만 친구는 옛 친구가 좋다.

Example is better than percept.
예시를 드는 것이 지각(知覺)하는 것보다 낫다.
說一遍, 不如做一遍   말하는 것은 행동하는 것만 못하다.

Experience is the father of wisdom and memory is the mother.
경험은 지혜의 아버지이고 기억은 지혜의 어머니이다.
經驗是智慧之父, 記憶是智慧之母
경험은 지혜의 아버지이고 기억은 지혜의 어머니이다.

Every cloud has a silver lining.   모든 구름의 뒤편은 은빛으로 빛난다.
塞翁失馬, 焉知非福
세옹(변방의 늙은이)이 말을 잃은 것이 복일지 화일지 어찌 알겠는가!

Excuse my French.   말을 함부로 해서 미안하다.

抱歉我說話不好聽　듣기 거북한 말을 해서 미안하다.

F

Find your feet.　제자리를 잡다.
適應新環境　새로운 환경에 적응하다.

Fine feathers make fine birds.　깃털이 아름다우면 새도 아름답다.
人靠衣裝　옷이 날개다.

Fight tooth and nail.　이를 악물고 싸우다.
全力以赴　전력을 다하여 일에 임하다.

Failure is the mother of success.　실패는 성공의 어머니다.
失敗是成功之母　실패는 성공의 어머니다.

False friends are worse than bitter enemies.　거짓 친구는 적보다 더 나쁘다.
明槍易躲, 暗箭難防　보이는 곳에서 날아오는 창은 피하기 쉽지만, 몰래 쏘는 화살은 막아 내기 어렵다.

Faults are thick where love is thin.　사랑이 약해질 때 단점이 보인다.
一朝情意淡, 樣樣不順眼　감정이 식는 순간 모든 것이 눈에 거슬린다.

Fear always springs from ignorance.　두려움은 항상 무지에서 비롯된다.
恐懼來源於無知　공포는 무지에서 비롯된다.

Fields have eyes, and woods have ears.

들판에도 눈이 있고, 숲에도 귀가 있다.
隔墻有耳　벽에도 귀가 있다.

Fire and water have no mercy.　불과 물은 자비심이 없다.
水火無情　물과 불은 무정하다.

Fire is a good servant but a bad master.　불은 잘 다루면 좋은 하인이기도 하지만 잘못 다루면 포악한 주인이 되기도 한다.
火是一把雙刃劍　불은 양날검과 같다.

First come, first served.　먼저 오면 먼저 대접을 받는다.
先來後到　선착순

First impressions are half the battle.　첫인상은 전투의 절반이다.
第一印象最重要　첫인상이 가장 중요하다.

First think and then speak.　먼저 생각하고 말하라.
先想後說　먼저 생각하고 말하라.

Fools grow without watering.　바보들은 알아서 바보짓을 한다.
朽木不可雕　썩은 나무는 조각할 수 없다.

Fool's haste is no speed.　어리석은 사람이 서두른다고 속도가 나지 않는다.
欲速則不達　일을 너무 서두르면 도리어 이루지 못 한다.

Fool has fortune.　바보에게도 행운이 있다.
傻人有傻福　바보에게는 바보로서의 복이 있다.

Fools learn nothing from wise men, but wise men learn much from fools.
어리석은 자들은 현명한 자들에게서 아무도 못 배우지만, 현명한 자들은 바보로부터 많은 것을 배운다.
愚者不學無術, 智者不恥下問　어리석은 자들은 배우지 않아 계략이 없지만, 지혜로운 자들은 아랫사람들에게 질문하는 것을 수치스럽게 생각하지 않는다.

Forbidden fruit is sweet.　금단의 열매가 달콤한 법이다.
禁果格外香　금단의 열매가 특별히 향기롭다.

Fortune favors those who use their judgement.
행운은 결단력이 있는 사람을 좋아한다.
機遇偏愛善斷之人　기회는 과감한 사람들을 좋아한다.

Fortune knocks once at least at every man's gate.
행운은 최소한 한 번은 사람의 문을 노크한다.
風水輪流轉　풍수는 돌고 도는 것이다.

Four eyes see more than two.　두개의 눈보다 네개의 눈이 더 많이 본다.
集思廣益　여러사람의 지혜를 모으다.

Friends agree best at distance.　친구라도 일정한 거리를 두는게 가장 좋다.
朋友之間也會保持距離　친구 사이라도 일정한 거리를 둘수 있다.

G

God help those who help themselves.　하늘은 스스로 돕는 자를 돕는다.
天道酬勤　하늘은 근면한 사람에게 상을 준다.

Great men are not always wise. 위인이 항상 현명한 것은 아니다.
人有失策, 馬有失蹄
사람도 실책할 수 있고, 말도 발굽을 잘못 디뎌 넘어질 수 있다.

Go the extra mile. 한층 더 노력하다.
加倍努力, 比別人期待的做得更多
더욱 노력하여 남들이 기대한 것보다 더 많이 하다.

Give a dog a bad name and hang him.
개에게 오명을 씌운 다음 목졸라 죽이다.
眾口鑠金(人言可畏)
여러 사람의 입은 쇠도 녹인다.(사람들의 말과 소문은 무서운 것이다.)

Good for good is natural, good for evil is manly. 선한 것에 선한 것은 자연스러운 것이고 악한 것에 너그러운 것은 남자다운 것이다.
以德報德是常理, 以德報怨大丈夫 덕으로써 은혜를 갚는 것은 일반적인 도리이고 덕으로써 원수에게 베푸는 것은 대장부이다.

Good health is over wealth. 건강이 재산보다 중요하다.
健康是最大的財富 건강이야 말로 가장 큰 재산이다.

Good medicine for health tastes bitter to the mouth.
건강에 좋은 약은 입에 쓰기 마련이다.
良藥苦口利于病 좋은 약은 쓰지만 병에는 이롭다.

Good watch prevents misfortune. 신중한 관찰은 불행을 예방한다.
謹慎消災 신중하게 행동하면 재앙을 막는다.

07

속담비교
諺語互通편

Great barkers are no biters.　짖는 개는 사람을 물지 않는다.
好狗不擋道　좋은 개는 사람이 다니는 길을 막아서지 않는다.

Great hopes make great man.　큰 포부가 위대한 사람을 만든다.
偉大的抱負造就偉大的人物　위대한 포부가 위대한 인물을 만들어 준다.

Great minds think alike.　위대한 사람들은 비슷한 생각을 갖고 있다.
英雄所見略同　걸출한 사람들의 견해는 대체로 비슷하다.

Great men's sons seldom do well.
위인의 아들들 중에서 처세를 잘하는 사람이 드물다.
富不過三代　부자는 3대를 넘기지 못한다.

Great trees are good for nothing but shade.
좋은 나무도 별 것 없더라도 그늘을 만드는 데는 좋다.
大樹底下好乘涼　큰 나무 아래는 바람을 쐬기에 좋다.

Great wits have short memories.
위대한 지혜를 가진 자는 기억력이 짧은 법이다.
貴人多忘事　높은 직위에 있는 사람은 지난 일을 많이 잊어버린다.

Greedy folks have long arms.　욕심 많은 자는 팔도 길다.
心貪手長　욕심이 많으면 손도 길다.

Guilty consciences make men cowards.　죄책감은 사람을 겁쟁이로 만든다.
做賊心虛　도둑질을 하면 마음이 조마조마한 법이다.(도둑이 제 발 저리다.)

H

Half a loaf is better than no bread.　빵 반쪽이라도 없는 것보다는 낫다.
有總比沒有好　없는 것보다는 있는 게 낫다.

Heart cures heart.　마음이 마음의 병을 치유하는 법이다.
心病還須心藥醫　마음의 병은 마음의 약으로 고쳐야 한다.

Handsome is he who does handsomely.
훌륭하게 행동하는 자가 훌륭한 사람이다.
行爲漂亮才算美　행위가 훌륭한 사람이 아름답다고 할 수 있다.

Happiness takes no account of time.　만족은 시간을 염두하지 않는다.
歡樂不覺時光過　즐거움에 빠져 시간 가는 줄도 모른다.

Happy is he who owes nothing.　빚진 것이 없는 사람은 행복하다.
無債一身輕　빚이 없으면 몸이 가벼운 법이다.

Happy is the man who learns from the misfortunes of others.
행복한 자는 타인의 불행을 통해 배우는 사람이다.
吸取他人教訓, 自己才會走運
다른 사람의 교훈을 받아들여야만, 스스로 운수가 트일 수 있다.

Harm set, harm get.　피해를 끼치면 피해가 되돌아오는 법이다.
害人害己　남을 해치면 자기를 해치게 된다.

Hasty love, soon cold.　성급한 사랑이 빨리 식는 법이다.
一見鐘情難維久　첫눈에 반한 사랑은 오래가지 않는다.

07

속담비교
諺語互通편

Hear all parties.　모든 의견에 귀를 기울여야 한다.
兼聽則明　여러 방면의 의견을 두루 들으면 현명해진다.

Heaven never helps the man who will not act.
하늘은 행동하지 않는 자를 돕지 않는다.
自己不動, 叫天何用
스스로 행동하지 않고 하늘에만 부르짖으면 아무 소용이 없다.

He is a fool that forgets himself.
스스로에 대해 생각하지 않는 자는 어리석은 사람이다.
愚者忘乎所以　어리석은 자는 기쁨에 사로잡혀 어찌된 까닭인지 모른다.

He is a good friend that speaks well of us behind our backs.
그는 뒤에서도 우리를 칭찬하는 좋은 친구이다.
背後說好話, 才是真朋友　뒤에서 좋은 말을 하는 자야 말로 진정한 친구이다.

He is a wise man who speaks little.　현명한 사람일수록 말수가 적다.
聰明不是掛在嘴上(智者寡言)　현명한 사람은 스스로 현명하다고 말하지 않는다.(현명한 자는 말수가 적다.)

He is lifeless that is faultless.　결점이 없는 사람은 없다.
只有死人才不犯錯誤　죽은 사람만이 잘못을 범하지 않는다.

He is not fit to command others that cannot command himself.
자기 자신을 통제할 수 없는 사람은 다른 사람을 지휘할 자격이 없다.
正人先正己　타인을 바르게 하려면 먼저 자신을 바로 세워야 한다.

Have money to burn.　태울만큼 돈이 남아돈다.

有錢就是任性　돈이 있으면 뭐든 제멋대로 한다.

He who risks nothing gains nothing.
위험을 감수하지 않으면 얻는 것도 없다.
不入虎穴, 焉得虎子　범의 굴에 들어가지 않고 어떻게 범의 새끼를 잡겠는가.

History repeats itself.　역사는 반복되는 법이다.
歷史往往重演　역사는 왕왕 되풀이된다.

Honesty is the best policy.　정직이 최상의 방책이다.
誠信爲本　성신을 근본으로 삼아야 한다.

Hope for the best, but prepare for the worst.
최고를 기대하면서도 최악에 대비하라.
抱最好的願望, 做最壞的打算　최선의 소망을 품고 최악에 대비하라.

I

If winter comes, can spring be far behind.　겨울이 오면 봄도 멀지 않으리.
冬天來了, 春天還會遠嗎?　겨울이 왔는데 봄이 여전히 멀겠는가?

In the country of the blind the one-eyed man is king.
맹인들의 나라에서는 외눈박이가 왕이다.
盲人國中, 獨眼稱雄　맹인의 나라에서는 외눈박이가 왕이다.

Industry is the parent of success.　근면은 성공의 어버이다.
勤奮是成功之母　근면은 성공의 어머니다.

속담비교
諺語互通편

If you want knowledge, you must toil for it.
지식을 원한다면 열심히 공부해야 한다.
要想求知, 就得吃苦   지식을 얻으려면 고통을 감내해야 한다.

It's raining cats and dogs.   비가 억수같이 내리고 있다.
傾盆大雨   비가 물을 퍼붓듯이 온다.

In sorrow lies joy, in joy lies sorrow. Fortune and misfortune comes in turn.
슬픔에는 기쁨이, 기쁨에는 슬픔이 따라온다. 행운과 불행은 번갈아서 찾아온다.
禍兮, 福之所倚 ; 福兮, 禍之所伏.° 福禍相交.   화에는 복이 기댈만 하고, 복에는 화가 누울 만 하다. 복과 화는 서로 어울리게 마련이다.

J

Judge not according to appearance.   겉모습만 보고 판단하지 마라.
不可以貌取人   용모로 사람을 판단해서는 안된다.

January and May.   늙은 January 남작(男爵)과 그의 젊은 아내 May.
老夫少妻   늙은 남편과 젊은 아내.

K

Knowledge is power.   아는 것이 힘이다.
知識就是力量   아는 것이 힘이다.

Knowledge makes humble, ignorance makes proud.

지식은 겸손함을 낳고, 무지는 자만심을 낳는다.
博學使人謙遜, 無知使人驕傲   박식할수록 겸손하고 무지할수록 자만한다.

Kill the goose that lays the golden eggs.
거위를 죽이고 알을 꺼낸다.(눈앞의 이익 때문에 앞날의 큰 이익을 잃는다.)
殺雞取卵   닭을 잡아 달걀을 얻다.

L

Lifting a rock only to have his own toes squashed.
바위를 들어 올리려다가 발가락이 으스러진다.
搬起石頭砸自己的腳   제 발등을 제가 찍다.

M

Man proposes, god disposes.
일을 계획하는 것은 사람이지만, 그 성패는 신이 결정한다.
謀事在人, 成事在天
일의 계획은 사람이 하지만, 그 성패는 하늘에 달려 있다.

Money talks.   돈이 말을 한다.
有錢能使鬼推磨   돈이 있으면 귀신에게 맷돌질을 하게 할 수도 있다.

Many hands make light work.   일손이 많으면 일도 가벼워진다.
眾人拾柴火焰高
여러 사람이 힘을 합쳐 땔감을 모아 태우면 불꽃이 거세어진다.

N

Narrow escape.   가까스로 모면하다.
九死一生   아홉번 죽을 고비를 겪고 목숨을 건지다.

Never say die.   절대 죽는 소리 마라.(절대 비관하지 마라.)
永不言敗   절대로 포기하지 마라.

No pains, no gains.   고통 없이는 얻는 것도 없다.
一分耕耘, 一分收穫   뿌린 대로 거둔다.

No pleasure without pain.   노력 없이는 기쁨을 얻을 수 없다.
有苦才有樂   고생이 있어야 낙이 있다.

No rose without a thorn.   가시 없는 장미는 없다.
沒有不帶刺的玫瑰   가시 없는 장미는 없다.

No sweet without sweat.   땀 없는 달콤함이 없다.
先苦後甜   쓴맛 뒤에 달콤함이 온다.

Nothing in the world is difficult for one who sets his mind to it.
마음만 먹으면 세상에 어려운 일은 없는 법이다.
世上無難事, 只怕有心人   하자고 결심만 한다면 세상에는 못해낼 일이 없다.

Nothing is difficult to the man who will try.
뜻을 세운 자에게는 곤란한 것이 없다.
世上無難事, 只要肯攀登
높이 오르고자 마음만 먹는다면 세상에 어려운 일은 없다.

Nothing seeks, nothing finds.　찾으려고 하는 것이 없으면 찾지도 못한다.
沒有追求就沒有收穫　추구하지 않는다면 얻는 것도 없다.

O

On the same page.　의견을 같이 하다.
達成一致　의견의 일치를 달성하다.

Over my dead body.　내가 죽기 전에는 안 돼.
休想! 除非我死了　생각지도 마! 내가 죽으면 모를까.

Out on a limb.　불리한 입장에 처하다.
孤立無援　고립되어 도움을 받을 곳이 없다.

P

Put the cart before the horse.　주객인 전도되다.
本末倒置　본말이 전도되다.

Paint the town red.
온 도시를 붉은색으로 칠하다.(열정적으로 분위기를 달구다.)
尋歡作樂　향락만을 추구하다.

R

Rats desert a sinking ship.　쥐들이 가라앉는 배를 버리고 달아난다.
樹倒猢猻散　나무가 넘어지면 원숭이도 흩어진다.

Rob Peter to pay Paul.　이 사람에게서 돈을 빌려 저 사람에게 진 빚을 갚다.
拆東墻補西墻　동쪽 벽을 헐어서 서쪽 벽을 보수하다.

Rack your brain.　머리를 쥐어짜다.
絞盡腦汁　온갖 지혜를 다 짜내다.

S

Start from scratch.　처음부터 다시 시작하다.
從頭再來　처음부터 다시 하다.

Shut/slam the door in somebody's face　면전에 대고 문을 닫아버리다.
拒之門外　문전 박대하다.

Stick your neck out.　위험을 자초하다.
惹禍上身　화를 자초하다.

T

The child is father of the man.　아이는 어른의 아버지다.
三歲看大, 七歲看老　세살이면 다컸을 때의 모습을 알 수 있고, 일곱살이면 늙어서의 모습을 알 수 있다.

Time tries all.　시간이 흐르면 모든 것이 밝혀진다.
路遙知馬力, 日久見人心
길이 멀면 말의 힘을 알 수 있고, 세월이 흘러야 사람의 마음을 알 수 있다.

Trouble never comes singly.　골칫거리는 하나씩 오지 않는다.
福無雙至, 禍不單行　복은 겹쳐 오지 않고, 화는 홀로 오지 않는다.

Two heads are better than one.　두 사람의 지혜가 한 사람의 지혜보다 낫다.
三個臭皮匠, 賽過諸葛亮
보잘것 없는 구두장이 셋이라도 모이면 제갈량보다 낫다.

Teach fish how to swim.　물고기에게 수영하는 법을 가르치다.
班門弄斧　명공(名工) 노반(魯班)의 문전(門前)에서 도끼질한다.

Take the weight off your feet.　잠시 앉아서 쉬다.
歇腳　잠시 다리를 쉬다.

Turn over a new leaf.　새로운 페이지를 넘기다.(새 출발하다.)
改過自新　허물을 고쳐 스스로 새로워지다.

Two dogs strive for a bone, and a third runs away with it.　개 두 마리는 뼈다귀를 얻으려고 싸우고, 나머지 한 마리는 뼈다귀를 가지고 도망친다.
鷸蚌相爭, 漁翁得利　도요새와 조개가 서로 싸우다 둘 다 어부에게 잡히다.

U

Under the weather. 몸이 편치 않다.
不舒服 편치 않다.

V

Van Gogh's ear for music. 음악에 문외한인 반 고흐의 귀.
五音不全 음치.

W

Walls have ears. 벽에도 귀가 있다.
隔墻有耳 벽에도 귀가 있다.

Wash your dirty linen at home. 집안의 수치를 밖에 드러내지 마라.
家醜不可外揚 집안의 허물은 밖으로 드러내서는 안 된다.

Water dropping day by day, wears the hardest rock away.
물방울이 매일 반복해서 떨어지면 가장 단단한 바위도 닳아진다.
水滴石穿 물방울이 돌을 뚫는다.

Y

You can't judge a book by its cover. 겉모양으로 속을 판단하지 말라.

人不可貌相　겉모습만 보고 사람을 판단해서는 안 된다.

2. 중국어 속담

A

江山易改, 本性難移　강산은 변해도 본성은 바꾸기 어렵다.
A leopard never changes its spots.　표범도 자기 얼룩을 바꿀 수는 없다.

妻賢夫善　남편이 착하면 아내도 현명하다.
A good husband makes a good wife.　훌륭한 남편이 훌륭한 아내를 만든다.

路遙知馬力, 日久見人心
길이 멀어야 말의 힘을 알 수 있고, 세월이 흘러야 사람의 마음을 알 수 있다.
As a long road tests a horse's strength, so a long task proves a person's heart.　길이 멀어야 말의 힘을 알 수 있고, 세월이 흘러야 사람의 마음을 알 수 있다.

有功者受賞　유공자만이 상 받을 자격이 있다.
A good dog deserves a good bone.
훌륭한 개는 좋은 뼈다귀를 차지할 자격이 있다.

距離産生美　거리를 두고 보면 아름다움이 느껴진다.
Absence makes the heart grow fonder.　떨어져 있으면 그리움은 더해진다.

不做虧心事, 不怕鬼敲門

07

속담비교
諺語互通편

마음에 부끄러운 일을 하지 않으면, 귀신이 문을 두드려도 겁날 것이 없다.
A good conscience is a soft pillow. 양심에 거리낄 게 없으면 잠도 편안하다.

萬般皆下品, 惟有讀書高
모든 것은 다 하찮은 것이고 독서만이 높은 경지이다
All occupations are base, only book-learning is exalted.
모든 일이 하찮고 독서만이 고귀한 것이다.

同舟共濟　같은 배를 타고 함께 건너다.
All in the same boat. 같은 배를 타다.

坐而言不如起而行　앉아서 말만 하는 것은 일어서서 하는 것만 못하다.
Actions speak louder than words.
말하는 것이 실제로 행동하는 것보다 더 쉽다.

雨過天晴　비가 지나가면 날씨가 맑아진다.
After a storm comes a calm. 폭풍 뒤에 고요함이 찾아온다.

良藥苦口(忠言逆耳)　좋은 약은 쓴 법이다.(충언은 귀에 거슬린다.)
A good medicine tastes bitter. 몸에 좋은 약일 수록 더 쓴 법이다.

逆境出人才　역경 중에 인재가 탄생하는 법이다.
Adversity makes a man wise, not rich. 부유함이 아닌 역경만이 사람을 현명하게 만든다.

一鳥在手, 勝似二鳥在林
손 안에 쥔 새 한 마리가 숲 속에 있는 두 마리 새보다 낫다.
A bird in the hand is worth two in the bush.

손 안에 쥔 새 한 마리가 숲 속에 있는 두 마리 새보다 낫다.

拙匠常怨工具差　능숙하지 못한 일꾼일수록 연장을 탓한다.
A bad workman quarrels with his tools.　서투른 일꾼이 연장을 탓한다.

美名勝於美貌　훌륭한 명성은 훌륭한 얼굴보다 낫다.
A good fame is better than a good face.　좋은 명성은 잘난 얼굴보다 낫다.

鶴立雞群　닭 무리 속의 학(군계일학).
A camel is standing among a flock of sheep.　양떼 무리 속의 낙타.

海內存知己, 天涯若比鄰　이 세상에 나를 알아주는 친구가 있다면 아득히 떨어져 있어도 가까이에 있는 것 같다.
A bosom friend afar brings distance near.
친한 친구라면 멀리 떨어져 있어도 가까이 있는 것처럼 느껴진다.

B

百聞不如一見　백 번 듣는 것이 한 번 보는 것만 못하다.
Seeing is believing.　직접 보면 믿게 된다.

物以類聚　끼리끼리 어울리다.
Birds of a feather flock together.　같은 성향의 사람들은 함께 모인다.

壞事傳千里　나쁜 일은 천 리 밖으로 전해진다.
Bad news has wings.　나쁜 소문일수록 빨리 퍼지는 법이다.

07

속담비교
諺語互通편

拐彎抹角　빙빙 돌려 말하다.
Beat around the bush.　요점을 피해 돌려 말하다.

鞠躬盡瘁　온갖 정성을 다하여 전력을 다하다.
Bend over backwards.　각별히 신경을 써서 온힘을 다하다.

C

好奇害死貓　호기심이 고양이를 죽인다.
Curiosity killed the cat.　호기심이 고양이를 죽인다.

D

己所不欲, 勿施於人　자기가 원하지 않는 일을 남에게 강요하지 마라.
Don't do unto others what you don't want others do unto you.
자신이 싫은 일을 남에게 강요하지 마라.

不要孤注一擲　한꺼번에 남은 밑천을 다 걸지 마라.
Don't put all your eggs in one basket.
모든 달걀을 한 바구니 안에 넣지 마라.

不要自尋煩惱　스스로 걱정거리를 만들지 마라.
Don't trouble until trouble troubles you.
번거로움이 넘쳐날 정도로 스스로를 힘들게 하지 마라.

E

凡人皆有得意日　누구나 다 개인적으로 만족할 만한 날이 있다.
Every dog has his day.
어떤 개든 자기의 날이 있다.(쥐구멍에도 볕들 날이 있다.)

老虎也有打盹的時候
호랑이도 졸 때가 있다.(원숭이도 나무에서 떨어질 때가 있다.)
Every man has a fool in his sleeve.
모든 사람은 그의 소매 안에 약점을 가지고 있다.

知足常樂　만족함을 알면 항상 즐겁다.
Enough is as good as a feast.
배가 부르기만 하다면 진수성찬이나 마찬가지다.

實踐出真知　진정한 지식은 실천에서 온다.
Experience is the mother of wisdom.　경험은 지혜의 어머니이다.

在家千日好, 出門時時難
집에 있으면 항상 편하지만 밖에 나가면 고생이 따른다.
East or west, home is the best.　동쪽, 서쪽에 가봐도 내 집이 최고다.

F

事實勝於雄辯　사실은 웅변보다 설득력이 있다.
Facts speak louder than words.　사실을 말하는 것이 그 어떤 변명보다 낫다.

富有來自節約　부유함은 절약에서 나온다.
From saving comes having.　절약은 부의 근원이다.

富不過三代　부자는 3대를 넘지 못한다.
From clogs to clogs is only three generations.　부자는 3대를 잇지 못한다.

H

行百里者半九十　100리를 가려는 사람은 90리를 반으로 잡는다.
Half of the people who have embarked on a one-hundred-mile journey may fall by the wayside.　100마일을 여행하려는 사람들 중 절반은 중도에 포기하게 될 수도 있다.

I

活到老, 學到老　늙어 죽을 때까지 배움은 끝나지 않는다.
It's never too late to learn.　배움에는 늦었다는 말이 없다.

跟天書一樣　하늘나라의 문서를 보는 듯하다.(전혀 이해할 수 없다.)
It's all Greek to me.　내게는 모두 그리스어와도 같다.(전혀 이해할 수 없다.)

N

知子莫若父　아버지만큼 아들을 잘 아는 사람은 없다.

No one knows a son better than the father.
아버지보다 아들을 더 잘 아는 사람은 없다.

華山再高, 頂有過路　화산(華山)이 아무리 높아도 정상으로 가는 길이 있다.
No matter how high the mountain is, one can always climb to its top.
산이 아무리 높아도 정상에 오를 수 있다.

不經歷風雨, 怎麼見彩虹　비바람을 겪지 않고서 어찌 무지개를 볼 수 있으랴.
No cross, no crown.　십자가의 고통 없이는 부활의 영광도 없다.

無風不起浪　바람이 없으면 파도가 일지 않는다.
No wind, no waves.　바람이 없으면 파도도 없다.

O

眼不見爲淨　보이지 않으면 (마음이) 깨끗해진다.
Out of sight, out of mind.　눈에서 멀어지면, 마음도 멀어진다.

進攻是最好的防禦　공격은 최고의 방어이다.
Offense is the best defense.　공격은 최고의 방어이다.

陳酒味醇, 老友情深　술은 묵을수록 제맛이고, 우정은 오랠수록 깊은 법이다.
Old friends and old wines are best.　친구와 포도주는 오래된 것이 좋다.

一失足成千古恨　한 발을 잘못 내디디면 천추의 한이 될 수 있다.
Old sin makes new shame.　오래된 죄는 새로운 수치심을 만든다.

07

속담비교
諺語互通편

一次老, 兩次小　한 번 늙으면 두 번 젊어진다.
Once is old, twice is young.　한 번 늙으면 두 번 젊어진다.

偸盜一次, 做賊一世　한 번의 도둑질이 한평생의 도적을 만든다.
Once a thief, always a thief.　도둑질도 한번 맛들이면 끊을 수 없다.

一朝被蛇咬, 十年怕井繩
뱀에게 물린 적이 있는 사람은 우물의 두레박줄을 보고도 무서워 한다.
Once bitten, twice shy　한 번 혼이 나면 조심하게 된다.

一個和尚挑水喝, 兩個和尚抬水喝, 三個和尚沒水喝
중이 하나면 마실 물이 충분하고, 중이 둘이면 함께 물을 들고 나누어 마시게 되지만, 중이 셋은 마실 물이 없다.
One boy is a boy, two boys half a boy, three boys no boy.
한 소년은 온전히 한 소년의 역할을 하고, 소년이 둘이면 절반 역할을 하게 되지만, 소년이 셋이면 일을 그르친다.

時光一去不復返　시간은 한 번 가면 다시 돌아오지 않는다.
One cannot put back the clock.　시간을 되돌릴 수 있는 사람은 없다.

百聞不如一見　백 번 듣는 것이 한 번 보는 것만 못하다.
One eyewitness is better than ten hearsays.
열 번 듣는 것보다 한 번 보는 것이 낫다.

一著不慎, 滿盤皆輸　한 수를 신중히 두지 않으면 전체 판을 패하게 된다.
One false move may lose the game.　한 번의 실수로 경기에서 질 수 있다.

善有善報　착한 일을 하면 반드시 좋은 보상이 있다.

One good turn deserves another.　가는 말이 고우면 오는 말도 곱다.

前車之鑒　앞 수레가 뒤집히는 것을 보고 뒷 수레가 교훈으로 삼다.
One man's fault is other man's lesson.
누군가의 잘못은 다른 사람에게 교훈이 된다.

伸手不打笑臉人　웃는 얼굴에 침 못뱉는다.
One never loses anything by politeness.　사람이 공손해서 잃는 것은 없다.

一燕不成夏　제비 한 마리를 보고 여름이 왔다고 할 수는 없다.
One swallow does not make a summer.
제비 한 마리가 왔다고 여름이 온 것은 아니다.

言爲心聲　말은 마음의 소리이다.
One's words reflect one's thinking.
말을 통해 그 사람의 생각을 엿볼 수 있다.

無債一身輕　빚이 없으면 몸이 가벼운 법이다.
Out of debt, out of burden.　빚이 없으면 부담도 없다.

無官一身輕　직책이 없으면 몸이 홀가분하다.
Out of office, out of danger.　사무실에서 나오면 위협요소도 없다.

見賢思齊焉, 見不賢而內自省也　현명한 사람을 보면 그와 같이 되기를 생각하고, 현명하지 못한 사람을 보면 스스로 반성해야 한다.
On seeing a man of virtue, try to become his equal; on seeing a man without virtue, examine yourself not to have the same defects.　훌륭한 사람을 보면 그와 같아지려 하고, 덕이 없는 사람을 보면 자신을 성찰하라.

P

熟能生巧　익숙해지면 요령이 생긴다.
Practice makes perfect.　훈련은 완벽함을 만들어낸다.

忍耐是良藥　인내는 좋은 약이다.
Patience is the best remedy.　인내가 최고의 해법이다.

貪小便宜吃大虧　작은 이익을 탐내다가 큰 손해를 본다.
Penny wise results in pound foolish.　한 푼을 아끼려다 더 큰 피해를 본다.

貪圖一時快活, 必然留下隱禍　일시적인 쾌락을 누리려다가 큰 화를 입는다.
Please the eye and plague the heart.　눈이 즐거우면 마음이 괴로워진다.

苦盡甘來　고생 끝에 낙이 온다.
Pleasure comes through toil.　고생 끝에 기쁨이 찾아온다.

竹籃子打水一場空　대나무 바구니에 물을 붓는 격으로 허탕만 친다.
Pour water into a sieve.　체에 물을 붓는 격이다.

恭維話不能當飯吃　아첨하는 말로는 밥을 삼을 수 없다.
Praise is not pudding.　찬사는 푸딩이 될 수 없다.

好人越誇越好, 壞人越誇越遭
좋은 사람은 칭찬할수록 더 좋아지고, 나쁜 사람은 칭찬할수록 더 나빠진다.
Praise makes good men better, and bad men worse.
칭찬은 좋은 사람을 더 좋아지게 하고, 나쁜 사람은 더욱 나쁘게 만든다.

寧可吃虧, 不貪便宜　손해를 볼지 언정 이익을 탐하지 않는다.
Prefer loss to unjust gain.　부당한 이익을 취하는 것보다 손해보는 게 낫다.

預防勝於治療　예방이 치료보다 낫다.
Prevention is better than cure.　예방이 치료보다 낫다.

驕傲使人落後　자만한 태도는 사람을 퇴보하게 만든다.
Pride goes before, and shame comes after.
자랑거리가 많으면 수치도 따라온다.

一諾千金　말 한 마디에 천 냥 빚을 갚는다.
Promise is debt.　약속은 갚아야할 빚이다.

諺語是日常經驗的結晶　속담은 일상 경험의 결정체이다.
Proverbs are the daughters of daily experience.　속담은 일상 속에서 나온다.

火中取栗　(꾀임에 넘어가 위험을 무릅쓰고)화롯불 속에서 밤을 꺼내다.
Pull the chestnut out of fire.　불속에서 밤을 끄집어낸다.

本末倒置　본말이 전도되다.
Put the cart before the horse.　마차를 말 앞에 둔다.

鼎力相助　온 힘을 다해 서로 도와주다.
Put your shoulder to the wheel.
너의 어깨를 바퀴에 대고 밀어라.(온 힘을 다하라.)

R

開卷有益　책을 펼치면 유익함이 있다.
Reading enriches the mind.　독서는 마음을 풍요롭게 한다.

讀書健腦, 運動強身　독서는 두뇌를 튼튼히 하고, 운동은 몸을 강하게 해준다.
Reading is to the mind while exercise to the body.
운동은 몸에게 영향을 미치고 독서는 정신에 영향을 준다.

要人尊敬, 必須自重　존경을 받으려면 자신부터 존중해야 한다.
Respect yourself, or no one else will respect you.
너 자신을 존경하라, 그렇지 않으면 아무도 너를 존경하지 않을 것이다.

冰凍三尺, 非一日之寒　석 자 얼음은 하루 추위에 다 언 것이 아니다.
Rome was not built in a day.　로마는 하루 아침에 이루어지지 않았다.

S

保持中立　중립적인 태도를 유지하다.
Sitting on the fence.　중립적인 태도를 취하다.

言行不一　말과 행동이 서로 다르다.
Saying is one thing and doing another.
말하는 것과 행하는 것은 서로 다른 것이다.

實事求是　사실을 토대로 진리를 탐구하다.
Seek the truth from facts.　사실로부터 진실을 구하다.

智者當差, 不用交代
지혜로운 사람이 심부름을 하면 따로 설명할 필요가 없다.
Send a wise man on an errand, and say nothing to him.
현명한 사람이 심부름 나가면 그에게 누구도 말을 하지 않는다.

以毒攻毒　독으로써 독을 물리치다.
Set a thief to catch a thief.　도둑을 이용해 도둑을 잡다.

短賬交長友　잇속을 크게 차리지 않으면 우정이 오래간다.
Short accounts make long friend.　셈이 짧으면 친분이 오래간다.

聊勝於無　없는 것보다는 낫다.
Something is better than nothing.　비록 조금이라도 없는 것보다는 낫다.

學得快, 忘得快　빨리 배우면 빨리 잊어버린다.
Soon learn, soon forgotten.　빨리 배우면 빨리 잊는다.

輸得快, 爛得快　빨리 피면 빨리 시든다.
Soon ripe, soon rotten.　빨리 익으면 빨리 썩는다.

能言是銀, 沉默是金　달변은 은이요, 침묵은 금이다.
Speech is silver, silence is gold.　말은 은이요, 침묵은 금이다.

靜水常深　고요한 물이 깊은 법이다.
Still water run deep.　잔잔한 물이 깊은 법이다.

趁熱打鐵　쇠는 단김에 두들겨야 한다.
Strike the iron while it is hot.　쇠도 달구어졌을 때 쳐야한다.

07

속담비교
諺語互通篇

堅持就是勝利　끈질기게 버티면 이긴다.
Success belongs to the persevering.　성공은 끈질김에서 나온다.

T

人越高尚, 越謙虛　벼 이삭은 여물수록 고개를 숙인다.
The more noble, the more humble.　고귀할수록 겸손해진다.

旁觀者淸　구경하는 사람이 더 정확히 본다.
The outsider sees most of the game.　구경꾼이 한 수 더 본다.

筆能殺人　글이 사람을 죽일 수도 있다.
The pen is mightier than the sword.　연필 끝이 칼보다 예리하다.

五十步笑百步　오십보백보
The pot calls the kettle black.　냄비가 주전자 보고 검다고 한다.

人無完人　완벽한 사람은 없다.
There are spots in the sun.　해에도 반점이 있다.

問題皆有兩面　모든 문제는 양면성을 가지고 있다.
There are two sides to every question.　모든 문제는 두 가지 측면이 있다.

家家有本難念的經　집집마다 나름의 어려운 고충이 있다.
There is a skeleton in the cupboard.　집집마다 숨기고 싶은 속사정이 있다.

人間處處有溫情　인간 세상에는 도처에 온정이 있기 마련이다.

There is kindness to be found everywhere.　친절은 어디에서나 찾을 수 있다.

任何法規均有例外　어떤 법규에도 예외는 있다.
There is no general rule without some exception.　예외 없는 규칙은 없다.

沒有長生不老藥　불로장생약은 없다.
There is no medicine against death.　죽음을 막는 약은 없다.

書山有路勤爲徑, 學海無涯苦作舟
책으로 이루어진 산에는 길이 있으나 근면함이 지름길이고, 학문이라는 바다에는 끝이 없으나, 온 힘을 다해야 배를 나아가게 된다.
There is no royal road to learning.　학문에는 왕도가 없다.

人言可畏　소문(여론)은 무서운 것이다.
The tongue is not steel, yet it cuts.　혀는 강철이 아니지만 잘릴 수도 있다.

黎明前的黑暗　동트기 전의 어두움.
The darkest hour is nearest to dawn.　동트기 직전이 가장 어둡다.

燈下黑　등잔 밑이 어둡다.
The darkest place is under the candlestick.　등잔 밑이 어둡다.

老馬識途　늙은 말이 길을 안다.
The devil knows many things because he is old.
악마는 오래 살아왔기 때문에 많은 것을 안다.

魔鬼有時也會說眞話　악마도 때로는 진실을 말한다.
The devil sometimes speaks the truth.　악마도 때로는 진실을 말한다.

07

속담비교
諺語互通편

木已成舟　나무는 이미 배가 되었다.(일을 돌이킬 수 없다.)
The die is cast.　운명은 이미 정해졌다.

早起的鳥兒有蟲吃　일찍 일어나는 새가 먹이를 먹는다.
The early bird catches the worm.　일찍 일어나는 새가 벌레를 잡는다.

爲達目的不擇手段　목적을 달성하기 위해서는 수단과 방법을 가리지 않는다.
The end justifies the means.　목적은 수단을 정당화 한다.

死亡面前, 人人平等　죽음 앞에서는 모두가 평등하다.
The end makes all equal.　죽음 앞에서는 모두가 평등하다.

貪多嚼不爛　감당할 수도 없으면서 욕심만 내다.
The eye is bigger than the belly.　아무리 먹어도 양이 안 찬다.

抄近路反而繞遠路　지름길로 가려고 하다가 오히려 멀리 돌아가게 된다.
The farthest way about is the nearest way home.
집으로 가는 가장 가까운 길을 멀리 돌아서 간다.

玉不琢, 不成器　옥도 다듬지 않으면 그릇이 되지 않는다.
The finest diamond must be cut.
가장 좋은 다이아몬드도 깎아야 완성이 된다.

烈火驗眞金, 艱難磨意志
순금은 뜨거운 불 속에서 제련되고, 강한 의지는 역경 속에서 나온다.
The fire is the test of gold, adversity of a strong man.
금은 불 속에서 제련되고, 강자는 역경 속에서 출현한다.

萬事開頭難　어떤 일이든지 시작이 어렵다.

The first step is the only difficulty.　첫 발을 내딛기가 가장 힘든 법이다.

聰明反被聰明誤　꾀를 내려다가 제 꾀에 넘어가다.

The fox knew too much, that's how he lost his tail.

여우는 너무 많은 것을 알고 있어서 오히려 꼬리를 잘리게 된다.

坐井觀天　우물에 앉아 하늘을 보다.(우물안 개구리)

The frog in the well knows nothing of the great ocean.

우물 안의 개구리는 바다에 대해 전혀 알지 못한다.

這山望著那山高　이 산에서 보면 저 산이 높아 보인다.

The grass is greener on the other side.

울타리 저 편 잔디가 더 푸르게 보인다.

語言的巨人總是行動的矮子

언어의 거인은 행동함에 있어서는 언제나 난쟁이이다.

The greatest talkers are always least doers.

말을 가장 많이 하는 자가 일을 가장 적게 하는 법이다.

爬得高, 摔得慘　높이 올라갈수록 처참하게 떨어질 수 있다.

The higher you climb up, the greater you fall.

높이 올라갈수록 떨어지는 아픔은 더하다.

本性難移　본성은 바꾸기 어렵다.

The leopard cannot change its spots.

표범도 자기의 얼룩 무늬를 바꿀 수 없다.

07

속담비교
諺語互通편

既來之, 則安之
기왕 온 바에는 마음을 편히 가져라.(엎어진 김에 쉬어 간다.)
Take things as they come. 사물을 있는 그대로 받아들이다.

空談無補 입으로만 말하고 실행하지 않으면 쓸모가 없다.
Talking mends no holes. 말만으로 구멍을 메울 수 없다.

說曹操, 曹操就到 조조(曹操)에 대해 말을 하니 정말로 조조가 온다.
Talk of the devil and he will appear. 호랑이도 제 말 하면 온다.

樹大招風 나무가 크면 바람도 심하게 맞게된다.
Tall trees catch much wind. 높은 나무가 센 바람을 맞는다.

無私者無畏 사심이 없는 자는 두려움도 없다.
The best hearts are always the bravest.
가장 좋은 마음을 가지면 늘 용감하게 되는 법이다.

掩耳盜鈴 귀를 막고 방울을 훔치다.
The cat shuts its eyes when stealing. 고양이가 눈을 감고 물건을 훔친다.

以身作則 솔선수범하다.
Teach others by your example. 자신을 본보기로 타인을 가르치라.

最後一根稻草 마지막 한가닥의 지푸라기.
The last straw. 마지막 한가닥의 지푸라기.

水能載舟, 亦能覆舟 물은 배를 띄우기도 하지만, 뒤집을 수도 있다.
The water that bears the boat is the same that swallows it up.

배를 띄우는 물이나 집어삼키는 물이나 다 같은 물이다.

是故天將降大任於斯人也, 必先苦其心志, 勞其筋骨, 餓其體膚, 空乏其身
하늘이 장차 어떤 사람에게 큰 임무를 내리려 할 때에는, 반드시 먼저 그의 심지(心志)를 연단하고 육체를 괴롭게 하며, 몸을 굶주리게 하고, 처지를 궁핍하게 한다.
Threatened man live long.   위기에 직면해본 자가 오래 간다.

無功不受祿   공로가 없으면 녹봉도 없다.
There's no such thing as free lunch.   세상에 공짜로 먹는 점심은 없다.

人非聖賢, 孰能無過   사람이 성인이 아닌 이상 누가 잘못이 없겠는가?
To error is human.   인간은 실수하기 마련이다.

人多反誤事   사람이 많으면 오히려 일을 그르친다.
Too many cooks spoil the broth.   요리사가 너무 많으면 스프를 망친다.

千里之行, 始於足下   천 리 길도 한 걸음부터 시작된다.
The journey of a thousand miles starts with a single step.
천리 길도 한 걸음으로 시작된다.

天時不如地利, 地利不如人和   하늘이 주는 좋은 때는 지리적 이로움만 못하고 지리적 이로움도 사람의 화합만은 못하다.
The time isn't as important as the terrain; but the terrain isn't as important as unity with the people.   지형은 시기보다 중요하고 사람들간의 화합은 지형보다 중요하다.

U

不到黃河心不死　황하(黃河)에 이르기 전에는 단념하지 않는다.
Until all is over, ambition never dies.
모든 것이 끝날 때까지 야망은 결코 사라지지 않는다.

V

少壯不努力, 老大徒傷悲
젊을 때 열심히 일하지 않으면 늙어서 후회하게 된다.
Vainly regret in old age for one's laziness in youth.
젊었을 때의 게으름은 노후의 눈물이 된다.

W

善有善報, 惡有惡報
착한 일을 하면 좋은 결과가 있고, 나쁜 일을 하면 반드시 나쁜 결과가 있다.
What goes around, comes around.　남에게 행한대로 되받게 된다.

過河拆橋　강을 건넌 후에 다리를 허물다.
When danger passes, god is forgotten.　위험이 지나가면 신이 잊혀진다.

有志者, 事竟成　뜻만 있으면 일은 반드시 성취된다.
When there's a will, there's a way.　뜻이 있는 곳에 길이 있다.

兩雄相爭, 其斗必烈　두 영웅이 서로 싸우면, 그 싸움은 반드시 격렬해진다.

When Greek meets Greek, then comes the tug of war.
두 영웅이 만나면 싸움은 불가피하다.

開什麼花, 結什麼果   어떤 (과실의) 꽃이 피면, 그 과실의 열매가 열린다.
What flowers, what fruits.   그 꽃에 그 열매다.

山中無老虎, 猴子稱大王   산에 호랑이가 없으면 원숭이가 왕이 된다.
When the cat is away, the mice will play.
고양이 없는 곳에서는 쥐들이 설친다.

失之東隅, 收之桑榆   동쪽에서 잃어버린 것을 서쪽에서 거두게 된다.
What you lose on the swings, you get back on the roundabouts.
그네 위에서 잃은 것은 다시 제자리로 돌아와서 찾게 된다..

飲水思源   물을 마실 때는 그 물이 흘러내려온 근원을 생각하라.
When you drink from the stream remember the spring
시냇물에서 샘물을 마실 때는 봄이 되었기 때문임도 생각하라.

한자와 중국어
그리고 중국문화

Follow me,
like Chinese

역대
시사 詩詞
감상

08

중국의 시사(詩詞)는 고상한 예술형식의 감미로운 내용을 바탕으로 열렬한 독자층을 매료시켰다. 특히 작가의 사상, 정서, 지혜, 창의력을 한 몸에 담아내고 있는 우수한 시문(詩文)들은 천 년이라는 오랜 시간을 거쳤지만 여전히 밝은 빛을 발하고 있을 뿐만 아니라 떠들썩하고 북적거리는 현대문명 속에서도 나풀나풀 춤을 추며 많은 사람들을 인도해준다. 시사는 중국 문화의 기개와 기운을 담고 있으며 화하(華夏)민족의 감흥을 잘 보여주며 중화 문화의 생명존중의식을 선명하게 드러내고 있다.

Chinese poetry has attracted numerous devout followers with its beautiful picture scroll of a highbrow song of spring and snow, especially those who have combined the author's thought, sentiment, wisdom and creativity in a thousand years of vicissitudes, but still shining brilliant, and in the noisy modern civilization dancing, leading the lives of all. Poems and lyrics bear the backbone and charm of Chinese culture, reveal the feelings of the Chinese nation, and show the life consciousness of Chinese culture.

詩經 · 關雎

關關雎鳩, 在河之洲。 窈窕淑女, 君子好逑。
参差荇菜, 左右流之。 窈窕淑女, 寤寐求之。
求之不得, 寤寐思服。 悠哉悠哉, 輾轉反側。
参差荇菜, 左右采之。 窈窕淑女, 琴瑟友之。
参差荇菜, 左右芼之。 窈窕淑女, 鍾鼓楽之。

시경 · 관저

꾸우꾸우 물수리, 모래 섬에 있네. 정숙한 아가씨, 군자의 좋은 짝이네.
물위의 마름나물, 이리저리 따랐네. 정숙한 아가씨, 자나깨나 찾았네.
찾아봐도 못 만나, 자나깨나 그렸네. 언제나 만날까, 잠 이루지 못했네.
물위의 마름나물, 이리저리 따왔네. 정숙한 아가씨, 금슬 타며 친했네.
물위의 마름나물, 이리저리 삶았네. 정숙한 아가씨, 종을 울리며 즐겼네.

The Book of Songs · Guan Ju

Lovebirds singing show a love show, a creek goes around an isle to flow.

A girl here looks so gentle so graceful, a boy seems lovesick with the beautiful.

There are water nymphoides, short or long, she collects, left and right, up and down.

The beautiful girl looks so gentle so graceful, day and night the boy dreams of the girl.

But he failed to have his love show, day and night he is lovesick in sorrow.

He misses her a great deal, the sleepless boy just hates his pillow.

There are water nymphoides, short or long, she collects, left and right, up and down.

The beautiful girl looks so gentle so graceful, the boy plays a lute to attract the beautiful.

There are water nymphoides, short or long, she chooses, left and right, up and down.

The beautiful girl looks so gentle so graceful, her musical wedding is happy and cheerful.

●

正月十五夜 _ 蘇味道

火樹銀花合, 星橋鐵鎖開。
暗塵隨馬去, 明月逐人來。
遊伎皆秾李, 行歌盡落梅。
金吾不禁夜, 玉漏莫相催。

정월십오야 _ 소미도

불 같은 나무와 은 같은 꽃이 활짝 피니, 성교 문을 활짝 여네.
자욱한 먼지 말 따라가고, 밝은 달 사람 따라 다가오네.
기녀들은 화려하게 차려 입고, 매화락 곡조를 부르며 지나가네.
금위군도 통행금지 시키지 않고, 옥시계도 재촉하지 않네.

The Evening of the Lantern Festival

The lanterns lit trees merge with fireworks bright.
The fest light adorned moat-bridge each unlocks.
With horse hoofs the dust in dark gone in flight.
The bright moon follows crowds coming in flocks.
So gorgeously dressed the girl singers are.
Strolling and singing but the Mumes Fall song.
The city guards lift every curfew bar.
Jade clepsydra, don't haste the time along.

秋浦歌十七首·其十五 _ 李白

白髮三千丈, 緣愁似個長。

不知明鏡裡, 何處得秋霜。

추포가(제15수) _ 이백

흰 머리털이 삼천길, 시름 때문에 그런 것인가?

알지 못했네 밝은 거울 속, 어디서 가을서리를 맞았는고?

Qiu Pu Song Seventeen·the Fifteenth

To thirty thousand feet.

My white hair would grow.

Cause like this long is my woe.

There is autumn frost in the bright mirror.

From where it came I hardly know.

月下獨酌 _ 李白

花間一壺酒, 獨酌無相親。

舉杯邀明月, 對影成三人。

月既不解飲, 影徒隨我身。

暫伴月將影, 行樂須及春。

我歌月徘徊, 我舞影零亂。

醒時同交歡, 醉後各分散。

永結無情遊, 相期邈雲漢。

월하독작 _ 이백

꽃 사이에 술 한 병 놓고, 벗도 없이 혼자 마신다.

잔을 들어 밝은 달 맞이하니, 그림자 비쳐 셋이 되었네.

달은 본래 술 마실 줄 모르고, 그림자는 그저 흉내만 낼 뿐.
잠시 달과 그림자를 벗하여, 봄날을 마음껏 즐겨보노라.
노래를 부르면 달은 서성이고, 춤을 추면 그림자 어지럽구나.
취하기 전엔 함께 즐기지만, 취한 뒤에는 각기 흩어지리니.
정에 얽매이지 않는 사귐 길이 맺어, 아득한 은하에서 다시 만나기를.

Drinking Alone under the Moon

With a jug of wine among flowers.

Alone I drink.

Unaccompanied by anyone I know.

I raise my cup to invite the bright moon.

Including my shadow, a party of three I throw.

The moon knows not the pleasure of drinking.

My shadow vainly follows me wherever I go.

The moon and shadow are for now my companions.

Let's enjoy life while our young hearts glow.

As I sing, the moon lingers around.

As I dance, my shadow moves in disarray.

When I'm sober, together we make merry.

When I'm drunk, separate we stay.

Let's pledge forever to be passionless roaming partners.

To meet again in the faraway milky way.

●

靜夜思 _ 李白

床前明月光, 疑是地上霜。

舉頭望明月, 低頭思故鄉。

정야사 _ 이백

침상 머리에 밝은 달빛, 땅 위에 내린 서리런가.

머리 들어 밝은 달 바라보다, 고개 숙여 고향을 생각하네.

A Tranquil Night

Before my bed a pool of night. Can it be hoarfrost on the ground?

Looking up, I find the moon bright. Bowing, in homesickness I'm drowned.

●

春曉 _ 孟浩然

春眠不覺曉, 處處聞啼鳥。

夜來風雨聲, 花落知多少。

춘효 _ 맹호연

봄 잠에 새벽이 온 줄 몰랐는데,

곳곳에서 새 소리 들리는구나.

간 밤에 바람과 비 소리가 들리더니,

꽃잎은 얼마나 떨어졌을까

Spring Morning

This spring morning in bed I'm lying.

Not to awake till birds are crying.

After one night of wind and showers.

How many are the fallen flowers?

絕句 _ 杜甫

兩個黃鸝鳴翠柳, 一行白鷺上靑天。
窗含西嶺千秋雪, 門泊東吳萬里船。

절구 _ 두보

꾀꼬리 두 마리 푸른 버드나무에서 울고,
백로는 일 열로 푸른 하늘을 날아 가네.
창은 서산 고개마루 천년설을 담고 있고,
문 앞 만리 동오로 갈 배가 정박해 있네.

A Quatrain

Two golden orioles sing amid the willows green.
A flock of white egrets flies into the blue sky.
My window frames the snow-crowned western mountain scene.
My door oft says to eastward-going ships "Goodbye!"

登樂遊原 _ 李商隱

向晚意不適, 驅車登古原。
夕陽無限好, 只是近黃昏。

등락유원 _ 이상은

저녁 무렵 마음 울적하여,
수레 끌고 낙유원에 올라갔네.
지는 해는 한없이 좋건만,
황혼이 가까워옴이 아쉬울 뿐이라네.

Ascending the Leyou Plateau

At dusk my heart is filled with gloom.

I drive my cab to plateau.

The setting sun seems so sublime.

But it is near its dying time.

●

無題 _ 李商隱

相見時難別亦難, 東風無力百花殘。

春蠶到死絲方盡, 蠟炬成灰淚始幹。

曉鏡但愁雲鬢改, 夜吟應覺月光寒。

蓬山此去無多路, 青鳥殷勤為探看。

무제 _ 이상은

만나기도 어려웠기에 헤어지기도 어려워,

봄바람에 힘이 없어 온갖 꽃 떨어지네.

봄누에 죽어서야 실 뽑기를 그치고, 촛불은 재 되어야 눈물이 마른다네.

새벽 거울 마주 보고 흰 머리털 시름겨워하고,

밤 깊어 시 읊조리다 달빛 찬 걸 느꼈으리라.

봉래산 여기서 멀지 않으니, 파랑새야 자주 가서 알아보고 오렴.

Untitled

Hard it was to meet you, hard as well to say goodbye.

The east wind's powerless, all flowers die.

Only when a spring silk-worm perishes, would its silk be exhausted.

Only when a candle burns to ashes, would its tears dry.

At dawn by the mirror, you'd worry your hair may be white.

By night reciting poems, you'd feel the moonlight's chill above high.

The Penglai Mountain is not far from here:

Blue birds, to look for her please diligently try.

●

錦瑟 _ 李商隱

錦瑟無端五十弦, 一弦一柱思華年。

莊生曉夢迷蝴蝶, 望帝春心托杜鵑。

滄海月明珠有淚, 藍田日暖玉生煙。

此情可待成追憶, 只是當時已惘然。

금슬 _ 이상은

비단 비파는 까닭 없이 쉰 줄이라,

그 한 줄과 한 받침에 지난 젊은 시절 생각나네.

장자는 새벽 꿈에 나비 되어 헤매었고,

촉의 망제는 춘심을 두견새에 붙이었네.

창해에 달 밝으면 진주는 눈물 흘리고,

남전에 해 따뜻하니 옥이 연기 되었다네.

이런 생각이야 가히 추억이 되리오마는,

다만 그 때 일도 이미 아득하네.

The Ornate Zither

For no reason, the ornate zither has fifty strings.

Each string with its fret evokes recollection of a youthful spring.

Zhuangzi was baffled by his dawn dream of being a butterfly.

The cuckoo was entrusted with the tender soul of a king.

In the green sea under a bright moon, tears would turn into pearls.

In Lantian under a warm sun, rising mists the jade would bring.

Such feeling may be left to memories.

Only at the time it was a puzzling thing.

●

春望 _ 杜甫

國破山河在，城春草木深。

感時花濺淚，恨別鳥驚心。

烽火連三月，家書抵萬金。

白頭搔更短，渾欲不勝簪。

춘망 _ 두보

나라는 파괴되었으나 강산은 그대로이니,

성에는 봄이 오고 초목이 우거졌구나.

시절을 느끼어 꽃에도 눈물을 뿌리고,

이별이 한스러워 새소리에도 놀란 마음이네.

봉화가 오랫동안 연이어 오르니, 집에서 온 편지는 만금만큼 소중하다.

흰머리는 긁을수록 더욱 짧아져, 거의 비녀를 이길 수 없을 지경이네.

Prospect of Spring

The Empire has crumbled-only mountains and rivers remain.

Grass and trees grow thick, as the city awakes in spring.

Grieving the situation, flowers splash their tears.

Lamenting the separation, birds startle me as they sing.

Nonstop for three months, beacon fires flare.

A home letter's worth only ten thousand pieces of gold can bring.

Scratching my white head shortens the hair.

Indeed too short for a hairpin to cling.

●

贈花卿 _ 杜甫

錦城絲管日紛紛, 半入江風半入雲。
此曲只應天上有, 人間能得幾回聞。

증화경 _ 두보

금관성의 풍악 소리가 날마다 들려오고,
반은 강바람에 반은 구름속으로 들어가네.
이 가락 하늘에만 있는 음악이니,
인간이 살아 몇 번 들을 수 있을까?

A Poem for Hua-qing

Day after day lutes and flutes run riot in the City of Brocade.
Half of the music goes with the river breeze, half into the clouds would fade.
Such tunes should only belong to Heaven.
On earth, how rarely can we hear them played.

●

登高 _ 杜甫

風急天高猿嘯哀, 渚清沙白鳥飛回。
無邊落木蕭蕭下, 不盡長江滾滾來。
萬里悲秋常作客, 百年多病獨登台。
艱難苦恨繁霜鬢, 潦倒新停濁酒杯。

등고 _ 두보

바람은 세차고 하늘은 높은데 원숭이 울음소리는 슬프고,
맑은 물가 새하얀 모래톱에 새들이 날아서 돌아오네.
아득히 먼 곳의 나뭇잎은 가을바람 소리 따라 떨어지고,
다함없이 흐르는 장강은 도도하게 흘러간다.

만 리 밖 슬픈 가을에 언제나 나그네 된 나는,
한평생 많은 병 얻으며 홀로 높은 대에 오르네.
가난하고 곤고한 삶의 한으로 서리 빛 귀밑머리 성성하고,
늙고 쇠약해져 이제 탁주잔도 멈추려네.

Climbing A Height

Sharp is the wind under a high sky amid the gibbons' howls of woe.

Pure is the islet and its white sand with birds flying above to and fro.

Boundless is the forest where leaves rustle and fall;

Endless is the Yangtze River that comes rolling down with its powerful flow.

Ten thousand miles from home and saddened in autumn, often I travel;

One hundred years plagued with sickness, alone up the terrace I go.

Hardships, sufferings and regrets have added frost to my temples;

Disappointed and unsuccessful in life, lately drinking I've to forgo.

●

相思 _ 王維

紅豆生南國, 春來發幾枝。

願君多採擷, 此物最相思。

상사 _ 왕유

남쪽 지방에 홍두(紅豆)가 생산되는데,

봄이 되어 가지가 몇 개나 뻗었는가?

열매가 열거든 부디 많이 채집해 두게.

이것(紅豆)은 서로 그리워함을 가장 잘 나타내는 물건이니까.

Yearning

Red beans grow in the South.

How many would sprout in spring?

I wish you'd pick more, my dear friend.

The closest bond they would bring.

●

江雪 _ 柳宗元

千山鳥飛絕, 萬徑人蹤滅。

孤舟簑笠翁, 獨釣寒江雪。

강설 _ 류종원

온 산에 새 한 마리 날지 않고,

모든 길에는 사람의 종적이 끊겼는데.

외로운 배 한 척에 삿갓 쓴 노인 있어,

홀로 눈 내리는 강가에서 낚시를 하네.

The River in Snowing

Over the mountains no birds fly high or low.

Along every road no people are on the go.

Alone, an old fisherman wore a straw raincoat.

He was fishing on his snowing-river boat.

●

金縷衣 _ 杜秋娘

勸君莫惜金縷衣, 勸君惜取少年時。

花開堪折直須折, 莫待無花空折枝。

금루의 _ 두추낭

비단 옷쯤이야 아끼질 마오,

차라리 그대 청춘을 아낄 것을.
꺾고프면 재빨리 꺾어버리지,
꽃 지면 빈 가지만 남을 것을.

The Gold-threaded Gown

I urge you, cherish not the gold-threaded gown.

Cherish instead the days while you're young.

When flowers are in bloom, pick them while you may.

Wait not, lest no flowers, but only bare twigs can be found.

●

登鸛雀樓 _ 王之渙

白日依山盡, 黃河入海流。
欲窮千里目, 更上一層樓。

등관작루 _ 왕지환

해는 산에 기대어 지고,
황하는 바다로 흘러가네.
천 리를 다 바라보려고,
누각 한 층을 더 오르네.

Ascending the Stork Tower

The sun along the mountains bows,

the Yellow River seawards flows.

You can enjoy a grander sight,

if you climb to a greater height.

楓橋夜泊 _ 張繼

月落烏啼霜滿天, 江楓漁火對愁眠。
姑蘇城外寒山寺, 夜半鐘聲到客船。

풍교야박 _ 장계

달 지고 까마귀 울고 하늘엔 서리 가득한데,
강가 단풍나무, 고깃배 등불 마주하고 시름 속에 졸고 있네.
고소성 밖 한산사, 한밤중 종소리가 객선까지 들려온다.

Mooring at Night's Maple Bridge

The moon lost in the frosty sky, lonely dusk crows cry,
Sleepless, I watched maples ashore under fishing light.
The Cold-Hill Temple located in City Gusu's outside,
The boat passengers heard of the bell at the midnight.

賦得古原草送別 _ 白居易

離離原上草, 一歲一枯榮。
野火燒不盡, 春風吹又生。
遠芳侵古道, 晴翠接荒城。
又送王孫去, 萋萋滿別情。

부득고원초송별 _ 백거이

언덕 위에 우거진 풀들은, 해마다 시들고 새로이 돋는데.
들판의 불도 다 태우지 못하고, 봄바람에 다시 돋아나는구나.
멀리서 느껴지는 향기는 옛길을 덮고, 황량한 성터에는 푸른빛이 맴도는데.
고귀한 그대를 다시 또 보내면, 이별의 정이 무성하게 돋아나리라.

A Farewell Poem to the Old Meadow

Grass is spreading over the meadow, life or death will yearly come, yearly go.

The bale-fire can burn away the green, spring breeze will help it survive again.

The sweet green afar intrudes the old way, the waste town meets it on a sunny day.

Seeing off my bosom friend again, still I feel strongly reluctant in pain.

●

離思 _ 元稹

曾經滄海難為水, 除卻巫山不是雲。

取次花叢懶回顧, 半緣修道半緣君。

리사 _ 원진

큰 바다를 보고 나면 웬만한 물은 물 같지 않고,

무산의 구름을 보고 나면 구름다운 구름이 없지.

아름다운 꽃떨기를 봐도 돌아볼 마음이 생기지 않는 것은,

반은 도를 닦아 그렇고 반은 그대 때문이라오.

Lovesick Farewell

Not any water could attract me, while experiencing the deep sea.

It's worth seeing no cloud again, but the pretty fairy Wu Mountain.

I was lazy to look back any flower, I love you as I believed in a religion.

●

念奴嬌・赤壁懷古 _ 蘇軾

大江東去, 浪淘盡, 千古風流人物。

故壘西邊, 人道是, 三國周郎赤壁。

亂石穿空, 驚濤拍岸, 捲起千堆雪。

江山如畫, 一時多少豪傑。

遙想公瑾當年, 小喬初嫁了, 雄姿英發。

羽扇綸巾。談笑間, 檣櫓灰飛煙滅。

故國神遊, 多情應笑我, 早生華髮。

人間如夢, 一樽還酹江月。

염노교 · 적벽회고 _ 소식

양자강 물은 동으로 흘러, 물결따라 사라져갔네,

아득한 옛날을 풍미하던 인물들과 함께.

옛 성 서쪽 편, 사람들은 이렇게 말하지, 삼국시대 주유의 적벽대전 터라고.

험난한 바위 절벽 하늘을 뚫은 듯 솟아 있고, 기슭을 부숴버릴 듯한 파도,

천 겹의 물보라를 휘감아 올리네.

강산은 그림 같은데, 그 시절 호걸은 몇몇이었던가.

아득히 당시의 주유를 떠올리니, 소교가 처음 시집 갔을 때,

영웅의 풍채 당당했었네. 하얀 깃털 부채에 윤건 쓴 제갈량.

담소하는 사이, 누대는 재가 되어 날아갔네.

적벽을 거닐며 옛일을 회상하노라니, 정이 많은 내가 참으로 우습구나,

이렇게 일찍 머리 세어버린 내 모습.

인생은 꿈과 같은 것, 한 잔의 술을 강 위의 달에게 바친다.

Meditating of the Heroic Story of the Red Cliff

Polling eastward is the great river, cleaning heroes, out one after another, never stop from year to year.

Near an old rampart's west side, called Marshal Zhou's Red-Cliff, that stood up since the Three Kingdoms time.

The disordered crags jump up to the sky, while frightened billows whipping the riverside, wave upon wave, in snowy white.

Such a land with the picture-like sight moved myraid heroes to fight.

I recalled what happened to Marshal Zhou. That married Xiaoqiao, a beautiful girl, how heroic he looked in style!

The military genius leisurely waved his feather fan, wearing his hat with black silk ribbon, talking and laughing at the foes' warships burnt into dust just in a moment.

I might be laughed at my emotional memories of the past, for my hairs should not turn grey so fast.

That life is like a dream to be broken soon. Empty a cup of wine to worship the river and moon.

●

題西林壁 _ 蘇軾

橫看成嶺側成峰, 遠近高低各不同。
不識廬山真面目, 只緣身在此山中。

제서림벽 _ 소식

가로로 보면 고개로 보이더니 옆에서 보니 산봉우리가 되는것은,
멀리 가까이 높게 낮게 본 시점에 따라 그 모습 다르기 문이네.
여산의 진면목을 알지 못하는 것은,
단지 내 몸이 이 산중에 있기 때문이로다!

Written on the Western Grove Cliff

Lu Mountains look like a snake-sight, it differs with a different viewing side.
Why it's not easy to know the true look, just because you sank in such a peak.

●

相見歡 _ 李煜

無言獨上西樓, 月如鉤。
寂寞梧桐深院, 鎖清秋。
剪不斷, 理還亂, 是離愁。

別是一般滋味在心頭。

상견환 _ 이욱

말없이 홀로 서쪽 누대에 오르니, 달은 갈고리 같구나.
적막한 오동나무 깃든 깊은 정원에, 맑은 가을이 잠겨 있네.
자르려 하나 잘리지 않고, 다듬어도 다시 흐트러지는,
이것이 이별의 슬픔이런가.
가슴속에 남아있는 이 또 다른 느낌이여.

Joy at Meeting

Upstairs voicelessly I'd like to go. The moon is like a bow.
The deep courtyard is to hold, lonely parasol tree to lock autumn cold.
It is impossible to cut off my sorrow, I comb up but fail.
No way to cancel the parting sorrow, in my heart it's a special farewell.

●

約客 _ 趙師秀

黃梅時節家家雨, 青草池塘處處蛙。
有約不來過夜半, 閒敲棋子落燈花。

약객 _ 조사수

매실 익는 시절 집집마다 비 내리고,
풀 푸른 못에는 곳곳에 개구리 소리.
기약하고도 오지 않은 채 한밤이 지나,
한가로이 바둑돌 놓는데 등잔 불꽃 떨어지네.

In the rainy season, every home is in the rain.
In the grass pond, frogs croak time to time.

My date guest has not come in after midnight.
Leisurely I click chess to fall fire-pans out of light.

釵頭鳳 _ 唐婉

世情薄, 人情惡, 雨送黃昏花易落。

曉風乾, 淚痕殘。

欲箋心事, 獨語斜闌。難, 難, 難!

人成各, 今非昨, 病魂常似鞦韆索。

角聲寒, 夜闌珊。

怕人尋問, 咽淚裝歡。瞞, 瞞, 瞞!

채두봉 _ 당완

세상물정 야박하고, 인심도 각박하네,

비 뿌리는 황혼에 꽃은 쉬이 떨어지듯.

새벽바람에 말라도, 눈물자국 남았다네.

마음속 시금 적어 보내려다, 홀로 기대어 혼잣말 하네.

어렵군, 어렵군, 어려워!

서로 남이 되어, 지금은 예전과 다르니,

병든 영혼은 늘 흔들리는 그넷줄 같다네.

뿔피리 소리 차갑고, 야밤의 빗잠 비스듬히 걸려있는데.

사람들이 물어 볼까 두려워, 눈물 삼키고 즐거운 척 하네.

숨겨야지, 숨겨야지, 숨겨야지!

Phoenix-Hairpin

The world love is so thick, the human love is so wicked. Flower easily fall after a raining dusk, the wind is dry at daybreak, my tearful remnant kept.

I'd like to write my love secret, alone I lean upon my balustrade. But that's hard hard and hard.

Both of us are apart. Today has not been yesterday yet. I am lovesick, as a long swing rope goes forth and back. The cold horn lute playing music, the night is coming to an end.

I'm afraid one will ask why I am so lovesick, I swallow my tears into my mind. It's my true love that I hide, hide and hide.

•

秋思 _ 馬致遠

枯藤老樹昏鴉, 小橋流水人家。
古道西風瘦馬, 夕陽西下, 斷腸人在天涯。

추사 _ 마치원

마른 등넝쿨과 늙은 나무 황혼의 까마귀,
작은 다리와 흐르는 개울 외딴집 한 채.
옛길에 부는 서풍 수척한 말 한 마리,
석양은 서녘으로 지는데, 하늘 끝 가슴 시린 저 사람아.

Autumn Thoughts

Over old trees wreathed with rotten vines fly evening crows.
Under a small bridge near a cottage a stream flows.
On ancient road in the west wind a lean horse goes.
Westward declines the sun.
Far from home is the heartbroken one.

•

聲聲慢 _ 李清照

尋尋覓覓, 冷冷清清, 悽悽慘慘戚戚。

乍暖還寒時候, 最難將息。
三杯兩盞淡酒, 怎敵他, 晚來風急?
雁過也, 正傷心, 卻是舊時相識。
滿地黃花堆積, 憔悴損, 如今有誰堪摘?
守著窗兒, 獨自怎生得黑?
梧桐更兼細雨, 到黃昏, 點點滴滴。
這次第, 怎一個愁字了得!

성성만 _ 이청조

찾고 찾아봐도, 적막하기만 하니, 처량하고 참담하고 슬프구나.
갑자기 따뜻해지고 또 갑자기 추워지니, 몸 편히 요양하기 어려워라.
두세 잔 박주(薄酒)를 마셔보지만, 차가운 바람을 어이 막을까?
기러기 날아가니, 더욱 가슴 아픈 것은, 옛적에 알던 그 기러기일까 하여서라.
온 땅에 노란 국화 떨어져 쌓이고,
초췌하게 시들어가는데 이제 어느 누가 나와 함께 저 꽃을 딸까?
쓸쓸히 창가를 지키며, 홀로 어이 어둠을 맞으리오?
오동 잎에 가랑비마저 내리기 시작해, 해질 무렵까지 후둑, 후두둑 떨어지네.
이런 처지를, 어찌 근심 수(愁) 한 글자로 표현하랴!

I look for what I miss; I know not what it is. I feel so sad, so drear, so lonely, without cheer.

How hard is it to keep me fit in this lingering cold!

Be hardly warmed up by cup on cup of wine so dry. Oh! How could I endure at dusk the drift of wind so swift?

It breaks my heart, alas! To see the wild geese pass, for they are my acquaintances of old.

The ground is covered with yellow flowers faded and fallen in showers. Who will pick them up now?

Sitting alone at the window how could I but quicken the pace of darkness which won't thicken?

On parasol-trees a fine rain drizzles as twilight grizzles.

Oh! What can I do with a grief beyond belief!

●

木蘭花令 _ 納蘭性德
人生若只如初見, 何事秋風悲畫扇?
等閒變卻故人心, 卻道故人心易變。
驪山語罷清宵半, 淚雨霖鈴終不怨。
何如薄倖錦衣郎, 比翼連枝當日願。

목란화령 _ 납란성덕
인생이 첫 만남과 같다면, 어찌 가을바람은 화선을 슬프게 하는가?
매정한 님 까닭없이 마음 바꾸며, 사랑은 원래 쉽게 변하는 것이라 말하네.
여산 장생전의 맹세 허사 되고 화청지의 밤은 깊어 가는데,
밤비 속의 말 방울소리에 애절한 마음 부치니 귀비는 끝내 원망치 않았네.
어찌 그리 매정한가 내 님의 사랑,
그 옛날 현종과 양귀비는 비익조와 연리지 되길 원했네.

Magnolia Flower Short Verse

If the first love was to last in human whole life.

Why Autumn-Fan sighed herself a disfavored wife?

Nowadays a sweetheart so lightly changing her mind.

That such a frivolous attitude still considered as a style.

Once at midnight, an imperial couple sworn a love vow.

The concubine was tearful in whisper without sorrow.

Even if the heartless emperor was such a fickle guy,

Still he would swear a love oath "wing-to-wing to fly".

●

晴雯判詞 _ 曹雪芹

霽月難逢, 彩雲易散。心比天高, 身為下賤。
風流靈巧招人怨, 壽夭多因誹謗生。
多情公子空牽念。

청문판사 _ 조설근

비가 개인 하늘의 밝은 달은 만나기 어렵고, 오색구름은 빨리 흩어지네.
마음은 하늘보다 높으나, 몸은 비천하구나.
풍류가 민첩하고 교묘하여 사람들의 원망을 불렀고,
요절한 여러가지 원인은 비방에서 생겼네.
다정한 공자(公子)는 헛된 근심을 하는구나.

A Prediction Fated to Maiden Qingwen

It's difficult to see the moon after a rainy day.
It's easy for colorful clouds to scatter far away.
Her inner world is loftier than the heaven.
She's just a humble maiden.
Someone is jealous of the girl, being romantic and skillful.
She died young mainly due to malign, the lyric guy's concern was in vain.

●

望大陸 _ 于右任

葬我於高山之上兮, 望我故鄉;
故鄉不可見兮, 永不能忘。
葬我於高山之上兮, 望我大陸;

大陸不可見兮, 只有痛哭。

天蒼蒼, 野茫茫, 山之上, 國有殤!

망대륙 _ 우우임

나 죽으면 높은 산 제일 꼭대기에 묻어다오, 두고 온 내 고향 볼 수 있도록.

보이지 않지만, 영원히 잊을 수 없는 곳.

나 죽으면 높은 산 제일 꼭대기에 묻어다오, 대륙 산하를 볼 수 있는 곳.

대륙이 보이지 않으니, 할 수 있는 건 오직 통곡뿐.

하늘은 아득히 창창하고, 들판은 끝없이 망망한데,

산 위에 올라보니, 온 나라가 상중이다!

Watching My Mainland of China

Oh, bury me on the top of a high mountain.

To look over my mainland not to be seen, I could never forgot.

Oh, bury me on the top of a high mountain.

To look over my hometown again, Oh, I had to cry in pain.

Though I'll never forget the scene, Alas, the sky is dark green.

The vast wild field could not be seen.

Over the mountain, my China's in great pain.

●

贈友人 _ 朱德

北華收復賴群雄, 猛士如雲唱大風。

自信揮戈能退日, 河山依舊戰旗紅。

증우인 _ 주덕

많은 영웅들이 화북을 되찾고 용사들은 구름같이 뭉쳐서 대풍가를 부르네.

창을 휘둘러서 일본을 물리치는 것을 믿으니 산천은 의구하되 깃발로 빨갛게

물들었네.

With a Friend

To reoccupy the North China, our heroes must march on.
Gallant fighters move like clouds singing the Gale-Song.
To surely defeat the Japanese invaders with our arms strong.
Red flighting flags will flutter all over our hometown.

●

沁園春 · 長沙 _ 毛澤東

獨立寒秋, 湘江北去, 橘子洲頭。
看萬山紅遍, 層林盡染。
漫江碧透, 百舸爭流。
鷹擊長空, 魚翔淺底。
萬類霜天競自由。
悵寥廓, 問蒼茫大地, 誰主沉浮?
攜來百侶曾遊, 憶往昔崢嶸歲月稠。
恰同學少年, 風華正茂;
書生意氣, 揮斥方遒。
指點江山, 激揚文字, 糞土當年萬戶侯。
曾記否, 到中流擊水, 浪遏飛舟!

심원춘 · 장사 _ 모택동

차가운 가을날 홀로, 상강이 북으로 흐르는, 귤자주에 서보네.
바라보니 뭇 산은 두루 붉게, 층층 수림 모두 물들었네.
넉넉한 강물은 투명하고, 뭇 배들 다투어 물 따라 가고 있네.
매는 하늘을 가르고, 고기가 물 밑에서 날아다니네.
만물들 늦가을을 다투듯 자유롭구나.

원망스럽고 쓸쓸하도다, 아득한 대지에게 묻노니, 누가 흥망을 주재하는가?

벗들과 함께 헤엄치던, 지난일 생각하니, 험난한 세월 많았었네.

때마침 나이가 어렸고, 한창 젊었었지.

학생들 의지와 기개가, 자유분방 했었지.

국가대사를 논하고, 글로 세차게 말하고,

당시 군벌과 고급관리들을 분토로 여겼네.

기억나겠지, 강심으로 헤엄쳐 나갈 때, 파도가 내달리는 배를 가로막던 일을.

Qinyuanchun · Changsha

Standing independently in cold autumn, xiangjiang is heading to the north, in the head of juzizhou.

See all the red mountains, all the forest.

It's very competitive.

When the eagle strikes the sky.

Every kind of frost fights freely.

We are sorry for the vast space, who is in charge of the ups and downs?

Come with buddy once swam.

Memories of past times linger.

Chia schoolmate youth, youth is flourishing.

The scholar has a strong will to resist.

Show me in the river, tell me the words, every year, every household.

Did you ever remember to hit the middle of the stream and the waves stopped the boat!

한자와 중국어
그리고 중국문화

Follow me,
like Chinese

예술편

09

예술과 문화는 한 쌍의 깊고 검은 눈을 부여해 아름다움을 찾고 발견하며 포착하도록 한다. 선진先秦 시기의 이성정신理性精神, 초한楚漢 시기의 낭만주의, 위진魏晉 시기의 풍류, 성당盛唐 시기의 시가詩歌, 송원宋元 시기의 산수의경山水意境, 명청明淸 시기의 문예사조, 중국과 서양이 어우러진 당대 예술까지 수많은 거장들이 공동으로 창작하였으며 그들의 작품들은 중화민족의 심미 의식이라는 긴 예술의 강물을 이루었다.

Art and culture endow the aesthetics with a pair of deep black eyes, let her seek beauty, find beauty and catch beauty. Pre-Qin rational spirit, Chu and Han Romanticism, Wei and Jin Dynasties, the voice of the Tang Dynasty, Song and Yuan Dynasties, landscape artistic conception, Ming and Qing literary trends, modern contemporary art, the combination of Chinese and Western, socialising, which composed by many masters, and their works into a long river of Chinese aesthetic consciousness.

1. 회화繪畫편

고개지顧愷之

고개지(348년 - 409년), 중국 진晉나라의 화가이고 회화繪畫 이론가이며 시인이다. 그는 시사문부詩詞文賦에 능했고 특히 회화에 재능이 있었는데 초상화, 역사인물, 도교, 짐승, 산수화 등 작품 창작에 조예가 깊었다. 당시 그의 그림과 문필을 비롯하여 감성이 뛰어나 그의 작품은 사람들에 의해 "삼절三絶"이라고 칭송되었다. 그는 작품을 창작할 때 작품에 영혼을 깃들게 하는 노력을 지속하였다. 이렇듯 "자신의 주관적 의지를 실물과 결합하여 기묘한 결과를 얻어내고", "형상을 빌어 정신적인 면을 드러내는" 등의 기법을 통해 중국 전통 회화 발전의 기초를 다졌다.

전하는 바에 따르면, 고개지가 조식曹植의 『락신부洛神賦』를 읽고 크게 감동받아서 단숨에 완성한 작품이 바로 『락신부도洛神賦圖』이다. 이 그림이 나오자 누구도 감히 이런 그림을 그리지 못할 정도로 천 년이 훌쩍 넘는 오랜 세월을 거치면서도 지속적으로 영향력을 발휘하고 있는 걸출한 작품으로 인정받아 왔다. 이 그림은 비단바탕에 그린 세로 27.1cm, 가로 572.8cm 규모로, 현재 원본은 북경北京 고궁박물관故宮博物院에 소장되어 있고, 기타 소장본들은 대부분 중국 송宋나라 때의 모사본이다.

동진東晉·고개지顧愷之『낙신부도洛神賦圖』

Gu Kaizhi (348-409), painter, painting theorist, poet in Eastern Jin Dynasty. Gu Kaizhi works poetry and prose, especially fine painting. He is good at portraits, historical figures, Taoist explanations, animals, mountains and rivers. It is called "three essential points": painting, writing, and obsession. Gu Kaizhi's paintings are intended to convey the spirit, and his arguments of "exquisite imagination" and "expressing the spirit with form" lay the foundation for the development of traditional Chinese painting.

It was said that Gu Kaizhi was deeply moved by reading Cao Zhi's LuoShen Fu. This volume, no one dared to draw this picture, for Gu Kaizhi handed down the fine works, become the most influential painting for thousands of years. The picture is a silk one with a color of 27.1 cm in length and 572.8 cm in width. It is collected in the Palace Museum of Beijing. Most of the other collections are copies of the Song Dynasty.

염립본閻立本

당唐나라의 정관貞觀 15년(641년)에 토번吐蕃(티베트)의 송찬간포松讚干布[1] 왕과 문성공주文成公主가 혼인을 했는데, 염립본閻立本은 이러한 역사적 배경을 소재로 하여 당 태종 이세민李世民이 공주를 맞이하러 온 토번 사신 록동찬祿東讚을 접견하는 장면을 그렸는데 바로 『보련도步輦圖』이다. 이 그림은 지금 북경고궁박물관故宮博物院에 소장되어 있으며, 비단 바탕에 채색을 가한 서화書畵로, 크기는 세로 38.5cm, 가로 129.6cm이다. 이는 당시의 실제 사건을 그림의 소재로 사용하여 후세에게 이 위대한 역사사건을 잘 기록해주고 있다. 동시에 이 작품은 색감이 우아하고 아름다우며 선이 매끄러우면서도 견고하다. 구도는 어수선한 듯 변화가 풍부하며 인물 형상은 매우 세밀하고, 생동감 있고 당시의 역사를 재현하고 있다. 『보련도』는 당나라 회화 예술의 대표적 작품일 뿐 아니라 중국 고대 명화 중에서도 으뜸가는 명작으로 오늘날까지 잘 보존되어 오고 있다.

---

[1] 토번(티베트)의 제33대 찬보(贊普, 국왕)로 사실상 토번 왕조를 세운 개국 군주이다. 629년에 즉위하여 650년까지 재위하였다.

당唐·염입본閻立本『보련도步輦圖』

In the fifteenth year of Zhenguan (641), Tubo leader Matsuzan Ganbu married Princess Wencheng. Yan Liben took this as the theme, describing the scene when Li Shiming, Taizong of Tang Dynasty, met Ludongzan, the Tubo envoy who married the princess. It was for Yan LiBen's *Chariot Chart*. This picture is extant in the Imperial Palace Museum in Beijing, with a silk color, vertical 38.5cm, horizontal 129.6cm. Yan Liben draws materials from the current events and records this great historical event for future generations. At the same time, his works are elegant and gorgeous in color, smooth and round in line, and have varied composition. His portraits are meticulous in shape and vividly reproduce the history at that time. *Chariot Chart* is a representative work of Tang Dynasty painting and is an ancient Chinese painting.

장훤張萱과 주방周昉

『당궁사녀도唐宮仕女圖』는 어느 한가지 회화 작품만을 특정하여 가리키는 것이 아니라 장훤張萱과 주방周昉이 당나라 궁녀를 그린 몇 폭의 작품을 총칭하여 이르는 명칭이다. 주지하듯, 당나라는 역대 최고의 번영을 누렸으며, 대외적인 개방으로 매우 유명하다. 당시의 궁녀 그림 역시 그 찬란했던 사회의 모습을 반영하고 있다. 그림에 보이는 궁녀의 형상은 단정하고 아름다우며 온화하고 고귀하다. 『당궁사녀도』는 당시 궁녀의 생활 정서 및 번성했던 당시의 모습을 여실히 보여주고 있다.

당唐·장훤張萱『괵국부인유춘도虢国夫人游春图』

작품은 인물 심리를 부각하는데 치중하고 있는데, 힘이 넘치면서도 가늘고 우아한 선과 색조를 가미함으로써 화려하지만 우아함을 잃지 않고 정교하면서도 생동감을 잘 드러내고 있다. 전체 화면의 구도가 매우 조화롭고 화폭 안에 인물들을 적절하고 자연스럽게 배치하고 있다. 사람과 말의 자세는 온화하고 여유가 있는데, 마치 봄 나들이를 하고 있는 주제에 잘 어울리고 있다. 화가는 배경에 치중하지 않고 물기 많은 붓으로 초록색 반점을 찍음으로써 인물을 두드러지게 나타내고 있기 때문에 그 정서가 더욱 참신하고 새롭게 느껴진다. 그림의 선은 가늘고 매끈하며 힘이 있는데 그 속에서 아름다움을 나타내고 있다. 또한 색감이 우아하고 화려하여 장식적인 효과를 더하고 있으며 풍격은 생동적이고 명쾌하다. 화폭을 통해 품위 있고 자신감 넘치며 낙관적인 성당盛唐의 모습이 엿볼 수 있다.

Tang Palace Ladies' Picture does not refer to a painting, but refers to several portraits of Tang Dynasty Ladies by Zhang Xuan and Zhou Fang. Tang Dynasty is famous all over the world for its brilliance and openness. Tang Palace ladies' Picture nasty also reflects the most prosperous times. The paintings of ladies in Tang Dynasty are elegant, graceful and noble. The portraits of ladies in Tang Dynasty show the life style and prosperous scenery of ladies in that era.

The work emphasizes the inner portrayal of the characters. Through the elaborate line drawing and the laying of tones, it is rich and elegant, and it is exquisite but not rigid. The composition of the whole picture is dense and natural. The movement of man and horse is calming and leisurely. The painter does not have the background, only points out the spotted grass with the wet pen to highlight the characters, and the artistic conception is empty and fresh. In the picture, the line is thin and round, showing its strength and charm. The colors are elegant, rich, decorative and lively. The picture is full of grace, self-confidence and optimism.

오도자吳道子

오도자吳道子, (약 680년 - 759년)는 도현道玄이라고도 불리운다. 중국 당나라의 유명한 화가이며, 불교, 귀신, 인물, 산수, 짐승, 초목, 누각 등 다양한 분야의 작품을 많이 그렸는데, 특히 불교화와 인물화에 도예가 깊었으며 주로 벽화 창작에 몰두하였다. 그는 복잡한 물체의 형태 속에서 포인트를 잡아서 볼록 면과 오목 면, 밝은 면과 어두운 면을 "선線"으로 승화시켜 옷 문양의 높이, 옆모습, 깊이, 휘어짐, 말아 올림, 접힘, 흩날림과 들어올려진 자세 등을 선의 조직적 규칙으로 재구성하였다. 그림 속의 인물은 난초 잎 같은 선으로 옷 주름을 표현해주어서 가볍게 흩날리는 모습으로 표현되고 있는데, 사람들은 이를 "오대당풍吳帶當風" 기법이라고 부르고 있다. 또 진한 먹을 사용하여 선을 끊어내고 연하게 채색하고 있는데, 이를 가리켜 "오장吳裝"이라고도 부른다.

"화성畫聖"이라고 불리운 사람들은 기이한 재주를 타고 나지 않고는 이런 칭호를 얻을 수 없듯이 오도자 역시 확실히 재주가 뛰어난 인물이었다. 그의 무수한 발명과 창조는 중국 그림 역사에서 가장 빛난다고 해도 과언이 아니다. 예를 들면 실물표현기교가 뛰어나고, 필법이 고도의 경지에 달하였으며, 산수화가 정식으로 자리매김하는 등은 모두 오도자로부터 시작한다. 오도자가 중국 회화 예술에 끼친 공헌은 가히 획기적인 것이며, 그가 아니었다면 중국회화의 발전 역사는 우리가 보는 것과 다른 방향으로 진행되었을 것이다.

Wu Daozi (about 680-759), a famous painter in the Tang Dynasty, is a famous painter of painting history, also known as Tao Xuan. He is good at painting Buddhism, ghosts, characters, landscapes, birds and beasts, plants, castles and so on, especially good at Buddhism, characters and murals. He is good at absorbing the essence from the complex shape of objects, concave and convex surface, Yin and Yang surface, summed up into irreducible "line", constituting the organizational rules of lines, such as the high, side, deep, oblique, roll, fold, float, lift posture. The painted characters are good at using lines like orchid leaves to show the wrinkles, so that they have the tendency to float. They are called "Wu Dai Dang Feng," and they like to draw lines with black ink and add light colors, also known as "Wu Suit."

He was revered as a "Painting sage" who could not win such a prize unless he was a genius of heaven. Wu Daozi was indeed a great master. Many of his inventions and creations were the highlights in the history of Chinese painting, such as the high degree of realistic skills, the liberation of brushwork, the formal establishment of landscape

당唐·오도자吳道子 『팔십칠신선도八十七神仙圖』 발췌

painting and so on, all originated from Wu Daozi. Wu Daozi's contribution to Chinese painting is epoch-making, without him, the development of Chinese painting will not be as we see today, history will change its course.

한황韓滉

『오우도五牛圖』는 당나라의 유명한 재상 한황韓滉의 작품인데, 그는 소를 그는 데 월한 능력을 발휘하고 있다. 이 림은종이에 그린 그림으로서는 현존하고 있는 최초의 작품이며, 현재 북경고궁박물관故宮博物院에 소장되어 있다. 삼을 원료로 만든 종이에 그린 그림으로 규격은 세로 28.8cm, 가로 139.8cm이며, 낙관이 없다. 세상에 알려진 뒤 여러 번 주인이 바뀌어서 하마터면 파손될 위험에 처하기도 하였고, 해외로 떠돌다가 우여곡절을 거쳐 결국 중국으로 돌아왔다. 이 그림이 진귀하게 여겨지는 이유는 소를 그림에 담는 화가가 적었기 때문이다. 더구나 이토록 생동적인 작품은 더욱더 진귀하고 예술적 가치가 높은 독보적인 작품이다.

당唐·한황韓滉『오우도五牛圖』발췌

The author of *Penta-Bull map* is the famous Prime Minister Han Huang, who was famous for painting cattle in the Tang Dynasty. This picture is the earliest paper Chinese painting in existence. It is hidden in the Palace Museum of Beijing. It is linen, 28.8cm in length and 139.8cm in breadth. After coming out, several of his owners were almost destroyed, and they left overseas. They were eventually rescued. The value of this picture is that few cattle are picturesque.

고굉중顧閎中

『한희재야연도韓熙載夜宴圖』는 중국 오대五代 시기 남당南唐의 화가 고굉중顧閎

남당南唐·고굉중顧閎中 『한희재야연도韓熙載夜宴圖』 발췌

中이 긴 두루마리를 연결한 방식으로 그려낸 작품으로, 한희재韓熙載의 집에서 저녁 연회를 진행하고 있는 장면을 화폭에 담고 있다. 그림 속의 선은 물이 흐르듯 거침이 없고 섬세하여 움직이는 듯하다. 이 그림이 유명세를 타고 있는 또 하나의 이유는 그림속에 등장하는 한희재가 남당의 황제 이욱李煜이 그를 의심하지 않게 하기 위하여 연회를 베풀며 놀고 있는 모습을 보여줌으로써, 때를 기다리는 그의 심경이 그림에 숨겨져 있다는 것이다. 비단 바탕에 그려진 이 그림은 오대 시기 인물화 중 가장 출중한 대표적 작품으로 현재 북경고궁박물관故宮博物院에 소장되어 있으며, 규격은 세로 27.9cm, 가로 69cm이다.

Han Xizai's Banquet Picture is a picture of Han Xizai's family dinner by Gu Yongzhong, a painter of the Southern Tang Dynasty, in a series of long scrolls. The picture lines are smooth and delicate. The preciousness of this painting lies in the fact that behind the scroll, Han Xizai hides the truth that he used the game of sound and color to hide obscurity in order to avoid the suspicion of Li Yu, the emperor of the Southern Tang Dynasty. This picture is deposited in the Palace Museum in Beijing, silk scroll, vertical 27.9cm, horizontal 69cm. It is the most outstanding representative work in the Five Dynasties Period of figure painting.

조길趙佶

『서학도瑞鶴圖』는 송宋나라 여덟 번째 황제 휘종徽宗인 조길趙佶(1082년~1135년)의 작품이다.

조길은 회화에 능할 뿐만 아니라 서예에도 도예가 깊었다. 그는 설요薛曜와 저수량褚遂良으로부터 서예를 배웠으며, 이를 기초로 독특한 "수금체瘦金體"를 창조해냈는데, 붓끝이 가늘고 깔끔하며, 붓끝의 기울임은 난죽蘭竹을 치는 것과 같았으며, 가는 붓으로 그린 그림과 배경의 진한 색채가 잘 어우러지고 있다.

조길은 화조화花鳥畵에 대해 많은 관심을 가졌다. 『선화화보宣和畵譜』는 그가 소장한 화조화가 2,786폭이라고 기록하고 있는데, 모든 소장품에서도 화조화가 44%를 차지하고 있는 것을 보면 그가 얼마나 화조화를 좋아했는지 알 수 있다. 그는 시가, 서예, 회화 등 여러 방면에서 일정한 예술적인 경지에 도달하였지만 그 중에서도 특히 회화에서 두각을 보이고 있다.

예술 창작에서 조길은 형체에 영혼이 깃들어야 한다고 주장하면서, 시, 서예, 회화, 낙관의 결합을 제창하였다. 그는 가는 붓으로 그린 공필화工筆畵의 창시자이며, 화조화, 산수화, 인물화, 누각화 등 다방면의 작품활동을 하였는데, 이러한 경향은 여러 탁월한 대가들의 공통된 특징이기도 하다. 그의 붓 놀림은 민첩하면서도 융통성이 있어서 자유자재로 펼치며 포근한 분위기가 넘쳐난다. 그는 있

송宋·조길趙佶 『서학도瑞鶴圖』

는 그대로 그려내는 것을 중요시하고 사물의 핵심을 깊게 파악하고 있기 때문에 그의 작품은 정교하고 세밀하여 현실감이 강한 것으로 유명하다. 전하는 바에 따르면 그는 옻나무의 진액으로 눈을 그려서 더욱 생동감이 있고, 마치 살아있는 것처럼 느껴져서 사람들이 감탄을 자아냈다고 한다. 조길의 그림은 자연 속에서 있는 그대로의 사물을 소재로 삼고 있으며, 독특한 구상으로 시공간을 초월한 이상적 세상을 잘 표현하고 있다.

Auspicious Cranes is a painting by Song Huizong, Zhao Ji, the eighth emperor of the Song Dynasty.

Zhao Ji are not only good at painting, but also have high attainments in calligraphy. On the basis of Xue Yao and Chu Suiliang's calligraphy, Zhao Ji created a unique "Slender Gold", which was thin and crisp, with side-forwards like orchids and bamboos, interesting to the heavy colors of his fine brushwork.

Zhao Ji particularly interested in flower and bird paintings. Xuanhe Painting Publications recorded 2786 paintings of flowers and birds in his collection, accounting for 44% of the total collection. We can see that its preference is deep. All aspects of poetry, calligraphy and painting have reached a certain artistic height, especially in painting.

Zhao Ji's artistic proposition emphasizes the combination of form and spirit, and advocates the combination of poetry, calligraphy, painting and printing. He is the founder of meticulous painting. He paints flowers and birds, mountains and rivers, characters and castles, all of which are the common characteristics of distinguished people. He has a flexible, relaxed and peaceful atmosphere. He pays attention to sketching, subtle objects and famous for fine lifelike, it is said that he used lacquer to paint eyes to make it more vivid, lifelike, amazing. Zhao Ji's paintings are based on natural and realistic objects. He conceives ingeniously and focuses on the ideal world beyond time and space.

송宋·장택단張擇端『청명상하도淸明上河圖』

장택단張擇端

　　장택단張擇端이 그린 이 『청명상하도淸明上河圖』는 모든 사람들에게 매우 익숙한 작품이다. 이 작품은 예술적인 경지가 뛰어날 뿐만 아니라 동시에 생생한 당시의 많은 고사들을 담아내고 있다. 이 그림은 청명절淸明節의 변경汴京(지금의 중국 개봉開封)이 번성했던 모습을 화폭에 담아내고 있는 송宋나라의 대표적인 풍속화이다. 우리는 이 그림을 통하여 당시의 송나라 도시의 경제 발전 상황과 각계각층의 백성들의 생활을 잘 관찰할 수 있다. 따라서 예술적 가치를 가질 뿐만 아니라, 역사 연구 자료로 쓰일 만한 가치를 가지고 있다고 평가되고 있다. 이 그림은 비단에 연한 채색을 가했고, 화폭의 크기는 높이 24.8cm, 길이 528.7cm이다. 국가 1급[2] 문화재로 지정되어 있고, 원본은 현재 북경北京 고궁박물관故宮博物院에 소장되어 있으며, 중국 회화 역사에서 가장 위대한 작품 중의 하나로 평가되고

2　역자주: 중국에서는 역사 문화재를 1급, 2급, 3급으로 나누는데, 예술적, 문화적, 과학적 가치가 있는 대표적인 문화재를 국가 1급 문화재에 귀속시키고 있다.

있다.

　Zhang Zeduan's *Riverside Painting on Qingming* should be one of the most familiar works that we know. This painting is not only superb in art, but also leaves many vivid stories. This painting depicts the prosperity of the Qingming Festival in Bian Jing, and is a work of folk painting in the Northern Song Dynasty. Through this painting, we can get a detailed understanding of the economic outlook of the capital city of the Northern Song Dynasty and the lives of people at all levels. It not only has artistic value, but also has historical value. This picture is silk, light color, 24.8 cm high, 528.7 cm long, the original collection of Beijing Palace Museum, is China's first-class national treasure, one of the most famous works in the history of Chinese painting.

왕희맹王希孟

　이 그림의 작자는 젊은 나이에 생을 마감하였다. 그는 18세 때 송宋나라 한림도화원(중국 궁정의 회화 제작 기관)의 학생이 되었고 후에 금중문서고禁中文書庫에 들어가서 송宋의 휘종徽宗 조길趙佶로부터 직접 사사를 받았으며, 들어간지 반년 만에 『천리강산도千里江山圖』를 완성하였다. 이토록 어린 나이에 세상에 널리 알려질 그림들을 그려낸 수재였지만 젊은 나이에 세상을 떠나는 바람에 많은 작품을 남기지는 못했다. 이 작품은 현재 북경北京 고궁박물관故宮博物院에 소장되어 있는데, 비단바탕에 채색을 가한 서화로 크기는 세로 51.5cm, 가로 1195.5cm이다. 이는 중국 송나라 청록산수화의 대표적인 작품으로 평가되고 있다.

송宋·왕희맹王希孟『천리강산도千里江山圖』

The author of the painting died in his early years. He was an 18-year-old student in the Northern Song Academy of Painting. He was called into the Jinzhong Chinese library and was personally imparted by Zhao Ji of Huizong of Song Dynasty. Six months later, he created The *Thousand-Mile River and Mountains Picture*. At such an age, he left this famous masterpiece. When he was over 20, he died. This picture is a representative green landscape painting of the Northern Song Dynasty in China, with silk and colors of 51.5cm in length and 1191.5cm in breadth.

원元·황공망黃公望 『부춘산거도富春山居圖』 발췌

황공망黃公望

『부춘산거도富春山居圖』는 중국 고대 수묵 산수화의 절정으로 평가받는 작품으로 중국 원元나라의 유명한 화가 황공망이 그린 작품이다. 이 그림은 종이 재질에 수묵을 이용해 그린 것으로 화폭의 크기는 세로 33cm, 가로 636.9cm이다. 이는 3년의 시간을 들여 완성되었고 중국 청清나라 때 화재로 일부가 훼손되기는 하였지만, 그림의 앞부분은 절강성浙江省 박물관에, 뒷부분은 대만에 각각 소장되어 있다.

Fuchun Mountain Residence Picture is praised as the pinnacle of ancient Chinese ink landscape painting and the work of Huang Gongwang, a famous painter in Yuan Dynasty. This drawing book, ink and wash, 33 cm in length and 636.9 cm in breadth, took three years to complete. It was burned in the Qing Dynasty. The first half was hidden in Zhejiang Museum and the second half in Taiwan.

서위徐渭

서위徐渭 (1521년-1593년)는 중국 명明나라의 유명한 문학가이자 서화가書畫家 이며, 또한 희곡戱曲 작가이자 군사 전문가이다. 그는 시가, 희극, 서예와 회화繪畫 등 여러 방면에서 다양하고 독창적인 능력을 발휘하였기 때문에 해진解縉, 양신楊慎 등과 더불어 "명대삼재자明代三才子"라 불리웠다. 그는 또한 중국 "발묵대사의潑墨大寫意화파"[3]와 "청등靑藤화파"[4] 창시자이다. 그의 작품은 작자가 선인들의 훌륭한 부분을 계승하는 한편 여기에서 한걸음 더 나아가 형상만을 추구하지 않고 여기에 인물의 정신세계까지도 잘 구현해내고 있다는 평가를 받고 있다. 그는 산수, 인물, 화조花鳥, 죽석竹石 등을 소재로 다양한 작품들을 많이 창작하는데, 특히 관상용 화초를 소재로 그린 그림들이 가장 출중하여 한 시대의 화풍을 잘 이끌고 있다. 이는 팔대산인八大山人, 석도石濤, 양주팔괴揚州八怪 등 후세의 많은 화단畫壇에 많은 영향을 주었다.

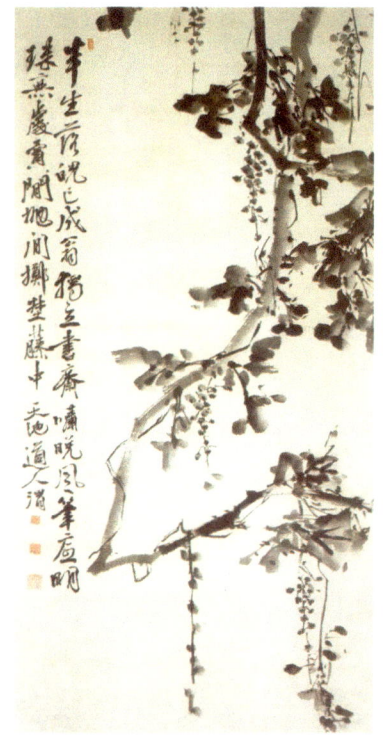

명明·서위徐渭 『묵포도墨葡萄』

Xu Wei (1521—1593), famous writer, calligrapher and painter, operatist, militarist in Ming Dynasty. Xu Wei is versatile and unique in poetry, drama, calligraphy and painting. He is also called the "Three Talents of the Ming Dynasty" with Xie Jin and Yang Shen. He is the founder of the Chinese "Ink-splashing freehand brushwork school" and the ancestor of the "Ivy cane school". His paintings can absorb the essence

---

3   역자주: 발묵대사의화파는 자세하게 그대로를 화폭에 담지 않고, 여기에 화가가 그림을 통해 말하고 싶은 뜻과 의미를 추가로 삽입하여 표현하는 기법이 특징이다.

4   역자주: 청등화파는 주로 산수화에 집중한 화파로서 그림의 선을 그을 때 먹줄에 의거하지 않으며 자유분방하면서도 간결한 필법으로 생동감 있게 인물 형상을 부각하고 있는 것이 특징이다.

of the predecessors and be reborn without seeking form or spirit. He works all over the landscape, figures, flowers and birds, bamboo and stone. He has created a generation of painting style with the most outstanding flowers and created a generation of painting style for later generations (such as BadaShanren, Shi Tao, Eight Eccentrics of Yangzhou) have great influence.

당인唐寅

당인唐寅(1470년 – 1524년)은 중국 명明나라 화가이자 서예가이며 시인이다. 젊은 시절에 당인은 심주沈周 및 주신周臣으로부터 그림을 배웠고, 이당李唐과 유송년劉松年의 그림을 많이 본받았으며 중국의 남방과 북방의 화파를 융합하였다. 그의 그림은 섬세하고 아름다우며 매끈한 구조와 깨끗한 풍격을 가지고 있다. 인물화는 중국 당唐나라의 전통 화법을 계승하여 색채는 화려하고 청아하며, 자태가 아름답게 잘 표현되어 있다. 또한 인물 사의화寫意畫[5]에 능하였으며, 붓 놀림은 간결하지만 화가의 의도와 느낌이 완벽하고 풍부하다. 그는 화조花鳥 그림을 창작할 때 주로 수묵사의화水墨寫意畫 형식을 사용하여 호방하면서도 아름다운 느낌을 주고 있다. 그의 걸출하고 뛰어난 서예 창작 기법은 조맹부趙孟頫의 창작 기법을 본받은 것이었다. 시가 창작 면에서 그는 축윤명祝允明, 문징명文徵明, 서정경徐禎卿과 함께 "오중사

명明·당인唐寅『낙하고목도落霞孤鶩圖』

---

5 역자주: 묘사 대상의 생긴 모습을 화가의 의도에 따라 느낌을 강조하여 그린 그림

재자吳中四才子"라고 불리우고 있으며, 회화繪畫 창작 면에서는 심주沈周, 문징명文徵明, 구영仇英과 더불어 "오문사가吳門四家", 또는 "명사가明四家"라고 불리워지고 있다. 당인의 대표작으로는 『낙하고목도落霞孤鶩圖』, 『춘산반려도春山伴侶圖』, 『허각만량도虛閣晚涼圖』, 『행화모옥도杏花茅屋圖』, 『추풍환선도秋風紈扇圖』 등이 있는데, 현재 세계 여러 박물관에 흩어져 소장되어 있다.

Tang Yin(1470—1524), painter, calligrapher, poet in Ming Dynasty.

In his early years, he studied painting with Shen Zhou, Zhou Chen, Li Tang and Liu Songnian in patriarchal clan system. He blended the north and south painting schools, with fine brush and ink, clear layout and elegant and handsome style. Following the tradition of the Tang Dynasty, the figure painter is beautiful and elegant in colour, graceful in posture and accurate in shape. He is also an artistic freehand figure with concise and interesting strokes. His flower and bird painting are good at freehand brushwork, and they are free and easy. Calligraphy is beautiful, and he learned it from Zhao Mengfu. In poetry, Zhu Yunming, Wen Zhengming, Xu Zhenqing and he are also called "Four talents in Wuzhong". In painting, Shen Zhou, Wen Zhiming and Qiu Ying and he, were also called "the Four Wu families", also known as "Four Masters of the Ming Dynasty". Tang Yin's representative works include *The Solitary Picture of the Setting Sun, The Picture of the Spring Mountain Partner, The Picture of the Superficial Pavilion at Night Cooling, The Picture of the Apricot-blossom Hut, The Picture of the Autumn Wind* Fan and so on, which are stored in museums all over the world.

구영仇英

『한궁춘효도漢宮春曉圖』는 중국의 인물화 중 하나이며, 비단바탕에 진한 채색을 가한 서화書畫로, 현재 대북台北 고궁박물관故宮博物院에 소장되어 있다. 크기는 세로 37.2cm, 가로 2038.5cm로 화폭의 규모가 매우 큰 편이며, 장식형 회화의 거작으로 평가되고 있다. 이 그림은 중국 명明나라의 걸출한 화가인 구영의 작품인데, 그는 작품창작시 진한 채색으로 궁녀들을 묘사하는 기법으로 유명하다. 화가는 이 그림에서 주로 후궁들의 자질구레한 일상들을 묘사하고 있다. 그림속의

명明·구영仇英『한궁춘효도』

인물들은 중국 당唐나라의 복장을 입고 있지만 명明나라의 색채도 반영되어 있는 것을 볼 때, 그림의 배경이 중국 한漢나라 궁궐을 특정하여 묘사하고 있는 것이 아니라 한족의 궁궐을 묘사하고 있는 것이라고 볼 수 있다.

The Spring Dawn Picture of the Han Palace is the subject of Chinese figure painting. It exists in the Palace Museum of Taipei. It is a large decorative painting with silk and heavy colors, 37.2cm in length and 2038.5cm in breadth. This painting is the work of Qiu Ying, an outstanding painter in the Ming Dynasty. Qiu Ying is famous for his "colorful ladies" in his paintings. *The Spring Dawn Picture of the Han Palace* mainly depicts the daily life of the concubines in the palace. The characters in the painting are dressed in Tang Dynasty and have Ming Dynasty colors. It is not the meaning of the court of the Han Dynasty, but the court of the Han Dynasty.

동기창董其昌

동기창董其昌(1555년~1636년)은 명明나라의 유명한 서화書畵의 거장이다. 그의 서예와 그림 및 서화書畵에 대한 감상과 깊은 조예에 대해서는 명나라 말기는 물론 청清나라 때까지도 명성이 자자했다. 그는 산수山水 그림에 특별히 조예가 깊었는데, 그림의 기풍은 유유자적하고 온화하며, 참신하고 수려하다. 그는 고대를 소재로 한 창작활동에 매진하였다. 또한 선종禪宗의 남방과 북방의 분파들의 성

명明·동기창董其昌『산수도山水圖』

격을 비교하여 화폭에 많이 담아냈기 때문에, 그의 이러한 그림들은 "남북종南北宗"이라고 불리웠다. 그의 산수화 작품들에 나타난 붓 놀림은 비록 온화하고 유약한듯 보이지만, 수려하고 섬세한 매력을 한껏 드러내고 있다.

Dong Qichang (1555—1636), who was a famous painter and calligrapher in Ming Dynasty. His character, painting and appreciation of calligraphy were very famous at the end of Ming Dynasty and the Qing Dynasty. He is good at painting mountains and waters, and his style is gentle, fresh and beautiful. He advocated using ancient times instead of creation. He also called the "North and South Zong" because he compared painting with the north and south school of zen Buddhism. His landscape works are pastel in style, beautiful and charming, lacking in strength.

주탑朱耷

주탑朱耷(1626년~약 1705년)은 중국 명明나라 말기, 청淸나라 초기에 활동한 화가이며, 중국 회화繪畫의 대가로 칭송되고 있다. 그의 호는 팔대산인八大山人이며, 원래 명 태조 주원장朱元璋의 제 17 번째 아들인 주권朱權의 9대 자손으로, 황실의 자손이었지만 명나라가 망한 뒤, 머리를 깎고 절로 들어가서 승려가 되었다. 그 후 도교로 전향하여 청운보青雲譜 수도원에서 살았다.

주탑은 서화書畫에 능했으며, 화조화花鳥畫를 그릴 때는 주로 수묵사의화水墨寫

意畫 기법을 사용하였는데, 그림 속의 형상은 의도적으로 과장된 듯 기묘하며, 세련된 선의 힘을 느낄 수 있다. 멋지고 의미심장한 풍격을 가진 그의 그림은 붓 놀림이 자유분방하면서도 힘차고 뛰어난 기상을 느낄 수 있다. 또한 완벽한 구도를 추구하지 않고 있으면서도 완벽함을 느낄 수 있다. 그는 서예와 시가에도 뛰어난 기량을 발휘하였는데, 대체로 먹을 많이 사용하지는 않았다. 팔대산인으로 불렸던 그는 시가에 능하고 서예가 조예가 깊었기 때문에 그림을 많이 그려 넣지 않고도 시가를 곁들여 작가의 깊은 정서를 느낄 수 있다.

팔대산인의 회화 창작은 후대의 회화 창작에 매우 큰 영향을 주었다. 그의 주된 예술적 성과로는 "일반적인 규칙에 얽매이지 않고 자유자재로 창작하는" 기풍을 내세울 수 있다. 그의 대사의 大寫意는 서위徐渭와는 일정한 구별이 있는데, 서위의 작품이 여과 없는 자유로움을 추구하고 있다면, 팔대산인의 작품은 정연하면서도 자유로운 것이 특징이다. 청淸나라 중기의 "양주팔괴揚州八怪", 말기의 "해파海派"[6] 및 현대 화가인 제백석齊白石, 장대천張大千, 반천수潘天壽, 이고선李苦禪 등 대가들의 작품 창작은 모두 팔대산인의 영향을 많이 받았다.

Zhu Da (1626- about 1705) is the late Ming and early Qing Dynasty painter, a master of Chinese painting, whose pseudonym was "Bada Mountain Settler", He is the nine grandson of Zhu Quan, the seventeenth son of Zhu Yuanzhang, the emperor of the Ming Dynasty perish. After the Ming Dynasty, he became an outlaw. He later

---

6   역자주: 19세기 중기로부터 20세기 초에 상하이 지역에서 활약하던 화가들을 가리킨다.

converted to Taoism and lived in Nanchang Qingyunpu spectrum.

Zhu Da is good at calligraphy and painting, flowers and birds are mainly ink freehand brushwork, the image is exaggerated strange, the pen and ink is concise and resolute, the style is magnificent and meaningful, his paintings, brushwork unconstrained, do not constitute the law, vigorous and rounded, leisurely, the composition is not complete; he is good at calligraphy, can poetry, ink is very few; calligraphy is exquisite, so even if he did not draw a lot, his poems were full of artistic conception.

Zhu Da's paintings had a profound influence on later paintings. His artistic achievements were mainly based on his own creation. His great freehand brushwork is different from that of Xu Wei, Xu Wei is bold and unrestrained and can be put in place. The "Eight Eccentrics of Yangzhou" in the mid-Qing Dynasty, the "Shanghai School" in the late Qing Dynasty and the modern Qi Baishi, Zhang Daqian, Pan Tianshou, Li Kuchan and other great masters were all influenced by him.

카스틸리오네郎世寧 Guiseppe Castiglione

『백준도百駿圖』는 아마도 중국의 고대 10대 명화 중에서 유일하게 외국인이 그린 그림으로 추정된다. 카스틸리오네郎世寧는 이탈리아 국적을 가진 청清나라 궁정 화가인데, 선교사의 신분으로 중국에 왔다가 결국 궁정 화가가 되었다. 그

청清·카스틸리오네郎世寧『백준도百駿圖』 발췌

의 작품은 중국화와 서양화 기법을 서로 융합하여 독특한 화풍을 만들어냈다. 카스틸리오네의 최대 걸작으로 평가받고 있는 『백준도』는 준마 백 필의 자태를 그려내고 있는데, 복잡한 구도와 풍부한 의미를 담아내고 있다. 종이 바탕에 그린 이 그림은 대북台北 고궁박물관故宮博物院에 소장되어 있으며, 크기는 세로 102cm, 가로 813cm이다.

All the Pretty Horses is probably the only foreign painter in the ten great paintings of ancient China. Lang Shining, an Italian painter of the Qing Dynasty, came to China as a missionary and eventually became a court painter. Therefore, the artist's techniques blended Chinese and Western elements and created a unique style of painting. "All the Pretty Horses" depicts the postures of hundreds of horses. The composition is complex and interesting. It is a masterpiece of Lang Shining's life. The manuscript of *All the Pretty Horses* is made of paper, vertical 102cm and horizontal 813cm, and is currently reserved at the the Imperial Palace Museum in Taipei.

제백석齊白石

제백석齊白石(1864년~1957년)은 한족漢族으로 호남湖南성 상담湘潭시에서 태어났고 중국 근현대 시기의 회화繪畵 대가이며, 20세기 십대화가 중의 한 사람으로 평가받고 있는 세계적인 문화 거장이다. 또한 20세기 중국의 유명한 화가이며 서예 전각가篆刻家로도 이름이 잘 알려져 있다. 그의 대표작에는 『화훼초충십이개책엽花卉草蟲十二開册頁』, 『묵하墨蝦』 등이 있다. 그는 화조, 벌레, 물고기, 산수, 인물 등의 그림으로 유명한데, 선이 웅장하고 힘차면서도 차분한 느낌을 준다. 색채는 화려하고 명쾌하며, 그림 속에 등장하는 소재의 모양은 간결하고 생동적이며, 소박한 정서를 담아내고 있다. 그가 그린 물고기, 새우, 벌레, 게 등 동물 그림에서는 대자연의 정서가 물씬 넘쳐난다.

진한 농촌의 정취, 순박한 농민의식과 천진하고 낭만적인 동심, 많은 여운이 담긴 시적 정취는 제백석 회화 예술의 내재적 생명력이다. 또한 열정적이고 힘이 넘치는 색채, 묵과 색채의 선명한 대조, 질박하고 단순한 조형과 붓 놀림, 표현과 의미 조화, 평평하고 반듯하면서도 기묘함이 깃들어 있는 구성 등은 제백석만의 특유의 예술적인 언어와 시각적 형상을 이루고 있으며, 이러한 특징들은 제백석의 회화 예술이 가지는 외재적 생명력이라고 할 수 있다.

새우는 제백석의 대표적인 회화 소재 중의 하나이다. 그는 새우의 외형 뿐만 아니라 새우의 활발하고 예민하며 날쌘 모습을 잘 표현하고 있어 마치 살아 숨쉬는 듯 하다. 작가는 새우의 동물적 특징을 잘 파악하고, 이러한 특징들을 그림에 잘 녹여내고 있다.

제백석齊白石『팔십삼화하八十三畫蝦』

Qi Baishi (1864-1957), a master of modern Chinese painting, one of the ten painters of the twentieth century, world cultural celebrities. He is a famous painter and calligraphy engraver in twentieth Century. The representative works include *the Twelve Pages of Flowers, the Shrimp* and so on. He is good at painting flowers and birds, insects and fish, mountains and rivers, and figures. His brush and ink are vigorous and moist, with bright colors, concise and vivid shapes and simple artistic conception. The fish, shrimp and crab are very interesting.

Strong local flavor, simple peasant consciousness and romantic childlike innocence, rich poetic aftertaste, are the inner life of Qi Baishi art, and that warm and lively color, ink and color contrast, simple and naive modeling and brushwork, the extreme combination of work and writing, plain and strange composition, as Qi Baishi unique Artistic language and visual form are the external life of Qi Baishi's art.

Shrimp became one of the representative artistic symbols of Qi Baishi. Qi Baishi painted shrimp showed the shape of shrimp, lively, sensitive, alert and alive. It is because Qi Baishi has grasped the characteristics of the shrimp that it is easy to draw.

황빈홍黃賓虹

중국 근대미술사에서 "남황북제南黃北齊"라 불리우는 두 명의 화가가 있는데, "북제北齊"는 그 당시 북경北京에 있었던 화조화의 거장인 제백석齊白石을 가리키는 말이고, "남황南黃"은 안휘安徽성에 있었던 산수화의 대가인 황빈홍黃賓虹을 이르는 말이다. 황빈홍은 산수와 화초 그림에 탁월한 재능을 드러내고 있는데, 비교적 늦게 유명세를 탄 화가이다. 그는 중국 근대미술사에서 자신만의 화파를 창시한 거장으로, "몇 천년 이래 최고의 묵필대가"로 칭송되고 있다. 그의 산수화는 오색찬란한 색감을 보여주기보다 검정색과 흰색 등을 주요 색감으로 하여 작품활동을 하였다. 이는 마치 대자연을 그리는 데는 많은 색깔이 필요하지 않다고 생각하는 그의 사상을 나타내는 듯하다. 그의 작품 속에 나타난 진한 필묵 때문에, 심지어 화단에서는 농담삼아 그를 가리켜 "흑빈홍黑賓虹"이라고 부르기도 했다.

In the history of modern Chinese painting, there is the saying of "South Huang and North Qi", "North Qi" refers to Qi Baishi, a great master of flower and bird painting living in Beijing, and "South Huang" refers to Huang Binhong(1865-1955), a master of landscape painting in Anhui Province. He is good at landscape and flowers, and pays attention to sketching, but his fame is relatively late. Huang Binhong is a great master in the history of modern art in China, and has the

황빈홍黃賓虹『자명도煮茗圖』

황빈홍黃賓虹『연우산거도煙雨山居圖』 발췌

reputation of being "the first master of ink-using since ancient times". Huang Binhong's landscape painting is not colorful, black and white are the main colors in his works. It seems that Huang Binhong does not need many colors to depict natural mountains and rivers. Because of the heavy brush and ink in his paintings, some people in the painting circle even call him "Black Binhong".

서비홍徐悲鴻

서비홍徐悲鴻(1895~1953)은 중국 현대 화가이자 미술 교육자이다. 그는 프랑스에 유학하며 그림을 배웠고, 귀국 후 오랫동안 미술 교육 사업에 종사하였는데, 국립중앙대학교國立中央大學 예술대학, 북평대학교北平大學(현 북경대학교의 전신) 예술대학, 북평예술전문학교에서 교수를 역임하였다. 그는 1949년 이후에 중앙미술대학교中央美術學院 총장을 역임하였으며, 소묘, 유화, 중국화에 탁월한 재능을 나타냈다. 그는 서양의 화법과 중국전통회화를 융합하여 새롭고 독창적인 풍격을 지닌 작품들을 많이 창작하였다. 그의 소묘와 유화에는 중국전통회화의 정취가 흠뻑 담겨있다. 그의 창작 소재는 매우 광범했는데, 그가 산, 물, 화조, 짐승, 인물, 역사, 신화 등을 소재로 하여 그린 그림들은 붓놀림이 신묘하여 마치 살아있는 듯하다.

서비홍徐悲鴻『부상당한 사자』

서비홍은 중국 근대미술의 창시자로, 당시의 중국 화단에 큰 영향을 주었다. 화단에서는 그를 장서기張書旗, 유자곡柳子谷과 함께 "금릉삼걸金陵三傑"이라

서비홍徐悲鴻『팔준도八駿圖』발췌

고 부르고 있으며, 사실주의 화파의 대표주자로 칭송하고 있다.

Xu Beihong (1895-1953), Chinese modern painter and art educationist, and studied western painting in France and has been engaged in art education for a long time after returning home. He has taught in the Art Department of National Central University, the Art College of Peiping University and Peiping Art College. He became president of China Central Academy of Fine Arts in 1949. He was good at drawing, oil painting and Chinese painting. He integrated Western art into Chinese painting and created a novel and unique style. His sketch and oil painting permeated the ink and flavor of Chinese painting. His works have a wide range of themes, landscapes, flowers and birds, animals, characters, history, mythology, all of which are vivid.

Xu Beihong was the founder of modern Chinese art and had a great influence on the Chinese painting circle at that time. He was known as the "Jin ling San jie" with Zhang Shuqi and Liu Zigu, and was regarded as the representative figure of realistic painting.

장대천張大千

장대천張大千(1899~1983)은 만능형 서화가書畵家라 불리우는데, 그의 작품들은

장대천張大千 『송석행음도松石行吟圖』

"다른 많은 작품의 장점을 아우르고, 남방과 북방의 아름답고 풍요로움을 모두 겸비"하고 있는 것으로 평가되고 있는데, 문인화와 작가화를 비롯해 궁정화와 민간예술 등 다양한 분야를 자신의 작품에 잘 반영하고 있다. 그가 그린 중국화는 인물화, 산수화, 화조화, 물고기와 벌레, 짐승, 공필工筆화 등 다양하고 많은 분야를 다루고 있지만 모두 매우 정교하고 뛰어나다는 평가를 받고 있다. 시문은 진술하면서도 호방하며, 서법書法은 힘차고 날렵하며, 외유내강外柔內剛의 독창적인 기품이 서려 있다.

장대천은 20세기 중국 화단에서 가장 특색 있는 낭만적 색채를 사용하고 있는 중국화의 대가로서, 회화, 서예, 전각, 시사詩詞 등 다양한 방면에서 진가를 발휘하고 있다. 젊었을 때 그는 선인들의 서화書畵들을 깊이 연구하였는데, 특별히 산수화 방면에서의 연구는 그 성과가 돋보인다. 그후 해외에 거류하는 동안 그림과 서예를 결합하고, 진한 색채와 수묵을 더한 화풍을 창조하였는데, 이러한 화풍은 특히 발묵潑墨과 발채潑彩에서 가장 잘 드러나고 있다. 그의 학문적 접근법은 전통화법에서 현대화법을 향해 나아가는 화가들에게 매우 커다란 영향을 미쳤다.

1950년대에 들어서서 장대천은 세상을 두루 돌아다니며, 국제사회에서도 커다란 명성을 얻게 되었는데, 서양에서는 그를 "동방지필東方之筆"이라고 칭송하였으며, "천하의 명화를 가장 많이 모사한 화가"로도 부르고 있다.

Zhang Daqian(1899-1983) is an all-round calligrapher and painter, a master of North-South Painting School in China, famous for literati painting, writer painting, court painting and folk art as one. In Chinese painting, figures, landscapes, flowers and birds, fish and insects, animals, meticulous, omnipotent, no one can defeat him. Poetry and prose are frank and bold, and calligraphy is vigorous and elegant, soft and rigid, with unique style.

Chang Dai-Chien is the most legendary master of Chinese painting in the twentieth century. He knows all about painting, calligraphy, seal cutting and poetry. In the early stage, he studied the painting and calligraphy of the ancients, especially in landscape painting. After living abroad, the combination of painting style and writing, heavy colors, ink and wash into one, especially ink and splash colors, created a new artistic style. His method of scholarship is worth learning from artists who try to move from tradition to modernity.

In the 1950s, Chang Dai-Chien traveled the world and gained great international reputation. He was praised by the western art circles as "The brush of the Orient" and was also called "The painter who copied the most famous paintings in the world".

임풍면林風眠

임풍면林風眠(1900~1991)은 현대 화가이며 미술 교육자이다. 원명은 임봉면林鳳眠으로 광동廣東성 매현梅縣에서 태어났고 어릴 때부터 회화에 많은 흥미를 가졌으며, 19세에 프랑스로 건너가 고학을 하였다. 그는 궁녀인물, 경극인물, 어촌풍경, 여성 신체 및 각종 정물화와 집이 있는 풍경 등을 소재로 한 그림에 뛰어난 자질을 발휘하였다. 작품 내용으로 볼 때 그의 그림은 슬프고 처량하며, 고적하고 서정적인 풍격을 보여준다. 형식적 측면에서는 첫째로 정방의 구도, 둘째로 제목이 없다는 것이다. 그의 작품은 특징이 선명하여 보는 사람이 바로 알아볼 수 있다. 그는 또 동방과 서방의 한계를 깨고 공감대를 형성할 수 있는 예술적인 언어를 창조하고자 많은 시도를 하였다. 임품면은 혁신적인 예술 거장으

임풍면林風眠 『선학도仙鶴圖』

임풍면林風眠 『청의소녀도青衣少女圖』

로서 많은 후배 화가들에게 적극적인 영향을 주었으며, 20세기 중국 미술계의 "정신적 지도자"로 칭송되고 있다.

Lin Fengmian(1900-1991), a modern painter and art educator. Originally named Lin Fengming, born in Meixian, Guangdong, he loved painting at his childhood, and he studied law and work at school at the age of 19. Lin Fengmian is good at describing ladies and women, Peking Opera characters, fishing village customs and women's bodies, as well as various still life paintings and house landscapes. There is a sad, lonely, empty and lyric style in the content of the work, a square composition in the form, and no title in the second. His paintings have distinct characteristics, and the viewer can see it at a glance. He tried to break the boundaries between Chinese and Western art and create a common artistic language. He is worthy of being an innovative artist who has exerted a far-reaching influence on many later painters. Lin Fengmian was the spiritual leader of the Chinese art circles in the whole twentieth Century.

오관중吳冠中

오관중吳冠中(1919~2010)은 20세기 중국 현대 회화를 대표하는 화가이며, 중국 회화 예술의 거장이다. 유화의 민족화 및 중국화의 현대화 탐구에 한평생을 바쳐온 그는 "유화의 민족화"와 "중국화의 현대화"의 창작 이념을 끈질기게 실천하며 자신만의 선명한 예술적인 특색을 지향하였다. 그는 끊임없이 조국, 고향, 집 정원 그리고 자신의 마음에 대한 진실한 감정을 지키고 작품을 통해 민족과 대중의 심미적인 수요를 표현하는 등 그의 작품은 매우 높은 문화적인 정서를 드러내고 있다. 중국과 해외에서 이미 그의 40여 종의 화첩과 10여 종의 문집이 출판되었다.

오관중은 서방의 형식미와 중국 전통적인 심미 속에 담겨있는 정서의 아름다움을 창조적으로 결합시켜 중국의 민족적 특색을 지닌 "자연과 형운形韻"이라는 새로운 체계를 형성하였다. 그가 창작한 유화와 수묵화 속의 자연 경치는 대부분 중국 강남江南의 경치를 소재로 하였는데, 기하적인 형체조합, 선명하고 순수한 색채, 밝은 색조로 시적인 정서를 표현하였다. 작품은 시적인 정서가 흘러 넘치고 구체적이면서도 추상적인 색조감과 선은 점, 선, 면의 유기적 결합 형태를 갖추고 있어 새로운 공간에 있는 듯한 느낌을 준다. 이렇듯 불규칙적이면서

오관중吳冠中『주장周莊』

오관중吳冠中『연못荷塘』

오관중吳冠中『사자림獅子林』

도 균형을 이루고 있으며, 유쾌하면서도 신중한 리듬을 통해 아주 진한 그림의 의미와 경지가 잘 드러나고 있다. 이 풍격이 성숙해지면서 추상적인 경향은 더욱 두드러진다. 심지어 많고도 많은 선과 채색 반점들이 뒤섞여 춤추며 리듬과 운율 그리고 시적 풍미를 담아내고 있다. 현대적인 다양한 문화언어 속에서 오관중은 자신만의 코드를 가진 예술적 언어를 찾아냈으며, 이로 인해 세계 예술계에서 인정을 받고 있다.

Wu Guanzhong(1919-2010) is a representative painter of modern Chinese painting in the 20th century, a master of Chinese painting art. He devoted his whole life to the exploration of the nationalization of oil painting and the modernization of Chinese painting, persevered in the practice of the creative ideas of "nationalization of oil painting" and "modernization of Chinese painting", and formed distinct artistic features; he persistently watched the true feelings of "in the motherland, in his hometown, at home, in his heart", and expressed the nation. His works have a high cultural character, and he has published more than 40 kinds of art collections and more than 10 kinds of literature collections at home and abroad.

Wu Guanzhong creatively combines the western formal beauty with the artistic conception beauty in traditional Chinese aesthetics, forming a new system of "natural-formal rhyme" with Chinese national characteristics. Most of its oil paintings and ink landscapes are based on the scenery in the south of the Yangtze River. They express poetic artistic conception with geometric combination, bright and pure colors and bright colors. The poetic, semi-figurative and semi-abstract color blocks and lines create a new space illusion in the form of organic points, lines and surfaces. In this jumping and balancing, cheerful and steady fluctuating rhythm, there is a very strong artistic conception and painting. The more mature the style, the more prominent the tendency of abstraction, and some works even become a pile of ink lines and colorful dots interwoven, dancing, composed of rhythm, rhythm and poetry. In the multi-cultural context of the contemporary world, Wu Guanzhong has found his own code of art language, and has been recognized by the world art community.

조무극趙無極

조무극趙無極은 중국계 프랑스 화가로, 중국 북경北京에서 태어났다. 1935년에 항주杭州예술전문학교에 입학해서 임풍면林風眠의 사사를 받았다. 1948년에 프랑스로 유학하여 그곳에 정착하게 되었다. 회화 창작 방면에서, 그는 서양 현대 회화의 형식과 유화를 그리는 색채 기교에 중국 전통 문화예술의 정서를 융합하여 다양한 색채변환, 힘이 느껴지는 필법, 리듬감과 빛의 조율을 통한 새로운 회화공간을 창조하여 "서양의 현대 서정주의 추상파의 대표"로 불린다. 지금은 프랑스 화랑畵廊의 종신 화가이며, 파리 아르데코(파리의 국립장식예술고등학교)의 교수로 재직중이며, 프랑스 슈발리에[7] 훈장을 받았고 세계 각지에서 160여 차례 개인 회화 전시회를 열었다.

조무극의 성숙기에 창작한 작품들은 서방의 추상 예술에 대한 애착으로부터 벗어나 중국 전통으로 돌아오려는 맥락을 반영하고 있다. 그가 회화 방면에서 이룩한 성과는 그가 한사람의 중국인으로서, 작품속에 동양 정신에 대한 이해와

---

[7] 역자주: 프랑스의 명예 훈장으로, 프랑스에서 발급해주는 최고 명예 훈장이다. 원래는 나라를 위해 큰 공헌을 한 프랑스 공민에게만 발급해주었지만 지금은 프랑스의 좋은 대외 관계를 위해 큰 공헌을 한 외국 공민한테도 발급해준다.

동양 예술 철학에 자신과 자신의 작품을 융합한 데 있다.

Zao Wou-Ki, a Chinese French painter, was born in Beijing, China. He studied painting in Nantong, Jiangsu. He went to Hangzhou Art College in 1935 and was taught by Lin Fengmian. He went to France to study in 1948 and settled in France. In painting creation, with the form of western modern painting and the color technique of oil painting, it participates in the connotation of Chinese traditional culture and art, and creates a new painting space with changeable colors, powerful strokes, full of rhythm and light. It is called the representative of western modern lyric abstract school. He is now a lifelong painter of the French Gallery and a professor of the National College of Decorative Arts in Paris. He has been awarded the French Knight's Medal. He has held more than 160 personal exhibitions in various parts of the world.

Zao Wou-Ki's mature works reflect the main line from his passion for Western abstract art to his return to Chinese tradition. The great achievement of Zhao Wuji's painting lies in his understanding of the Oriental spirit and his integration of himself and his works into the Oriental Art Philosophy as a Chinese.

이가염李可染

이가염李可染(1907~1989)은 중국의 현대 중국화 화가이다.

그의 산수화는 정서의 응집을 매우 중시한다. 그는 산수화는 무無에서 유有로, 유有에서 무無로의 전환, 즉 단순한 데로부터 풍부한 데로, 다시 풍부한 데서 단순함으로 돌아가야 한다고 주장한다. 1940년대 그의 산수화 작품에는 아직 주탑朱耷, 동기창董其昌의 청소간담清疏簡淡, 즉 간소한 필치의 풍격이 남아있다. 1950년대 이후의 작품들은 새로운 산수화의 정서를 표현하는데 중심을 두었는데, 간소한 선형 필묵구조에서 덩어리 형의 필묵구조로 바뀌면서 전체적으로 단순하면서도 내적인 풍성함과 깊은 정서를 잘 보여주고 있다.

Li Keran (1907-1989), a Chinese Modern Chinese painters.

Li Keran's landscape painting attaches importance to the condensation of images. He emphasized that landscape painting should start from scratch, from being to being,

『만산홍편萬山紅遍』

『풍림모효楓林暮曉』

『행화춘우杏花春雨』

that is, from simplicity to richness, and then from richness to simplicity. His landscape works in the 1940s still have the shadows of Zhu Qi and Dong Qichang, which is a kind of linear pen and ink structure. After the 1950s, with the help of sketching to create a new landscape image, from a linear ink structure into a block of ink structure, with ink as the main, the whole simple and rich, thick and dense.

황주黃胄

중국화 예술의 거장이고, 사회 활동가이며, 수집가인 황주黃胄는 중국 20세기 중후반의 가장 영향력 있는 화가 중의 한 사람이다. 그가 창작한 인물화와 동물화는 그림 속의 형상이 간결하면서도 생동감이 넘치고, 낭만적인 생활 정서는 물론 시대감각이 풍부하여 중국화의 회화 언어 탐구 방면에서 거대한 성과를 이루었으며, 중국 화단의 새로운 화풍을 탄생시켰다. 중국 근현대회화의 거장으로서, 그는 항상 개인의 생활 체험이 예술 창작에 지도적 역할을 한다는 것을 강조해 왔으며, 그의 작품에는 시종 강렬한 현실 생활의 정취를 느낄 수 있다.

A master of Chinese painting, a social activist and collector. Huang Zhou (1925-1997) is one of the most influential painters in the middle and late 20th century in China. His portraits and animal paintings are vivid, concise and vivid, full of romantic

『신나는 초원』

flavor of life and sense of the times. He has made great breakthroughs in the exploration of Chinese painting language and created a new style in the field of Chinese painting. As a master of modern Chinese painting, Huang Qiang has always emphasized the guiding role of individual life experience in artistic creation, and his works always convey a strong sense of real life.

부포석傅抱石

부포석傅抱石(1904~1965)은 유명한 중국화의 거장이며, "신新산수화"를 대표하는 화가이다. 그는 근대 중국에서 가장 창의적인 예술가이며, 회화, 서예, 글, 도장 등 "사절四絶"에 모두 뛰어난 재능을 가진 화가이다. 사절 중에서도 산수화에서의 성과가 가장 뚜렷하며, 산수화 중에서도 또 "우경雨景(비 내리는 경치)"이 가장 매력적이고 대표적이다. 그가 창작한 비 내리는 경치는 매력적이면서도 독창적이다. 비스듬히 기울여서 빠른 속도로 휘두른 붓 놀림으로 표현하고 있는 빗줄기는 아득하고 웅대하며, 생생한 느낌을 준다.

그는 천부적인 재능은 작품에서도 그대로 나타나고 있다. 사람들은 그의 작품에서 필묵을 정확하게 사용하여 그리고 있는지, 색감을 지나치게 사용한 것은 아닌지 하는 문제에 대해서는 관심을 둘 필요가 없고 다만 그의 천재적인 정서가 흘러 넘치고 있는 것을 감상하기만 하면 된다. 회화는 과학이 아닌 것처럼, 절대와 완벽이 요구되는 것이 아니라 정서와 감동이 잘 나타난다면 회화의 높은 경지에 도달하게 되는 것이다. 그의 그림은 회화는 단지 감상하려는 것이 아니라 감동을 위해 창작하는 것이라는 이치를 증명하고 있다.

Fu Baoshi(1904—1965), a famous Chinese painter, master of traditional Chinese painting, "new landscape painting" on behalf of the painter. Fu Baoshi is one of the most creative artists in modern China, and he is also a versatile figure in painting, calligraphy, writing and printing. Among the "four wonders", landscape paintings have the highest achievement, while landscape paintings have the most charm and representativeness with "rain scenery". Its rain scenery is of infinite charm and unique style. He breaks the front with a large brush, moves the pen quickly, sweeps the rain silk obliquely, vast, restorative, extremely dynamic.

Fu Baoshi is a genius, his works are the creation of genius, we should not care whether his pen and ink in place, color is too watercolor, as long as the feeling of genius is enough, painting is not science, does not need absolute and perfect, as long as there is emotion and emotion, is the high realm of painting. His paintings prove a truth: painting is not for seeing, but for moving.

부포석傅抱石、관산월關山月 『강산여차다교江山如此多嬌』

반천수潘天壽

반천수潘天壽(1897~1971)는 현대의 유명한 화가이며 미술 교육자이다. 그는 민족 회화를 계승하고 발전시키는 데 충만한 믿음과 의지를 가지고 있었으며, 전통 회화의 독립성을 지키기 위해 한평생을 노력해 왔다. 또한 중국화 교육 시스템을 전국에 정착시키기 위해 적극적인 역할을 하였다.

반천수潘天壽 『영일하화별양홍映日荷花別樣紅』

그는 화조, 산수를 소재로 한 사의화寫意畫에 능했을 뿐만 아니라 서예 특히 손가락 서예에 능했다. 화풍은 대체로 웅장하고 고아하며 고풍스럽다. 그의 작품은 기세가 드높은 정서를 잘 표현하고 있을 뿐만 아니라, 또 그 속에 사람을 감동시키는 힘과 강한 현대적 감각을 느낄 수 있다. 필치가 고아하고 간결하며 노련할 뿐만 아니라, 기세가 드높고 꿋꿋하여 사람의 영혼으로 하여금 빠져들게 하는 힘과 현대적인 구조미가 잘 어우러져 있다.

Pan Tianshou (1897-1971), a famous modern painter and art educator . He has confidence and perseverance in inheriting and developing national paintings. In order to safeguard the independence of traditional painting to do our utmost, struggle for a lifetime, and form a set of Chinese painting teaching system, affecting the whole country.

『경파耕罷』

Pan Tianshou is skilled in freehand brushwork of flowers and birds, landscapes, and calligraphy, especially in ink, painting magnificent and dangerous, ancient and noble. His paintings are majestic, with a sense of power and a strong sense of modernity.

Not only is the pen and ink ancient, condensed and hot, but also magnificent, vigorous and exotic, with a sense of power and modern beauty of structure.

석로石魯

석로石魯(1919~1979)는 중국 현대 중국화 화가인데, 주로 산수화, 인물화, 화조화에 능하며, 장안화파長安畫派를 창시한 인물이다. 그는 평소 청淸나라 초기의 화가 석도石濤와 현대 혁명가이자 문학가인 노신魯迅을 존경해 왔기 때문에, 그들의 이름에서 각각 한 글자 씩을 따와 "석로石魯"라고 개명하였다.

Shi Lu (1919-1979), modern Chinese painter, landscape, figure, flower and bird painter, founder of Chang'an Painting School. He was renamed "Shi Lu" for worshiping of Shi Tao, the great painter Shi Tao who was born in the early Qing Dynasty, and Lu Xun, a modern revolutionist and a writer.

황영옥黃永玉

황영옥黃永玉은 화가이자 작가이며, 중앙미술대학교中央美術學院의 교수이자 중국미술가협회의 부회장인데, 중국에서는 첫번째로 12간지 중의 원숭이를 소재로 우표를 설계한 인물이다. 그는 판화와 채묵화彩墨畫에 능한데, 『춘조春潮』, 『백화百花』, 『인민총리인민애人民總理人民愛』, 『아시마阿詩瑪』 등 작품들이 있으며, 대형 화폭의 작품들로는 『작돈雀墩』, 『묵하墨荷』 등이 있다. 그는 1986년에 이탈리아

대통령으로부터 공화국 기사훈장을 받기도 하였다.

Huang Yongyu,who is painter, writer, professor of the Central Academy of Fine Arts, vice chairman of the Chinese Artists Association. He is the designer of China's first Zodiac monkey stamp, good at printmaking and color painting. The works include *Spring Tide,Hundred Flowers, People's Prime Minister's Love and Ashima*. Huge paintings include Sparrow Pier and Ink Lotus. In 1986, he was awarded the knighthood Medal of the Republic of Italy by the president.

『비월명천飛越明天』

주덕군(朱德群)

주덕군朱德群(1920~2014)은 프랑스예술원의 첫 번째 중국계 원사院士[8]로, 그의 작품은 일찍이 전세계 여러 화랑과 미술관에서 전시되어 예술계 최고의 영예를

---

8 역자주: 과학분야에서 국가발전에 크게 이바지한 학자들에게 해당 학계에서 주는 높은 명예 칭호, 혹은 일부 나라에서 국가발전에 크게 이바지한 과학원 혹은 아카데미 등의 회원.

한 몸에 안았다. 때문에 그는 중국 교포의 자랑이라고 칭송되고 있다.

그의 작품은 동양 예술을 대표하는 부드러움과 완곡함을 드러내고 있는가 하면 서양 회화 예술의 강렬하고 호방한 면을 동시에 보여주고 있는데, 이는 그가 자신의 중국적 문화 배경과 역사의식의 계승 위에 서양의 회화 도구와 기교를 융합하고 있음을 구체적으로 보여주고 있는 것이다. 주덕군은 항상 중국의 시詩와 사詞에 관심이 많았기 때문에, 그림에도 시적인 의미를 잘 담아내고 있어서, 그의 작품은 하늘을 찌를 것 같은 호탕한 기개와 담담한 정서가 잘 드러나고 있다.

주덕군朱德羣『서광曙光』

그는 작품에 진한 서양의 추상화된 심미적 이념과 담아한 동양의 고전적인 색채를 부여하였는데, 그 속에 담긴 어렴풋하면서도 선명한 향수鄕愁는 그가 이 세상에 남긴 눈부신 작별인사가 되었으며, 이로써, "프랑스 유학 삼총사"의 시대의 막을 내리게 된다.

Zhu Dequn(1920-2014) is the first Chinese-American academician of the French Academy of Art. His paintings have been exhibited in numerous galleries and galleries around the world and enjoy the highest honor in the art world. He is the pride of a generation of Chinese.

Zhu Dequn's painting art has both the tenderness and exquisiteness of Oriental Art and the strong and rough of Western painting, which is the concrete manifestation of his fusion of his own Chinese cultural background and historical heritage as well as his good use of Western painting tools and techniques. Zhu Dequn has always loved Chinese poetry, and he has constantly expressed poetry by painting, while his works have the characteristics of grandeur and indifference.

Zhu Dequn's paintings, infused with strong Western abstract aesthetic ideas, as well as elegant oriental classical color, during which the vague, simple nostalgia, he left the world dazzling curtain call. At this point, the era of "three swordsmen" has ended.

진일비陳逸飛

진일비陳逸飛는 유명한 유화가油畫家요 문화 사업가이며 영화 감독이다. 1980년에 미국으로 이민을 간 후 중국을 소재로한 유화 연구와 창작에 전념하였다. 그는 "대미술大美術"[9]이라는 이념을 통하여 영화, 복장, 환경 디자인 등 여러 면에서 휘황찬란한 성과

진일비陳逸飛『베니스의 수경水景』

---

9 역자주: 회화(繪畫)나 조각 같은 데 국한되지 않고 더욱 넓은 면에서 미술을 응용하는 것을 말한다.

를 거두어 문화 산업 방면에서 세계적으로 유명한 중국계 인사가 되었다.

1960년대로부터 1970년대까지 그는 『황하송黃河頌』, 『점령총통부佔領總統府』, 『과보跨步』 및 『주장周莊』 등 우수한 유화 작품들을 많이 창작했다. 물가의 마을 풍경, 음악인물, 고대 궁녀 및 티베트 등은 모두 그의 작품에서 볼 수 있는 주요 소재이다.

Famous oil painter, cultural industrialist, director. After traveling to the United States in 1980, he focused on the research and creation of Chinese oil paintings. With the concept of "big art", Chen Yifei has made creative achievements in film, costume, environmental design and many other aspects, becoming a cultural celebrity. It is a famous Chinese artist at home and abroad.

From the 1960s to the 1970s, he created such famous excellent oil paintings as *Ode to the Yellow River, Occupy the Presidential Palace, Pace and Zhouzhuang*. Water scenery, music characters, classical ladies, and Tibet are all the main themes in his paintings.

진일비陳逸飛, 위경산魏景山『대통령궁 점령』

근상의靳尚誼

근상의靳尚誼는 1934년 12월에 하남河南성 교작焦作에서 출생하였다. 그는 인물화, 특히 초상화 창작을 꾸준히 연구한 화가일 뿐만 아니라 인간을 주제로 한 시대적 명제에 대해 독창적인 대답을 한 예술가이다. 중국 유화라는 거시적 좌표에서, 그는 전공으로 선택한 초상화에 극도로 집중하여 충분하고 묵직한 예술적 축적을 남김으로써 화단에서의 독창적인 입지를 다졌다. 만약 예술에서 귀중하게 생각하고 있는 "독창적 풍격" 이라는 측면에서 근상의의 초상화 작품이 가지고 있는 "풍격" 은 예술계에서 언급하고 있는 "풍격" 은 물론이요, 정신세계와 문화적 측면에서의 "풍격" 을 모두 아우르고 있다.

근상의靳尚誼『만년晩年 황빈홍黃賓虹』

Jin Shangyi was born in Jiaozuo, Henan in December 1934. Jin Shangyi is not only a painter who insists on exploring the creation of figure paintings, especially portraits, but also an artist who makes a unique answer to the proposition of the times of "human theme". In the macro coordinates of Chinese oil painting, he specializes in portrait selection and as with his extremely concentrated, full and heavy artistic accumulation, laid a unique position in the painting world. If art is precious in "self-integration", the "body" of Mr. Jin's portrait creation is the "body" of artistic style, but also the "body" of spiritual connotation and cultural demeanor.

범증范曾

범증范曾은 1938년 강소江蘇성 남통南通시에서 태어났다. 그는 명문 화가들로부터 사사를 받았는데, 이고선李苦禪, 문회사文懷沙 등 과거 서화書畵계를 풍미했던 거장들의 제자인데, 이고선은 또한 제백석齊白石의 제자이기도 하다.

범증은 석도石濤의 "일화론一畫論"의 핵심을 사용하는 것을 주장하여 대자연의 경지를 따르고자 하였으며, 스케치에 능했고 특히 인물 사의화에 많은 관심을 가졌다. 그는 역사 인물의 기품을 보여주기 위하여 역사를 연구하는 일에 몰두하였으며 고금동서의 여러 거장들의 작품을 깊이 탐구하였다. 그가 그린 역사인물화는 깨끗하고 우아하면서도 멋스러운 면이 있는데, 생동감이 넘치고 독창적인 기개를 자랑하고 있다. 그는 발묵潑墨 기법의 인물화를 기반으로 중국 현대의 새로운 문인화文人畵라는 독특한 영역을 개척하기도 하였으며 서예에도 능했다.

범증範曾『상봉무잡언相逢無雜言』

Fan Zeng, born in 1938 in Nantong, Jiangsu Province, was a famous disciple of Li Kuchan, Wen Huaisha and other older calligraphers and painters. Li Kuchan is also a disciple of Mr. QiBaishi.

Fan Zeng's paintings advocate using the essence of Shi Tao's "one painting theory" to strive to pursue the natural beauty of the world, skilled in white painting, especially like freehand brushwork characters. In order to express the charm of historical figures, he immersed himself in studying history and carefully studied the works of famous masters at all times and in all over the world.

범증範曾『종규신위도鍾馗神威圖』

Fan Zeng's historical figure painting is fresh and elegant, lifelike, vividly, and unique in style. Fan Cengshan's ink figure is a prominent foreign force in the new Chinese literati painting. Fan Cengyishan is also good at calligraphy.

구호년歐豪年

현대 대만 화단의 일인자라고 불리우는 구호년歐豪年은 1935년에 광동廣東성 오천吳川시에서 태어났고 1970년부터 중국 대만台灣에 거주하였다. 그는 17살 때 영남화파嶺南畵派 거장인 조소앙趙少昂의 문하로 들어가 힘써 배우고 꾸준히 연구한 끝에 탁월한 대가가 되었다. 그는 주로 화조, 산수, 인물, 짐승 등을 소재로 한 그림에 능했을 뿐만 아니라 서예와 시문도 많이 연구하여 다방면에서 그 성과를 인정받고 있다.

그가 그린 산수화의 특색은 생명력이 충만한 사물의 묘사와 강약의 조화로운 구조라고 할 수 있는데, 그의 작품에는 실상과 허상의 어우러짐이 잘 반영되어 있다. 활력이 넘치고 힘있는 붓 놀림과 창의적인 구조는 화면이 실체를 강조하고 있는 동시에 공간 및 간격이 적당하게 배치되어 기묘한 효과를 나타내고 있다. 그의 동물화는 자유자재로 움직이는 수묵의 필법을 이용하여 상대적으로 상상에 기초한 물상의 완벽한 설계를 잘 표현하고 있다.

『천리강산일격중千里江山一擊中』 『종남도사終南道士 수련도修煉圖』

    Ou Hao-nian, born in 1935 in Wuchuan, Guangdong Province, and settled in Taiwan, China, in 1970. He is the first person in Taiwan today. At the age of 17, he stuied from Zhao Shao-ang, who is a master in Lingnan School of Painting. He distinguished himself by his paintings of flowers and birds, mountains and rivers, figures, animals and animals. He also has a lot of research on calligraphy and poetry. His artistic achievements are diverse and rich.

    His landscape painting is characterized by the theme of things full of vitality, strength complementary layout, showing the real image and image resonance. Vivid and powerful writing style and creative structure make the picture not only emphasize the entity, but also emphasize the ingenious effect of space and appropriate distance arrangement. His animal paintings are perfectly designed in ink and wash with ease of movement, showing objects relative to empty objects.

정소광丁紹光

    정소광丁紹光(1939~)은 섬서陝西성에서 태어났고 본적은 산서山西성 운성運城시이다. 그는 현대 화단의 가장 영향력 있는 화교 예술인의 한사람으로, 운남화파

雲南畵派의 창시자이며 현대 중채화重彩畵의 거장이다. 1979년에 북경北京 인민대회당에 『아름답고 풍부하며 신비로운한 서쌍판납美麗, 豊富, 神奇的西雙版納』이라는 벽화를 창작하였고 같은 해에 『정소광서쌍판납묘사생집丁紹光西雙版納描寫生集』을 출판하였다. 정소광의 대표작으로는 한정판 작품인 『인권지광人權之光』, 『모성母性』, 『종교와평화宗敎與和平』 등을 비롯하여 『서쌍판납西雙版納』, 『최면곡催眠曲』, 『평화, 평등, 진보和平, 平等, 進步』, 『문화와 교육文化與敎育』 등 6폭의 작품으로 만든 우표가 있다.

그는 동양 고전주의에 서양 현대예술의 특색을 성공적으로 융합하였는데, 21세기를 전망하는 이상주의적 예술 형식을 사용하여 인류 공동의 이상적인 경지에 대한 추구와 갈망을 보여주고 있다.

Ding Shaoguang (1939-) was born in Shaanxi and his ancestral home is Yuncheng, Shanxi. One of the most influential Chinese artists in today's painting world, the founder of Yunnan Painting School and the master of modern heavy color painting. In 1979, he created a large-scale mural for the Great Hall of the People in Beijing called *Xishuangbanna, Beautiful, Rich and Magical*. In the same year, he published *Ding Shaoguang Xishuangbanna White Description Collection*. Ding Shaoguang's representative works include limited prints: *Lights of Human Rights, Motherhood, Religion and Peace*. Stamps of several works, including: *Xishuangbanna, Lullaby, Peace. Equality and Progress, Culture and Education and so on*.

He successfully integrated the characteristics of Eastern classicism and Western modern art, and adopted the artistic form of idealism to look forward to the 21st century to express his admiration and yearning for the common ideal of mankind.

사도립司徒立

사도립司徒立(1949~)은 중국 광주廣州 사람이고 1975년에 프랑스로 건너갔다. 1980년에 프랑스 문화부로부터 청년 화가 후원금을 받았는데, 첫 개인전시회는 파리 세비녜Sevigne 화랑에서 진행했으며 그랑 팔레Grand Palais, 巴黎大皇宮에서 진행하는 프랑스 수채화 전시회에 참가하기도 하였다.

사도립의 작품에는 천지의 무한한 경치가 담겨 있다. 그는 애써 사실대로 묘사하기 위해 고심하지 않으면서도 현실을 이탈하지 않았다. 그의 작품은 의도적으로 허황된 형상을 연출하지 않고, 또 사람으로 하여금 이해할 수 없을 정도로 추상적이지도 않다. 그림 속의 풍경은 사도립이 직접 설계하였는데, 이 모습은 화려하고 희열이 넘치기만 한 것이 아니라 우울하고 처량하기도 하다. 작자 자신의 감정을 작품에 부여해서 우리에게 여운을 남겨 그 속에 담긴 기묘함을 감상하게 한다.

사도립의 성공은 서양 혹은 동양의 풍격을 추구했기 때문이 아니며, 경치의 아름다움을 중점적으로 묘사했기 때문도 아니다. 오로지 작품의 외형적 아름다움

사도립司徒立 『톨레도 풍경』

을 넘어서 그 속에 깊은 정을 담아내고자 하는 작가의 노력이 있었기 때문이다.

Situ Li (1949-), a native of Guangzhou, went to France in 1975. In 1980, he was sponsored by a young painter from the French Ministry of Culture. He exhibited for the first time at the Shevier Gallery in Paris and participated in the French Watercolor Exhibition at the Grand Palace in Paris.

The world of Situ Li has boundless scenery. He did not try to be realistic, but he was not divorced from reality. His work is neither a mystical portrait nor an abstract abstraction. The scenery of the picture is designed by Situ Li; it is not necessarily gorgeous, joyous, perhaps gloomy, desolate, diffusing his personal feelings, causing us to think, to appreciate the real interest in it...

The success of Situ Li is not seeking Western or Oriental style, nor is it about describing the beauty of scenery. In his picture, besides beauty, there is also deep feeling.

채국강蔡國強

채국강蔡國強(1957~)은 복건福建성 천주泉州시에서 태어났다. 그는 1980년대 중기부터 화약을 이용해 작품을 창작하기 시작하였는데, 최근 몇 년 동안 국제 예술계에서 가장 주목을 받는 중국인 중의 한사람이다. 그는 2001년 상해上海 APEC(아시아태평양경제협력체) 회의의 불꽃 공연의 총 설계자이고 2008년 북경北京 올림픽 개막식의 창의적 아이디어 핵심 멤버이자 시각 특수효과 예술의 총 설계자이며 2009년 중국 건국 60주년 불꽃 공연의 총 감독을 역임했다. 그의 예술 창작은 서양 예술계에서도 큰 영향을 일으켰는데, 그는 서양 매체에 의하여 "채국강 열풍"이라는 찬사를 받기도 했다.

그의 예술적 표현은 회화, 설비 장착, 녹화 및 표현예술 등 다양한 매체들을 넘나들고 있으며, 대형의 폭죽 예술과 설비 장착 예술로 처음 세상에 알려진 후 여러 차례에 걸쳐 국제 예술 대상과 예술 훈장을 받았다. 1999년에는 처음으로 베니스 비엔날레 황금 사자상을 받은 중국 예술가가 되었으며, 2012년에는 회화 부문에서 세계문화상 공로상을 받았다.

1984년에 그는 중국 침울했던 당시 예술 문화계의 분위기를 쇄신하기 위해

화약을 사용하여 작품을 창작하기 시작하였는데, 이런 방식은 그로 하여금 자유로움을 느끼게 하였으며, 사상과 이념, 파벌이나 기술의 제약에서 벗어나 마치 자신의 영혼과 대화를 하고 있는 것처럼 느껴진다.

Cai Guoqiang (1957-), born in Quanzhou, Fujian Province. Since the mid-1980s, he used gunpowder creat, and he has become one of the most popular Chinese artists in the world in recent years. He has been the master designer of the fireworks performance at the 2001 Shanghai APEC Conference, the core creative member of the opening and closing ceremonies of the 2008 Beijing Olympic Games and the master designer of visual effects art, China in 2009. General director of the 60th anniversary fireworks show. His artistic creation has exerted a tremendous impact on the western art circles. The western media call it "Cai Guoqiang Tornado".

His artistic performance spans painting, installation, video and performing arts, and is world-renowned for his large-scale explosive and installation art. He has won many international art awards and medals. In 1999 he became the first Chinese artist to win the Golden Lion Award at the Nice Biennale. In 2012 he won the World Cultural Award for painting. Lifetime Achievement Award.

베이징 올림픽 불꽃놀이

In 1984, in order to change the relatively dull artistic and cultural atmosphere in China, Cai Guoqiang began to use gunpowder explosion to create paintings, which made him feel free from any doctrine, genre or technology control, and seemed to dialogue with his own soul.

방력균方力鈞

방력균方力鈞은 1963년에 하북河北성에서 태어났으며, 1989년에 중앙미술대학교中央美術學院 판화 학과를 졸업했다. 현재 북경北京에서 거주하고 있는 직업화가이다. 그의 창작의 소재는 인생살이라고 할 수 있으며, 동시에 일종의 예술로 승화된 인생살이 형상이라고 할 수 있다. 이는 주로 소재, 구도, 캐릭터 설정, 색채 등을 통하여 보여주고 있는데, 독자들에게 뜻 깊은 상징 체험을 남겨준다.

방력균方力鈞 1993. 3

방력균의 회화 구도는 의도적으로 사람들이 습관적으로 감상하는 방식과 일회성 생산 구도 모식을 타파하고, 더욱 많은 변화된 방식으로 세계를 관찰하고 사고할 수 있도록 이끌어주고 있다. 그는 독창적인 이동투시법과 "360도 뷰"의 구도를 사용한 회화구도는 그

방력균方力鈞 2005. 7. 1.

의 능력을 잘 드러내고 있다. 이는 공간적으로나 시간적으로 다 중요한 역할을 하여 안정감 있는 비판의식을 잘 보여주고 있다.

그의 강력한 심리적 암시는 색채와 큰 관계가 있다. 그의 작품에는 주로 극도로 진한 빨간색, 노란색, 초록색, 회색 등 네가지 기본 색감을 사용하고 있는데, 이는 마치 극도로 선명한 오색찬란한 세상 속에서 자유분방하고 멋지게 살아가는 모습을 보여주고자 하는듯 하다.

Fang Lijun was born in Hebei in 1963. He graduated from the printmaking department of the Central Academy of Fine Arts in 1989. He now lives in Beijing and is a professional painter. His painting symbols originate from life, and at the same time are artistic objects of life. It is mainly through the theme, composition, image setting, color and other performance, leaving the audience with a profound symbolic experience.

Fang Lijun's composition: intending to break the conventional way of viewing and one-time production of the composition of the pattern, with a more changeable way to observe and think about the world, he used his original mobile perspective and "360-degree panorama" composition to highlight his ability, not only in space, but also to give time significance, reflects him Quiet treason.

Fang Lijun's strong psychological hints have a great relationship with color. Four basic colors of extremely bright red, yellow, green and black and blue appear in Fang Lijun's works to create a very bright world and live in a bright world.

왕연성王衍成

유명한 추상파 예술가인 왕연성王衍成은 1960년에 광동廣東성에서 태어났다. 『황야상적가荒野上的歌』, 『화반夥伴』 등의 작품이 있으며, 『발고록撥轱轆』이라는 작품으로 제2회 전국청년미술전시회에서 상을 받았다.

왕연성의 추상 예술은 서양에서 주로 보이는 추상화를 기초로 하여 중국 전통문화의 깊은 뿌리에 잘 융합시키고 있으며, 작품 속에서 보이는 선명한 색채의 대조는 그가 도교 음양陰陽조화의 철학적 사유를 보여준다. 색채에 나타나는 거대한 기세는 조화를 이루며 하나가 된 대자연의 유동성 혹은 중국 전통 우주관을 따라 우주 기원의 신비한 원동력을 내포하고 있다.

왕연성은 후기 추상파의 선도자요 실천가로서, 유럽 예술계에서 여러 측면에서의 긍정적인 평가를 받고 있다.

Wang Yancheng, a famous abstract artist, was born in Guangdong in 1960. His works include *Songs on the wilderness*, Companions and so on. Diego roller was awarded at the second national youth art exhibition.

Wang Yancheng makes the contrast between his abstract art and the abstract paintings seen in the West lies in the deep foundation endowed by Chinese traditional culture. The distinctive color contrast in his paintings is his Taoist philosophical thinking of harmony between yin and yang; as

for the majestic momentum sprinkled through various forms, or the flowing air of the soul merging into one. It is the mysterious original force that explores the origin of the universe from the perspective of traditional Chinese cosmology.

As a propagandist and practitioner of post-abstractionism, Mr. Wang Yancheng has been widely recognized in European art circles.

증범지曾梵志

증범지曾梵志는 1964년에 호북湖北성 무한武漢시에서 태어났다. 1990년대부터 그의 창작은 본격적으로 독창적인 언어 풍격과 예리한 사회적 비판의식을 담아냄으로써 화단과 사회 민중들의 칭찬과 이목을 끌고 있는 국제적으로 영향력이 있는 중국 현대 예술가의 한 사람이다.

증범지曾梵志 『최후의 만찬』

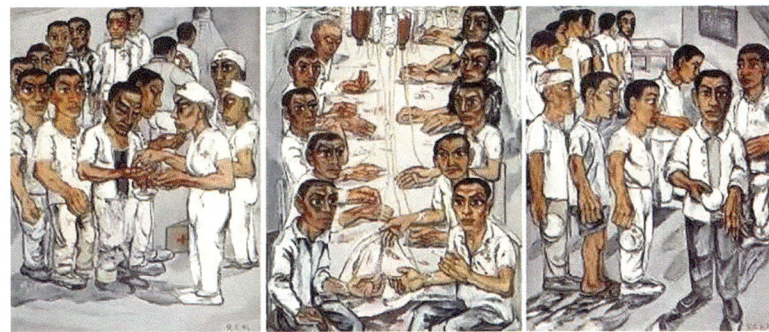

증범지曾梵志 『콩코드 병원 시리즈 3』

    그의 작품은 엄격하면서도 독창적인 형상과 "가면"이라는 주제로 단순하고 평온한 배경 속에 현대 인간의 초조하고 불안한 정신상태를 잘 보여주고 있다. 비록 만화의 색감과 풍자적인 의미가 있지만, 여전히 사람들에게 심오하고 무거운 느낌을 준다. 그의 작품은 사실적인 외형에 은유와 상징의 표현 수법을 사용하여 사람들에게 깊은 인상을 남겨준다.

    Zeng Fanzhi was born in Wuhan, Hubei Province in 1964. Since the 1990s, Zeng Fanzhi's writing has been widely praised by the critics for its unique linguistic style and acute social criticism, and has also received constant attention from the public. Zeng Fan Zhi is considered to be one of the most representative and influential artists in contemporary China.

Zeng Fanzhi's works with its rigorous and unique shape and masked symbols, reflect people's mental state, irritability and uneasiness against a simple and calm background. Despite the cartoon color and the taste of ridicule, they still give people a sense of heaviness and depression. Under the realistic frame, his works employ metaphorical and symbolic expressionism, leaving a distinct impression on people.

나중립羅中立

나중립羅中立은 1948년에 중경重慶에서 태어났다. 1980년에 그는 작품『부친父親』으로 제2회 전국청년미술전시회에서 1등 상을 받음으로써 현대 중국 미술사에서의 입지를 다지게 되었다. 1981년에『취사사吹渣渣』를 대표로 하는 사실주의 풍조를 창설하고, 21세기에 들어서서는 오랜 시간 동안 점진적으로 변화하여 자신만의 특색이 있는 표현주의 풍격을 형성하였다. 대조가 강한 색감, 과장하고 해학적인 외형, 독창적인 필치 등은『부친父親』 이후 그의 또 다른 상징이 되었는데, 이 또한 그가 가장 중요시하는 것이다.

Luo Zhongli was born in 1948 in Chongqing. In 1980, Luo Zhongli's *Father* won

나중립羅中立『취사사吹渣渣』

나중립羅中立『아버지』

the first prize of the Second National Youth Art Exhibition, which established his position in the history of modern Chinese art. In 1981, the realistic style represented by *Slag blowing slag* was launched. After 2000, after years of gradual evolution, he began to form a self-characteristic style of expressionism. Contrasting colors, exaggerated humorous shapes, unique brushwork... This became another typical label on Luo Zhongli after *Father*, and this was what he valued most.

장효강張曉剛

장효강張曉剛은 1958년에 운남雲南성 곤명昆明시에서 태어났으며, 그의 현대 예술 작품은중국의 상황을 가장 잘 묘사해주고 있다. 1990년대 중반으로부터 그는 근대와 현대 중국에서 유행하는 예술 풍격을 사용하여 혁명시대의 도식화된 초상을 보여줌으로써 시대적 의의가 담겨있는 집단심리에 대한 기억과 정서를 표현하고 있다.

장효강張曉剛『대가족』

이렇듯 사회, 집단 및 가정, 혈연 등에 대한 전형적인 모습을 보여주고 모방하는 것을 통해 일종의 재연再演, 즉 일반적 사실이나 원리를 전제로 하여 특수한 다른 원리에 대한 결과도출을 시도하였으며, 이것들이 예술, 정서 및 인생의 관점에서 출발한 것이기 때문에 강한 현대적 의의를 가지고 있다.

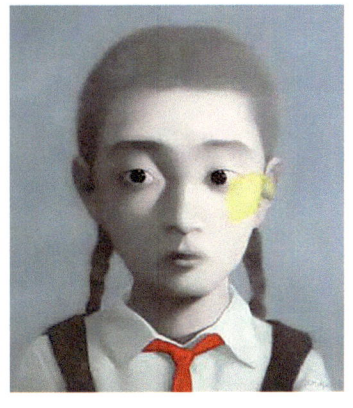

Zhang Xiaogang was born in Kunming, Yunnan Province in 1958. His works are the best embodiment of contemporary art in China. From the mid-1990s, he used the style of modern Chinese pop art to express the face-makeup portraits of the revolutionary era, conveying the collective psychological memory and emotions of the times. This typical presentation and Simulation of society, collective, family and consanguinity is a re-deduction, starting from the perspective of art, emotion and life, and therefore has a strong contemporary significance.

유야劉野

유야劉野는 1964년에 북경北京에서 태어 났으며, 15살부터 공업디자인을 배우기 시 작했다. 그는 공업디자인 이론이 몬드리안 Piet Mondrian[10]과 밀접한 관계가 있다고 여 기고 있었는데, 몬드리안의 평면으로 구성 한 그림은 대화성이 있을 뿐만 아니라 이러 한 대화가 일상을 초월하여 정신적인 소통 의 가능성을 갖고 있다고 여겼다. 예술사에 있어서의 번잡스러운 해석과는 달리 유야는 몬드리안을 정확하게 이해하고자 했다. 그 는 몬드리안을 단순하게 모방하거나 구조를 분석하거나 학술적으로만 정리한 것이 아니 라, 자신의 여유롭고 유쾌한 감성을 통해 몬 드리안을 재구성하고, 나아가 동서양의 예 술에 대한 개인의 이해를 재구성하고자 하 였다.

유야劉野 『She and Mondrian』

Liu Ye, born in Beijing in 1964, began studying industrial design at the age of 15. He believes that industrial design theory is closely related to Mondrian, Mondrian planar pattern can produce dialogue, and this dialogue can transcend everyday, with all the possibilities of spiritual communication. Unlike the complicated interpretation

---

- 10 역자주: 네덜란드의 화가로 작품에서 주로 직선과 원색을 사용하여 기하학적 추상주의를 창시했 음. 그의 회화관념은 현대의 설계와 건축에 직접적이고도 깊은 영향을 끼쳤음.

of the history of art, Liu Ye can be said to be a true friend of Mondrian. His attitude towards Mondrian is not simple imitation or deconstruction, nor academic combing, but to reconstruct Mondrian with his relaxed and pleasant feelings and reconstruct his personal understanding of Eastern and Western art.

장연藏淵

장연藏淵은 1979년에 태어났고 화가이자 학자이다. 그는 프랑스로 이민했고 파리 제8대학교 조형예술대학을 졸업하고 미술학으로 박사학위를 취득했다. 그의 유화는 주로 추상화를 위주로 창작되었고 조무극趙無極으로부터 사사를 받았다. 현재 프랑스 파리 고등예술대학 행정 부총장이자 미술학과 박사 지도교수이다.

Cang Yuan, born in 1979, is a painter and scholar. Paris eighth University Graduate School of plastic arts, doctor of aesthetics, oil painting is mainly abstract painting, followed Zao Wou-Ki. He has worked in the Paris Academy of fine arts as the executive principal and the doctoral supervisor of aesthetics.

2. 도자기편 陶瓷篇

고경주 顧景舟

고경주顧景舟는 1915년에 강소江蘇성 의흥宜興시에서 태어났다. 그는 근대시기 가장 훌륭한 자사紫砂[11] 예술가로, "일대종사一代宗師", "주전자 예술의 권위자" 등의 호칭으로 불리며 도자기 예술능력을 인정 받고 있다. 1987년에는 중국 수

공예 미술의 거장으로 선정되기도 하였는데, 중국 내외의 동종 업계 사람들 역시 그의 작품에 대해 매우 높은 평가를 주고 있다. 그의 작품은 주로 주전자와 그릇인데, 외형이 단정하고 비례가 적당하며 윤곽 선이 명확한 것이 특징이다.

Gu Jingzhou, a native of Yixing, Jiangsu, was born in 1915. Gu Jingzhou is one of the most successful modern purple sand artists, known as "A generation of masters" and "Pot art masters". In 1987, he was named master of Chinese arts and crafts, his works have been highly praised by colleagues at home and abroad. The works are mainly made of kettle and pot, and their works are dignified, proportionate and clear.

---

11 역자주: 강소(江蘇)성 의흥(宜興)시에서 생산되는 도자기용 찻주전자를 만드는데 쓰는 자줏빛 모래 재료.

왕석량 王錫良

왕석량王錫良은 중국의 수석공예미술대가首席工藝美術大師(1979년 제1기로 당선됨)이자 중국 도자기 방면의 거장이다. 그는 가난한 가정에서 태어났으며, 12살에 그의 삼촌이자 "주산팔우珠山八友[12]" 중 한사람이며, 경덕진景德鎭 도자기 예술의 거장인 왕대범王大凡의 문하에서 도자기 그림을 배웠다.

그의 작품은 구상과 장식을 중시하고, 고요하면서도 품위 있는 예술적 효과를 추구하고 있다. 필치는 복잡함과 간략함이 잘 어우러져 있고 색감은 청아하면서도 윤기가 흐르고, 구도는 기묘하면서도 자연스럽다. 그의 작품을 감상하면 단순하고 깔끔한 심미적인 정서를 느끼게 된다. 이는 간결하고 단순하며 함축적이어서 추가적인 장식이나 색채가 필요 없이도 천연의 정서를 맑고 깨끗하게 잘 드러내고 있기 때문이다.

Wang Xiliang, China's chief master of Arts and crafts (first elected in 1979), China's porcelain masters. His family was poor in childhood, 12-year-old dropout with his uncle Wang Dafan (one of the "Eight friends of Zhushan, Jingdezhen famous

---

12 역자주: 중국 경덕진(景德鎭) 도자기 예술의 가장 우수한 대표 거장들을 일컫는 호칭으로 도자기 예술 개혁의 선구자들이다.

ceramic artists) to learn porcelain painting.

Wang Xiliang's works emphasize his conception, pay attention to decoration and pursue the artistic effect of deep water. The pen is concise, elegant, and rich, and its composition is ingenious and natural. In his paintings, "simplicity" is an aesthetic complex. It is concise, simple, graceful and graceful, without decoration, no color, natural interest, smooth and bright.

장송무張松茂

장송무張松茂의 호는 "지산송무芝山松茂"이며 실명室名은 "아월재雅月齋"이다. 1934년 1월에 경덕진景德鎭에서 태어난 그는 탄탄한 기초를 바탕으로 매우 큰 성과를 거두어 중국의 도자기 미술계의 만능 화가로 칭송을 받고 있다. 그는 인물, 산수, 화조 등의 중국전통회화를 주요 화법으로 하는 도자기 채색화 예술에 능하며, 특히 유상분채釉上粉彩[13] 분야에 탁월한 능력을 보유하고 있다.

Zhang Songmao is named "Zhi Shan Song Mao", was born in Jingdezhen in January 1934. Zhang Songmao is a versatile painter in China's ceramic art circles. He is good at figures, mountains and rivers, flowers and birds, and other ceramic painting art mainly based on Chinese paintings, especially on glazed pastels.

진석린秦錫麟

진석린秦錫麟은 세계적으로 유명한 도자기 예술가이자 교육자이다. 그는 40여 년 동안 도자기 예술에 대한 연구를 하였는데, 기술의 폭이 넓고 괄목할 만한 성

---

13   역자주: 유상채(釉上彩)는 도자기의 주요한 장식 기법 중의 하나인데, 이미 만들어진 도자기에 여러 가지 색의 물감으로 그림을 그린 후 다시 도자기 움에서 낮은 온도로 물감을 응고시키는 방식을 말한다.

과를 거두었다. 그의 작품들은 참신하고 시원스럽고, 호방하면서도 장중하고 매우 독창적이며, 진한 시대감각과 동양예술의 특색을 잘 보여주고 있다. 그가 개척한 현대 민간의 청화靑花[14] 자기 예술은 전세계의 학술계와 도자기 예술을 소장하려는 사람들에게 큰 영향을 주었다.

    Qin Xilin is a famous ceramic artist and educator both at home and abroad. He has been engaged in research and creation of ceramic art for over forty years, and has achieved remarkable results in technology. His ceramic works are novel, generous, bold, dignified, unique, with a strong sense of the times and oriental artistic characteristics. The modern folk blue and white art initiated by him has exerted a great influence on the academic circles and ceramic art collection circles at home and abroad. He is the founder of modern folk blue and white.

녕강寧鋼

    녕강寧鋼은 1963년 2월에 태어났고 박사과정 지도 자격이 있는 교수이자 중국 도자기 예술 거장이며, 중국 국무원國務院의 특수보조금을 받고 있는 전문가이다. 현재 경덕진景德鎭 도자기대학교의 총장인 그는 중국민족문화의 정수精粹를 작품에 잘 반영하고 있을 뿐만 아니라 미학적 관점에 입각해서 창작을 진행하는

---

14 역자주: 자기에 색이나 문양 등을 나타내는데 쓰이는 안료.

데 탁월한 능력을 보유하고 있다. 그의 창작은 전통적인 도자기 예술의 영향을 받았을 뿐만 아니라 진한 학문적 정서를 보여주고 있어서, 뚜렷한 예술적인 개성과 특색, 그리고 현대의 학문적 풍모를 만끽할 수 있다. 이로써 사람들에게 참신하면서도 아름다운 빼어난 분위기를 보여주고 있다. 그의 도예는 전통적인 도자기 예술을 바탕으로 하여 자신의 참신한 사고가 더해져 더욱 빛을 발하고 있다.

『세세화합歲歲和合』

녕강이 창작한 일련의 현대 두채斗彩[15] 도자기 그림은 그가 이룬 예술혁신의 대표작이라고 평가된다. 그는 자신만의 독특한 색채의 응용, 형상에 대한 묘사, 화면 구도 등을 통해 두채 영역에서의 현저한 성과를 거두고 있다. 그는 창작할 때, 물감을 도자기에 마음대로 뿌려서 물감들이 서로 혼합시킴으로써 대조가 선명하고 서로 다른 크기의 채색 바탕을 형성한다. 이 바탕은 형태가 서로 다르고 이리저리 뒤섞인 채로 사방으로 넘쳐흘러서 시적이면서도 오색찬란한 구조를 형성한다. 서정적이고도 낭만적인 바탕에 예술적 감각에 따라서 새로운 물감이나 분채粉彩[16]로 꽃과 새의 형상을 만들어낸다. 호방하고 오색찬란한 색감은 이리저리 뒤섞인 바탕과는 대조를 이루는데, 그가 가는 붓으로 그린 연꽃, 보리, 알로에, 매실 등 식물은 가늘고 아름다우며 기러기, 독수리, 학, 메추라기 등의 새들 역시 청아하고 아름다우며 필법이 엄격하면서도 화려하고 진귀하며 형상이 고급스럽다. 이런 그림들은 두 종류의 서로 다른 두채 풍격을 보여주고 있는데, 유하채釉下彩는 호방하고 거칠며, 유상채釉上彩는 엄격하고 고급스럽다. 그림을 보면

---

15 역자주: 코발트로 윤곽선을 그리고 유약을 입혀 구워 낸 그릇에 각종 안료로 그림을 그린 후, 한번 더 구워 낸 도자기.
16 역자주: 유상채(釉上彩)로 도자기에 그린 후에 낮은 온도로 굽는 방법을 말한다.

녕강寧鋼『상화祥和』

녕강寧鋼『피어난 홍매紅梅』

움직임 속에 고요함이 있고 거칠면서도 세심하며, 안정하면서도 기묘하다. 또한 색채가 서로 조화를 이루고 있을 뿐 아니라 대비가 강렬하다.

2013년에 『상화祥和』라는 작품이 영국 버킹검 궁전에 영구 소장되었고 엘리자베스 여왕이 직접 녕강을 버킹검에 초대하기도 하였다.

Ninggang was born in February 1963, he is a professor, doctoral supervisor and master of Chinese ceramic art. He enjoys special allowance from the State Council. He is the president of Jingdezhen ceramic University. He is good at absorbing the essence of Chinese national culture and is also good at creating from an aesthetic point of view. His ceramic works not only have the influence of traditional ceramics, but also full of strong academic sentiment, full of distinct artistic personality and characteristics, flashing the elegant demeanor of contemporary academics, giving people the deepest feeling is filled with a fresh, spiritual atmosphere. Ninggang's pottery art has the influence of traditional pottery, but more is his own train of thought.

Ninggang's serial contemporary overglaze porcelain paintings are regarded as the representative works of its artistic innovation. His outstanding performances in the field of overglaze can be highlighted in three aspects, namely the color application, the image processing and the scene structure. At the time of creation, he sprinkled the paint on the embryo body at random, the pigment will form color spots with different sizes, those color spots, which immerse mutually and show the strong contrast, are in different shapes, and are criss-crossed as well as overflowing, forming a structure with bursting poetry and a riot of color, on the basis of such a lyric and romantic underpainting, the new powder along with pastel can be adopted to decorate flowers and birds according to the needs. comparing with the unconstrained and inter-reflected underpainting, Ning Gang delineates the plants which are delicate and graceful, such as lotus, ear of rice, reed and chimonanthus, with a fine brush, He also sketches the elegant flowers and birds, including wild goose, egret, white crane together with quail, the drawing techniques are precise and magnificent, the images are graceful and elegant, in this way, two entirely different overglaze styles are presented simultaneously on such one painting, underglaze are bold and generous, overglaze color are gorgeous and precise.In such a painting, the static images can be seen through the dynamic states, and the novelties are uncovered from the normal images, the colors are complementary, the whole painting is in a harmonious style and a strong comparison is formed.

The work *Peace was* permanently collected by Buckingham Palace in Britain in 2013 and was invited to Buckingham Palace for a cordial meeting with Queen Elizabeth.

뇌덕전賴德全

뇌덕전賴德全은 도자기 예술 창작에만 30년 넘게 종사해 왔는데, 유색의 유약, 분채紛彩, 손가락을 사용한 그림, 민간 청화 장식 등에 능하다. 특히 그가 창시한 유상진주채釉上珍珠彩의 기술에 대한 연구 및 개발은 경덕진 도자기에서 유상釉上 장식의 공백을 채워주었다. 그의 작품은 참신하며 선명한 민족의 전통적인 특색을 잘 보여주고 있을 뿐만 아니라, 진한 시대적 감각을 보여주고 있는데, 이를 통해 그의 독창적인 예술 풍격을 잘 드러내고 있다.

그의 결정체라고 불리우는 두채는 유면釉面이 매끈하고 빛이 나며 색채는 신중하면서도 노련하다. 기법은 전통 예술과 현대 예술이 서로 어울려져 있어서

현대인의 심미적 정서에 아주 적합하다. 그의 도예에는 개성의 해방, 환상적 의식, 종합적 정감 등 사상을 보여주고 있는데, 이처럼 그의 작품은 평범하면서도 기묘하고 독창적이며 자부심이 넘치며, 생기와 자연스러운 아름다움이 넘쳐난다.

Lai Dequan has been engaged in ceramic art for more than 30 years. He is good at coloured glaze, pastel, finger painting and folk blue and white decoration. In particular, he pioneered the research and development of art decoration technology of glaze Pearl colors, filling a gap in Jingdezhen ceramic glaze decoration. His works are novel and unique, with distinctive national traditional characteristics and strong flavor of the times. A unique artistic style has been formed.

His crystal glaze is lustrous and lustrous, the color is steady and old, full of traditional art and modern art in technique, very in line with the aesthetic taste of modern people. Lai Quan's ceramic art concept is full of personality liberation, dream consciousness, comprehensive emotions and other ideological concepts, so that his works in the plain see magic, ordinary see unique, full of publicity, vitality, natural beauty.

방위국方衛國

방위국方衛國은 1965년에 강서江西성 남창南昌시에서 태어났다. 1988년에 상해上海 희극대학교를 졸업했고 현재 중국 도자기 예술의 대가이자 중국 국가화극원

國家話劇院의 미술 디자이너이다. 그는 유화와 중국전통의 그림 기법을 도자기 설계에 융합하여 많은 성과를 거두었다. 작자는 화선지를 매개체로 서양의 형식적인 기법에 동양의 소재를 융합하여 새로운 심미적 인식을 추구하고 있다. 유성물감을 도자기에 뿌린 후의 얼룩효과와 자연스럽게 형성된 무늬와 질감은 유성물감과 채색 도구 등의 다양한 재료에 대하여 그가 정확하게 컨트롤하고 있으며, 더불어 자연스러운 문양에 대한 애착과 이용은 그의 도자기 유화 예술이 지속적으로 발전하고 있다는 것을 보여준다.

Fang Weiguo, born in Nanchang, Jiangxi Province in 1965. He graduated from Shanghai Theatre Academy in 1988. He is now a master of Chinese ceramic design art and an art designer of China National Theatre. The author takes oil painting and Chinese painting creation into ceramic design, and has made great achievements. The author uses Xuan Paper as the medium, combines western forms and techniques with Oriental themes and contents, seeks a new aesthetic recognition, and combines the mottled effect of oil painting on ceramics, the natural decoration and texture, such as his color glaze and texture. The precise control and mastery of different materials, such as colors, and the love and utilization of natural texture are the continuous development of its ceramic oil painting art.

방위국方衛國 『티베트 아가씨』

이국생李菊生

이국생李國生은 중국 수공예 미술계의 거장이다. 유화의 대표작으로 『청명한淸明寒』이 있는데, 이 작품은 중국 건국 30주년 미술전시회에 전시된 바 있다. 그는 기존의 수공예 미술 가치관을 과감히 타파하고 현대 문화의 심층구조를 발굴하고 사회, 인생, 역사 및 자연에 대한 체험 방면에 심혈을 기울여 자신만의 예술적 사상과 심미적 정서 그리고 예술적 개성을 표현함으로써 점차 자신의 화풍과 기교를 형성하였다.

그의 도자기 미술 작품의 구도는 그 기세가 하늘을 찌를 듯이 거세며 필법이 호방하고 멋스러운데, 동양 문화의 정수를 기초로 서양의 전통과 현대 미술 기법을 수용하여 잘 조화시키고 있는 것이 특징이다. 그의 작품은 고풍스러우면서도 참신하고, 힘이 넘치면서도 아름다운 풍격을 지니고 있어, 그 높은 예술적 품위를 인정받고 있다.

Li Jusheng, master of Chinese arts and crafts. The representative works of the oil painting include *Qingming and cold*, taking part in the 30th anniversary art exhibition of the founding of the People's Republic of China. Li Jusheng lays stress on breaking through

the existing values of Arts and crafts, excavating the deep construction of modern culture, devoting himself to the experience of society, life,history and nature, to express his artistic ideas, to repose his aesthetic taste and artistic individuality, and gradually formed his own painting skills.

Li Jusheng's ceramic art works are magnificent in composition, bold in style, drawing on the essence of Eastern culture, drawing lessons from Western traditions and modern art techniques. His style strives to be simple and original, powerful and magnificent, and has a high artistic taste.

3. 조각·소조편

오위산吳爲山

오위산吳爲山은 1962년에 태어났으며 세계적으로 영향력을 미치고 있는 조각 예술가이다. 오위산 교수는 수십년 동안 중국 전통문화를 발굴하고 연구하는 것을 목표로 중국 전통문화를 계승하고 발전시켰다. 그는 오랫동안 중국 조각예술 창작에 중국의 문화적 정신을 보여주기 위하여 힘쓰며 많은 역사인물 조각상을 만들었는데, 이 작품들은 세계 여러 나라와 지역에 전해졌다.

그는 중국 현대 사의寫意 조각 풍격을 창시하였는데, 사의 조각 이론을 비롯하여 "중국 조각의 8대 풍격론"을 제기하였으며, 많은 이론 저작들을 출판하기도 하였다. 이는 중국 조각 방면의 우수 전통을 널리 알리고 현대 중국 조각 창작의 발전 방향에 큰 인도적 역할을 한 것으로 평가받고 있다.

오위산吳爲山『대화對話』

그가 조각한 공자孔子와 노자老子 조각상은 "하늘의 뜻을 묘사摹寫天意"하고 있다고 평가되고 있다. 여기서 말하는 묘사 즉 "사의寫意"라는 말은 단지 어느 한가지 풍격을 이르는 것이 아니라 예술 창작의 절정, 즉 "천인합일天人合一"의 경지를 보여주고 있음을 의미하고 있다. 천인합일天人合一에서 "인人"은 조각상의 캐릭터일 뿐만 아니라 조각가 자신을 가리키기도 한다. "천인합일"의 경지로 보면, 공자와 노자의 외형에서 많은 자연적인 요소가 내포되어 있다. 예를 들면, 얼굴로부터 몸, 그리고 의상은 마치 바위, 폭포수, 등나무와 칡덩굴, 시냇물을 연상하게 하는데, 정리가 덜 된 듯 원숙하지도 않고, 세련미도 뛰어나지 않지만 이러한 자연스러운 요소들이 바로 인물의 외형에 담겨 있어 비록 거칠지만 더욱 자연에 가까워지고 융화되고 있어 더욱 자연스럽게 느껴진다. 이러한 특징 때문에 공자와 노자 조각상은 망망한 자연의 일부처럼 동화되고 있는데, 공자와 노자의 사상에 그대로 부합되고 있는 것이다.

오위산吳爲山 『문도問道』

Wu Weishan was born in 1962. He is an internationally influential sculptor Professor. Wu Weishan has been taking excavating and studying Chinese traditional culture as his life topic for decodes to carry forward and inherit Chinese traditional culture. He has devoted himself to the infiltration and expression of Chinese cultural spirit in Chinese sculpture creation for a long time. He has created a large number of historical figures sculptures in many countries and regions of the world.

Professor Wu Weishan initiated the style of modern Chinese freehand sculpture, put forward the theory of freehand sculpture and the "Eight Styles of Chinese Sculpture" and published a number of theoretical works. This is a comprehensive summary of the excellent tradition of Chinese sculpture, and plays a great leading role in the direction of the development of Chinese sculpture creation.

Wu Weishan sculptures Confucius and Lao Tzu, that is, "depicting the Providence". In this way, the word "freehand brushwork" is no longer just a style, but the ultimate state of artistic creation, that is, the realm of "harmony between man and nature". This "man" in the middle is not only the object of sculpture, but also the sculptor himself.

Out of the realm of "harmony between man and nature", there are a lot of natural elements involved in the modeling of Confucius and Lao Tzu. For example, from the face to the body and then to the clothes, it is like a mountain rock, such as a waterfall, such as a rig, such as a stream. The irregularity, incompleteness, straightforwardness and clumsiness of the natural elements, and so on, make the shape more natural, and rough. So Confucius and Lao Tzu became part of the vast nature, which accorded with their own ultimate thinking.

한미림韓美林

한미림韓美林은 1936년에 산동山東성에서 태어났으며, 국가 1급 미술가이자 청화대학교 미술대학 교수이며 중앙문사연구관中央文史硏究館의 연구원으로서 현대 중국의 영향력 있는 천재적인 조각 예술가로 평가받고 있다. 그는 회화繪畵, 조각, 도자기, 디자인 등에 탁월한 재능을 인정받고 있으며, 심지어 문학 방면 등

한미림韓美林 『어머니와 아들 시리즈』

여러 가지 방면에 높은 조예가 있다. 그의 작품에는 기세가 등등하면서도 세밀한 통찰력을 통해 독창적이고 개성이 뚜렷한 예술 풍격을 가지고 있다. 특히 중국 한漢나라 이전의 문화와 민간 예술의 핵심을 계승하고 이를 바탕으로 현대의 심미 이론과 국제적 감각을 잘 구현하고 있는 많은 작품들은 그의 개척자 정신을 잘 나타내고 있다.

Han Meilin was born in 1936 in Shandong province.National first class artist, Professor of Academy of Fine Arts, Tsinghua University. He is an influential and talented modelling artist in contemporary China. He has high attainments in many art fields, such as painting, calligraphy, sculpture, ceramics, design and even writing, ranging from grand momentum to subtle insight, unique artistic style and distinctive personality. Drawing on the essence of Chinese culture and folk art before the Han Dynasty and embodying modern aesthetic concept and international vocabulary, he is a tireless artistic practitioner and pioneer.

유원장劉遠長

유원장劉遠長은 1939년에 강서江西성 길안吉安시에서 태어났다. 그는 도자기 조각, 장성 조각, 진흙 인형 등의 작품으로 유명하다. 그의 작품 소재는 주로 일상 생활 속에서 얻고 있으며, 그의 작품은 크게 빚고 아로새기는 소조와 정교한 조각으로 분류된다. 그의 솜씨는 가히 예사롭지 않고 예술에 대한 깊은 이해가 작품을 통해 발현되고 있다. 그의 작품은 구상이 세밀하고 이치에 부합하는 정

서를 잘 나타내고 있으며, 전체적으로 세련되고 형식이 다양하다. 전통적인 기법을 잘 계승하고 있을 뿐만 아니라 현대의 회화감각이 더해져 기묘한 느낌을 더해주고 있다. 인물 창작을 위주로 하고 있지만, 그 밖에도 신령과 요괴, 도교와 불교 관련 소재를 비롯하여 호랑이 표범 곰 등 들짐승과 많은 새들과 공작 등 날짐승 등 다양한 작품활동을 하였다.

Liu Yuanchang, male, was born in Jiangxi, Ji'an, in 1939. Liu Yuanchang is good at ceramic sculpture, with great wall carving and clay sculpture. Works focus on extracting themes from life, the form of expression set sculpture, carving, kneading, carving in one, divided into fine carving, sculpture two categories. He has solid skills and a good understanding of art. His works are rigorous in design, reasonable in emotion, and well organized in composition. He can take the merits of traditional techniques, blend the beauty of modern painting theory, choose the characters to create the main, concentrate on the mystery, Taoism, ancient and modern all pass on to the people; involving animals, feathers, tigers, leopards, bears, birds and birds of God.

주국정周國楨

주국정周國楨은 1932년에 태어났으며, 도예가이자 화가이며, 또한 도예교육가이기도 하다. 그의 작품에서는 낭만적인 정취가 물씬 풍기고 있으며, 해학적인 작품의 제목을 통해 작품의 흥미를 더하고 있다.

Zhou Guozhen was born in 1932. He is a ceramist, painter and ceramics educator. Zhou Guozhen's works are full of romantic paintings, and the interesting titles add more interest to the works.

황환의黃煥義

황환의黃煥義는 1960년에 태어났으며 경덕진景德鎭 도자기 대학교 미술 학과를 졸업하고 현재는 경덕진 도자기 대학교 교수이자 유명한 도예가로 활동하고 있다. 그의 작품은 문화부文化部와 중국 수공예 미술관에 소장되어 있으며, 또한 『장식裝飾』, 『강소화간江蘇畫刊』, 『중국미술전집·도자기권中國美術全集·陶瓷卷』 등 수십권의 잡지와 화첩에 실려져 있다.

Huang Huanyi was born in 1960. Graduated from the Fine Arts Department of Jingdezhen Ceramic Institute, he is now a professor of Jingdezhen. His works be collected by the Ministry of Culture and China Arts and Crafts Museum collection. His works have been compiled into more than ten magazines and albums, such as *Decoration, Jiangsu Painting Magazine,* and *Ceramic Volume of Complete Works of Chinese Fine Arts.*

웅강여 熊鋼如

웅강여熊鋼如는 1941년에 태어났으며, 도자기 예술 창작에 관한 연구를 30여년 동안 진행해왔으며, 조각 창작 방면에서도 그 능력을 인정받고 있다. 주로 도시조각과 양각 그리고 도자기 조각 등의 작품으로 유명하다. 그의 작품은 특히 디자인과 장식에 있어서 높은 평가를 받고 있으며, 기법이 능란하여 작품 형상이 간단하면서도 세련될 뿐 아니라 드러내고 감춘 부분의 조화가 일품이며, 함축적 정서를 가진 자기 조각의 특징을 잘 보여주고 있다. 그는 호헌아胡獻雅 선생의 사사를 받아 중국전통회화에 대한 조예도 깊어, 청화 자기, 색유色釉, 신채新彩 등 도자기 회화 방면에서도 그 능력을 인정받고 있다. 중국 수공예 미술 거장인 그의 작품은 여러 차례에 걸쳐 세계적 규모의 전시회에 전시되었으며, 많은 수상의 영예를 거두었다.

Xiong Gangru, borned in 1941, has been engaged in the research of ceramic art creation for more than 30 years. He is good at sculpture creation, involving city sculpture, relief and ceramic sculpture. Ceramic design and decoration, with deep foundation and skilled techniques, has formed a concise image, revealing decent, clear primary and secondary, implied characteristics of ceramic sculpture, and likes to paint Chinese paintings. He is a teacher of Hu Xian ya. He is good at painting porcelain, and he has both blue and white, color glaze and new colors. Master of Chinese arts and crafts, his works have been exhibited and won many awards at home and abroad.

4. 서예편

왕희지王羲之

왕희지王羲之 (303~361 일설에는 321 ~379)는 진晉나라의 유명한 서예가로, "서성書聖"이라고 칭송되고 있다. 그는 예서, 초서, 해서, 행서 등 여러 서체에 조예가 깊었는데, 붓을 잡는 자세를 비롯해 다른 작품들의 장점을 받아들이고, 정성을 다하여 작품 창작 활동을 함으로써 자신만의 독특한 풍격을 갖추게 되었다. 이렇듯 그는 한漢나라와 위魏나

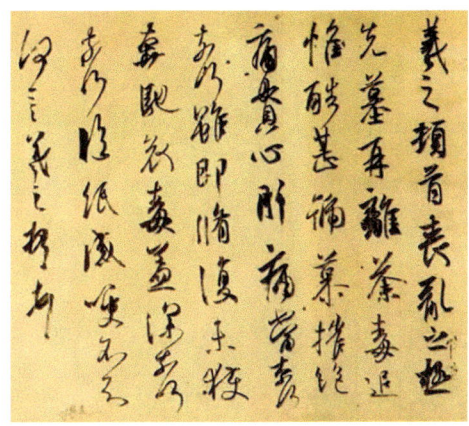

동진東晉·왕희지王羲之『건구첩乾嘔帖』

라의 전통 서예 풍격에서 벗어나 자신만의 풍격을 개척함으로써 후세에 많은 영향을 주고 있다. 그의 서예는 평화롭고 자연스러운 풍격과 함축적이고 아름다운 필체를 자랑하고 있는데, 대표작인『난정서蘭亭序』는 "천하제일행서天下第一行書"라고 불리울만큼 그 가치를 인정받고 있다. 그의 필획 구조는 규칙적인 배열을 이루면서도 변화무쌍한 자태를 뽐내고 있는데, 작품 속 20개의 "지之"자가 모두 서로 다른 모양을 취하고 있다. 주로 중봉中鋒[17]의 형식을 골격으로 하여, 붓을 조금 눕혀서 풍격의 아름다움을 보여주기도 하면서, 때로는 함축적인 정서를 보여주기도 하고, 또 때로는 독자적 풍격을 남김없이 보여주기도 한다. 특히 문장의 구성을 보면, 처음부터 끝까지 작자의 취지가 잘 나타나고 있으며, 힘이 넘치고, 불규칙한 자형을 통해 풍부한 정서를 담아내고 있어 생동감과 소탈한 멋이 잘 드러나고 있다. "과격하거나 격앙되지 않는" 자연스러운 풍격을 통해 작자의 노련한 전통 필묵 기교, 해박한 문화 소양, 고상한 예술적 정서를 더욱 잘 드러내

---

[17] 역자주: 붓끝을 똑바로 세워 어느 한 편으로 기울지 않게 쓰는 필법.

동진東晋·왕희지王羲之『난정집서蘭亭集序』

고 있다. 그의 대표작에는 『황정경黃庭經』, 『악의론樂毅論』, 초서 『십칠첩十七帖』, 『난정집서蘭亭集序』, 『초월첩初月帖』 등이 있다.

  Wang Xizhi (303-361, also said 321-379), a famous calligrapher in the Eastern Jin Dynasty, is known as the "Calligraphy Sage". whose calligraphy is both good at Li, Cao, Kai and Xing. His handwriting study body posture carefully, follow hand by hand, widely collect people's strong points, prepare all kinds of body, melt into one furnace, get rid of the style of writing in Han and Wei Dynasties, and become a unique style of his own, which has far-reaching influence. The style is gentle and natural, gentle and reserved, gentle and beautiful. *Preface of Orchid Pavilion Collection*, a representative work, is known as "The first line book in the world". Its structure is varied, scattered and varied. The twenty "之" characters in the posture have their own attitudes and are identical. With the pen, the center is upright, the side pen takes the Yan, sometimes hidden and implicit, sometimes sharp. Especially the composition, from beginning to end, looking forward to the pen, looking forward to the elegant, clear and transparent, form and meaning are broken, vivid and charming, the style of "not exciting" contains the author's skillful brush and ink skills, profound traditional skills, broad cultural literacy and noble artistic sentiment. Representative works: *Huangting Jing, Yue Yi Lun. Cursive script 17 Ties, Preface to Lanting Collection and Early Moon Tie.*

안진경顔眞卿

안진경顔眞卿(709~784)의 애칭別號은 응방應方이며, 장안長安(지금의 서안西安) 만년현萬年縣에서 태어났고 본적은 낭야군琅琊郡 임기臨沂시이다. 그는 당唐나라의 명신名臣이자 서예가이다. 그의 창작은 정교하고 아름다운 풍격을 보여주고 있는데, 주로 행서와 해서에 능통하다. 그는 처음 저수량褚遂良의 문하에 들어가서 서예를 배웠고 후에 장욱張旭의 사사를 받으며 그 필법을 전수받았다. 그의 해서는 단정하면서도 웅장한 풍격을 자랑하고 행서의 풍격은 강하고 기세가 넘친다. 그는 "안체顔體"라는 독창적인 해서체

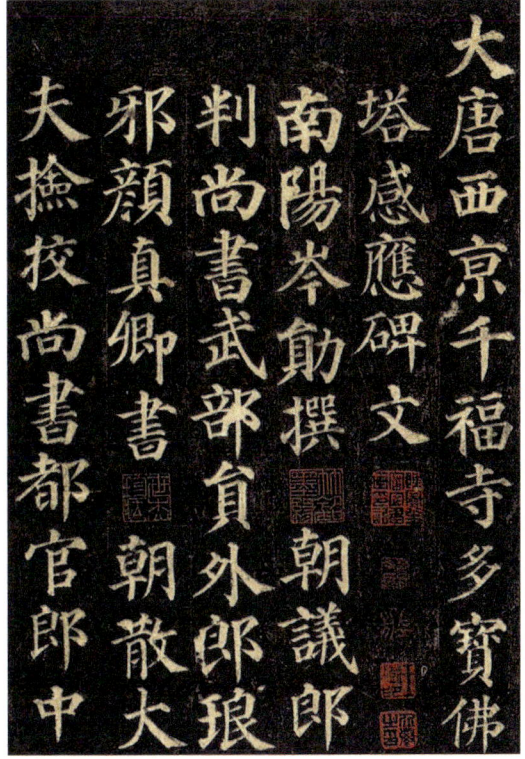

당唐·안진경顔眞卿『다보탑비多寶塔碑』

를 개발하여 후세에 큰 영향을 끼쳤다. 그는 조맹부趙孟頫, 유공권柳公權, 구양순歐陽詢과 함께 "해서사대가楷書四大家"라는 칭송을 받고 있으며, 또 유공권과 함께 "안유顔柳"로 불리우며, "안근유골顔筋柳骨"이라 칭송을 받고 있다.

Yan Zhenqing(709-784), nickname Yingfang. He was born in Wannian Jingzhao, and his ancestral home was Langya Linyi. Famous ministers and calligraphers in the Tang Dynasty. Yan Zhenqing's handwriting is exquisite. He is good at running script and regular script. After learning Chu Suiliang, he learned from Zhang Xu. Its regular script is dignified and majestic, and its running style is vigorous. It creates a "Yan style" regular script, which has great influence on later generations. Zhao Mengfu, Liu Gongquan and Ouyang Xun are also called "The four masters of regular script". It is also known as "Yan Liu" with Liu Gongquan. It is called "Yan Jin Liu Gu".

유공권柳公權

유공권柳公權(778-865)은 저명한 서예가이다. 그는 유년 시절부터 학문하기를 좋아했는데, 사부詞賦에 능했으며 운율에 대해서도 조예가 깊었다. 또한 태자소사太子少師[18]라는 높은 관직에 등용되기도 했는데, 이 때문에 사람들은 그를 "유소사柳少師"라 부르기도 했다. 또한 후에 하동河東의 군공郡公이라는 관직에도 있었기 때문에 그를 "유하동柳河東"이라 부르기도 하였다. 그는 안진경의 계승자이지만 유독 얇고 가는 필체를 사용하여 자신만의 독창적인 풍격을 만들어냈다. 후세 사람들은 그를 중국 역대 서예계의 모범이라 하여 안진경과 함께 "안유"라 일컬으며 칭송하였다. 그는 일생동안 많은 작품을 창작했는데, 주요 작품으로 『대당회원관종루명大唐回元觀鐘樓銘』, 『금강경각석金剛經刻石』, 『현비탑비玄秘塔碑』, 『풍숙비馮宿碑』, 『신책군비神策軍碑』 등이 있으며, 필사본인 『몽조첩蒙詔帖』와 『왕헌지송리첩발王獻之送梨帖跋』 등이 있다.

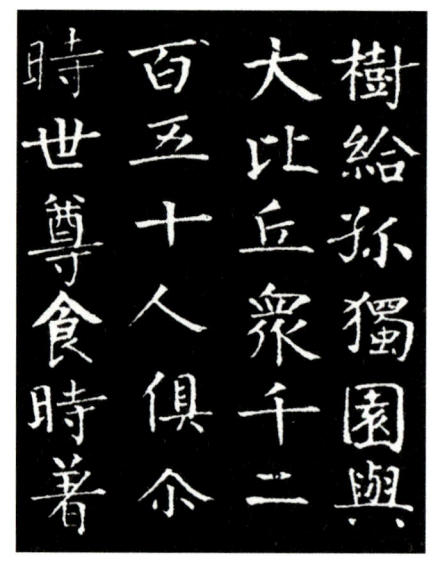

유공권서柳公權書『금강경金剛經』발췌

Liu Gongquan(778-865), a famous calligrapher. Juvenile studious, he is good at fu and ode, and knows rhythm. From the official to the prince, he was called "Liu Shaoshi". After Liu Gongquan power to seal Hedong County Gong, also known as "Liu Hedong". He is Yan Zhenqing's successor, but only his thin brushwork, self-styled; later generations to "Yan Liu" together, become a model of calligraphy in past dynasties. There are many works in his life, such as *The Ming of the Bell Tower of Huiyuan in*

---

[18] 역자주: 태자소사(太子少師)는 태자소부(太子少傅), 태자소보(太子少保)와 함께 "삼소(三少)"라고 불리는데, 중국 고대에 태자를 보위하고 교육을 담당한 관직의 명칭이다.

the Tang Dynasty, Diamond Sutra Carving, The Occult Tower Tablet, Feng Su Tablet and Shencc Jun Tablet. And other ink mark Meng Zhao Tie, Wang Xianzhi sent pear postscript.

황정견黃庭堅

황정견黃庭堅(1045~1105)은 송宋나라 유명한 문학가이자 서예가로서, 한때 성행했던 강서시파江西詩派[19]의 창시자이다. 그는 시가를 창작할 때 옛 것을 바탕으로 새로움을 덧입히는 능력이 출중했으며, 강렬하고 위엄이 서려 있는 작자 자신만의 독창적인 시풍을 만들어냈다. 독창성과 개성이 넘치는 그의 서예를 제대로 학습하기 위해서는 "침착하면서도 시원스러운" 필법과 구김살 없는 필획구조에 유념해야 한다.

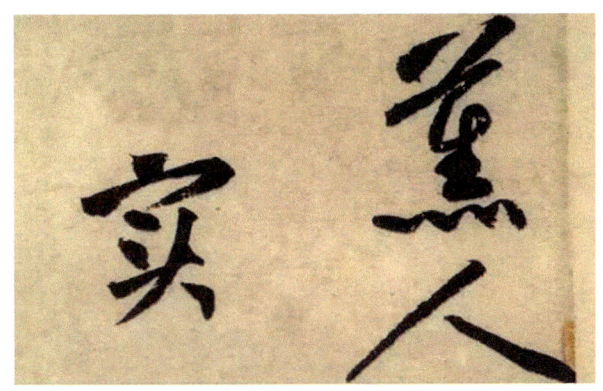

황정견黃庭堅『화기훈인첩花氣燻人帖』발췌

Huang Tingjian (1045-1105), who was a famous writer, calligrapher and founder of Jiangxi Poetry School in the Northern Song Dynasty. He is good at drawing lessons from and renovating. His style of poetry is thin and rigid. He has a strict atmosphere, and formed a unique style of his own. Huang Tingjian's calligraphy is unique. Its personality characteristics are very remarkable, learning his calligraphy should pay attention to the "calm and happy" and the stretching of the structure.

---

19 역자주: 중국 문학사에서 첫 정식 명칭을 가지고 있는 시가 유파이다.

조맹부趙孟頫

조맹부趙孟頫(1254~1322)는 남송南宋 말기, 원元나라 초기의 서예가이자 화가이며 시인이다. 그는 송태조宋太祖 조광윤趙匡胤의 11번째 자손이며 진秦왕 조덕방趙德方의 직계 후손이기도 하다.

회화繪畫 방면에서 그는 원나라에서의 새로운 화풍을 개척하였다 하여 "원인관면元人冠冕"이라는 칭송을 받고 있다. 그는 또한 전서篆書, 예서, 진서, 행서, 초서 등에도 능했는데, 특히 그의 해서와 행서는 세계적으로 유명하다. 그의 서예는 아름다운 풍격, 엄격한 필획 구조, 노련한 필법을 갖추고 있다. 이를 바탕으로 그는 "조체趙體"라고 불리는 필법을 창시하였다. 또 구양순, 안진경, 유공권 함께 "해서사대가楷書四大家"라는 칭송을 받고 있다. 그는 작품에서 드러나는 우아함은 중국 예술을 가일층 발전시키는 중요한 핵심역할을 하였으며, 이를 계기로 중국 서화書畫의 우아함의 문화雅文化가 본격화되었다.

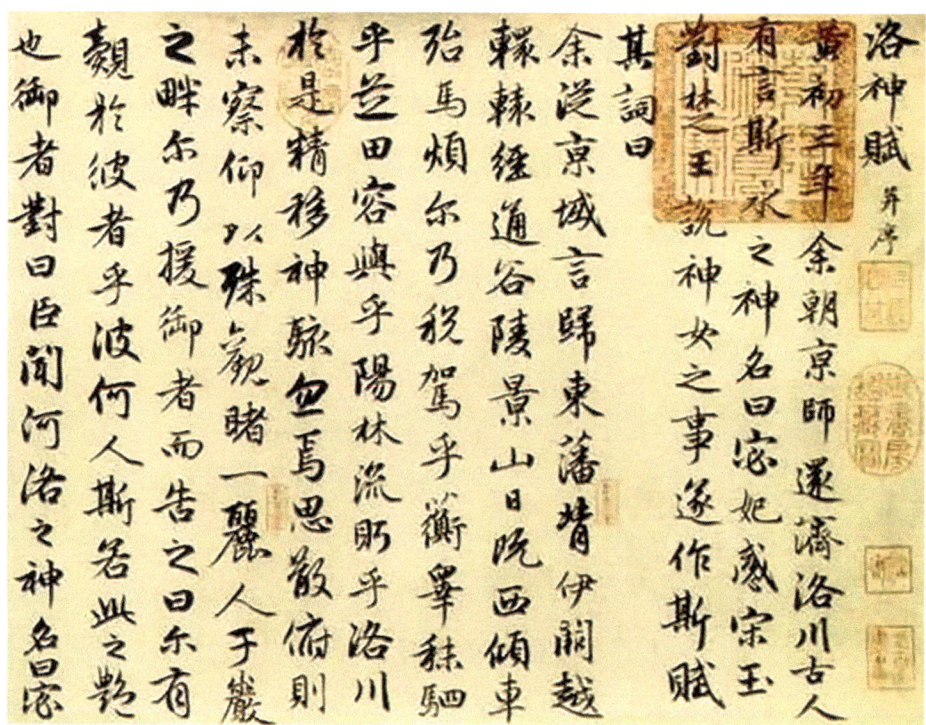

조맹부趙孟頫『낙신부洛神賦』

Zhao Mengfu (1254-1322), who was a famous calligrapher, painter and poet from the late Southern Song Dynasty to the early Yuan Dynasty. He was the grandson of Zhao Kuangyin and the descendant of Zhao Defang, the king of Qin.

In painting, he created a new style of painting in the Yuan Dynasty, known as the "Crown of the Yuan Dynasty"; Zhao Mengfu is also good at Seal, Li, Zhen, Xing, Cursive, especially Kai, his running script is very famous in that times. His calligraphy is charming, elegant, well-knit and well-written, creating a "Zhao Ti" book, Ouyang Xun, Yan Zhenqing, Liu Gongquan and he were known as the "Four regular scripts calligraphers". Zhao Mengfu's most important contribution to Chinese art is that he created the elegant cwlture of Chinese painting and calligraphy.

동기창董其昌

동기창董其昌(1555~1636)은 명明나라의 화가이며, 송강(松江)의 화정華亭(지금의 상해上海)시 민행閔行(구 마교馬橋)에서 태어났다. 만력萬曆 17년(1589년)에 진사에 급제하여 한림원의 편수編修[20]로 있다가 남경南京 예부상서禮部尙書의 자리에 올랐다. 작고한 후에 "문민文敏"이라는 시호를 받았다. 그는 산수화에도 능했는데, 일찍이 동원董源, 거연巨然, 황공망黃公望, 예찬倪瓚의 사사를 받기도 하였다. 그의 필치는 맑고 아름다우며 폭넓고 안정감 있는 풍격을 보여주고 있으며, 먹의 사용이 맑고 깨끗하여 온화하고 담담한 느낌을 준다. 그가 특히 즐겨 사용하는 청록의 색감은 소박하면서도 우아하다. 그는 불교 선종禪宗의 유화喩畫에 대한 분석을 바탕으로 중국의 회화를 "남종南宗화와 북종北宗화"로 나누어 분석하는 남북종론南北宗論[21]을 제창하였으며, "화정화파華亭畫派"의 대표로서 그의 작품에는 안진경의

---

20 역자주: 중국에서 옛날 국사편찬에 종사하던 사관(史官).

21 역자주: 혜능(慧能)을 개조(開祖)로 하는 남종(南宗)과, 신수(神秀)를 종조(宗祖)로 하는 북종(北宗)을 가리키는 말로, 동기창은 중국 회화를 남종화와 북종화로 구분하였다. 그가 말하는 남종화는 순간적이고 직관적인 진리의 깨달음을 강조하고 있는데, 주로 여기에 속하는 화가들은 감수성이 예민한 시인과 문인화가들로서, 서예는 이들의 학자적 이상 중 하나이기도 했다. 반면, 북종화는 주로 직업화가들에 대한 분류로 자기 내면의 본질을 거의 나타내지 않고 즉각적인 시각적 호소력을 지닌 아름다운 화면 창조에 심혈을 기울이고 있는 것이 특징이다.

틀과 조맹부의 자태安骨趙姿를 모두 갖추고 있다고 평가되고 있다.

Dong Qichang (1555-1636), who is from Huating, Songjiang (Maqiao, Minhang District, Shanghai nowadays) and a painter of Ming Dynasty. In the seventeenth year of Wanli, he was awarded the Imperial Academy, the official to the Ministry of rites in Nanjing, and posthumously posited "Wen Min". Dong Qichang is good at painting landscapes. He imitates Dong Yuan, Ju Ran, Huang Gongwang and Ni Zan. His brushwork is elegant and neutral, quiet and sparse. His ink is clear and meaningful, and his style

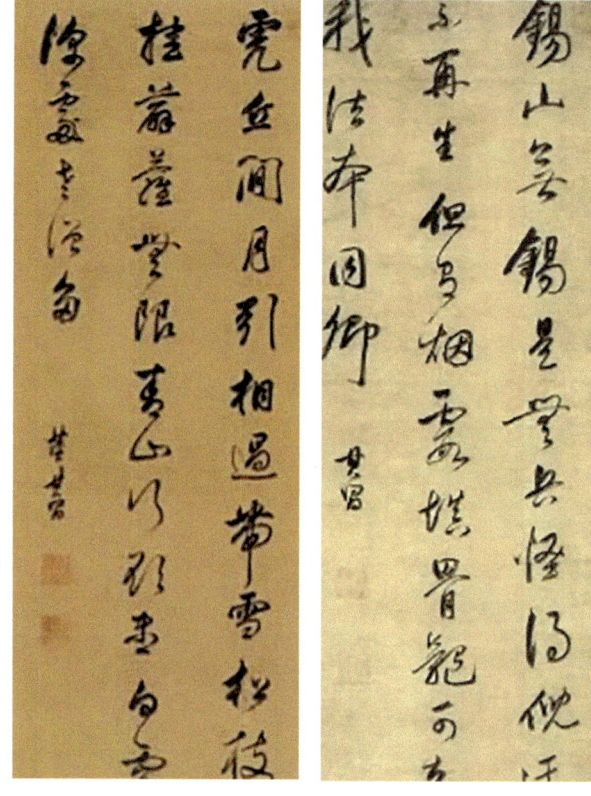

is simple and elegant. With Buddhist Zen figurative painting and advocating "the theory of Northern and Southern Sects", it is an outstanding representative of "Huating Painting School" and has the beauty of "Yan Gu Zhao Zi".

문징명文徵明

문징명文徵明(1470~1559)은 명明나라의 유명한 화가이자 서예가이며 문학가이다. 그는 여러가지 예술분야에 대해 두루 조예가 깊어, 시가, 문학, 서예, 회화繪畵 방면에서 뛰어난 재능을 보여주고 있다. 이로 인해 그는 "사절四絕"이라고 칭송을 받고 있는데, 특히 행서체와 소해서체에 능했는데, 그의 서예는 온화하면서도 힘이 있으며 엄격한 규칙 속에서도 생동감 있는 느낌을 준다. 비록 웅장한 기세는 없지만 진당晉唐 시기 서예의 풍모가 잘 발현되고 있으며, 그의 소해서체는 "명조제일明朝第一"로도 칭송을 받고 있다. 이렇듯 그의 행서와 초서는 매끄러우면서도 온화한 선비의 기질을 잘 보여주고 있다.

Wen Zhengming (1470-1559), who was a famous painters, calligraphers and writers in the Ming Dynasty. Wen Zhengming's accomplishments in painting and calligraphy are very comprehensive. Poetry, prose, calligraphy and painting are all excellent. He was known as the "Four Great Talents". He was good at running books and small letters, gentle and vigorous, strict in law and vivid in expression.

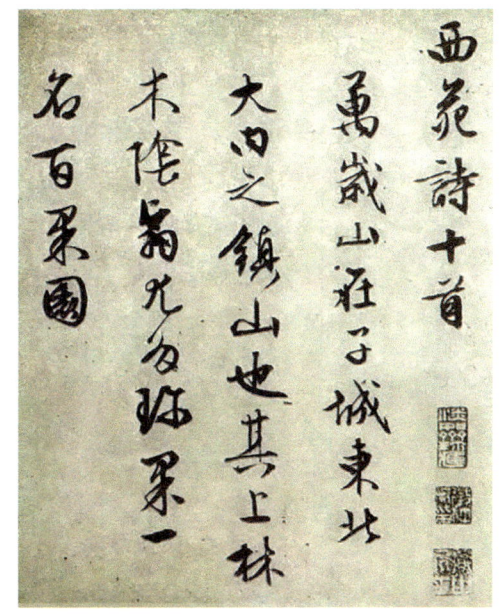

문징명文徵明 『서원시책엽西苑詩冊頁』

Despite its imposing momentum, it has the style of Jin and Tang calligraphy. His cursive was very smooth, warm and moist.

오창석吳昌碩

오창석吳昌碩(1844~1927)은 절강浙江성 안길安吉시에서 태어났으며, 중국 근대 전각, 서화 방면의 거장이다. 어린 시절에 그는 아버지

의 영향을 받아서 글쓰기와 전각 등을 좋아했다.

그의 작품은 시, 서예, 그림, 도장 등이 함께 조화를 이루어 더욱 빛이 나는

데, 예술 창작에 대해 그는 "자신의 감정을 잘 담아내야 한다"고 주장한다. 때문에 그의 작품들은 작가의 진한 정서가 잘 드러나고 있다. 그의 예술 풍격은 중국 근대와 현대 화단에 많은 영향을 주었으며, 심지어 일본에도 많은 영향을 주었다.

Wu Changshuo (1844-1927) was born in Anji, Zhejiang Province. He was a master of modern Chinese stone, calligraphy and painting. When he was young, he was influenced by his father, who liked books and seals.

Wu Changshuo's poems, calligraphy, paintings and prints are well coordinated and integrated. He advocated "selfishness" in his artistic creation, so his works have strong "personality characteristics". His artistic style had great influence on China's modern painting circles and had great influence on Japan.

임산지林散之

임산지林散之(1898~1989)의 본적은 안휘安徽성이고 강소江蘇성 남경南京시에서 태어났다. 그는 중국서예협회中國書法協會의 명예 회장, 강소성 서예가협회의 명예 회장을 역임하였다. 특히 그는 초서에 전념했는데, 왕희지의 풍격과 회소懷素의 서체를 본받아 아담하면서도 노련하고 힘이 넘치는 풍격을 개척하였다. "초성草聖"이라는 칭송을 받고 있는 그의 초서는 "임체林體"라 불리고 있다.

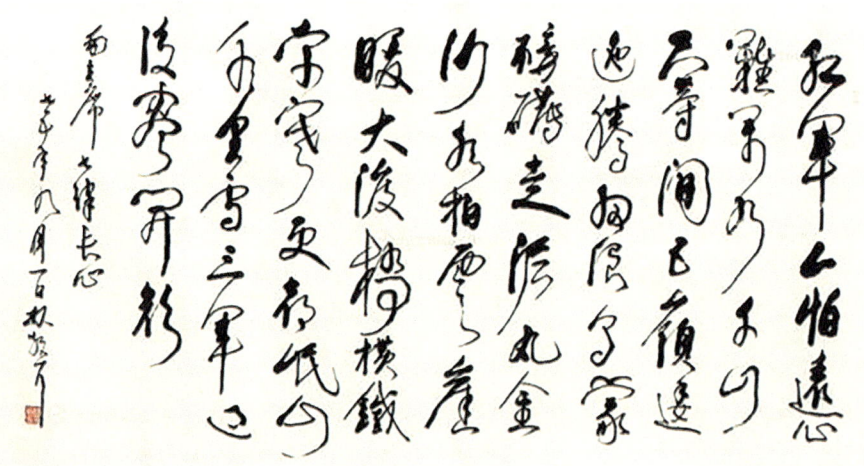

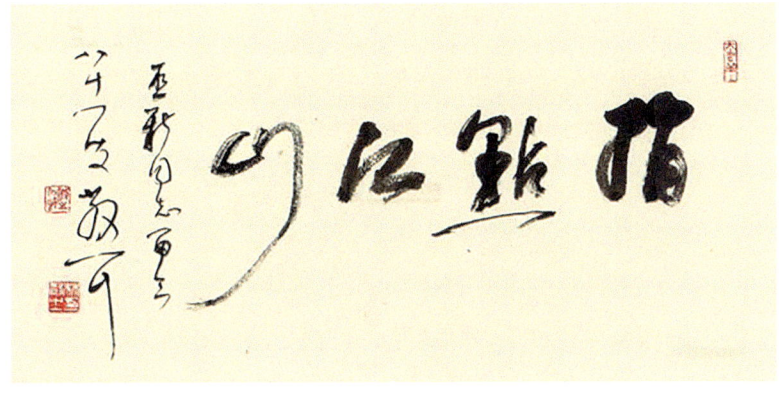

Lin Sanzhi (1898-1989), his ancestral home is Anhui, and he was born in Nanjing Jiangsu. He served as honorary chairman of China Calligraphy Association and honorary chairman of Jiangsu calligraphic Association. He regards Wang Xizhi as his ancestor, Huai Su as his body, and changes from garden to deep elegant and vigorous style. He is praised as "the sage of grass" and Lin Sanzhi's cursive script is called "Lin Ti".

강유위康有爲

강유위康有爲(1858~1927)는 광동廣東성 남해南海현에서 태어났다. 그는 완원阮元, 포세진包世辰을 이어 비학碑學을 선호했으며 북위北魏 시대의 비석魏碑 예술과 북조北朝 시대의 비석北碑 예술을 아주 높은 지위에 올려놓았다. 그는 강한 기백, 장엄한 의기, 뛰어난 필법, 준엄하고 중후한 필치, 기이한 정서, 생동한 영혼, 풍족한 자연의 정취, 명확한 기개, 자연스러운 구조, 풍성한 외면 장식 등 비석 조각에 있어서의 열 가지 아름다움 즉 "십미十美"를 제기하고, 또 "북위의 비석 예술을 숭상하고 당나라의 첩帖서예를 배척하는" 주장을 내세우면서, 청淸나라 말기의 서예 풍격에 지대한 영향을 주었다. 그는 수천년 동안 내려오던 첩학帖學의 절대적 지위를 흔들어 놓았는데, 특히 왕희지와 왕헌지王獻之의 첩학 구조에 큰 타격을 주었다. 이로 인해 "강체康體"로 불리는 그의 서예는 근현대에 들어서서 비석 서예의 주요 추세가 되기도 하였다.

Kang Youwei (1858 - 1927), was born in Nanhai Guangdong. Following Ruan Yuan and Bao Shichen, he once again made great efforts to enumerate stele studies, pushing Wei stele and North stele to the supreme position. He proposed "Ten beautiful inscriptions" that can be summarized as: vigorous, quiet weather, skipping brushwork, strong point painting, strange and easy will, spiritual flying, natural interest, keen insight, natural structure, flesh and blood. Put forward the idea of respecting the Wei and the lower Tang Dynasty. The advocacy of Beibei Movement had a great influence on the calligraphy style of the late Qing 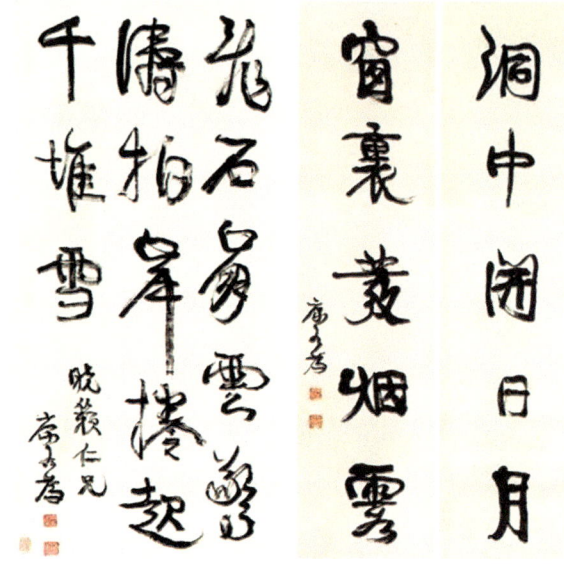 Dynasty, broke the pattern of the unification of calligraphy for thousands of years, and made a strong impact on the traditional calligraphy of the two kings, and formed the mainstream form of calligraphy creation of the modern calligraphy stele school. Kang You wei's calligraphy is known as "Kang style".

모택동毛澤東

모택동毛澤東(1893~1976)은 호남湖南성 상담湘潭시에서 태어났으며, 마르크스주의자이자 무산계급 혁명가이며 전략가이자 이론가이다. 또 그는 중국 공산당, 중국 인민해방군, 중화인민공화국의 창시자이자 지도자이다.

모택동은 또 영향력 있는 시인이자 서예가이지만 그의 강한 정치 지도자의 이미지로 인해 다른 방면의 성과들이 묻혀버리거나 상대적으로 약하게 평가받고 있다. 그는 정사를 돌보면서도 시사詩詞를 즐기는가 하면 서예에도 깊은 조예가 있었는데, 특히 흘려 쓰는 초서에 능했다. 그의 필법은 독창적이고 멋스러우며 기세가 당당하고, 그의 호방한 정서를 잘 보여주고 있을 뿐만 아니라 구성에도 다채로운 변화를 시도하고 있다. 이렇듯 중국 현대 서예 거장이며 20세기 가장 걸출한 서예가라고 할 수 있는 모택동은 초기에 종왕鍾王의 도움을 많이 받았다. 또한 한위漢魏 시기의 서예, 수나라의 비석, 장초章草, 진당晉唐 시기의 해서 등 선인들이 남긴 서예의 기초 위에서 스스로 많은 노력을 기울여 자신만의 서예 풍격을 형성하였다. 모택동 초서는 초기에는 장욱張旭과 회소懷素의 풍격을 본받았으며, 중년 이후로는 본격적으로 그의 독창적인 개인 풍격을 드러내기 시작하였는데, 내용이 풍부하고 기세가 높을 뿐만 아니라 파란만장한 강한 시각미를 보여준다. 그의 작품은 매 글자마다 격정이 넘치면서도 동시에 이성적인 면을 담아내고 있다. 그의 초서를 감상하다 보면 자신도 모르게 시선이 빠져들어가고 선에 따라 움직이게 된다. 가끔은 팽팽하다가도 느슨해지지고, 빠르다가도 또 느려지는 그의 서예 작품은 마치 그의 위인 형상을 그대로 담고 있는 듯 하다.

　　Mao Zedong (1893-1976), born in Shaoshanchong, Xiangtan, Hunan Province, was a great Marxist, proletarian revolutionist, strategist and theorist, the main founder and leader of the Communist Party of China, the People's Liberation Army and the People's Republic of China.

　　Mao Zedong is also an influential poet and calligrapher. Mao Zedong's image as a great leader overshadowed everything else, or his accomplishments in other respects, compared with his image as a great man, were too insignificant. After Mao Zedong's administration, he loved poetry, refined calligraphy, was good at cursive, with the pen consulting, handsome elegant, magnificent, bold and free-flowing, and varied composition. He was recognized as one of the most outstanding calligraphers in the

20th century. Mao Zedong's early calligraphy art is due to the Zhong Yao and Wang Xizhi, in the Han and Wei Dynasties, Sui steles, Zhangcao, Jin and Tang Kaishu steles and other predecessors on the basis of a deeper effort to lay a solid foundation for the formation of his lifetime calligraphy style. Mao Zedong's calligraphy achievement lies in wild grass, which comes from Zhang Xu and Huai Su. After middle age, formed a unique personal style: Wang Yang wanton, ups and downs, with a strong sense of visual beauty. His words are full of passion and reason. When he read his cursive, his sight was drawn involuntarily. With the lines and pens of his cursive, the cursive was always tight, fast and slow, and shrouded in the "aura" of his cursive, just as in real life he was attracted by his great manners.

사맹해沙孟海

사맹해沙孟海(1900~1992)는 본명이 문약文若이고 자는 맹해孟海이며, 석황石荒과 사촌沙村이라는 두 개의 호를 가지고 있다. 그는 인현鄞縣 사촌沙村의 명의 선비 집안에서 태어났는데, 어린 시절에 훌륭한 가정 교육을 받았고 일찍 전각 예술을 배우기 시작했다. 후에 그는 절강浙江대학교 중문학과 교수, 절강미술대학교 교수, 서령인사西泠印社 사장, 서령서화원西泠書畵院 원장, 절강성박물관의 명예 관장, 중국서예가협회 부회장 등을 역임하였다. 대표작으로는 『인학사印學史』, 『사맹해서법집沙孟海書法集』, 『사맹해진행초서집沙孟海眞行草書集』 등이 있으며, 현대 대학 서예 교육의 선구자로 칭송되고 있다.

Sha Menghai (1900-1992), the original name of Wenruo, also known as Menghai, the name Shihuang, Shacun, was born in Yinxian Shacun. Borning in a famous doctor's family of books and incense, he studied seal cutting early. and he was the professor of Chinese Department of Zhejiang University, professor of Zhejiang Academy of Fine Arts, President of Xiling Printing Society, Dean of Xiling Painting and Calligraphy Institute, Honorary Curator of Zhejiang Museum, Vice-Chairman of Chinese Calligraphers Association. The representative works include *The History of Printing*, *The Collection of Sha Menghai's Calligraphy*, and *The Book of Sha Menghai's True Grass*. He also is one of the pioneers of modern calligraphy education.

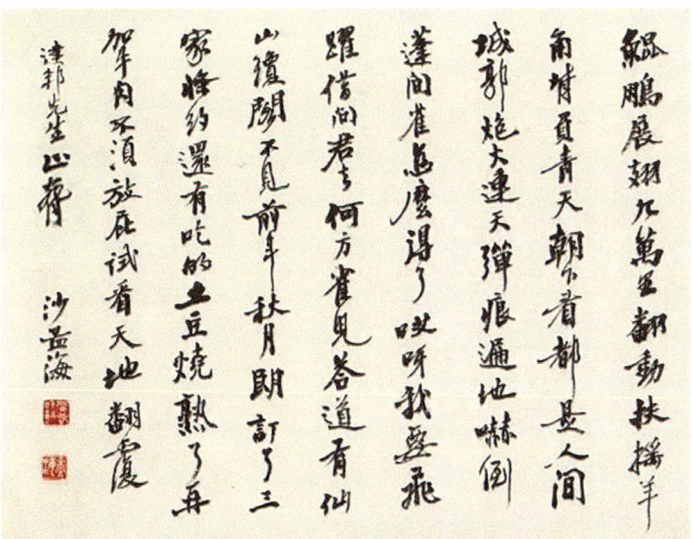

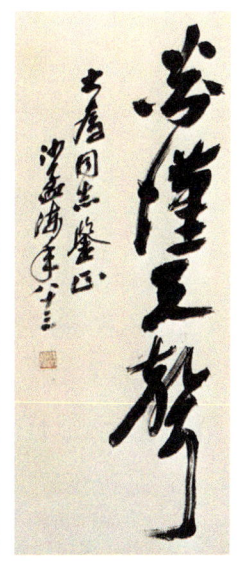

우우임于右任

우우임于右任(1879~1964)은 섬서陝西성 삼원三原에서 태어났고 본적은 경양涇陽현이다. 그는 중국 근대 정치가이고 교육가이며 서예가이다. 본명은 백순佰循이고 자는 유인誘人인데, 그의 이름인 "우임"은 "유인"의 독음을 해음諧音하여 지은 것이다. 또 그를 "소심騷心" 혹은 "염옹髥翁"이라고 부르기도 한다. 말년에는 스스로 "태평노인太平老人"이라는 호를 지어 부르기도 하였다.

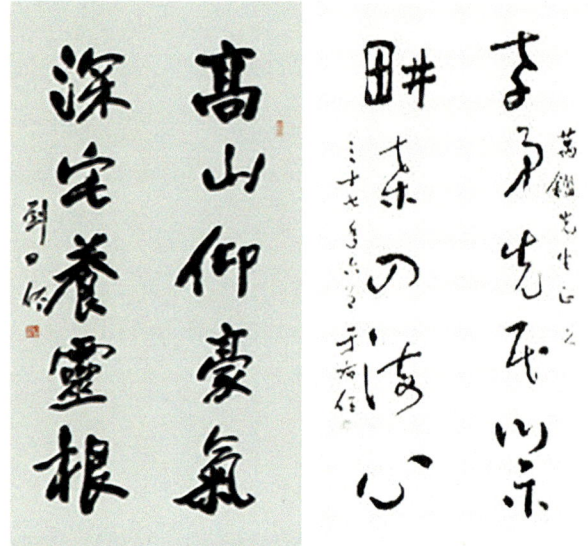

서예 작품 『유산서촌遊山西村』에는 행서체에 가끔씩 초서와 해서체가 들어있어서 작품이 평온하면서도 변화가 많은 느낌을 주고 있다. 이는 그가 초기부터 말년까지 자주 사용하는 기법이다. 이를테면 작품 속의 "笑, 酒, 留, 重, 無, 明, 風, 夜"자는 모두 초서로 쓰고 있는데, 이런 배치는 작자가 고의로 한 것은 아니지만 자연스러운 작가의 정서를 그대로 표현하고 있다.

Yu Youren (1879-1964), who was born in Sanyuan Shaanxi, his ancestral home is Jingyang, modern Chinese statesman, educator, calligrapher. Originally named Boxun, the word is Youren, and then to "Youren" homophonic "You Ren" as the name; other signature "Sao Xin", "Ran Weng", late self-name "Taiping Lao Ren".

Calligraphy achievement Visit to the West Village, it is a common method used by Yu Youren from his early years to his later years to make the whole work stable and changeable by the combination of the two forms of calligraphy. The works of "laughter, wine, retention, weight, ignorance, wind and night" are all written by grass law. This arrangement is not a deliberate act, but a natural expression of his temperament.

웅봉熊峰

웅봉熊峰은 1965년에 강서江西성 남창南昌시에서 태어났으며, 현재는 일본에 거주하고 있는 유명한 화교 서예가이다. 그는 서예에 대한 조예가 매우 깊었는데, 여러 서예가들의 장점을 받아들여 중국 전통적인 서예 기법을 토대로 일본의 가나 문자 요소를 융합하여 점차적으로 자신만의 독창적인 풍격을 형성하였다. 그는 해서, 전서, 예서, 행서, 초서, 행초서, 흘려 쓰는 초서 등에 다 능통하고 서신, 모사, 창작에도 능하다. 특히 그가 쓴 상형문자는 그림에 서예가 잘 융합되어 자연스럽고도 시원한 느낌을 주고 있다. 그는 독창적인 정서로 중국 전통 서예와 일본의 가나 서예를 결합하는 참신한 서예 경지를 개척하여 세계 무대에서 활약하고 있다. 2010년 상해上海 엑스포에서 일본관의 키워드인 "聯接"는 그가 직접 쓴 작품이다.

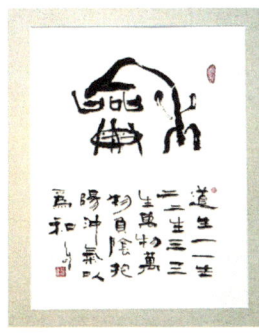

Xiong Feng, who is a famous calligrapher residing in Japan, he was born in Nanchang, Jiangxi. He has a profound knowledge of calligraphy and has learned from many masters. On the basis of traditional Chinese character techniques, he has integrated the skills of Japanese pseudonym characters, and gradually formed a unique style: proficient in regular scripts, seal scripts, official scripts, running scripts, cursive scripts, cursive scripts, and so on. He is good at imitation and creation. In particular, the pictographs and calligraphy and paintings are blended, flowing smoothly and freely. He integrates the elements of Chinese traditional calligraphy and Japanese pseudonym calligraphy with his unique perception, which reflects a new realm of calligraphy and is active on the international stage. In 2010, the theme pavilion "Linking" of the Japanese pavilion at the Shanghai World Expo was inscribed by him.

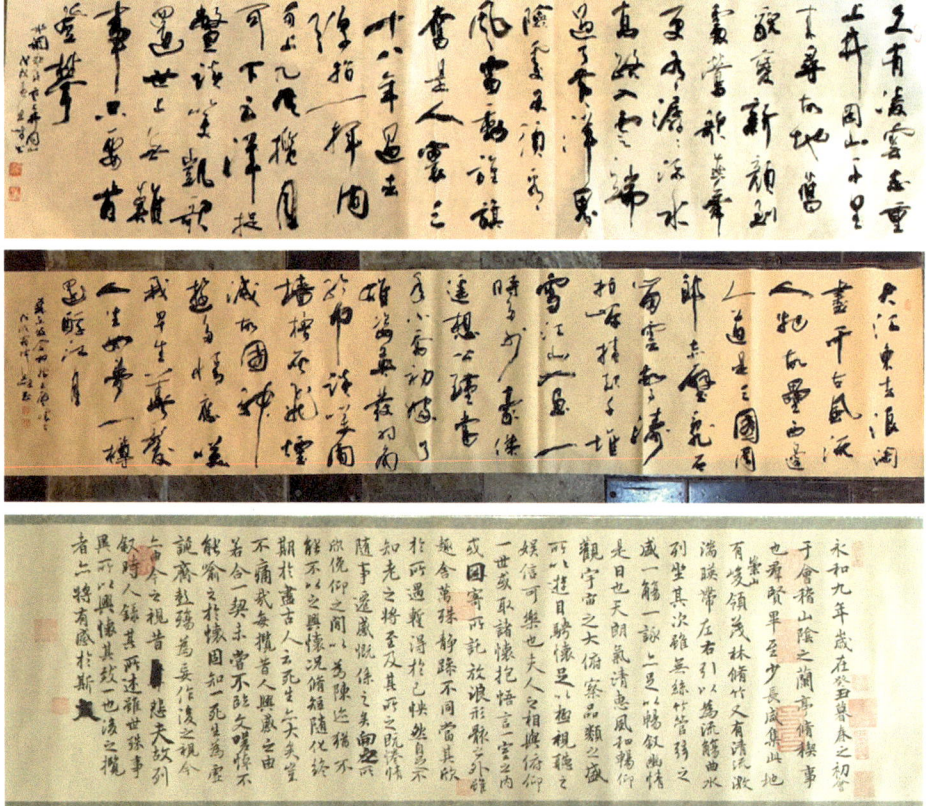

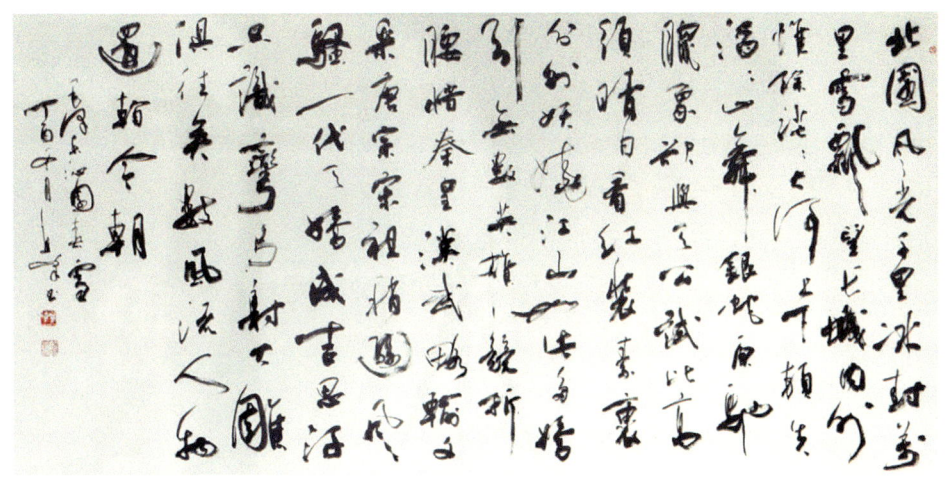

5. 칠화漆畵편

정익곤鄭益坤

정익곤鄭益坤은 1936년 복주福州시에서 태어났다. 복주화원福州畵院의 화가이고 중국미술가협회 회원이며 고급 수공예 미술 장인이다. 또 복주시 수공예미술연구소의 부소장, 복주시 칠화연구회 회장을 역임했다. 그는 칠화와 중국 화조화에 능했는데, 1993년에 나라로부터 "중국수공예미술대가"라는 칭호를 받았다. 그의 작품은 주로 쌍구[22]와 소묘, 공필工筆과 연한 채색

정익곤鄭益坤『능파선자凌波仙子』

---

[22] 역자주: 글자의 테두리만 긋고 속은 비게 하는 필법(筆法) 또는 그러한 필법으로 쓴 글자.

을 쓰는데, 객관적인 법칙에 입각하여 작품의 정서와 기운을 두드러지게 보여주며 매우 독창적이다. 작품은 북경北京 인민대회당, 이가연李可染고택예술전시관 및 구소련 동양예술박물관에 소장되어 있다.

Zheng Yikun, was born in 1936, Fuzhou, painter of Fuzhou Academy of painting and member of China Artists Association, senior craft artist. He was deputy director of Fuzhou Institute of Arts and crafts and chairman of Fuzhou Lacquer Painting Research

정익곤鄭益坤『못 속의 금붕어』

정익곤鄭益坤『소요유逍遙遊』

정익곤鄭益坤『魚水情』

Association. He is good at lacquer painting and traditional Chinese painting. In 1993, it was awarded the title of master of Chinese arts and crafts by the state. The works are characterized by double hooks and white drawings, light colors of fine brushwork, emphasizing creation as a teacher, paying attention to artistic conception, paying attention to charm and unique style. The works are collected by Beijing Great Hall of the People, Li Keran's Art Exhibition Hall and the Oriental Art Museum of the former Soviet Union.

웅건신熊建新

웅건신熊建新은 1957년에 강서江西성 남창南昌시에서 태어났다. 2001년에 그는 "강서성 수공예미술대가" 라는 칭호를 받았으며, 2006년에는 "중국수공예미술대가" 라는 칭호를 받았다. 강서성에서 칠화 예술의 얘기를 꺼내면 웅건신을 떠올리지 않을 수 없다. 그는 강서성 칠화 예술 및 수공예 미술계의 리더로서 항상 예술계를 선도하고 있으며, 특히 칠화와 칠화 예술의 연구와 창작, 대학교 미술 교육의 창작실천에 심혈을 기울이고 있다. 그의 수많은 작품은 중국 문화부文化部의 대외문화연락위원회對外文化聯絡委員會 주도로 한국, 미국, 캐나다, 페루, 대만, 홍콩, 방글라데시 등 여러 나라와 지역에서 전시되고 있다.

Xiong Jianxin was born in Nanchang, Jiangxi in 1957. In 2001 he was awarded the title of "Master of Arts and Crafts of Jiangxi Province" and in 2006 he was awarded the title of "Master of Arts and Crafts of China". In Jiangxi, when it comes to lacquer painting, we have to mention the artist XiongJianxin. As one of the leading figures in Jiangxi lacquer painting art and arts and crafts, XiongJianxin has always been active in the forefront of the art field, and has been engaged in lacquer painting, lacquer art research and creation, and art education in Colleges and universities creative practice. Many of his works were sent to South Korea, the United States, Canada, Peru, Taiwan, Hong Kong and Bangladesh by the Ministry of Culture on behalf of the State Council for Foreign Studies.

한자와 중국어
그리고 중국문화
Follow me,
like Chinese

현대문화
일상용어
편

10

언어는 문화를 운반하는 도구이고 문화의 결정체이며 문화를 비추는 거울이기도 하다. 현대의 일상용어는 언어의 중요한 구성 부분이자 중화민족 발전의 족적이며, 사회가 발전함에 따라 함께 진보하고 있다.

Language is the carrier of culture, the crystallization of culture, as well as a mirror of culture. Contemporary everyday language is an important part of language. It progresses with the development of society. It is the memory and brand of the development of the Chinese nation.

10

현대문화
일상용어편

1. 현대문화 관련 상용어휘

과학기술과 산업경제

北斗导航	běidǒu dǎoháng	베이더우(북두) 위성항법시스템(중국에서 자체 개발한 GPS)
青蒿素	qīnghāosù	아르테미시닌 (투유유屠悠悠가 발견한 학질 치료제, 이로 인해 노벨상 받음)
量子卫星	liàngzi wèixīng	양자위성(중국에서 개발한 통신위성)
"天眼"	"tiānyǎn"	"톈옌"(중국에서 제조한 지름이 500m인 세계 최대 전파망원경)
人工智能	réngōngzhìnéng	인공지능
区块链	qūkuàiliàn	블록체인
5G时代	5G shídài	5G 시대
共享经济	gòngxiǎngjīngjì	공유경제
互联网金融	hùliánwǎng jīnróng	인터넷 금융
亚投行	yàtóuháng	아시아 인프라 투자은행(AIIB)
自媒体	zìméitǐ	위 미디어(We Media), 1인 미디어
直播经济	zhíbō jīngjì	생방송 경제(생방송 플랫폼을 통한 경제)
电子竞技	diànzǐ jìngjì	e스포츠
二孩经济	èrhái jīngjì	두자녀경제 (중국에서 두 자녀 출산 가능 정책을 실시하면서 생겨난 관련 산업 및 경제)

지역과 인재발전

副中心	fù zhōngxīn	부중심(도시의 중심 업무지를 벗어난 신흥 경제 고효율 집적 지구)
一小时通勤圈	yī xiǎoshí tōngqín quān	한 시간내 출근 교통망 (주요 교통망을 이용하여 1시간 이내로 출근 가능한 권역)
宜居城市	yí jū chéngshì	살기 좋은 도시(경제, 사회, 문화 등 주거환경이 우수한 도시)
低碳城市	dītànchéngshì	저탄소 친환경 도시
创新型人才	chuàngxīnxíng réncái	창조적 인재
双创人才	shuāng chuàng réncái	창조혁신 정신과 창업 능력을 겸비한 인재
外出打工人员	wàichū dǎgōng rényuán	외지 근로자
人才流动	réncái liúdòng	인재 이동
积分落户制度	jīfēn luòhù zhìdù	호구 마일리지 제도 (북경시가 외지인들의 체류조건을 계량화하여 북경 호적을 부여하는 제도)
大中型国有企业	dàzhōngxíng guóyǒuqǐyè	대형 및 중형 국유 기업
中外合资企业	zhōngwài hézī qǐyè	중외합자기업

终身职业	zhōngshēn zhíyè	평생 직업(직장)
关系网	guānxìwǎng	인맥, 연줄
处世之道	chǔshìzhīdào	처세술
带薪休假	dàixīn xiūjià	유급 휴가
陪产假	péi chǎnjià	배우자출산휴가
下岗	xiàgǎng	퇴직(사직)하다

소비, 지불 방식과 교통 수단

无现金支付	wúxiànjīn zhīfù	무현금결제
移动支付	yídòng zhīfù	모바일결제
扫码支付	sǎomǎ zhīfù	코드 인식 결제
扫脸支付	sǎoliǎn zhīfù	얼굴 인식 결제
二维码支付	èrwéimǎ zhīfù	QR 코드 결제
网购	wǎnggòu	온라인 쇼핑
海外代购	hǎiwài dàigòu	해외 구매 대행
海淘	hǎitáo	해외 직구
过度包装	guòdù bāozhuāng	과대 포장
高铁	gāotiě	고속 철도(열차가 안정적이고 고속으로 달릴 수 있는 철도를 말함)
动车	dòngchē	동처(중국 고속열차의 일종, 평균시속 200km로 달리는 기차로, D로 표기. 평균시속 300km로 달리는 기차를 "까오쑤동처高速动车"로 말하고, G로 표기)
城际列车	chéngjì lièchē	청지(城際) 열차(도시 간 고속열차, 일반적으로 "动车"보다 운행거리가 짧음. C로 표기)
单双号限行	dānshuānghào xiànxíng	차량 홀 짝수 운행 제노(중국 북경에서 사용하는 교통제도, 교통 체증을 완화시키기 위한 제도)
共享汽车	gòngxiǎng qìchē	공유 자동차
共享单车	gòngxiǎng dānchē	공용 자전거(중국 대표적인 업체는 ofo와 mobike)
打车软件	dǎchē ruǎnjiàn	택시 어플(대표적인 앱으로는 우버uber)
网约车	wǎngyuēchē	인터넷 예약 자동차
空中上网服务	kōngzhōngshàngwǎng fúwù	기내 인터넷 서비스
多次往返签证	duōcìwǎngfǎn qiānzhèng	복수비자, 멀티비자
散客	sǎnkè	개별 손님, 개별 관광객
自由行	zìyóuxíng	자유 여행

10

현대문화
일상용어편

跟团游	gēntuányóu	패키지 여행
深度游	shēndùyóu	심층 여행(현지의 문화를 심도 있게 이해하기 위해 한 곳에서 장기간 머물면서 하는 여행)
自驾游	zìjiàyóu	자가운전 여행
免税店	miǎnshuìdiàn	면세점

교육과 민생

素质教育	sùzhì jiàoyù	전인교육
附属学校	fùshǔ xuéxiào	부속학교
高等自学考试	gāoděng zìxué kǎoshì	대학 검정고시
追星族	zhuīxīngzú	(스포츠 스타·가수·배우 따위의) …팬(fan)
夜猫子	yèmāozi	올빼미(밤에 자지 않는 사람들을 말함)
低头族	dītóuzú	스마트폰 중독자
孝子	xiàozi	효자
家长	jiāzhǎng	학부형
红白喜事	hóngbáixǐshì	경조사
红双喜	hóngshuāngxǐ	겹 경사
结婚证	jiéhūnzhèng	결혼증서
婚介所	hūnjièsuǒ	결혼상담소
门当户对	méndānghùduì	결혼 대상 양가의 경제적 균형이 비슷하여 어울림
姻缘	yīnyuán	인연
农历	nónglì	음력
反腐剧	fǎnfǔjù	반부패 드라마
点赞	diǎnzàn	"좋아요"를 누르다
抢红包	qiǎnghóngbāo	챵훙바오 (위챗wechat이 무작위로 금액을 배분해 훙바오를 나누어 가지는 기능)
小程序	xiǎochéngxù	중국 위챗 프로그램 내에서 구동하는 미니 응용프로그램
烟花爆竹	yānhuābàozhú	불꽃놀이 폭죽
广场舞	guǎngchǎngwǔ	광장무(넓은 광장에서 단체로 춤추면서 신체를 단련하는 행위)

2. 신문보도 관련 상용어휘

不忘初心	búwàngchūxīn	초심을 잊지 말자
"两个一百年"奋斗目标	"liǎngge yìbǎinián"fènddòu mùbiāo	"두 개의 100년" 분투목표(중국 공산당 제18차 대표대회에서 제기한 중국 공산당 창설 100주년에 중등 사회를 건설하기 위한 목표와 중국 건국 100주년에 중화민족의 부흥을 실현하기 위한 목표를 말함)
新常态	xīnchángtài	뉴노멀(중국경제의 "새로운 국면"을 이르는 말)
中国制造	zhōngguó zhìzào	메이드 인 차이나(Made in China)
"双一流"	"shuāngyīliú"	"쌍일류" 프로젝트(중국에서 제기한 세계일류대학교와 세계일류학과를 건설하기 위한 프로젝트)
工匠精神	gōngjiàngjīngshén	장인 정신
自贸试验区	zìmào shìyànqū	자유무역 시범단지(무역과 투자 방면에서 WTO의 규정보다 더욱 우대적인 무역 정책 시범 지역)
医疗改革	yīliáo gǎigé	의료개혁
供给侧改革	gōngjǐcè gǎigé	공급자 개혁(공급과잉 해소, 부동산 재고 해소, 기업 경영 비용 절감, 과잉 레버리지 축소, 취약 부문 개선 등을 주요 과제로 하는 경제정책)
"丝绸之路经济带"	"sīchóuzhīlù jīngjìdài"	실크로드 경제벨트 (고대 실크로드를 토대로 하여 나타난 새로운 경제 발전 지역을 말함)
21世纪海上丝绸之路	21shìjì hǎishàng sīchóuzhīlù	21세기 해상 실크로드(장강長江 삼각주, 주강珠江 삼각주, 대만해협 서해안 등 개방정도가 높고 경제가 발달한 지역 우세를 이용하여 상해上海 자유 무역 시범단지 건설을 구축하는 것을 말함)
古丝绸之路	igǔ sīchóuzhīlù	고대 실크로드(비단길)
互联互通	hù lián hù tōng	후롄후통(시진핑習近平 주석이 아시아 발전 운명 공동체 구축에 관한 연설할 때 언급)
利益共同体	lìyì gòngtóngtǐ	이익 공동체
创新战略伙伴关系	chuàngxīn zhànlüè hézuòhuǒbàn	전략적 혁신 동반자관계(중국과 스위스가 전략적 혁신 동반자 관계 연합성명을 발표한 데로부터 출현한 어휘)
文化自信	wénhuà zìxìn	문화 자신감(시진핑 주석이 제기한 중국의 4가지 자신감 중의 하나)
精准扶贫	jīngzhǔn fúpín	빈곤해소 정조준 정책
精准医疗	jīngzhǔn yīliáo	정밀 의료
红色中国	hóngsè zhōngguó	공산당이 영도하는 중국
基层监督	jīcéng jiāndū	기층 공권력 감독
香港澳门同胞	xiānggǎng àomén tóngbāo	홍콩 마카오 동포
十三五计划	shísānwǔ jìhuà	십삼오계획(중국 정부에서 2015년부터 2020년까지 실시한 10번째 경제 발전 계획)
开放	kāifàng	개방

10

현대문화
일상용어편

物质精神文明建设	wùzhì jīngshén wénmíng jiànshè	물질문명 및 정신문명 건설
合乎国情, 顺乎民意	héhūguóqíng, shùnhūmínyì	국정과 민의에 부합
治则兴, 乱则衰	zhìzéxīng, luànzéshuāi	잘 다스려지면 부흥하고, 질서가 없으면 쇠한다.
长江中下游地区	chángjiāng zhōngxiàyóu dìqū	장강 중하류 지역 (중국 장강 삼협三峡 동부에 위치한 벨트형 평원을 가리킴)
一国两制	yìguóliǎngzhì	일국양제 (등소평鄧小平이 홍콩반환 시 사회주의 체제와 더불어 홍콩의 자본주의 체제를 그대로 유지하겠다는 신념에서 나온 말)
不搞一刀切	bùgǎo yìdāo qiē	일률적으로 처리하지 않는다 (시진핑 주석이 한 말, 구체적 문제를 상황에 맞게 처리한다는 의미)
脱贫	tuōpín	빈곤에서 벗어나다
三峡工程	sānxiá gōngchéng	싼샤 댐 공정(호북湖北성 이창宜昌시 삼두평三斗坪 마을에 댐과 수력 발전 설비 공정)
希望工程	xīwàng gōngchéng	희망공정(학업을 중단한 빈곤지역 아동을 돕기 위해 사회적 관심을 이끌어 내자는 계획과 조치)
扶贫工程	fúpín gōngchéng	빈곤 지역 경제지원 및 촉진 활동
菜篮子工程	càilánzi gōngchéng	부식물 생산 발전 계획
温饱工程	wēnbǎo gōngchéng	최저 생계 문제 해결 계획
安居工程	ānjū gōngchéng	비영리 주택 건설 프로젝트
西部大开发	xībùdàkāifā	서부지역 대 개발
京九铁路	jīngjiǔ tiělù	징주 철로(북경과 중국 홍콩 구룡九龍을 이어주는 철로)

3. 시사 및 정치 관련 상용 문구

1. 중국꿈[23]은 인민의 꿈.

The Chinese Dream is the dream of the people.

2. 새로운 발전 이념을 실행하며, 발전 관념을 단정히 하고 발전 방식을 전환하

---

23 역자주: 중화민족의 위대한 부흥을 의미. 시진핑 주석이 2012년 11월 29일 중국 국가박물관에서 처음으로 언급함.

여 품질과 효익을 발전시킨다.

We should implement the new concept of development, firmly uphold the concept of development, change the way of development, and ensure the quality and effectiveness of development.

3. 세계문명의 다양성을 존중하여, 문명 간의 상호 소통으로 문명의 장벽을 무너뜨리고 문명의 문명 간의 상호 본받음으로써 문명 간의 충돌을 무너뜨리며 문명의 상호 공존으로 문명의 우월성을 무너뜨린다.

We should respect the diversity of world civilizations, transcend estrangement between civilizations through exchanges, transcend conflict among civilizations through mutual learning, and transcend coexistence among civilizations.

4. 과정 자신감, 이론 자신감, 제도 자신감, 문화 자신감.
Road confidence; Theory confidence; System confidence; Cultural confidence.

5. 소매를 걷고 일을 열심히 하라.
Roll up our sleeves to work harder.

6. 발전은 확고한 도리이다.
You should confine your exercise of power within an institutional cage.

7. 개혁개방의 막바지를 잘 처리하라.
We should properly handle the last mile of reform and opening-up.

8. 흰 고양이든지 검은 고양이든지 쥐를 잡는 고양이면 좋은 고양이다.
It doesn't matter whether the cat is black or white; as long as it catches mice.

9. 한 나라에서의 두 가지 (정치) 제도.[24]

One country, two systems.

10. 개혁개방도 돌을 더듬어 가며 강을 건너는 것이다.

Reform and opening up is to cross the river by feeling the stones

11. "보이는 손"[25]과 "보이지 않는 손"[26]을 잘 사용해야 한다.

Use both the visible hand and the invisible hand.

("The visible hand"refers to macro-control and"the invisible hand" refers to market control)

12. 생태 보상 체제

Eco-Compensation System.

13. 녹수청산이 바로 금산이고 은산이다.

Lucid waters and lush mountains are invaluable assets.

14. 아름다운 중국을 건설하자.

Building a beautiful China.

15. 자신의 눈을 보호하는 것처럼 생태 환경을 보호하라.

Protect the environment like your eyes.

---

24 역자주: 등소평(鄧小平)이 중국의 실정에 근거해 제기한 홍콩 귀속 문제를 해결하는데 관한 구상.
25 역자주: 중국 정부가 경제활동에 대한 거시적인 조절을 말함.
26 역자주: 공급관계에 따라 시장(市場) 스스로 조절되는 것을 말함.

16. 부르면 나가자. 나가면 싸우자. 싸우면 반드시 이기자.
Come at the summons, and the battle will be won.

17. 천 명의 군사는 얻기 쉬워도 훌륭한 장수 한 명 구하기는 어렵다.
A thousand armies are easier won than found a good general.

18. 과학기술은 나라의 예리한 무기이다.
Technology is the weapon of the state.

19. 행복은 이슬비처럼 하늘에서 떨어지는 것이 아니고 분투해서 이루는 것이다.
Happiness is not drizzle, it never comes from the sky, but comes from struggle.

20. 공리공담은 나라를 망치고, 실업은 나라를 흥하게 한다.
Empty talk misleads the country and industry prospers the nation.

21. 중국식 사회주의의 총체적인 구조는 바로 경제건설, 정치건설, 문화건설, 사회건설, 생태문명건설이다.
Our overall approach to building socialism with Chinese characteristics is to promote economic, political, cultural, social and ecological progress.

22. 사회주의 핵심가치관: 부강, 민주, 문명, 조화, 자유, 평등, 공평, 법치, 애국, 경업(敬業, 맡은 바 일에 최선을 다한다), 성실, 우선(友善, 사이 좋게 지낸다)
The core values of the pursuit of prosperity, democracy, civility, harmony, freedom, equality, justice, rule of law, patriotism, dedication, integrity, and goodwill.

23. 개혁개방의 실질적인 성과를 충분히 보여주어 국민들이 더 많은 성취감을 느끼게 하라.

Fully displaying the gold content of reform and opening up, making the people have more sense of acquisition.

24. 북경(北京)-천진(天津)-하북(河北)성 협동발전.

Coordinated development for the Beijing-Tianjin-Hebei region.

25. 상하이협력기구(SCO, Shanghai Cooperation Organization)

The Shanghai Cooperation Organization (SCO).

26. 산을 만나면 길을 트고, 물을 만나면 다리를 놓다. 난관과 애로를 뚫고 나가다.

Cut the paths through mountains and build roads across rivers.

27. 중국 국민을 위하여 행복을 도모하고 중화민족을 위하여 부흥을 도모한다.

To seek happiness for the Chinese people and rejuvenation for the Chinese nation.

28. 과학적 발전관.[27]

Scientific Outlook on Development.

29. 중등 수준 사회를 전면 실현.

We should complete the process of building a moderately well-off society in all aspects.

---

27 역자주: 마르크스 변증법을 중국의 과학적 발전관에 관철시키고, 사회주의 화해 사회를 건설하는 과정에서 중국의 고대 문화와 융합시킨 후 형성된 변증법의 일종.

30. 정부의 기능을 전환하다.
Transforming government functions.

36. 중국-중앙아시아-서아시아 경제벨트
The China-Central Asia-West Asia Economic Corridor.

37. 개혁개방의 문은 영원히 닫히지 않고 여러 나라들이 중국이 발전함으로써 혜택을 얻었으면 좋겠다.
The door of reform and opening-up will never be closed, and countries are welcome to benefit on China's development.

4. 명절 관련 어휘

元旦	yuándàn	원단(양력 1월 1일을 가리킴)
春节	chūnjié	춘절(음력 1월 1일로 한국에서의 "설"과 같은 개념)
元宵节	yuánxiāojié	정월 대보름
妇女节	fùnǚjié	국제 여성의 날
清明节	qīngmíngjié	청명절(24절기의 하나. 약력 4월 5일 전후로 민간에 답청·성묘의 풍습이 있음)
五四青年节	wǔsì qīngniánjié	5·4 청년절(5·4 운동 당시의 청년 운동 기념일)
儿童节	értóngjié	국제 어린이날
端午节	duānwǔjié	단오
教师节	jiàoshījié	스승의 날(중국은 9월 10일을 스승의 날로 정하고 있음)
中秋节	zhōngqiūjié	추석, 한가위
国庆节	guóqìngjié	건국 기념일(중국의 건국 기념일은 10월 1일)
重阳节	chóngyángjié	중양절(음력 9월 9일을 가리키는 날로 날짜와 달의 숫자가 같은 중일重日 명절名節의 하나)
泼水节	pōshuǐjié	운남(雲南)성에 거주하는 소수민족인 '따이족(傣族)' 명절의 하나
光棍节	guānggùnjié	솔로의 날(양력 11월 11일, 한국에서의 "빼빼로데이"와 같음)

한자와 중국어
그리고 중국문화

Follow me,
like Chinese

인터넷
유행어
편

11

인터넷 용어는 뚜렷한 개성과 창조성으로 일상생활의 언어체계에 스며들었다. 비록 그 표현 방식이 단편적이고 논리적이지 않더라도 중국어를 풍부하게 만들었다. 인터넷 용어는 독특한 시각과 창의성을 통해 당대의 사람과 사건 사물을 표현한다. 세월에 씻기고 큰 파도에 모래가 쓸려 나간다면 좋은 인터넷 용어가 전해져 언어의 바다에 모이게 될 것이다.

With its distinct individuality and innovation, social media has been integrated into the language system of daily life. Even though the expression is fragmented and lacks logical organization, it has greatly enriched Chinese.Social media expresses contemporal people and things creative from a unique perspective. After years if baptism, surviving from the severe competition, good network language will be passed down, gathered into the sea of language.

1. 2018년 인터넷 유행어

운명공동체 命運共同體 A community with a shared future

"인류문명공동체"를 구축하자는 주장은 여러 나라의 이목을 끌었을 뿐만 아니라 세계적으로 인정을 받았는데, 세계적인 유행어로 되었다.

The construction of the "Community of Human Destiny" has attracted the attention of all countries and gained global recognition. "Community of Destiny" has also become a global "hot word".

비단잉어 錦鯉 Koi fish

"땡잡다"라는 뜻.

Hit the jackpot/Strike it lucky/Strike gold/Strike it rich.

뎬샤오얼 店小二 Waiter

기업에게 친절한 행정서비스를 제공하는 정부의 부서나 간부들.

Refers to government departments and leading cadres who provide thoughtful services to enterprises.

뎬샤오얼로 되다.

Be willing to be a waiter.

교과서식 教科書式 A textbook case

언행이 모범적이고 이상적일 때 쓰는 말

공식발표 官宣 Officially announce / Official announcement

공식발표, 우리는 결혼했다.

We are officially announcing that we are now married.

눈빛으로 확인했어 確認過眼神 Soul gaze

(원래는 노래 가사였지만 현재는 천생연분을 찾았거나 가짜를 식별하는 등 여러 가지 용도로 쓰임)

눈빛으로 확인했어, 나에게 맞는 사람을 만났다는 것을.

From what I can see in your eyes, I know you are my Mr. Right/Miss. Right.

채팅방에서 나감 退群 Withdraw from a group

(원래는 말 뜻대로 채팅방에서 나간다는 말인데, 한 국가가 각종 협약이나 국제 기구에서 탈퇴 등과 같은 소식을 전할 때 많이 씀)

불교계 佛系 Buddha-like/Whatever/Make no difference/Let nature take its course

(모든 일을 담담하게 보며 살아가는 생활 태도, 일본어 '仏係'에서 유래됐으며 주로 인터넷에서 사용됨)

아무래도 우리는 순리에 따라야 할 것 같다.

Perhaps we should just let nature take its course.

다 큰 영아 巨嬰 Big baby. Means selfish, self-centered and petulant person

(외모로 성인이지만 도덕적으로 성숙하지 않은 사람들을 가리킴)

그들은 외모로 보아 성인처럼 생겼지만 내심적으로는 자아 중심적이고 경솔하며 자기애가 넘치는 아기들이다.

They look just like normal adults, but inside, they're petulant, narcissistic children with oversized egos.

말다툼의 요정 杠精 Argumentative person/Argumentative

(모든 일에 논쟁하려고 하고 무조건 반대부터하고 시작하는 사람들을 가리킴)

오늘 너 다른 사람과 싸울 기세다.

You're in an argumentative mood today!

2. 2017년 인터넷 유행어

쳐주다 打 call

("환호해주다"라는 뜻으로 쓰임)

Glow stick

작은 오빠/작은 누나(작은 언니)

小哥哥/小姐姐 Cute boy/Pretty girl/Hottie lad/lass

(여성분들이 젊고 잘 외모가 출중한 분들을 부르는 애칭)

저 할 말이 있는데, 해야 할지 말아야 할지 모르겠습니다.

我有句XX，不知當不當講

I have something to say, but I'm not sure if I'm supposed to say that.

나 보고 어쩌라고? 나도 절망스러운데… 我能怎麼辦，我也很絕望呀

What should I do? I also feel so desperate!

가짜 뉴스 假新聞 Fake news

갯가재야, 우리 같이 가자 皮皮蝦，我們走.

(한 게임 방송인이 "갯가재"란 어휘를 쓰기 좋아해서 현재 "같이 가자"는 뜻으로 쓰임)

Mantis Shrimp, let's move! /Mantis Shrimp, get a move on!

너 ×××을/를 마음껏 해봐, ×××한다면 내가 진 것으로 해드리지.

你儘管XXX，XXX算我輸

So what? I win!

너 복습 열심히 해봐, 시험 통과한다면 내가 진 것으로 해드리지.

You just go over your texts and I bet you won't make it.

내 작은 주먹으로 네 가슴을 때릴 꺼야. 小拳拳捶你胸口

("내 말을 안 들으면 도끼로 너를 찍어버릴 꺼야" 라는 말을 귀엽게 표현한 말)

"보아하니 너의 그 소용 없는 머리를 부셔버려야 되겠구나" 라는 뜻이다.

It means that I guess it's time for me to lay waste to that pathetic loser skull of yours.

손가락 하트 比心 Finger Heart/Make fingers look like a heart shape.

마음이 아프구나, 친구야. 扎心了, 老鐵 My heart's broken, old fellow.

(마음의 상처가 클 때 자주 쓰는 말)

자신을 표현해보세요. 請開始你的表演 Please start your performance.

(원래는 오디션 프로그램이나 면접 시 많이 쓰는 말인데 지금은 지나치게 자신을 드러내려고 하는 사람들에게 풍자의 뜻으로 많이 해줌)

나는 아마도 가짜 ×××한 것 같구나. 我可能×××了假×××

(다른 사람이 자신과 어긋나는 언행을 해서 자신의 언행을 의심하는 척하는 풍자의 뜻을 담음)

나는 아마도 가짜 사람인 것 같구나.

Perhaps I'm a fake person.

3. 2016년 인터넷 유행어

홍황지력 洪荒之力 Prehistorical power/Mystic energy.

(천지를 멸망 시킬 수 있을 정도의 힘. 2016년 8월 8일 리오 올림픽 여자 수영 100미터 준결승에서 중국 수영선수 傅園慧가 인터뷰때 "我已经用了洪荒之力"라고 말한 것이 유행됨)

나는 이미 홍황지력을 썼다.

I have played my full potential, used all my strength!

수박 먹는 구경꾼 吃瓜群眾 Onlookers/spectators/Internet users/weibo users.

(어떤 사건이 터진후 내막이나 전개를 잘 모르면서 의견을 말하거나 묵묵히 구경하는 네티즌을 일컫는 말)

장인정신 工匠精神 A craftsmanship spirit of striving for the best.

(원래는 일종의 직업도덕, 직업능력, 직업품질의 체현을 말하는데, 2016년 중국 국무원 정부사업 보고에서 "기업들이 제품 품질을 제고하고 신용을 높인다는 기업 이념" 이라는 새로운 의미를 부여함)

작은 목표 小目標 Set a small target.

(王建林이 "먼저 1억을 버는 작은 목표를 달성하고 10억, 100억을 벌자" 는 말에서 나왔는데, 풍자적인 의미를 갖고 있음)

뜬금없이 ×××하다. 一言不合就 xxx

(한 사람이 갑자기 어떤 행동을 하거나 그 상황에 맞지 않는 행동을 할 때 많이 씀)

뜬금없이 셀카 찍는다.

Whenever you disagree with each other/The slightest disagreement leads to.

우정이라는 작은 배가 사이가 틀어지면 바로 뒤집힌다. 友誼的小船, 說翻就翻

Whenever you disagree with each other, you take selfies.

(말 뜻 그대로 자그마한 일 때문에 사람 사이의 우정에 흠집이 생긴다는 뜻)

공급측 개혁 共給側結構性改革 Supply side structural reform.

(공급과잉 해소, 부동산 재고 해소, 기업 경영 비용 절감, 과잉 레버리지 축소, 취약 부문 개선 등을 주요 과제로 하는 경제정책)

"갈우"식 누움 葛優躺 Ge You slouch.

(1994년 중국유명배우 葛優가 출연한 드라마《我愛我家》에서 葛優가 소파에 누워있는 모습이 폐인과 같다고 해서 유행, 한국의 "시체놀이"와 뜻이 비슷함)

노림수 套路 Routine

(체계적인 무술 동작을 뜻하는 말 외에 현재 새로운 의미를 부여하여 "노림수", "수작" 등 단어의 뜻에 가까운 신조어)

노림수는 적당히 하고 다른 사람을 진심으로 대하자.
Less routine, more sincerity.

슬퍼서 울고 싶다. 藍瘦, 香菇 Be in a bad mood/Down in the dumps

("難受, 想哭"의 諧音語로 말 그대로 "슬퍼서 울고 싶다"라는 뜻을 표현하고 싶을 때 많이 씀. 한 남자가 방언으로 "難受, 想哭"를 울면서 말하는 영상이 중국의 SNS인 '微博'에서 인기를 모으면서 유래됨)

4. 2015년 인터넷 유행어

나라에 반납하다. 上交給國家 Handover something to the government

(중국의 드라마 『盜墓筆記』에서 나온 대사. 드라마 감독은 묘지에서 파낸 유물들을 나라에 반

11

인터넷 유행어편

납해야 한다는 신이 없으면 드라마가 심사에서 걸린다고 한 원인으로 네티즌들이 풍자적인 유행어로 많이 사용됨)

아기 놀랬어요. 嚇死本寶寶了

It scared my pants off! / It scared the hell out of me. / I'm scared to death.

(심하게 놀랬다는 뜻으로 귀엽게 표현하는 말)

분명히 외모로 먹고 살 수 있는데 하필 재능으로 먹고 살다.

明明可以靠臉吃飯, 卻要靠才華

She could have earned a living with face, but instead, she uses her talent.

(뚱뚱한 중국 연예인 賈玲의 젊었을 때 사진이 공개되자 배우 賈玲이 한 말로 유행어로 됨)

세계가 이렇게 큰데, 내가 가서 봐야겠다. 世界那麼大, 我想去看看

The world is so big that I want to see it.

(중국의 한 교사의 사직서에서 유래)

자긴 왜 자, 일어나서 놀아야지. 睡什麼睡, 起來嗨

Wake up and get high with us!

(중국 SNS 의 한 영상에서 유래됨)

중요한 일은 3번 말한다. 重要的事情說三遍

Important things need to be mentioned at least three times.

(한 부동산 광고에서 유래됨)

내 마음이 무너져 내릴 것 같아. 我的內心幾乎是崩潰的

I lost my control, in my heart./My heart is almost broken.

(중국 드라마에서 유래된 말)

답답하다. 心塞 Feel stifled/suffocated/very uncomfortable

("심근경색"의 줄임 말로 답답하거나 일이 풀리지 않을 때 많이 씀)

뽀뽀, 쪽쪽 麽麽噠 Love you, my darling.

(인터넷 댓글로 유명해진 말로, 상대에 대한 강한 호감을 표시할 때 쓰는 인터넷용어)

니가 잘하면 니가 해. 你行你上啊

If you can do it then you should go up and do it.

(중국의 축구 팬이나 농구 팬들의 댓글에 의해 유행해진 말)

5. 2014 인터넷 유행어

소중히 여길줄 알고 살아라. 且行且珍惜

Cherish what you have at the moment.

(중국 연예인 文章의 제3자 논란으로 아내 馬伊琍가 올린 SNS에서 유래함)

눈꼴 사나워서 못 봐주겠네. 畵面太美我不敢看

I cannot afford to take a look at it.

(원래는 채의림蔡依林의 노래 가사에서 유래되었는데, 현재는 주로 SNS에서 보기 싫거나 껄끄러운 이미지를 보았을 때 비꼬면서 사용하는 말)

전방 주의 前方高能 Surprise ahead, energy front.

(격렬하거나 충격적인 장면이 곧 나타난다는 말을 일컫는 단어. 주로 동영상 혹은 영화에서 스릴감을 예고하는 인터넷용어로 씀)

인터넷 유행어편

나도 취했다. 我也是醉了

I am speechless/incomprehensible./Are you kidding me.

("어이없다" 라는 뜻을 갖고 있으며 중국어로 "莫名其妙" 와 비슷한 뜻을 갖고 있음)

나는 그냥 조용히 미남으로 살고 싶다. 我只想安靜地做個美男子

I just want to be a chick magnet quietly.

(미남도 아니고 능력도 없을 때 풍자적으로 '나같이 잘생긴 사람은 그냥 조용히 살면 된다' 라는 뜻으로 쓰임)

여기서 질문한다. 現在問題來了 Here is the question

(원래는 어느 한 직업전문학교의 광고를 풍자하는 말이었지만 지금은 문제를 제기하거나 누군가의 말을 반박할 때 많이 쓰임)

지금 사람 전체가 안좋아졌어. 現在整個人都不好了 I have goose bumps

(어이없거나 할 말을 잃었을 때 많이 씀)

꽤 빡세게 하네. 也是蠻拼的 Give it ones best shot./Pretty strenuous.

(열심히 한다는 것을 풍자적으로 하는 말, 다른 사람이 하지 않거나 정도가 상상 이상에 도달했을 때 많이 씀)

나 책 많이 못 읽어서 잘 모르겠는데, 너 나 속이지 마. 我讀書少,你可別騙我

I read a little, do not fool me.

(원래는 이소룡李小龍, Bruce Lee의 『精武門』에서의 대사이지만 현재는 다른 사람이 모르면서 아는 척 하는 것을 풍자하거나 청자가 모르지만 화자가 자신을 속인다고 의심될 때 하는 유행어)

시간이 다 어디로 갔을까? 時間都去哪兒了 Where did the time go?

(중국 노래 제목인데, 지금에 와서 시간이 빨리 지나가는 것을 감탄하거나 시간을 헛되이 보낸 것을 후회할 때 많이 쓰임)

6. 2013년 인터넷 유행어

중국의 꿈. 中國夢 The Chinese dream

(중화민족의 위대한 부흥을 의미)

그릇을 비우다. 光盤 Clear your plate

(그릇을 깨끗이 비우라는 의미로 절약정신을 반영)

거꾸로 압박하다. 倒逼

Reversed transmission of the pressure to get something done.

(전에는 상사가 부하 직원에게 스트레스를 많이 주었는데 지금 거꾸로 부하 직원이 상사에게 스트레스를 많이 준다는 뜻)

역습 逆襲 Counterattack under unfavorable circumstances.

(원래는 일본의 애니메이션에서 자주 나오는 일본 한자였는데 중국에 전해지면서 약한 자가 강한 자를 꺾어서 성공하거나 자신의 노력으로 성공하는 것을 비유하는 말로 인터넷에서 많이 사용됨)

마이크로 微 Micro

"좋아요"를 클릭하다. 點讚 Give a like

(SNS에서 "좋아요"를 클릭한다는 뜻 외에 한 사람이 좋은 일을 하거나 좋은 성적을 따냈을 때 칭찬하는 말로 많이 쓰임)

한자와 중국어
그리고 중국문화

Follow me,
like Chinese

중국 각 성시省市 소개

12

아름다운 중국 각 성시省市 가장 대표적인 여행 관광지 몇 곳 정도 가 보았는가? 중국에 총 34개의 성급省級 행정구와 660여 개의 도시에 3만여 개의 관광 명소가 있다. 여기서 각 성시 관상적, 문화적, 과학적 가치가 있는 자연 경관과 인문 경관인 국가급 풍경 명소와 먹거리, 특산물 등 각 지역 문화를 대표하는 인물과 문화 광경을 발취하여 중국 각 성시의 명함장으로 세계 여러 나라 친구들께 알리려고 한다.

The most representative tourist spots in all the provinces and cities of beautiful China. How many have you visited? There are 34 provincial administrative regions, 660 cities and more than 30,000 scenic spots in China, with 243 national scenic spots up to 2017. We select the national scenic spots of various provinces and cities, that is, the natural landscape and human landscape with ornamental, cultural or scientific value. Food snacks, specialties, and cultural landmark characters and scenes that can represent different cultures are used as business cards for Chinese provinces and cities to entertain foreign friends.

중국 각 성시省市 소개

북경시 北京市 Beijing

관광 명소: 팔달령 장성八達嶺長城, 북경北京 고궁박물관故宮博物院, 천안문 광장天安門廣場, 이화원頤和園, 원명원圓明園 The Great Wall; The Palace Museum; The Tian'anmen Square; The Summer Palace; The Old Summer Palace.

대표 음식: 베이징덕北京烤鴨, 짜장면炸醬麵, 류다구언驢打滾, 콩국豆汁 Beijing Roast Duck; Fried Noodles with Sauce; Snowballing Usury; Bean Sauce.

특산물: 경태람景泰藍, 이과두주二鍋頭, 북경 설탕절임과일, 탕후루糖葫蘆 Cloisonne; Erguotou; Beijing preserved fruit; Sugar-coated Haws

문화적 랜드마크: 경극京劇, 북표北漂(북경에서 생활하지만 안정적인 직업과 집이 없는 사람들), 중관촌中關村, 베이징대학교北京大學, 칭화대학교清華大學 Peking Opera, North drift, Zhongguancun, Peking University, Tsinghua University

고궁박물관故宮博物院

이화원頤和園

류다구언驢打滾

쟈오추안焦圈 / 콩국豆汁

천진시 天津市 Tianjin

관광 명소: 5대도五大道, 고古문화거리, 반산盤山, 해강 와이탄海河外灘

Five Avenue; Ancient Culture street; Mount Pan; Haihe river bund

대표 음식: 거우부리狗不理, 18거리 꽈배기十八街麻花, 젠빙궈즈煎餠菓子

Goubuli;18th Street Twist; Chinese savior crepe

특산물: 양류청 년화楊柳青年畵, 니런장泥人張

Yangliuqing New Year paintings; Clay Figurine Zhang

문화적 랜드마크: 곡 예술曲藝　Quyi

천진지안天津之眼

니런장泥人張 작품

거우부리바오즈狗不理包子

천진꽈배기天津大麻花

상해시 上海市 Shanghai

관광 명소: 동방명주東方明珠 TV 타워, 와이탄外灘, 상해 디즈니上海迪士尼, 예원豫園

Oriental pearl tower; The bund;Shanghai Disneyland; Yu Garden

대표 음식: 성젠바오生煎包, 샤오룽빠오小籠包　Pan fried; The small steamed bun

12

중국
각 성시省市
소개

동방명주東方明珠 TV 타워

상해 디즈니上海迪士尼

샤오룽빠오小籠包

성젠바오生煎包

특산물: 성황당 리가오탕城隍廟梨膏糖, 자딩주커嘉定竹刻, 顧繡(상해 고회해顧會海의 첩妾이 었던 난옥蘭玉의 자수 솜씨가 뛰어나다는 데에서 유래하여, 자수품의 일반적인 통칭이 되었음)
Town God's Temple pear sugar; Jiading bamboo carving; Gu Embroidery

문화적 랜드마크: 포동 신구浦東新區, 복단대학교復旦大學, 상해교통대학교上海交通大學
Pudong New Area; Fudan University; Shanghai Jiao Tong University

중경시 重慶市 Chongqing

관광 명소: 다쭈 석각大足石刻, 풍도豊都 유령 도시, 백제성白帝城, 소삼협小三峽
Dazu stone carving; Fengdu ghost town; White Emperor Town; the Little Three Gorge

대표 음식: 중경重慶 샤브샤브 Chongqing hotpot

특산물: 부릉涪陵구 짜차이榨菜 Fuling pickled mustard tuber; Hechuan peach slices

문화적 랜드마크: 방방군棒棒軍, 용문진龍門陳, 천강호자川江號子, 홍암紅岩

다쭈석각大足石刻

重庆火锅

Porters in the Mountain City; Dragon Tongue Squad; Working song on Chuanjiang; Red Crag.

사천성 四川省 Sichuan Province

(성도省都: 성도成都)

관광 명소: 어메이산 풍경구峨眉山風景區, 주자이거우九寨溝, 칭청산青城山, 러산樂山의 대불 Mountain Emei scenic area; Jiuzhaigou; Qingcheng Mountain; Leshan giant Buddha

대표 음식: 샤브샤브, 단단면擔擔面 Hot pot; Dandan noodle

특산물: 촉수蜀繡, 우량예五粮液, 루저우라오쟈오瀘州老窖, 川貝(사천성에서 나오는 패모貝母) Shu Embroidery; Wuliangye; Luzhou Laojiao; Sichuan fritillary bulb

문화적 랜드마크: 천극川劇, 변검變臉, 와룡臥龍 판다, 삼성퇴 문화三星堆文化

주자이거우九寨溝

칭청산青城山

홍암혁명기념관紅巖革命紀念館

12

중국
각 성시省市
소개

러산대불樂山大佛

촉수蜀繡

삼동퇴청동가면三星堆青銅面具

단단면擔擔面

Sichuan Opera; Face changing; Wolong giant panda; Sanxingdui culture

광동성 廣東省 Guangdong Province (성도: 광주廣州)

관광 명소: 칸톤 타워廣州塔, 불산진佛山鎭, 화교華僑 관광휴양지, 단샤산丹霞山관광지, 백운산白雲山, 중화민속촌, 창롱長隆동물원 Guangzhou Tower; Foshan Town;

칸톤 타워廣州塔

중화민속촌中華民俗村

새우교자蝦餃

창펀腸粉

Overseas Chinese tourist town; Danxia mountain; Baiyun mountain; Chinese cultural folk village; Chimelong Safari Park

대표 음식: 새우교자蝦餃, 창펀腸粉, 허펀河粉

Shrimp dumplings; Steamed vermicelli roll; Flat rice-flour noodle

특산물: 광수粤繡, 냉차凉茶, 단연端硯

Guangdong Embroidery; Herbal tea; Duan Inkstone

문화적 랜드마크: 월극粤劇, 차오상潮商, 광주廣州 수출품 교 역회

Cantonese opera; Chaozhou merchants; Canton Fair

섬서성 陝西省 Shaanxi Province (성도: 서안西安)

관광 명소: 화산華山, 진시황릉秦始皇陵 병마용兵馬俑, 대안탑大雁塔, 화청궁華清宮

Mount Hua; Terracotla Warriors and Horses of Qin Shihuang Mausolcum; Big wild goose Pagoda; Huaqing Dynasty Palace

화산華山

진시황릉秦始皇陵 병마용兵馬俑

중국
각 성시省市
소개

러우쟈뭐肉夾饃

양러우파오모羊肉泡饃

안새요고安塞腰鼓

대표 음식: 러우쟈뭐肉夾饃, 양러우파오모羊肉泡饃, 량피凉皮, 싸오쯔면臊子麵
Meat with Mo; Lamb bread in the soup; Cold noodles; Minced noodles

특산물: 시펑주西鳳酒, 쉬이징빙水晶餅, 요주요耀州窯
Xifeng Liquor; Crystal Cake; Yaozhou Kiln

문화적 랜드마크: 산비탈의 황토밭黃土高坡, 진강秦腔, 신천유信天遊, 안새요고安塞腰鼓, 섬북요동陝北窯洞 Loess Plateau; Qin Opera; Xintianyou; Ansai Waist Drum; North Shaanxi Cave

호북성 湖北省 Hubei Province (성도: 무한武漢)

관광 명소: 동호東湖, 장강삼협長江三峽, 황학루黃鶴樓, 무당산武當山, 한구진漢口鎭, 은시대협곡恩施大峽谷, 대별산大別山, 신농가神農架 East Lake; Yellow Crane Tower; Wudang Mountain; Hankou Town; Enshi Grand Canyon; Shennongjia

대표 음식: 르어깐면熱干面, 미엔워麵窩, 야뷔鴨脖
Hot-and-dry noodles; Face nest; Duck neck

특산물: 대두방어武昌魚, 모패칠毛坝漆, 원림청주園林靑酒
Wuchang fish; Maoba paint; Yuanlinqing Liquor

문화적 랜드마크: 한극漢劇, 황매희黃梅戲 Han Opera; Huangmei Opera

은시대협곡恩施大峽谷

황학루黃鶴樓

르어깐면熱干面

야뷔鴨脖

강소성 江蘇省 Jiangsu Province (성도: 남경南京)

관광 명소: 부자묘夫子廟, 중산릉中山陵, 소주원림蘇州園林, 주장고진周莊古鎭, 소주호구蘇州虎丘, 금계호金鷄湖, 태호太湖, 자금산紫金山

태호太湖강 야경

중산릉中山陵

Confucius temple; Sun yat-sen's Mausoleum; Suzhou Gardens; Zhouzhuang Old Town; Suzhou Huqiu; Jinji Lake ; Taihu Lake; Zijin Mountain

대표 음식: 오리선지탕鴨血粉絲湯, 메이화가오梅花糕, 게상만두蟹黃湯包, 쑹수케이위위松鼠鱖魚, 따주깐스大煮干絲, 남경판압南京板鴨
Duck blood soup with vermicelli; Plum cakes; Crab yellow soup packets; Squirrel mandarin fish; Large cooking kan-ssu; Steamed Nanjing duck cutlets

특산물: 벽라춘碧羅春, 소수蘇繡, 운금雲錦, 진강향초鎭江香醋, 양청후 다자셰陽澄湖大閘蟹   Biluochun Tea; Suzhou Embroidery; Yun Brocade; Zhenjiang vinegar; Yangcheng Lake hairy crabs.

문화적 랜드마크: 곤곡崑曲, 화서촌華西村   Kun Opera; Huaxi Village

절강성 浙江省 Zhejiang Province (성도: 항주杭州)

관광 명소: 서호西湖, 보타산普陀山, 오진烏鎭, 서당고진西塘古鎭, 안탕산雁蕩山, 천도호千島湖, 서계습지공원西溪濕地公園, 횡점진橫店鎭   West Lake; Putuo Mountain; Wuzhen; Xitang ancient town; Yandang Mountain; Thousand Islands Lake; Xixi wetland park; Hengdian World Studio

대표 음식: 자싱러우쭝嘉興肉糉, 찌아오화지叫花鷄, 룽징샤런龍井蝦仁, 송고松糕, 서호쇠고기 수프西湖牛肉羹, 당계화糖桂花   Jiaixing Pork rice pudding; Beggar's chicken; Longjing shrimp; Pine cakes; West lake beef soup; Sugar osmanthus flowers

특산물: 소흥화조주紹興花雕酒, 서호룽정西湖龍井, 금화화퇴金華火腿, 절패浙貝

서호西湖

보타산普陀山

안탕산雁蕩山

자싱러우쭝嘉興肉粽

Shaoxing Hua Tiao Chiew; West Lake Longjing Tea; Jinhua Ham; Bulb of Thunberg Fritillary

문화적 랜드마크: 월극越劇, 하모도문화河姆渡文化, 의오소상품성義烏小商品城, 온주상인溫州商人　Yue Opera; Hemudu Culture; Yiwu Commodity City; Wenzhou Merchants

호남성 湖南省 Hunan Province (성도: 장사長沙)

관광 명소: 악양루岳陽樓, 동정호洞庭湖, 장가계張家界, 귤자주橘子洲, 봉황고성鳳凰古城, 천문산天門山　Yueyang Tower; Dongting Lake; Zhangjiajie; Orange Isle; Fenghuang Ancient Town; Tianmen Mountain

대표 음식: 마라룽샤麻辣小龍蝦, 취두부臭豆腐, 쓰궈위石鍋魚, 마우스훙사오러우毛氏紅燒肉, 호남납육湖南臘肉, 뛰쟈오위터우剁椒魚頭, 유양증채瀏陽蒸菜

Spicy crayfish; Stinky tofu; Stone fish; Braised Pork Belly; Hunan bacon; Chopped pepper head; Liuyang steamed dishes

악양루岳陽樓

장가계張家界

룽쌰小龍蝦

취두부臭豆腐

특산물: 상수湘繡, 유양화포瀏陽花砲, 군산은침君山銀針, 상련湘蓮, 부용왕연芙蓉王煙 Xiang Embroidery; Liuyang fireworks; Junshan silver needle tea; Xiangtan lotus seed

문화적 랜드마크: 악록서원岳麓書院, 호남TV湖南衛視
Yuelu Academy; Hunan Satellite TV

안휘성 安徽省 Anhui Province (성도: 합비合肥)

관광 명소: 황산黃山, 구화산九華山, 천주산天柱山, 서제고진西遞古鎮, 제운산齊雲山, 소호巢湖 Mountain Huang; Jiuhua Mountain; Tianzhu Mountain; Xidi Village; Qi Yun Mountain; Chaohu Lake

대표 음식: 처우구이위臭鱖魚, 황산소병黃山燒餅, 은어銀魚, 당산쑤리碭山酥梨, 오성차간五城茶干, 포공어包公魚, 모두부毛豆腐 Mandarin fish; Huangshan baked cake; Whitebait; Dangshan pear; Wucheng Chagan; Baogong fish; Hairy tofu

특산물: 황산모봉黃山毛峰, 루안과펜六安瓜片, 기홍祈紅, 선지宣紙, 태평후괴太平猴

굉촌宏村

황산黃山

처우구이위臭鱖魚

화고花鼓

魁　Yellow Mountain fuzz tip; Lu'an Guapian tea; Keemun; Chinese Chagan; Taiping kowkui

문화적 랜드마크: 봉양화고鳳陽花鼓, 휘상徽商

Fengyang flower drum; Hui Merchants

복건성 福建省 Fujian Province (성도: 복주福州)

관광 명소: 무이산武夷山, 고랑서鼓浪嶼, 천주청원산泉州清源山

Wuyi Mountain; Gulangyu Island; Quanzhou Qingyuan Mountain

대표 음식: 불도장佛跳墻, 하이리젠海蠣煎, 복정육편福鼎肉片, 토순土筍, 대홍포大紅袍

Buddha jumps over the wall; Fried sea oysters; Meat slices of Fuding; Soil bamboo shoots; Dahongpao Tea

특산물: 안계철관음安溪鐵觀音, 무이암차武夷岩茶, 편자황片仔癀, 탈태칠기脫胎漆器

Anxi Tieguanyin; Wuyi rock tea; Pien Tze Huang; Bodiless lacquerware

문화적 랜드마크: 마조媽祖, 혜안녀惠安女, 석사복장성石獅服裝城

무이산武夷山

고랑서鼓浪嶼

불도장佛跳墻

안계철관음安溪鐵觀音

Matsu; Hui'an maidens; Shishi clothing city

강서성 江西省 Jiangxi Province (성도: 남창南昌)

관광 명소: 노산盧山, 파양호鄱陽湖, 삼청산三淸山, 무공산武功山, 무원婺源, 용호산龍虎山, 등왕각滕王閣 Mountain Lu; Poyang Lake; Sanqing Mountain; Wugong Mountain, Wuyuan; Longhu Mountain; Tengwang Pavilion

대표 음식: 와관위탕瓦罐煨湯, 연화혈압蓮花血鴨, 남창볶음국수南昌炒粉, 백당고白糖糕, 려호납육볶음藜蒿炒臘肉, 감남제등贛南臍橙 Potted Soup; Lotus blood duck, Nanchang Fried rice noodles; White sugar cake; Preserved meat Fried with tarragon; Gannan navel orange

특산물: 노산운무차盧山雲霧茶, 경덕진景德鎭 도자기, 이도李渡 붓, 사특주四特酒, 통심

등왕각滕王閣

여산운해廬山雲海

무원婺源

와관위탕瓦罐煨湯

백련通心白蓮, 나문연螺紋硯　Lu Mountain Clouds-Mist; Jingdezhen Porcelain; Li Du Brush; Si Te Wine; Tongxin Bailian; Threaded Inkstone; Longwei Inkstone

문화적 랜드마크: 감극贛劇, 나무儺舞, 채차희采茶戲, 장수약재樟樹藥材

Gan Opera; Nuo dance; Tea Picking Opera; Medicinal materials of Zhangshu

산동성　山東省　Shandong Province　(성도: 제남濟南)

관광 명소: 태산泰山, 노산嶗山, 곡부삼공曲阜三孔(공자묘孔廟, 공자부孔府, 공림孔林), 박돌천趵突泉, 봉래蓬萊　Mountain Tai; Mountain Lao; Confucius Temple; Kong Family Mansion; Cemetery of Confucius Forest; Spouting Spring; Penglai

대표 음식: 청도靑島 맥주, 연태煙台 사과, 덕주배계德州扒鷄

Qingdao Beer; Yantai Apple; Braised Chicken Dezhou Style

특산물: 아교阿膠, 유방濰坊 연, 장옥張裕 포도주

Donkey hide gelatin; Weifang kite; Chang Yu wine

중국
각 성시省市
소개

태산泰山

박돌천趵突泉

청도青島 맥주

유방濰坊 연

문화적 랜드마크: 공자孔子, 양산호한梁山好漢, 요재聊齋

Confucius; Liangshan heroes; Liao Zhai

하남성 河南省 Henan Province (성도: 정주鄭州)

관광 명소: 낙양 용문석굴洛陽龍門石窟, 주선진朱仙鎭, 운태산雲臺山, 청명상하원清明上河園, 숭산소림사嵩山少林寺, 은허殷墟, 태항대협곡太行大峽谷, 신농산神農山

Longmen Grottoes in Luoyang; Zhuxian Town; Yuntai Mountain; Qingming Riverside Landscape Garden; Songshan Shaolin Temple; Yin Dynasty ruins; Taihang Grand Canyon; Shennong Mountain

대표 음식: 다오커우 사오지道口燒鷄, 낙양 수석水席

Roast chicken; Luoyang's Water Banquet

특산물: 모첨毛尖, 당삼채唐三彩, 주선진 년화年畵

Maojian Tea; Tang tri-color glazed; Zhuxian Town New Year pictures

용문석굴龍門石窟

소림사少林寺

당삼채唐三彩

주선진朱仙鎭 연화年畵

문화적 랜드마크: 예극豫劇, 소림무술少林武術, 낙양 모란牡丹, 남가촌南街村, 앙소문화 仰韶文化

Henan Opera, Shaolin martial arts; Luoyang peony; Nanjie Village; Yangshao culture

운남성 雲南省 Yunnan Province (성도: 곤명昆明)

관광 명소: 전지滇池, 옥룡설산玉龍雪山, 석림石林, 여강고성麗江古城, 노고호瀘沽湖, 샹그리라香格里拉, 노강대협곡怒江大峽谷, 매리설산梅里雪山, 창산이해蒼山洱海, 등충騰沖 Dianchi Lake; Yulong Snow Mountain; Stone Forest; Lijiang Ancient city; Lugu Lake; Shangri-la; Nujiang grand canyon; Meri Snow Mountain; Cang Mountain and Erhai Lake; Tengchong

대표 음식: 운남 십팔괴雲南十八怪, 치궈지汽鍋雞, 조고우분調糕藕粉, 장미화전玫瑰花餅, 꾸워치아오미시엔過橋米線 Eighteen wonder of Yunnan; Steam Pot Chicken; Cake

옥룡설산玉龍雪山

석림石林

화전鮮花餠

다이족傣族 살수절潑水節

lotus root starch; Rose cake; Cross Bridge Rice Noodles

특산물: 보이차普洱茶, 전홍滇紅, 운남백약雲南白藥, 홍탑산紅塔山 담배

Pu'er tea; Yunnan black tea; Yunnan Baiyao; Hongtashan cigarettes

문화적 랜드마크: 아스마阿詩瑪, 전극滇劇, 살수절潑水節, 공작무孔雀舞, 대리국大理國, 동파문자東巴文 Ashima; Yunnan Opera; Water splashing Day; Peacock Dance; Dali Kingdom; Dongba characters

해남성 海南省 Hainan Province (성도: 해구海口)

관광 명소: 아룡만亞龍灣, 야노다 열대우림呀諾達熱帶雨林文化旅遊區, 삥랑구檳榔谷文化旅遊區, 보아오博鰲水城, 해남열대식물원海南熱帶植物園

Yalong Bay; Yanoda rainforest cultural tourism zone; Penang valley li miao cultural tourism zone; Boao watertown; Hainan tropical botanical garden

싼야三亞

백절계白切雞

대표 음식: 문창백절계文昌白切鷄, 가적압加積鴨, 화락계和樂蟹, 동산양東山羊, 매화삼梅花參, 허우안쯔위後安鯔魚, 해담海膽, 킹크랩海龍蝦, 린가오루주臨高乳豬

Wenchang white sliced chicken; Jiaji Duck; Hele crab; East goats; Thelenota ananas; After mullets; Sea urchin; Sea lobster; Lingao suckling pig

특산물: 여동黎峒 비단, 야자, 잭프루트菠蘿蜜 Li brocade; coconut; jackfruit

문화적 랜드마크: 홍색낭자군紅色娘子軍, 남해 열도, 천애해각天涯海角

the Red Detachment of women; and the South China Sea Islands; Ends of the earth

청해성 青海省 Qinghai Province (성도: 서녕西寧)

관광 명소: 청해호青海湖, 차카염호茶卡鹽湖, 탑이사塔爾寺, 일월산日月山

Qinghai Lake; Chaka Salt Lake; Ta'er Lamasery; Riyue Mountain

특산물: 서녕 대황大黃, 동충하초, 설련화雪蓮花

Xining rhubarb; Ophiocordy ceps Sinensis; Saussurea involucrata

청해호青海湖

탑이사塔爾寺

중국
각 성시省市
소개

동충하초冬蟲夏草

티베트 영양藏羚羊

문화적 랜드마크: 커커시리 티베트 영양可可西里藏羚羊, 세 강의 원천三江源
Hoh Xil Tibetan antelope; Sanjiangyuan National Nature Reserve

하북성 河北省 Hebei Province (성도: 석가장石家莊)

관광 명소: 승덕 피서산장承德避暑山莊, 북대하北戴河, 싸이한바국가삼림공원塞罕壩國家森林公園, 백양전白洋澱, 조주교趙州橋, 산해관山海關
Chengde Imperial Summer Resort; Beidaihe; Seramba national forest park; Baiyang Lake; Zhaozhou Bridge; Shanhai Pass

대표 음식: 여육화소驢肉火燒, 팔대완八大碗, 소병燒餠, 곡면曲面, 훈육燻肉
Donkey Burger; Eight bowls; Clay oven rolls; Curved noodles; Bacon

특산물: 형수노백간衡水老白干　Hengshui Laobaigan Liquor

승덕 피서산장承德避暑山莊

산해관山海關

문화적 랜드마크: 하북 방쯔河北梆子, 평극評劇, 오교잡기吳橋雜技, 형태매화권邢台梅花拳 Hebei Clapper Opera; Ping Ju, Wuqiao acrobatics, Xingtai plum blossom boxing

평극評劇

산서성 山西省 Shanxi Province

(성도: 태원太原)

관광 명소: 호구壺口 폭포, 평요고성平遙古城, 항산恒山, 안문관雁門關, 오대산五臺山

Hukou Waterfall ; Pingyao ancient city; Hengshan Mountain; Yanmen Pass; Wutai Mountain

오대산五臺山

대표 음식: 도삭면刀削麵 Cut noodles

특산물: 산서 진초陳醋, 분주汾酒, 추광칠기推光漆器

Shanxi Mature vinegar; Xinghuacun Fen Wine; Light lacquer ware.

문화적 랜드마크: 진상晉商, 산서 방쯔山西梆子 Shanxi Merchants; Shanxi Bangzi

도삭면刀削麵　　추광칠기推光漆器

요녕성 遼寧省 Liaoning Province (성도: 심양瀋陽)

관광 명소: 심양 고궁故宮, 천산千山, 노호탄老虎灘, 대필가산大筆架山

Mukden Palace; Qianshan Mountain; Tiger Beach; Big Beacon Hill

대표 음식: 닭고기버섯조림小雞燉蘑菇, 훈계燻雞

Chicken Stewed Mushrooms; Smoked Chicken

대필가산大筆架山

얼른좐二人轉

특산물: 관동關東 담배, 주어찬柞蠶 비단 Guandong Tobacco; Tussah Silk

문화적 랜드마크: 얼른좐二人轉, 철령소품鐵嶺小品, 해성海城 장대다리 Er Ren Zhuan; Tieling sketch; Haicheng stilts

해성海城 장대다리

흑룡강성 黑龍江省 Heilongjiang Province (성도: 하얼빈哈爾濱)

관광 명소: 오대연지화산五大連池火山, 경박호鏡泊湖, 목단강牡丹江, 막하북극촌漠河北極村, 대흥안령大興安嶺

대표 음식: 하얼빈 홍창哈爾濱紅腸

특산물: 후두猴頭 버섯

문화적 랜드마크: 얼음 조각, 북대황北大荒

얼음 조각

북대황北大荒

오대련지五大連池

하얼빈哈爾濱 훙창紅腸

내몽골자치구 內蒙古自治區 Inner Mongolia Autonomous Region (성도: 호화호특呼和浩特)

관광 명소: 호륜패이呼倫貝爾 대초원, 향사만響沙灣
Hulunbuir prairie; Sounding Sand Bay

호륜패이呼倫貝爾 대초원

마유주馬奶酒

파오蒙古包

양고기 샤브샤브涮羊肉

대표 음식: 양고기 샤브샤브涮羊肉　Instant boiled mutton

특산물: 마유주馬奶酒, 오르도스鄂尔多斯 캐시미어

Horse milk wine; Ordos cashmere

문화적 랜드마크: 파오蒙古包, 후미呼麥, 몽골 민요

Mongolia Yurt; Khoomei; Mongolia long tune folk songs

광서장족자치구 廣西壯族自治區 Guangxi Autonomous Region (성도: 남녕南寧)

관광 명소: 계림桂林 산수, 이강漓江, 상비산象鼻山, 북해은탄北海銀灘, 덕천폭포德天瀑布, 양삭陽朔

대표 음식: 계림 쌀국수, 유자 껍질 볶음, 파마향저巴馬香猪

특산물: 계피, 장족 비단

문화적 랜드마크: 계극桂劇, 장극壯劇

계림桂林 산수

장족 비단

계림 쌀국수

파마향저巴馬香猪

티베트자치구 西藏自治區 Tibet Autonomous Region (성도: 라사拉薩)

관광 명소: 포탈라궁布達拉宮, 초모 룽마珠穆朗瑪峰, 야로장포대협곡雅魯藏布大峽谷, 삼대성호聖湖 The Potala Palace; Mount Qomolangma; Yarlung Zangbu Grand Canyon; Three sacred lakes

특산물: 청과주青稞酒, 수유차酥油茶 Highland barley wine; Butter tea

문화적 랜드마크: 격살이왕格薩爾王, 하다哈達, 탕카唐卡 King Gesar; Khatag; Thangka

포탈라궁布達拉宮

칭짱青藏 고원高原

감숙성 甘肅省 Gansu Province (성도: 난주蘭州)

관광 명소: 돈황고성敦煌古城, 가욕관嘉峪關, 월아천月牙泉, 맥적산 석굴麥積山石窟, 공동산崆峒山 Dunhuang Ancient City; Jiayu Pass; Crescent Spring; Maiji Mountain Grottoes; Kongtong Mountain

대표 음식: 난주 라면蘭州拉麵, 천수 저유합天水猪油盒

월아천月牙泉

가욕관嘉峪關

난주 라면 蘭州拉麵

야광배 夜光杯

Lanzhou hand-pulled noodles; Tianshui lard box

특산물: 야광배夜光杯, 낭아밀狼牙蜜, 민현岷縣 당귀, 문당紋黨
Luminous Cup; Spike honey; Chinese Angelica of Minxian County; Codonopsis pilosula of Wenxian County

문화적 랜드마크: 하서주랑河西走廊, 곡자희曲子戲 Hexi Corridor; Qu opera

귀주성 貴州省 Guizhou Province

(성도: 귀양貴陽)

관광 명소: 육반수六盤水, 황과수黃果樹 폭포, 범정산梵淨山, 천호묘채千戶苗寨, 여파 대소칠공荔波大小七孔, 진원고진鎭遠古鎭 Liupanshui; Huangguoshu Waterfall; Mount Fanjing; Thousands of Miao village; Libo Seven holes; Zhenyuan Old Town

황과수黃果樹 폭포

대표 음식: 쏸탕위酸湯魚, 라오간마老干媽 Sour Soup fish; Lao Gan Ma

특산물: 마오타이주茅台酒, 동주董酒 Moutai; Dongjiu Liquor

쏸탕위酸湯魚

문화적 랜드마크: 납염蠟染, 동희侗戲,

포의희布依戲

Batik; Dong's play; Buyi Drama

길림성 吉林省 Jilin Province

(성도: 장춘長春)

관광 명소: 송화강松花江, 장백산長白山, 정월담淨月潭國家森林公園, 장춘세계조각공원長春世界雕塑公園, 육정산六鼎山, 장영세기성長影世紀城, 위만황궁박물관僞滿皇宮博物院   Songhua River; Changbai Mountains; Jingyuetan National Forest Park; Changchun World Sculpture Park; Liuding Mountain Cultural Tourism Zone; Changchun Movie Wonderland; Imperial Palace of Manchukuo

대표 음식: 탕수육鍋包肉, 구운냉면烤冷麵
Double Cooked Pork Slices; Grilled Cold Noodles

납염蠟染

송화강松花江

장백산長白山

탕수육鍋包肉

인삼人參

특산물: 인삼人參, 검은 담비 가죽紫貂皮, 녹용, 오랍초烏拉草

Ginseng; Zibeline; Pilose antler; Wula Sedge

문화적 랜드마크: 장고 춤, 고구려 유적

Long drum dance, Kingdom of koguryo

녕하회족자치구 寧夏回族自治區 Ningxia Hui Autonomous Region (성도: 은천銀川)

관광 명소: 하란산賀蘭山, 사호沙湖, 육반산六盤山

Helan Mountain; Shahu Lake; LiuPan Mountain

대표 음식: 탄양灘羊, 꽈배기饊子 Tan-sheep; Fried dough twist

특산물: 탄양피灘羊皮, 구기자枸杞, 감초甘草, 하란석賀蘭石, 발채發菜

Tan-sheep skin; Wolfberry; Licorice; Helan Stone; Black moss

문화적 랜드마크: 서하왕릉西夏王陵, 사파두沙坡頭

Mausoleum of Xixia Dynasty; Shapotou

사호沙湖

구기자枸杞

신강위구르자치구 新疆維吾爾自治區 Xinjiang Uygur Autonomous Region

(성도: 우루무치烏魯木齊)

관광 명소: 카나스喀納斯, 천산천지天山天池, 화염산火焰山, 마귀성魔鬼城

Kanas; Tianshan Tianchi; Flaming Mountains; Devil City

대표 음식: 양꼬치구이烤羊肉串, 향낭香饢 Roast mutton cubes on spit; Nan-Bread

특산물: 하미과哈密瓜, 화전옥和田玉, 투루판吐魯番 포도, 쿠얼러庫爾勒 배

Hami melon; Hetian jade; Turpan grapes; Korla pears

천산천지天山天池

양꼬치구이烤羊肉串

하미과哈密瓜

호양림胡楊林

문화적 랜드마크: 아판티阿凡提, 호양림胡楊林, 감아정坎兒井, 개재절開齋節

Effandi; Populus euphratica forest; Karez; Eid al-Fitr

홍콩 香港 Hongkong

관광 명소: 빅토리아항維多利亞港, 태평산太平山, 디즈니

Victoria Harbour; Victoria Peak; Hong Kong Disneyland

대표 음식: 지단자이鷄蛋仔, 거위 구이, 파인애플번菠蘿油, 쓰와 나이차絲襪奶茶

Egg puff; Roast goose; Pineapple wrap; Hong kong-style milk tea

특산물: 해물   Seafood

문화적 랜드마크: 홍콩대학교, 코즈웨이 베이銅鑼灣, 침사추이尖沙咀, 란콰이펑蘭桂坊, TVB   University of Hong Kong; Causeway Bay; Tsim Sha Tsui; Lan Kwai Fong; TVB

빅토리아항維多利亞港

파인애플번菠蘿油

쓰와 나이차絲襪奶茶

태평산太平山에서 내려다 본 빅토리아항

마카오 澳門 Macau

관광 명소: 세인트 폴 성당 유적大三巴牌坊, 마쭈미아오媽祖廟
Ruins of st.Paul; Mazu Temple

대표 음식: 에그타르트葡式蛋撻, 쭈빠빠오豬扒包 Portuguese egg tarts; Pork chop Bun

특산물: 와인 Portuguese wine

문화적 랜드마크: 마카오 타워澳門塔 Macao Tower

마쭈미아오媽祖廟   세인트 폴 성당 유적大三巴牌坊

쭈빠빠오豬扒包

에그타르트葡式蛋撻

마카오 타워澳門塔

대만 臺灣 Taiwan

관광 명소: 일월담日月潭, 아리산阿里山　Riyuetan Pool; Ali Mountain

대표 음식: 옌수지鹽酥雞, 펑리수鳳梨酥　Fried Salty Chicken; Pineapple cakes

특산물: 동정우렁차凍頂烏龍茶, 아리산 고산차高山茶

Dongding Oolong Tea; A-Li San Mountain Tea

문화적 랜드마크: 고산족高山族, 운문무집雲門舞集

Gaoshan nationality; Cloudgate

일월담日月潭

옌수지鹽酥雞

펑리수鳳梨酥

운문무집雲門舞集

후기

　　내가 영어와 중국어를 가르치고 관련 연구에 종사한 지도 벌써 26년이 되었다. 그동안 영국·미국·일본·프랑스·오스트레일리아 등 34개 국 수백 명의 중국 유학생들과 교류를 해오면서 중국과 서양의 문화적 사고의 유사성과 차이점에 대해 비교적 깊은 이해를 가질 수 있게 된 것도 이때문이다. 나는 교편을 잡으면서 단순히 한자와 중국어만을 가르친 것이 아니라 언어 속에 깊이 스며있는 중국문화에 대해서도 깊이 연구하며 강의하고자 노력해왔다. 한자와 중국어 그리고 한문화는 오랜 세월을 거치며 산전수전을 다 겪었지만 날이 갈수록 새로워지는 강한 생명력과 응집력에 감탄할 수밖에 없다. 일개 중국의 초등학생이 춘추전국시대의 『시경』과 『논어』를 이해하고 동진東晉 시기 왕희지王羲之의 서예 작품을 이해한다는 것은 실로 세계의 많은 사람들이 부러워할 만한 일이다.

　　중국의 문화는 수천 년 동안 끊임없이 발전과 진화를 거듭하며 주변국가들의 많은 새로운 문화 요소를 받아들여 왔고, 수천 수만의 사람들을 통해 긴 역사의 흐름 속에 창조된 눈부신 문화를 축적해왔다. 비록 짧은 편찬 기간과 편폭의 한계로 이 모든 것을 담아내는 데는 한계가 있겠지만, 우리는 먼저 외국인 독자의 입장을 충분히 고려하여 한자와 중국어 그리고 중국문화에 대한 흥미를 제고시키는데 초점을 두고 이 책을 구성하고자 하였다. 독자들이 비록 관심과 흥미 속에서 출발할 뿐이겠지만, 향후에는 공자孔子의 "인仁"을 묻고, 노자老子의 '도道'를 묻고, 장자莊子의 '소요逍遙'를 묻고, 손자孫子의 '병법兵法'을 묻고, 중국예술을 통해 '미학美學'을 추구하고, 중국의 역사 속에 유유히 흐르고 있는 보화를 탐구해가는 경지에 도달하기를 희망한다. 외국인 독자들은 이 책을 통해 한문학의 진수를 보고 한자와 중국어 그리고 한문화의 저력과 맥락을 파악하는데 시간과 노력을 효율적으로 절약할 수 있기를 기대한다. 우리의 의도는 한자와 중국어 그리고 한문화와 관련한 역대 문화상징, 역경易經, 제자백가(공자, 맹자, 노자, 장자, 묵자, 순자, 손자)를 비롯하여 고사성어, 신화, 속담, 시가 등에서 일부를 선별하여 책에 담아내고, 그밖에도 중국 각 성시城市의 문화적 특징을 비롯하여 고대로부터 현대까지의 대표적인 회화, 도자기, 조각, 서예 작품들에 대하여 간단히 소개하고자 하였다. 또한 관련 삽화를 함께 수록함으로써 생생한 현실감을 전달하고자 하였다.

다만, 이 책이 외국인으로서 중국어와 한문화에 대한 이해가 부족한 사람들을 위해 집필된 만큼 각 영역의 내용을 깊이 있게 다루기 보다는 명언, 속담, 고사성어, 신화, 문화한자, 유행어, 회화, 도자기, 조각, 서예 등 문화 관련 각 분야에서 맛보기 식으로 부분적으로 발췌하여 수록함으로써 외국인 초학자의 학습 흥미를 제고시키는데 우선점을 두고 구성하였다.

끝으로 출판에 즈음하여 중국 도자기 예술의 대가 녕강寧鋼 교수께서 바쁜 와중에도 이 책을 세밀하게 감수해주시고 부족한 작품을 위해 기꺼이 서문을 써준 것에 깊은 감사를 드리며 서예의 대가 웅봉熊蜂 선생께서 친필로 서명書名을 써 주심에도 감사드린다. 또한 이 책의 편찬과 번역 과정에서 애써주신 남창항

공대학南昌航空大學 팽영정彭穎婷 선생님과 전형죽田馨竹 학우에게도 깊은 감사를 드리며, 책이 출판되기까지의 모든 과정에서 적극적으로 지지해주시고 애써주신 강서교육출판사江西敎育出版社 류효용廖曉勇 사장님과 계매桂梅 편집장을 비롯한 장부용張芙蓉, 이천李倩 등 편집 관계자 여러분들께도 진심으로 감사의 마음을 전하는 바이다.

사화謝華 황일천黃一川

중국학
총 서
03

한자와 중국어
그리고 중국문화
Follow me, like Chinese

초판 1쇄 발행 2023년 2월 20일

지은이 사화謝華 · 황일천黃一川
옮긴이 주성일朱星一
펴낸이 홍종화

편집·디자인 오경희 · 조정화 · 오성현 · 신나래
　　　　　　박선주 · 이효진 · 정성희
관리 박정대

펴낸곳 민속원
창업 홍기원
출판등록 제1990-000045호
주소 서울시 마포구 토정로 25길 41(대흥동 337-25)
전화 02) 804-3320, 805-3320, 806-3320(代)
팩스 02) 802-3346
이메일 minsok1@chollian.net, minsokwon@naver.com
홈페이지 www.minsokwon.com

ISBN 978-89-285-1818-0
SET 978-89-285-0359-9 94820

ⓒ 주성일, 2023
ⓒ 민속원, 2023, Printed in Seoul, Korea

저작권법에 의해 한국 내에서 보호를 받는 저작물이므로 무단전재와 복제를 금합니다.
이 책 내용의 전부 또는 일부를 이용하려면 반드시 저작권자와 민속원의 서면동의를 받아야 합니다.